몸들의 유니버스 너머

젠더·어펙트 총서 03

몸들의 유니버스 너머

초판 1쇄 발행 2023년 5월 30일

지은이 동아대학교 젠더·어펙트연구소
펴낸이 강수걸
기획실장 이수현
편집장 권경옥
편집 강나래 신지은 오해은 이소영 이선화 김소원 이혜정
디자인 권문경 조은비
펴낸곳 산지니
등록 2005년 2월 7일 제333-3370000251002005000001호
주소 부산시 해운대구 수영강변대로 140 BCC 613호
전화 051-504-7070 | 팩스 051-507-7543
홈페이지 www.sanzinibook.com
전자우편 sanzini@sanzinibook.com
블로그 sanzinibook.tistory.com

ISBN 979-11-6861-143-6 93330

* 책값은 뒤표지에 있습니다.
* 잘못된 책은 구입하신 곳에서 교환해드립니다.
* 이 저서는 2022년 대한민국 교육부와 한국연구재단의 지원을 받아 수행된 연구입니다.
(NRF-2022S1A5C2A02093389)

젠더 · 어펙트 총서

03

몸들의 유니버스 너머

동아대학교
젠더 · 어펙트연구소
지음

산지니

서문

생성형 인공지능 시대, 젠더 · 어펙트 연구는 무슨 일을 하는가

'AI 골드러시'가 시작됐다. 이는 전례 없는 벡터의 정동지리다. 개발자와 기업은 물론, 이용자까지 모두가 오픈 AI가 선보인 텍스트 생성 봇 '챗(Chat)-GPT'를 이해하기 위해 달려들고 있다.

사실, 인공지능 챗봇 자체는 이미 1966년에 등장했다. MIT의 공학자 요제프 바이첸바움(Joseph Weizenbaum)이 심리 상담을 목적으로 정신과 의사 역할을 모사한 인공지능 '일라이자(Eliza)'를 개발했다. 일라이자의 알고리즘은 지극히 단순한 것이었지만 내담자들의 대부분은 일라이자에 대한 정동적 애착을 드러냈다. 그럼에도 불구하고 "기계는 신체가 없고, 상황에 처해지지(situated) 않으며, 인간과 같은 욕망이 없기에 복잡한 유형-인지는 할 수 없다"는 인공지능학자 휴버트 드레이퍼스(Hubert Dreyfus)의 명제는 꽤 오랫동안 의심 없이 받아들여졌다.

하지만 최근 들어 상황은 급변하고 있다. 인공지능의 약속은 인간의 예측을 뛰어넘어 도래했다. 생성형 인공지능은 인간이 이해하기 어려울 만큼 복잡한 유형-인지가 가능한 행위자로서 과학 논문과 예술 작품을 생성해내고 있다. 뿐만 아니다. 챗-GPT는 그 이름처럼 '채팅'을 통해 정동을 생성한다. 이러한 정동은 인간과 비인간의 인터페이스라는 미시적 차원에만 국한되지 않는다. 그 인터페이스 안에는 비인간을 인간과 다름없이 마주했던 수많은 몸들의 경험과 기억이라는 거시적 차원이 밀도 높게 포함되어 있다.

정동 연구는 마주침(encountering)과 되기(becoming)의 과정에서 우리가 실제로 '누구인지' 그리고 '무엇인지'를 넘어, 우리가 '무슨 일을 하는지' 생각하도록 자극한다. 정동 연구의 물음은 챗-GPT는 무슨 일을 하는지와 함께, 챗-GPT를 개발하고 이용하는 우리가 무슨 일을 하고 있는지에 대한 물음을 경유하면서, 궁극적으로 우리가 누구이고 무엇인지에 대해 묻는다. 이 물음은 단일한 사회 또는 보편적 공간으로서 '몸들의 유니버스 너머' 일상의 사회관계망에서, 미시 정치적 차원과 거시 정치적 차원에서 두루 부대끼는 몸들을 발견하게 한다.

인공지능을 시민으로 받아들일 것인지는 오늘날 더 이상 회피할 수 없는 새로운 정치적 문제로 떠올랐다. 이 문제는 사람, 사물 그리고 환경 간의 일상적 마주침과 부대낌에서 끊임없이 서로 영향을 주고받으며 상응하는 몸들의 시민권, 즉 정동적 시민권의 차원에서 답을 얻을 수 있을 것이다. 하지만 인공지능의 정동적 시민권을 논하기에 앞서, 사회적 규범으로부터 승인을 온전히 확보하지 못한 몸들의 문제가 훨씬 더 오랫동안 역사적으로 존재했다. 복수형일 수밖에 없는 '몸들'의 문제는 개인의 문제가 아니라, 사회적이고 역사적인 문제다. 따라서 그 사회와 역사의 권력 작용에 대한 탐구가 필요하다. 바로 그 일을 담당하고 있는 것이 정동 연구, 좀 더 정확하게는 우리가 '젠더 · 어펙트' 연구라 부르는 것이다.

몸들의 유니버스 너머에서 벌어지고 있는 '연속체', '배열체', '회집체' 등의 마주침과 부대낌에 주목하면서 젠더 · 어펙트 총서 제3권 『몸들의 유니버스 너머』를 내놓는다. 이에 앞서 우리는 젠더 · 어펙트 총서 제2권 『연결(불)가능한 신체의 역사』를 내놓으면서 어펙트 연구의 현황에 대해 "다들 각자의 분야에 어펙트 연구를 기입하기 위해 고군분투 중이지만, 한편으로 이제 어펙트 연구는 새로운 것도 아니고, '전환'이나 '차이'만을 강조하는 시대도 아니며, 상당히 구체적인 논의들이 진행되고 있는 단계"라고 진단했다. 오늘날 어펙트 또는 정동 연구는 별도의 학문 영역으로 고립되어 있는 것이 아니라 다양한 학제(multi-disciplines)를 두루 교차하면서 새로운 학제(inter-disciplines)를 활성화하고 있다. 물론 여기서 드러나는 정동 연구의 모습은 결코 단일하지 않다.

정동 연구가 다양해질수록 '정동이란 무엇인가'라는 질문은 한층 더 집요해진다. 그 질문의 강도는 오늘날의 연구를 비롯한 각종 활동 또는 실천이 수반하는 정동의 그것과 비례한다고 할 수 있을 것이다. 그러나 정동의 맥락적이고 상황적인 특성상 '정동이란 무엇인가'라는 질문은 그 맥락과 상황, 그리고 여기에 처한 신체의 지리를 경유하면서 번번이 상이한 패턴으로 회절될 수밖에 없다. 그래서 우리는 '정동이란 무엇인가'에 대한 단일하고 명료한 답변을 내어놓는 방식이 아니라, '정동 연구는 무엇을 하는가',

보다 근본적으로 '정동은 무엇을 하는가'를 묻고 각자의 자리에서 답해보고자 했다. 이는 근본적 질문에 대한 회피가 아니라, 복수의 접근을 통해 정동이 고정불변하는 개념이 아니라 움직이는 것이고, 실천과 연구를 통해 여전히 채워나가야 할 것이라는 사실을 답변의 형식 자체로 드러내기 위해서였다.

사실 이러한 시도가 '젠더 · 어펙트'의 이름으로 처음 이루어진 것이라 말할 수는 없다. '정동이란 무엇인가'라는 질문에 대한 답변은 대개 스피노자(Baruch de Spinoza)와 질 들뢰즈(Gilles Deleuze)를 경유하는 방식으로 반복적으로 이루어져 왔다. 계보학적 모델을 전제한 이와 같은 이론적 탐색은 정동이 실제로 무엇을 해왔는지, 정동 연구가 오늘날 무엇을 해나가고 있는지 설득력 있게 드러내지 못했던 것이 사실이다. 서구에서 가히 폭발적으로 이루어진 정동 연구는 마이너리티 정치의 가능성 또는 잠재성에 이바지하고 있었고, 비서구에서는 아직까지 정동 연구라 일컬어지지 않은 수많은 마이너리티 연구가 정동 정치의 가능성 또는 잠재성을 주목하고 있었다.

정동 연구에서 신체는 정신과 대립하는 신체성이라는 실체적 본질을 지닌 것이 아니라, 변화할 수 있는 능력인 변용 능력을 의미한다. 신체는 다른 신체들과 결합하는 힘들의 관계에서 행위를 할 수 있는 능력의 정도이자 신체에 귀속되는 힘들의 집합체인 셈이다. 이처럼 정동 연구는 신체를 다른 신체들과의 관계 및 연결을 바탕으로 사유한다. 관계와 연결은 "몸들의 유니버스 너머"의 지평을 바라보게 한다. 젠더 · 어펙트 총서가 꾸준히 제안하고 있는 '연결신체'가 바로 이 지평 위에 서 있다. 몸들의 유니버스 너머에는 역사적이고 지리적인 맥락에 따라 끊임없이 마주치고 부대끼며 변신하는 몸들이 있다. 정동이 보편적이지 않듯, 정동적 신체 또한 단일할 리 없다. 이는 들뢰즈가 제안한 바 있는 행동학, 즉 에톨로지(éthologie)의 전제이다. 들뢰즈는 인간이 누구에게도 종속되지 않은 '자율적'인 '나'로 태어나는 것이 아니라는 점을 강조하면서 주체화 과정을 자기규율적인 입법자로의 성장이 아니라 '타자-되기'라는 변신의 과정으로 본다. 이러한 '되기' 개념의 핵심은 부정적인 정동을 긍정적인 정동으로 바꾸어 신체들의 변용 능력을 최대화하는 관계와 결합하는 것이다. 바로 이러한 대목에서 들뢰즈의 에톨로지는 로지 브라이도티(Rosi Braidotti)가 제안하는 긍정의 윤리학(affirmative ethics)과 상통한다. 브라이도티에게 있어서 주체들은 자신의 취약성을 긍정함으로써 상호의존이 존재 조건의 기반이라는 사실을 자각하고, 부정적인 정동을 긍정적인 정동으로 바꾸어 신체들의 변용 능력을 극대화하는 마주침을 생성한다. 브라이도티는 이러한 마주침의 공간을 소위 '정상성'으로 범주화된 특별한 조건—서구, 백인, 비장애, 남성—들을 유일무이한 가치로 상정하고 다른 세계를 주변화하는 우주관에 다름 아닌 '유니버스'를 대신해 '멀티버스(multiverse)'라고 일컬은 바 있고, 레비 브라이언트(Levi R. Bryant)와 같은 논자는 '플루리버스(pluriverse)'라는 개념을 새삼 강조하기도 했다. 이와 같은 신체에 대한 정동 연구와 젠더 연구의 이론적 맥락을 이어받으면서, 『몸들의 유니버스 너머』는 '젠더 · 어펙트'의 이름으로 역사에 대한 비판적 탐색과 현실에 대한 실천적 개입을 제안하고 있다고 할 수 있다. 정동 연구가 할 수 있는 일에 대한 이 책의 제안은 크게 네 가지다.

1부 〈서사의 역사와 아상블라주: 마주침의 어펙트〉에는 마주침의 어펙트의 수행성을 다양한 맥락에서 이론화하고, 이를 다시 한번 각종 서사적 텍스트에 적용하는 실험적인 글들이 모여 있다. 이 글들은 이질적인 요소들의 역동적인 배열체로서의 아상블라주(assemblage)를 명시적으로 또는 암시적으로 제시하면서 여기에 배열된 요소들의 분리불가능한 내부작용을 섬세하게 짚어 보이고 있다. 아상블라주에 대한 고려는 그 배열체 안팎을 흐르는 정동에 대한 주목을 이끈다. 정동을 통해 OTT 플랫폼, 동물과 식물과 사물, 그리고 설화 등은 단순한 전달 매체 이상의 생성, 증폭 또는 강화, 변이의 장치로서 행위성을 발휘하는 것으로 드러난다. 이처럼 1부의 글들은 정동을 행동으로, 또한 정동 이론을 행동학으로서의 에톨로지와 적극적으로 연결하면서 로컬에서 글로벌 스케일에 이르는 다기한 흐름들을 연결해 보이고 있다.

1부를 시작하는 권명아의 「〈오징어 게임〉 어펙트, 마주침의 윤리와 연결성의 에톨로지」는 〈오징어 게임〉이라는 문제적 텍스트에 대한 비평이기도 하지만, 보다 근본적으로는 초국가적 반페미니즘 백래시 흐름의 형성과 문화자본, 그리고 초국가적 플랫폼의 다차원적 관계를 살펴볼 수 있는 사례로서 〈오징어 게임〉을 불러내고 있다는 점에서 눈길을 끈다. 넷플릭스라는 글로벌 플랫폼과 수용자, 텍스트라는 물질적 행위자와 인간 행위자의 마주침을 통해 의미, 감각이 마치 생명체처럼 자라나고 생성하는 방식을 우리는 '정동적(affective)'이라고 부른다. 이러한 정동적 마주침의 과정을 통해 텍스트를 둘러싼 의미-감각의 아상블라주가 생성되고, 이는 지금까지도 여전히 생성 중이다. 이러한 아상블라주는 이질적이고 때로는 적대적인 해석과 정치적 방향성들이 마주치는 투쟁과 경합의 배열체가 되기도 한다. 권명아의 글은 〈오징어 게임〉 해석을 텍스트의 단순함과 해석 아상블라주 생성에 개입하는 생체매개된(biomediated) 몸들의 복잡계 사이에서 발생하는 정동 정치의 문제로 접근한다. 또한 이는 〈오징어 게임〉 텍스트에 대한 해석뿐만 아니라 넷플릭스라는 플랫폼의 고유한 정동 정치에 대한 분석과 연결되어 전세계인이 마주한 정동적 환경을 둘러보게 한다.

이어지는 권두현의 「'실내 우주'의 SF 에톨로지: 사물-동물-식물의 애니메이팅 인터페이스에 관한 일고찰」은 권명아의 글에서 제시된 아상블라주의 개념을 '애니메이팅 인터페이스'라고 다시 한번 풀어 쓰면서, 여기에 포함된 사물-동물-식물이 마주치는 '실내'를 '우주'라는 연결망으로서 사유하려는 시도다. 우리의 일상으로부터 일종의 사변적 우화(speculative fabulation)를 이끌어 내려는 이와 같은 시도는 『지구 끝의 온실』이라는 김초엽의 과학 소설(science fiction)과 반려종을 다룬 다양한 웹툰을 나란히 두고, 여기에 나타난 다종의 뒤얽힘을 실뜨기(string figures)의 관점으로 해석하면서, 협력으로서의 오염이 항시적으로 벌어지는 생활세계에 사회적 숲(social forest)이라는 의미를 보태고 있다. 이러한 논의를 따라 실내는 사적 소유의 폐쇄된 공간이 아니라, 공존-공생-공산의 조건을 함축한 잠재적 공유지이자 다중적인 공간성과 시간성이 있는 위상학적 우주 공간으로서 개방된다.

1부의 마지막 글인 강성숙의 「연결성의 에톨로지로 본 '새끼 서 발'」은 SF 대신 고전 서사를 통해 또 다른 연결성을 '누적'과 '연쇄'의 관점에서 논구한다. '새끼 서 발' 설화는 가진 것 없고 뚜렷한 목적도 의지도 없던 주인공이 집 밖으로 나가 누군가와 반복적으로 마주침으로써 자립할 수 있는 어른이 되어가는 성장서사로서 읽을 수 있다. 생명 회복의 당위성과 함께 이야기가 말하고자 하는 중요한 목표는 마주침을 통한 성취 또는 성장인 것이다. 강성숙은 '새끼 서발' 설화의 주인공이 죽음과 다를 바 없는 퇴행적 상태에서 생명 또는 삶에 대한 사람들의 인정과 지지를 확인하며 생동하는 삶으로 나아가는 원동력을 얻게 된다는 점을 강조함으로써 이 설화에 담긴 긍정적 정동과 에톨로지의 함의를 끌어올린다. 사건이 연쇄 및 누적되는 설화의 형식이야말로 이러한 에톨로지를 확보한다. 이른바 '누적연쇄담'의 형식은 이야기를 전승하고, 향유하는 사람들이 지향하는 가치를 온전히 전하기 위한 관계적 장치다. 하나의 화소가 다른 화소와 긴밀하게 연결되는 이 형식은 주인공이 만나는 대상 하나하나가 일종의 행위자로서 모두 연결되어 있으며, 이 연결망이 주인공의 변화에 깊숙이 관여하고 있음을 드러내는 장치라 할 수 있는 것이다.

2부는 특정한 신체와 감각을 '정상화'하면서 '위계화'해온 역사에 대한 비판적 접근을 시도한 글들을 모았다. 이 비판적 역사에 붙인 이름은 〈귀와 눈과 피: 전체와 부분 너머의 신체적 연결성과 어펙트〉이다. 2부에서는 기존의 유구한 '영화사' 또는 새롭게 주목되고 있는 '장애사'의 맥락에서조차 각별히 주목되지 않았던 사례들을 본격적으로 다루고 있다. 뿐만 아니라, '일국사'의 관점에서는 쉽사리 포착되지 않는 해외입양인의 사례를 통해 어떤 몸과 어떤 감각이 역사적으로 승인되었고, 승인되지 못한 몸과 감각이 어떻게 배제되었는지 살피고 있다. 이 몸들의 역사를 제시함에 있어 신체적 표상을 제목으로 전경화한 것은, '몸' 그 자체로 취급되는 특정한 '귀와 눈과 피'가 연결 가능성과 불가능성 사이에서 동요하면서 그 정동적 힘을 사회적으로 전이시키고, 역사적으로 잔존시키고 있기 때문이다. 2부의 글들은 바로 그 힘들에 대해 주목하고 있다.

장애의 렌즈로 한국영화의 역사를 다시 사유하기 위한 시도는 한국영화에서 장애가 어떻게 재현되어 왔는지를 비판적으로 다시 읽는 작업에서부터 출발할 수 있을 것이다. 바로 그 작업으로서 이화진의 「'데프(Deaf)의 영화'를 찾아서: 〈만종〉(신상옥, 1970)과 그 주변」은 미셸 시옹(Michel Chion)의 데프 시네마(deaf cinema)의 틀을 장애학적 관점에서 전유하면서 1960년대 신필름의 농인 소재 영화들—〈이 세상 어딘가에〉(1962), 〈벙어리 삼룡〉(1964), 그리고 〈만종〉(1970)—을 검토한다. 이화진은 일련의 영화들이 '들리는 세계'를 겨냥해 제작된 상업영화로서 비장애중심적 사회에서 우생학적 이데올로기에 침윤된 영화였음을 인정하면서도, 농인의 삶을 전경화하고 농인들의 수어 대화를 비중 있게 연출하여 '들리는 세계'와 '들리지 않는 세계', 그리고 그 사이의 커뮤니케이션에 대해 생각할 틈새를 만들었다는 점을 주목한다. 이처럼 재현의 층위를 분석하면서도 여기에 그치지 않고, 재현 너머의 수용과 인지를 균형감 있게 살핌으로써 재현의 한계로부터 새로운 시작을 위한 힘을 찾아내는 작업이야말로 정동 연구가 하는 일이다. 이로써 한국영화의 역사를 다시 사유하기 위한 시도는 자연스럽게 장애사와 분리불가능한 흐름으로 드러난다.

이화진이 영화사의 관점과 장애사의 관점이라는 겹눈으로 스크린 안팎에서 부대끼는 몸들의 역사를 쫓는다면, 소현숙은 장애사와 젠더사의 겹눈으로 노근리 여성의 몸이 어떠한 물질적-사회적 환경과 부대껴왔는지를 살핀다. 소현숙의 「신체에 각인된 전쟁: 한국전쟁기 노근리 여성 피해자의 장애 경험과 젠더」에서는 한국전쟁기 민간인의 피해와 치유의 과정을 '노근리 사건' 피해자들의 구술을 통해 살펴보았다. 노근리 사건은 1950년 7월 충북 영동군 노근리 일대에서 미군의 공중폭격과 지상공격에 의해 다수의 비무장 민간인들이 살상당한 사건이다. 부상이 심한 경우 완치가 되지 못한 채 영구적인 장애로 이어지기도 했는데, 전쟁 당시 부상으로 한쪽 눈을 상실한 한 여성의 생애는 전쟁과 장애, 젠더가 교차하는 전후의 삶을 보여준다. 그녀는 남편의 가정폭력으로 고통을 겪었지만, 자신의 장애를 허물로 생각하는 사회적 인식과 그에 대한 스스로의 수긍으로 다른 삶의 가능성을 찾지 못한 채 가정폭력을 견디는 삶을 이어갔다. 장애를 수치로 여겼던 그녀의 삶에 변화가 나타난 것은 노근리 사건 진상규명운동에 참여하면서부터였다. 노근리 사건의 피해를 말하며 장애를 설명할 언어를 획득한 그녀는 사건이 공론화되면서 사회적 지지를 얻게 되자 그간의 고통이 치유되는 듯한 정동적 전이를 경험한다. 의안을 끼지 않고도 시내에 나갈 수 있는 당당함을 갖게 되었다고 말하는 그녀의 변화에서 트라우마적 기억의 표현은 사회적 지지를 동반할 때 오히려 치유를 가져다준다는 것을 발견하게 된다. 이들을 재정향시키는 것은 마주침의 새로운 조건에 따른 연결이라는 사실이 소현숙의 역사적 분석을 통해 잘 드러난다.

김이진의 「해외입양인의 가족 찾기 표상」은 글의 제목에서 선명하게 드러난 바와 같이, 한국의 언론과 대중문화가 해외입양인을 어떻게 표상해왔는지를 추적하면서 재현의 대상인 해외입양인과 재현의 주체로서의 해외입양인을 비교한다. 김이진은 〈수잔 브링크의 아리랑〉, 〈프랑스인 김명실〉, 〈피부색깔=꿀색〉, 〈트윈시스터즈〉 등의 영상 작품을 경유하면서 한국에서 해외입양인의 재현은 해외입양인과 생모의 재회에 중점을 두고 있으면서도 재회한 이후에 대해서는 적극적으로 다루지 않는 반면, 해외입양인이 제작한 영화 작품은 가족 찾기를 소재로 하면서도, 자신들의 수용국에서의 생활이나 입양 가족의 모습을 전면적으로 보여주고 있다는 유의미한 차이를 짚어낸다. 이와 같은 비교는 재현의 대상과 주체라는 이분법적 틀의 차이를 반복적으로 환기하기 위한 것이 아니라, 표상을 발신하고 수신하는 처지(處地)에 따라 상이한 정동을 드러내기 위해서이다. 김이진의 비평적 시야는 정동이 국경을 비롯해 젠더와 인종의 경계를 넘나들지만, 결코 보편적이지 않음을 확인시켜 준다.

〈'싸우다'의 어펙트: 전쟁, 냉전, 스포츠 속에서 부대끼는 여자들〉이라는 3부의 제목은 마주침과 부대낌, 그리고 뒤얽힘의 과정이 그저 매끄럽지 않다는 것을 직관적으로 드러내고 있지만, 이 제목으로 묶인 나이토 치즈코와 김은진, 그리고 첸페이전의 글은 '싸우다'의 어펙트가 생성되고 변용되는 양상을 분석적 구체적인 차원에서 펼쳐 보인다. 싸운다는 것은 억압의 힘과 대항의 힘, 더 나아가 연대의 힘이 연속적이고 교차적으로 작용하면서 매순간 새로운 국면을 창출하는 대단히 정동적인 행위다. 이 '어펙트'를 표현함에 있어 '싸움'이라는 명사가 아니라 '싸우다'라는 동사를 앞세운 것은 바로 그 억압과 대항과 연대의 역동성을 지면으로 옮겨내고 싶었기 때문이다.

나이토 치즈코의 「'아이돌'과 전쟁의 정동」은 '아이돌'이라는 기호를 통해 현대 일본의 내셔널리즘이 성폭력과 결합하여 작동하는 구조를 고찰한다. 나이토 치즈코에 따르면, '현장'이라 불리는 아이돌 라이브나 이벤트에는 신체적 근접성과 쌍방향적 공동성이 수반된다는 특징이 있다. 아이돌과 팬은 '현장'이 서로의 인정 욕구를 충족시키는 공간이라는 사실을 공유한다. 이때 전경화(前景化)되는 공동성, 쌍방향성은 새로운 현대적인 스타일을 상징하며, 여기에는 같이 싸운다는 콘셉트가 있다는 것이 나이토 치즈코의 흥미로운 통찰이다. '함께 싸운다'는 '우리들의 전쟁 이야기'가 펼쳐지는 이 메타적인 서사 속에서 나이토 치즈코는 내셔널리즘과 젠더 위계를 예리하게 포착해낸다. 아이돌의 배경에는 전쟁의 풍경이 존재하여 일본에서의 '위안부' 관련 정동과도 밀접한 연관이 있을 뿐만 아니라, 아이돌은 일왕제와 젠더 구조 관련 제규범을 상징하는 기호이기도 하다는 나이토 치즈코의 지적은 정동 정치의 행위자로서 아이돌을 새롭게 위치시키는 대단히 혁신적인 시선이다.

김은진의 「미디어 속 여성 스포츠의 서사와 재현」은 예능 프로그램 〈골 때리는 그녀들(이하 골때녀)〉의 서사와 재현을 젠더적 관점으로 분석한 것이다. 〈골때녀〉는 이야기의 전개에서 성장 서사, '언더독'의 도전, 대결과 승부의 연속 구조로 이루어졌다. 축구 경험이 없고 신체 능력이 부족한 여성들이 모여 계속된 대결을 통해 성장한다. 등장인물인 50명 이상의 여성들은 다양한 캐릭터를 가지고 각각의 역할을 소화하는 동시에, 서로를 응원하고 지지하고 배우며 상호작용했다. 이를 통해 여성들은 서로 간의 관계, 그리고 각각의 팀을 만들어 나갔다. 남성 시선의 기존 콘텐츠들과 달리 〈골때녀〉에서 여성 신체는 부분적으로 강조되지 않고, 그룹샷을 통해 역동적으로 재현된다. 또 승부를 위해 부상에도 불구하고 열정과 투혼을 발휘하는 모습을 통해, 여성 신체는 성적인 매력을 발산하는 대상이 아니라 역동적 움직임을 드러내는 주체로서 재현된다. 여성들이 서로 간의 관계를 통해 주체로서의 인식, 자부심을 드러냈고, 팀워크와 리더십을 배우며 상호 간의 관계, 즉 여성 연대를 만들어갔다는 김은진의 분석은 재현 너머 정동적 지평까지를 가리키고 있는 것이다.

첸페이이전의 「냉전의 감정 동원: 전후 타이완의 대중적 담론에 나타난 '모성애의 과학'」은 레이먼드 윌리엄스(Raymond Williams)의 개념을 활용해 '냉전의 감정 구조'를 근거로 논의를 이어간다. 이 글에 언급된 '냉전의 감정 구조'에는 반공의 공포에 의해 추동된 정서적 거버넌스, 미국의 주도하의 자유진영이 만들어낸 민주적 감정, 미국의 원조와 근대화가 선전하는 행복하고 즐거운 가정 등의 측면이 포함된다. 이를 전제로, 첸페이이전은 냉전 초기 각종 지식의 구축 과정에서 '모성애'가 아동 발달과 가족 화합에 미치는 영향이 전에 없이 높은 주목을 받고 있음을 발견한다. 냉전시기의 민주주의 동맹(타이완, 미국, 한국)에 있어 국제질서 및 사회 내부 질서의 긴밀한 연계를 재구축하려면 어머니의 역할이 매우 중요했고, 어머니들이 성숙하고 안정적인 시민을 길러내어 공산주의와 파괴적 생각의 유혹에 저항할 수 있어야 했다. '어머니의 책임'으로 촉발된 일련의 논의가 '모성애' 및 '정서적 성숙'과 '민주적 질서의 안정' 간에 연결 관계를 구축하는 '과학적 모성애'로 발전하였다는 첸페이전의 논의는 감정의 구조 또는 정동적 체제를 형성시키는 제 조건들을 거시적이고 미시적인 차원에서 두루 발견하고 있음은 물론, '싸우다'의 어펙트가 맞서야 할 대항정치의 지점을 정확하게 짚어 보이고 있다.

4부 〈능동인 수동, 수동인 능동: 몸 둘 바(處身)와 어펙트〉는 시대의 불안과 싸우는 여성들의 실천을 다양한 맥락에서 검토하고 있다. 그 맥락을 '몸 둘 바'라고 한다면, 이들은 '몸 둘 바'를 모르게 하는 정동적 억압에 대한 대항정치적 정동을 통해 비로소 '몸 둘 바'를 만들어내고자 한다고 할 수 있을 것이다. 이러한 실천은 정동적 흐름에 몸을 맡기면서도 그 흐름으로부터 탈주하는 탈정향과 재정향의 움직임을 내포한다는 점에서 능동이자 수동이고, 수동이자 능동이라 할 수 있을 것이다.

최이숙의 「팬데믹 시대, 그녀들은 왜 새벽에 일어났을까?: '514챌린지' 참여 3040 여성들의 시간 만들기와 그 의미」는 2022년 1월부터 진행된 '김미경과 함께하는 514챌린지'에 참여했던 3040 여성들의 경험에 주목한다. '514 챌린지'란 3040 여성들을 위한 온라인 지식 커뮤니티 MKYU 회원들이 14일간 새벽 5시에 기상하는 프로젝트다. 최이숙은 MKYU의 운영자 김미경의 Youtube 방송 분석, 참여 여성들과의 인터뷰를 통해 새벽이라는 시간에 부여된 새로운 의미, 챌린지 참여 동기, 챌린지 참여가 이들의 삶에서 갖는 의미를 다층적으로 탐구한다. 새벽 기상 프로젝트는 긍정의 메시지, 자기 성찰과 변화의 실천, 성공을 위한 루틴 등을 제안하는 자기계발 담론의 실천적 방법으로서, 이 담론이 다름 아닌 팬데믹 기간 동안 전세계적으로 급성장하였다는 것은 팬데믹으로 인한 사회 변동을 결국 개인이 감당해야 했음을 보여준다. 사회구조적 전환 대신 자신의 삶을 변화시킴으로써 획득한 '성장의 경험'과 '충만감'은 자기계발 담론에서 강조하는 '자신에 대한 믿음과 확신'을 회복한 것이다. 하지만 동시에 사회적 차별의 문제를 개인적 심리, 실천의 문제로 회귀시키는 것이기도 하다는 최이숙의 지적은 능동태와 수동태 사이에서 신체 그 자체에 아로새겨지는 '몸 둘 바'를 환기한다는 점에서 의미심장하다.

박언주의 「가정폭력맥락에서의 빚과 빚짐에 대한 시론」은 빚에 대한 미시경제적 관점을 거시경제적 관점으로 옮겨 파악하고, 이를 다시 한번 정동적 관점과 연동하는 시론적 논의로서, 금융자본의 경제적 착취가 여성에 대한 정동적 억압으로 이어진다는 사실을 설득력 있게 논증하고 있다. 가정폭력의 가해남성은 피해여성의 명의로 빚을 내고 피해자가 그 빚에 대해 책임지도록 함으로써 피해자가 금융화의 착취관계에 속박되도록 하고 자신은 그러한 착취관계에서 중간착취자로 무임승차하여 이득을 취한다. 빚과 관련한 부정적 정서에 더해 가정폭력 피해로 인한 정서적 문제까지 중첩된다면, 피해여성은 가해자의 폭력에 더욱 취약해질 수 있다. 이 글에서 주목을 요하는 대목은 경제적 착취와 강탈을 의미하는 부채 속박으로서의 빚짐과 상호의존과 유대로서의 빚짐을 대비시킴으로써 금융자본주의하에서의 빚의 작동방식과 양면성을 고려한다는 데 있다. 금융자본주의 사회에서 빚은 일상과 삶으로 확장됨으로써 삶, 사랑, 보살핌(돌봄)을 구성하는 주요 요소가 되었다. 이처럼 빚은 채무자와 채권자 간의 착취관계로 제한해서 설명될 수 없는 영역을 포함하고 있다는 박언주의 유의미한 지적은 정동 연구의 관점을 취했을 때 비로소 가능한 것이다.

마지막으로 이소영의 「페미니즘은 그 이름이 페미니즘이 아니더라도: 양귀자의 소설에 드러난 시스템과 적대의 문제를 중심으로」는 양귀자의 『나는 소망한다 내게 금지된 것을』에 담긴 동시대적 시간성을 '적대'라는 정동의 추이를 통해 살펴본다. 1990년대 초, 한국에서 젠더폭력을 둘러싼 여성들의 적대, 분노, 슬픔 등의 정동과 말하기 행위는 여성운동의 대중화를 촉진할 수 있는 정동적 환경을 조성하고 있었다. 이소영은 양귀자가 『나는 소망한다 내게 금지된 것을』이라는 작품의 대중적 성공은 '적대'라는 정동의 추이에 관한 작가의 면밀한 관찰에 의한 것이라고 주장한다. 이소영의 논의는 여기에 그치지 않고, 소설적 서사가 진행될수록 강민주가 지녔던 적대의 정동이 점차 약화되었다는 사실을 짚어내는 데까지 나아간다. 이소영에 따르면, 강민주가 적대의 행동을 완결하는 테러리스트가 아니라 끝내 젠더폭력의 피해자로 남은 것은 공적 시스템 자체에 남성과 여성 간의 성차에 기반한 비대칭적인 관계가 결합되어 있었기 때문이다. 양귀자의 『나는 소망한다 내게 금지된 것을』이라는 텍스트는 여성이 어떤 젠더 정체성을 수행하든 성차라는 질문을 피할 수 없음을 보여준다. 이 과거의 텍스트를 다시 한번 불러오면서, 신당역 살인 사건에서 여성 역무원의 육체가 영원히 침묵당한 채로 발견된 이후에야 법적 감시망을 벗어나있던 살인범의 육체가 비로소 가시화되었던 장면을 겹쳐보이는 이소영의 글은 팰림시스트 위의 흔적들과 같은 정동의 예시로도 볼 수 있을 것이다.

이렇게 이루어진 젠더 · 어펙트 총서 제3권 『몸들의 유니버스 너머』는 몸들과 마찬가지로 정동 연구 역시 유니버스라는 단일한 세계로 수렴되는 것이 아니라, 연구자의 '몸 둘 바'로부터 다양하게 발산되고 있음을 보여준다. 이 연구들은 독자들의 '몸 둘 바'에 닿아 뒤얽히면서 아상블라주를 이룰 것이다. 그 아상블라주에서 흐르는 정동이 독자들을 새로운 '되기'의 영역으로 밀어 올리기를 희망한다. 생성형 인공지능 시대를 살아가는 우리들의 '함께 되기'를 통해 정동 연구는 바로 그 정동과 함께 끊임없이 재생될 것이다.

2023년 5월

모두를 대신하여

젠더 · 어펙트연구소 전임연구원 권두현

차례

1부

서사의 역사와 아상블라주: 마주침의 어펙트

〈오징어 게임〉 어펙트, 마주침의 윤리와 연결성의 에토로지[1]

권명아

1. 초국가적인 반페미니즘 흐름 연구를 위한 기초 연구

〈오징어 게임〉의 전지구적 흥행에 대해 다양한 논의가 진행 중이다. 〈오징어 게임〉에 대한 논의는 짧은 시간 집중적으로 쏟아지다시피 해서, 마치 "쓰나미와 같이 몰려온다"라고도 표현된다. 일본 작품과의 유사성이나 표절 논란, 성차별적 재현 방식에 대한 비판, 폭력성에 대한 비판 등 드라마 공개가 시작된 초반에는 비판적 여론도 있었으나 넷플릭스 비영어권 콘텐츠 중 1위라는 흥행 성적 앞에서 한국 문화산업의 글로벌 성공 요인에 대한 논의로 급전환되었다. 〈오징어 게임〉을 둘러싼 '반응'은 이질적인 행위자들

1 이 글은 「『오징어 게임』 어펙트, 마주침의 윤리와 연결성의 에토로지」, 『석당논총』 제82집, 동아대학교 석당학술원, 2022를 수정 · 보완하여 재수록한 것이다.

에 의해 순식간에 번성해나갔다. 감독은 〈오징어 게임〉의 특징과 성공 요인이 텍스트의 단순함이라고 강조했지만, 드라마를 둘러싼 해석과 논란, 열광과 반감은 단순하지만은 않았다.

〈오징어 게임〉의 '의미'는 원작 드라마의 내적 특성이나 마케팅 전략에 의해서만이 아니라 텍스트 생산과 수용에 관여하는 다양한 행위 주체들의 마주침과 마주침에서 촉발되는 의미, 감각, 반응, 정서에 의해 '점점 더 자라난다.' 넷플릭스라는 글로벌 플랫폼과 수용자, 텍스트라는 물질적 행위자와 인간 행위자의 마주침을 통해 의미와 감각이 생명체처럼 자라나고 생성하는 방식을 우리는 정동적이라고 부른다. 이러한 정동적 마주침의 과정을 통해 텍스트를 둘러싼 의미-감각의 아상블라주(assemblage)가 생성되고 지금도 생성 중이다. 이 아상블라주는 이질적이거나 때로는 적대적인 해석과 정치적 방향성들이 마주치는 투쟁과 경합의 배열체가 되기도 한다. 〈오징어 게임〉을 성차별적 텍스트로 해석하는 아상블라주는 텍스트와의 마주침의 윤리로써 '보이콧'을 선택했다. 또 〈오징어 게임〉을 한국 자본주의의 디스토피아에 대한 메타포로, 특히 쌍용자동차 사태에 대한 알레고리로 해석하려는 아상블라주는 텍스트와의 마주침의 윤리로써 〈오징어 게임〉을 반자본주의 텍스트로 해석하는 배열체를 생성 중이다.

이 연구는 〈오징어 게임〉을 둘러싸고 생성 중인 아상블라주에 연결하고 개입하는 또 다른 개입의 윤리로서 젠더·어펙트 연구 관점에서 기존의 해석 배열체에 대한 비판적 해석을 제시하고자 한다. 또 젠더 연구와 정동 연구 관점에서 〈오징어 게임〉을 해석하는 방법론을 제시하고자 한다. 이 연구는 〈오징어 게임〉 해석을 텍스트의 단순함과 해석 아상블라주 생성에 개입하는 생체 매개된 몸들의 복잡계 사이에서 발생하는 정동 정치의 문제로 접근한다. 이는 〈오징어 게임〉 텍스트에 대한 해석뿐만 아니라 넷플릭스라는 플랫폼의 고유한 정동 정치에 대한 분석과 연결된다. 넷플릭스의 사용자 연상 반응 추천 시스템은 사용자의 정동을 특정 방향으로 조정(modulation)한다. 이러한 정동 조정 시스템은 글로벌 텔레비전 서비스를 통해 더욱 큰 영향을 미치고 있다. 이런 정동 조정은 시스템을 통해서만이 아니라 넷플릭스 콘텐츠, 특히 최근 상위권에 오른 텍스트의 주요 특징이기도 하다. 〈루머의 루머의 루머(13 Reasons Why)〉(2017~2020)가 '윤리적 공황'을 촉발하는 논란을 불러일으켜서 비판과 열광을 불러왔다면 〈너의 모든 것(You)〉은 교제살인과 스토킹 범죄를 정당화하고 이를 통해 '사랑'이라는 감정에 교란을 일으켰다고 비판을 받기도 했다. 〈오징어 게임〉에서 정동적 교란의 대상은 도덕 감정이라 할 수 있다.

〈오징어 게임〉은 소년 성장 서사로서의 서바이벌 게임을 중년의 몰락한 가부장 남성의 성장 서사로 변형한다. 몰락하고 무능력한 가부장 남성은 게임에서의 전투를 통해서 새로운 의미의 가부장으로 거듭나게 된다. 이런 재생 과정은 기훈이 "믿을 만한 가부장"으로 재생하는 과정이기도 하다. 드라마는 "믿을 만한 가부장 되기"라는 성장 서사를 통해서 "믿을 만한"이라고 하는 도덕 감정을 정동적 조정의 대상으로 삼는다. 기훈이 믿을 만한 가부장이 되는 과정은 한편으로는 믿을 수 없는 존재들인 대립항/행위자 주체를 생산하는 과정이기도 하다. 또 기훈이 무능력한 빚쟁이에서 믿을 만한 가부장으로 재생하는 과정을 통해 투기자본주의 시스템을 도덕화하고 정당화하고 있다. 동시에 이 도덕화 과정은 가족을 위해 전쟁터에서 목숨 걸고 전쟁을 수행했으나 아내나 어머니나 어떤 여성들에게도 이를 인정받아보지 못한 '억울한 남자들'의 도덕률이 구성되고 확증되는 과정이기도 하다. 기훈이 믿을 만한 가부장으로 재생하는 과정은 바로 이 억울함 정동이 '도덕'으로서 지위를 획득하는 과정이기도 하다. 억울함이 모욕당한 가부장의 손상된 감정에서 믿을 만한 가부장의 도덕이 되는 재생의 서사 속에서 관련한 행위자들은 모두 '신뢰'를 둘러싸고 선과 악으로 양분된다. 특히 여기서 여성들은 믿을 만한 행위자와 믿을 수 없는 행위자(전 부인, 한미녀, 여성 표상을 사용한 오퍼레이터 기계 장치를 포함한)로 구별되어 할당된다.

기훈이 믿을 만한 가부장으로 재생하는 과정은 단지 도덕의 문제가 아니라 '신뢰자본(신용)'을 회복하는 과정이다. 그러나 이 신뢰자본 획득 과정에 여성들은 그 누구도 포함되지 않는다. 즉 이러한 서사 속 결국 파산 상태에서 믿을 만한 가부장으로 재생한 기훈의 성장은 신용회복이라고 하는 투기자본주의 사회의 핵심 자본을 획득하는 과정이기도 하다. 그러나 드라마는 이 과정이 '돈'의 문제가 아니라 '도덕'의 문제라는 점을 메시지로 강조하면서 수용자에게 윤리적인 불편함을 소거시키면서 투기자본주의의 게임을 도덕화된 감정으로 수용하도록 만든다. 또 이 게임 서사는 사실상 남성만이 접근 가능한 신뢰자본의 세계를 정당화하면서 여성을 배제한다는 점에서 젠더화된 신뢰자본을 도덕화해 정당화하는 기능을 한다.

이 연구는 〈오징어 게임〉에 대한 해석만을 목표로 하지 않는다. 〈오징어 게임〉은 전 지구적인 문화 산업 시장에서 '미투 시대'가 콘텐츠로 전유되고 지배적 흐름이 되었던 과정과 이에 대한 전유와 반작용이 콘텐츠 생산에서 어떻게 형성되는지를 보여주는 사례이다. 즉 초국가적인(transnational) 반페미니즘 백래시 흐름을 살펴볼 수 있는 사례이다. '미투'로 상징되는 전 지구적인 페미니즘 흐름은 문학과 문화 텍스트 생산에 커다란 변화를 초래했다. 특히 가스라이팅에 대한 비판과 가스라이팅 서사를 여성 주체화 서사로 전유한 문화적 흐름은 전지구적인 유행이 되기도 했다. 미국과 유럽에서는 이런 서사를 도메스틱 느와르라고 명명하기도 했다. 넷플릭스는 도메스틱 느와르를 각 지역의 맥락에 따라 생산하고 배급하는 주요 플랫폼이 되기도 했다. 또한 도메스틱 느와르는 넷플릭스의 서비스와 관극 방식에 매우 잘 부합하는 서사 양식이기도 했다. 〈오징어 게임〉은 전지구적으로 유행했던 도메스틱 느와르를 폐쇄된 통제 환경에 갇힌 중년 남성 가부장의 게임 서사로 전유했다. 이런 서사적 전유 과정에서 페미니즘에 대한 부정적 반작용 역시 서사 단위로 구성된다. 초국가적인 반페미니즘 백래시와 한국 콘텐츠의 변화를 고찰하기 위한 기초 작업으로서 본 논문은 초국가적인 텔레비전 보기라는 관극 패턴과 〈오징어 게임〉을 둘러싼 정동 정치를 먼저 살펴보고자 한다. 또 여기서 미국화된 냉전 문화의 원형이 〈오징어 게임〉 서사에서 초국가적인 페미니즘 백래시 서사로 소환되는 방식 또한 살펴보고자 한다. 이를 토대로 이후의 연구에서 초국가적인 반페미니즘 백래시의 문제와 초국가적인 문화산업과 냉전기 문화유산과의 교섭, K-콘텐츠에 대한 열광과 환멸의 상호 관계를 좀 더 체계적으로 규명하고자 한다.

2. 팬데믹과 초국가적 텔레비전 보기: 도메스틱한 것의 정동 조정(affective modulation)

2.1. 팬데믹과 안방극장의 정동 조정 시간

브라이언 마수미(Brian Massumi)는 9·11 이후 미국 정부의 테러경보 시스템이 텔레비전을 통해 매일 주기적으로 송출되면서 그동안 소셜미디어와 글로벌 웹에 자리를 내어준 텔레비전이 사건 전달 매체(event medium)로서의 역할을 다시 찾게 되었다고 분석한 바 있다. 한국에서는 이른바 독재 정부하에서 '땡전 뉴스'가 정부의 최종 결정을 전달하는 매체가 되었듯이 텔레비전은 사회-정치적으로 중요한 최종 순간을 전달하는 사건 전달 매체로서 기능해왔다. 도널드 트럼프(Donald J. Trump) 미국 전 대통령은 사건 전달 매체의 기능을 트위터로 이전한 것처럼 보이지만 예상치 못한 팬데믹과 실시간 방역 위기 체제가 가동되면서 텔레비전은 다시 유일한 사건 전달 매체로서의 기능을 되찾았다. 브라이언 마수미는 9·11 이후 가속화된 텔레비전의 기능 변화를 정동하는 권력의 중요한 변화 지점으로서 논한다. 테러와의 전쟁을 선언하며 실시간으로 생중계되는 테러경보 시스템을 통해서 텔레비전은 다시 한번 "대중의 자발적인 정동 조정을 위한 지각적 초점을 제공하게 되었다." 특히 테러경보 시스템이 텔레비전의 등에 업혀 자발성의 순간을 포착하게 되었고(capture spontaneity) 이렇게 자발성을 포착함으로써 테러경보 시스템은 테러경보가 아닌 일종의 습관적 기능으로 변환되었다.[2]

브라이언 마수미는 이를 권력 메커니즘이 작동하는 시스템 환경의 변화로 접근한다. 경계경보의 송출이 통치를 대체하면서 통치는 텔레비전에 넘겨졌고 정부는 대화적 중재에 의존했던 통치를 무시하고 이전에는 없었던 대중의 신경계와 신체 표현에 접근할 수 있는 신호 통로를 얻게 된다. 증거가 없어도, 설득하지 않아도, 논증 없이도, 정부의 이미지 제작은 행동(반응)을 유발할 수 있었다. 이 과정에서 공공 정부의 기능은 효과의 즉시성을 얻었지만, 결과의 통일성을 상실했다. 정부는 대중을 향해 일관된 메시지나 신념을 전달하는 대신 모순되고, 일관성이 전혀 없는 태도를 보이고 아무렇지 않게 말을 바꾼다. 이로 인해 권력의 작동 방식은 "사람들의 관념 작용적 입장의(positional) 각도에서 주체들에게 연설하는 것이 아니라 그들의 정동적 기분의 각도에서 신체에 연설하는" 방식으로 변화된다. 정부의 기능은 일관성이나 신념의 중재에서 멀어져서 직접적인 활성화(activation)로 방향을 돌리게 되었다.[3]

정동적인 방식으로 통치성을 텔레비전에 넘기면서 권력의 지각은 복잡계의 고유한 우발성에 맡겨진다. 복잡계에서는 우회나 감쇠, 증폭, 간섭 패턴 등 모든 것이 신호를 송출하는 와중에 발생하기에 입력물이 결과물과 반드시 일치하지 않는다. 전달된 정동

2 브라이언 마수미, 최성희 · 김지영 역, 『존재권력』, 갈무리, 2021, 269쪽.

3 브라이언 마수미, 위의 책, 270쪽.

과 함께 우연이 정치적으로 작동할 수 있게 된다. 정치적 불확실성 원리가 실행적(pragmatically)으로 확립되고, 불확실성의 화용론(pragmatics)이 지배적이 된다.[4]

한국의 경우도 소셜미디어에 자리를 내준 텔레비전이 팬데믹과 함께 사건 전달 매체로서 다시 돌아왔다. 매일 송출되는 주기적인 '방대본'(중앙방역대책본부) 뉴스는 방역 위기 등급에 따라 일상을 '자발적'으로 규율하고 습관을 만드는 정부-미디어 기능을 수행했다. K-방역에 대한 자부심, 정은경 질병관리청장에 대한 열광, 방역 규칙 위반 집단에 대한 혐오와 배제는 이런 정동 조정의 결과가 표현된 행동이다. 그러나 이러한 정동 조정이 이후 어떤 결과적 행동으로 이어질지는 예측 불가능하고 불확실하다. 팬데믹 이후 TV조선의 약진은 이런 정동 조정의 결과와 불확실성의 한 사례라 하겠다. 정치권이나 담론장에서는 K-방역 열풍이 이른바 집권당인 '진보 정권'에 유리한 것으로 인식되는데 극단적인 보수 미디어에 가까운 TV조선이 팬데믹의 안방극장에 이전과는 비교할 수 없을 정도로 강력한 영향력을 획득하게 된 것은 흥미롭다. 팬데믹 시대 방역 조치들은 지표에 의한 예측과 관리, 위기 단계에 따라 일상생활을 조정하도록 하는 정동적 조율을 삶의 새로운 습속으로 만들었다. 측정 가능(하다고 생각되는)한 지표에 따라 위기를 예측하는 방역 시스템이 일상화되면서 한국 사회는 한편으로 예측 시스템에 대한 '신뢰'와 '의존'이 강해졌다. '안전한 집'에 머물면서 정부의 조치에 따라서 일상의 습속을 자발적으로 재조정

---

4 브라이언 마수미, 위의 책, 271쪽. 번역은 요약 과정에서 임의로 필자가 수정함.

하는 삶이 지속되었다. 안방극장은 권력 시스템에 반응하고 활성화되는, 정치적으로 활성화된 동시에 규제 조치를 자발적으로 수행하는 모순적이고 충돌하는 정동 조율과 수행의 장이 되었다. 안방극장의 관객들은 단지 수동적 보기의 상태가 아니라 언제나 위기를 감지하고 반응하고 스스로 행동할 준비를 언제 어디서나, 실시간으로 '행하고 있는' 상태이다. 여기에는 '안전'과 '자기규율'이라는 안정 상태를 향한 반응들과 매일 변화하는 조치들에 민감하게 반응해야 하는 불안정하고 변덕스럽고 민감한 상태가 불확정적으로 혼재한다.

정동의 극장으로 변용된 안방극장에 정동의 강도를 더욱 활성화하고 있는 것은 넷플릭스를 포함하여 새로 서비스를 시작한 글로벌 티비 플랫폼(애플 티비와 디즈니 플러스 등)이다. 넷플릭스는 서비스 초반 한국에서 주로 '차별화 전략'을 추구했다. 한국 미디어에서 볼 수 없는 다양한 장르를 필두로 넷플릭스는 글로벌 자본으로서의 이미지보다 "진보적인 콘텐츠를 제작하는 미디어"라는 이미지를 내걸었고 주요 대상 시청자를 젊은 세대 여성과 소수자로 설정했다.[5] "진보적인 콘텐츠를 생산하는 미디어"로서 넷플릭

---

5 넷플릭스 서비스 초기 콘텐츠는 페미니즘 연구의 주요 대상이 되기도 했다. 최연진은 넷플릭스가 한국에 서비스하기 시작하면서 '페미니즘적 플랫폼'으로 받아들여졌고 이른바 젠더적으로도 진보적인 콘텐츠를 제작하는 플랫폼으로 인식되었다고 논한다. "넷플릭스가 정치적인 측면에서나 젠더적인 측면에서나 소위 '진보'적인 콘텐츠를 제작하는 것으로도 잘 알려져 있다. 미국의 슈퍼마켓 체인인 월마트가 넷플릭스의 정치적 편향성으로 인해 (대체로 백인 남성으로 상상되는) 미국의 고연령대 저소득층 블루칼라 노동자들과 같은 시청자군이 스트리밍 시장에서 배제되고 있다고 비판했다는 사실은 미국에서 넷플릭스라는 매체가 어떤 식으로 인식되고 있는지를 잘 보여준다고 할 수 있다. 넷플릭스

스의 전략이 어떻게 변화하고 있는지는 별도의 논의가 필요하다.

도메스틱 느와르는 미투 시대의 문화적 상관물이라고 한다면, '괴도' 장르는 팬데믹 시대의 문화적 상관물이라고도 하겠다. 앞

가 처음 한국에 출시되던 당시 〈여성신문〉에서 이를 소개하는 기사에 '페미니즘 콘텐츠 즐기세요'라는 제목을 붙였던 것을 보면, 넷플릭스가 페미니즘 관객을 위한 어떤 가능성을 제공하는 공간이라는 인식은 한국에도 어느 정도 공유되고 있었던 것으로 보인다. 시청 횟수나 콘텐츠 순위 등 사용자들의 시청과 관련된 정보를 거의 제공하지 않는 넷플릭스의 방침상 이러한 인식이 얼마나 근거 있는 것인지를 파악하기는 쉽지 않은 작업이다. 작성자에게 인센티브까지 지급하면서 리뷰쓰기를 적극적으로 장려하는 경쟁사 왓챠플레이와는 달리, 플랫폼 내에 사용자들의 반응을 확인할 수 있는 장치가 전무하다는 것 역시 사용자들이 넷플릭스 콘텐츠를 어떻게 소비하고 있는지를 확인하기 난감하게 만드는 부분이다. 물론 외부 커뮤니티를 통해 넷플릭스 콘텐츠에 대한 리뷰가 이루어질 수는 있으나 아직 국내에 넷플릭스 가입자가 그다지 많지 않은 편인 만큼 유료 가입을 마쳐야 시청할 수 있는 콘텐츠에 대한 페미니즘의 관점에서 본 넷플릭스 콘텐츠 경험의 가능성 리뷰가 일반 커뮤니티에서 활발하게 이루어지기 어려운 상황이다. 때문에 본고의 내용은 필자의 개인적인 시청 경험에 크게 의존하고 있다는 한계가 있음을 미리 밝히고자 한다. 그러나 앞에서 언급된 〈여성신문〉의 넷플릭스 소개 기사를 비롯하여 『아이즈(ize)』나 『일다』, 『펀치』처럼 페미니즘적 성격이 강한 미디어에서 넷플릭스의 오리지널 콘텐츠를 '여성서사'라는 맥락에서 추천하는 글들을 빈번하게 발견할 수 있다는 점을 보면, 국내에서도 페미니스트들이 넷플릭스 콘텐츠에 주목하고, 이러한 콘텐츠를 페미니즘적으로 독해하려는 관심이 확산되고 있는 것으로 보인다. 쿠바 이민자 싱글맘 가족의 이야기를 그리고 있는 시트콤 〈원 데이 앳 어 타임〉이나 원작의 이야기에 여성, 인종, 성 소수자의 문제를 접목시켜 재해석한 〈빨간 머리 앤〉 등의 오리지널 시리즈들은 국내 언론에서도 페미니즘적인 관점에서 많이 기사화되었던 작품들이다. 페이스북이나 브런치, 블로그 등의 소셜미디어에서도 '넷플릭스 페미니즘 ○○ 추천'이라는 제목의 글을 상당히 많이 찾아볼 수 있다. 따라서 본고에서는 넷플릭스를 통해 페미니즘적 콘텐츠가 상당수 제작되고 있으며, 한국에서도 이러한 맥락에서 넷플릭스 콘텐츠에 주목하고 있는 사용자층이 늘어나고 있다는 전제하에, 넷플릭스의 어떤 점이 이러한 현상을 가능하게 했는지에 대해 분석해보고자 한다.", 최연진, 「페미니즘의 관점에서 본 넷플릭스 콘텐츠 경험의 가능성-넷플릭스의 여성 스탠드업 코미디를 중심으로」, 『여성이론』 제40호, 여이연, 2019, 133-152쪽.

서 최연진이 지적하고 있듯이 넷플릭스가 공략해온 주요 시청자 집단이 여성과 소수자였고 블루칼라 노동자들이 배제되고 있다는 불만이 제기되기도 했다. 흥미롭게도 〈종이의 집(La Casa de Papel)〉, 〈뤼팽(Lupin)〉, 〈오징어 게임〉의 주인공은 모두 블루칼라 노동자이자 중년 남성 가장이다. 이 세 작품을 중심으로 한 큐레이션은 그간 넷플릭스가 주요 시청자 집단으로 포괄하지 못했던 집단을 공략하여 시청자층을 확대하는 방향성을 보여준다. 또한 이는 팬데믹으로 전세계인들이 집 안에서 텔레비전을 보는 시간이 많아졌고, 이에 따라 시청자층이 다양해진 상황과도 무관하지 않다.

또 이 세 작품이 모두 블루칼라 중년 남성 가장의 과거(아버지의 몰락 혹은 과거의 트라우마)를 바탕으로 하고 있는 점도 흥미롭다. 일련의 새로운 장르로서 '괴도' 장르 혹은 정의로운 복수 서사는 블루칼라 중년 남성 노동자들의 과거에 대한 향수와, 빼앗긴 과거를 되찾으려는 열망을 투영하고 충족하는 공통점을 지닌다. 또 이러한 향수는 콘텐츠 생산 지역의 역사적 경험, 특히 '인민의 투쟁'의 역사와도 밀접한 관련을 맺는다. 〈종이의 집〉은 반파시즘 혁명기, 투쟁하는 인민의 시대에 대한 향수를 강하게 자극했다. 〈뤼팽〉은 너무나 유명한 모리스 르블랑(Maurice Leblanc)의 원작을 식민지 출신 인종적 소수자의 서사로 재구성하여 고전에 대한 향수와 반제국주의 투쟁의 시대에 대한 향수를 불러일으켰다. 〈오징어 게임〉은 쌍용차 사태로 상징되는 노동자 투쟁 시대의 트라우마와 향수를 불러일으키기도 했다. 또 〈오징어 게임〉은 냉전기 한국에 형성된 휴머니즘 서사를 재구성하기도 했다.

〈오징어 게임〉의 전세계적 성공은 불확실성이 지배하는 정동

극장의 산물이며 넷플릭스의 성공은 집에 머물 수밖에 없던 팬데믹 상황과 관련이 깊다. 그러나 팬데믹과 넷플릭스의 관계는 단지 집에 체류할 수밖에 없던 외적 조건의 문제가 아니라 전세계적인 권력 시스템의 정동적 전환과 텔레비전과 정부-전지구적 자본의 연결성 변화의 산물이기도 하다. 또 일국 단위에서 볼 때 한국에서 〈오징어 게임〉의 성공은 넷플릭스가 소수자를 겨냥한 차별화 마케팅 전략에서 안방극장 소비자로 전환한 마케팅의 산물이기도 하다. 동시에 이러한 전환은 페미니즘 리부트 시대에서 페미니즘 백래시 시대로 전환하는 한국 사회의 거대한 정동적 전환과도 밀접한 관련이 있다.

2.2. 초국가적 텔레비전 보기와 '도메스틱한 것(the domestic)'의 정동적 배열(disposition)

넷플릭스에 대한 연구는 소비자에게 서비스 사용을 유도하는 기술의 정서적 효과를 중심으로 진행되었다. 넷플릭스 서비스는 텔레비전 보기와 콘텐츠 생산, 플랫폼 선택에서 시청자의 정서를 주요 대상으로 삼았다.[6] 넷플릭스에 특화된 시청자를 몰입시키는 몰아보기 방식(Binge Watching)에 대해서는 국내외를 망

6 넷플릭스의 서비스 방식과 사용자의 이용의도에 대한 연구는 광범위하게 축적되었다. 또 넷플릭스와 OTT 서비스의 결합에 대해서도 다양한 논의가 축적되었다. 기존 연구사와 최근 동향은 박희봉 · 이해수 · 한동섭, 「넷플릭스(Netflix)의 지각된 서비스 속성이 지속이용의도에 미치는 영향: 서비스 융합에 따른 핵심 가치사슬 변인 검증을 중심으로」, 『사이버 커뮤니케이션 학보』, 제37권 제1호, 사이버커뮤니케이션학회, 2020, 5-46쪽 참조.

라하여 많은 연구가 진행되었다. 또 시청자의 행동을 유도하는 추천 시스템에 대해서는 감정적 소비의 관점에서도 연구가 진행되었다. 최선영과 고은지는 넷플릭스 서비스를 불확실성과 인지적 판단이라는 행동경제학의 이론으로 설명하기도 한다.[7] 또 넷플릭스는 시청자의 참여를 강화함으로써 '보기(viewing)'를 수동적 보기에서 능동적 하기(doing)로 변형시켰고 특히 시청자가 보는 자가 아닌 플레이어로서의 주체 위치를 갖도록 하는 시스템을 강화했다.[8]

초기 넷플릭스 연구가 서비스 기술과 수용자의 정서에 작동하는 방식에 초점을 두었다면 최근에는 시청자의 행위성을 끌어들이는 방식, 특히 시청자의 '취향'에 대한 기술적이고 정서적인 조작에 대한 연구들이 시작되고 있다. 넷플릭스와 시청자 행위성에 대한 연구 흐름은 〈오징어 게임〉 분석과 관련해서도 중요한 참조

7 "행동경제학자인 트버스키와 카너먼(Tversky & Kahneman, 1974)이 "불확실한 상황에서의 판단: 어림짐작과 편향"에서 개념화한 회상용이성(availability)과 인지적 편안함(cognitive ease; Kahneman, 2011)으로 넷플릭스의 추천시스템을 설명하고자 한다. 또 컴퓨터 상호작용 관점에서의 행동유도성(affordance; Norman, 1999) 개념으로 이들의 개인화 알고리즘이 고도화되는 원리를 탐색해 보고자 한다. 취향이 반영된 '개인화'(personalized) 추천 시스템은 이용자에게는 인지적 편안함을 주는 장치이면서, 사업자에게는 한정된 자원을 효율적으로 활용하는 전략이 되기 때문이다." 최선영 · 고은지, 「넷플릭스 미디어 구조와 이용자 경험: 행동경제학 관점에서 본 이용자와의 관계 맺기」, 『방송문화연구』 제30권 제1호, KBS 공영미디어연구소, 2018, 12쪽.

8 홍구슬 · 신광철, 「게이미피케이션 메커니즘을 기반으로 한 드라마 몰아보기(Binge Watching) 시청행태 분석: 넷플릭스(Netflix) 사례를 중심으로」, 『글로벌문화콘텐츠학회 2017년 하계 학술대회 자료집』, 글로벌문화콘텐츠학회, 2017, 239-242쪽.

점을 준다. 넷플릭스 보기에 대한 연구는 초국가적(transnational) 텔레비전 보기라는 새로운 시청 양태를 '발명'했다. 초국가적 텔레비전 보기 연구는 넷플릭스라는 미국 플랫폼이 전세계 시청자들에게 미치는 영향에 대한 연구로 확산되기도 했다. 나아가 넷플릭스의 추천 시스템과 알고리즘, 마케팅 방식이 사용자/비사용자인 인간의 비물질 노동을 착취하거나 정서 조작 혹은 정동적 파괴 효과를 기반으로 하고 있다는 연구들도 지속적으로 이어지고 있다.[9]

1950년대 이래 미국 텔레비전 산업이 전지구적으로 영향력을 확대해왔고 넷플릭스를 비롯한 새로운 형태의 유료 텔레비전 서비스의 등장과 성공은 "미국 텔레비전의 새로운 황금기"가 도래했다는 비판적 평가로 이어지고 있다. 1950년대 이래 미국의 주도권이 가장 강해진 이러한 새로운 상황에 대해 다양한 논의가 이어지고 있다. 이를 새롭게 재편되고 미국의 주도성이 더욱 강화된 새로운 미디어 제국주의로 볼 것인지 아니면 이를 텔레비전의 전지구화의 새로운 형식 혹은 복합적이고 새로운 형태의 초국가주의로 볼 것인가 하는 것이 주요 논점이다.[10]

한국 콘텐츠의 미국 내 인기를 초국가적 텔레비전 보기라는 형식과 시청 방식의 변화로 해석하는 연구도 이런 맥락에서 진행 중이다. 한국 콘텐츠의 글로벌 확산에 대해서는 한국 내에서는 주

---

9 Dianna Floegel, "Labor, classification and productions of culture on Netflix", *Journal of Documentation,* Vol.77, Iss.1, 2021, pp.209-228.

10 Joseph D. Straubhaar, et al., "Class, pay TV access and Netflix in Latin America: Transformation within a digital divide", *Critical Studies in Television,* Vol.14, Iss.2, 2019, pp.233-254.

로 '한국 콘텐츠의 세계적 성공, 글로벌한 성공'에 강조점이 두어졌고 〈오징어 게임〉의 시청률 1위에 대한 보도 역시 주로 이 점을 강조하고 있다.

넷플릭스 미국 시청자들의 한국 콘텐츠 시청에 관한 연구에서 주혜정은 "기존 미디어 연구가 주로 미국이나 유럽 콘텐츠의 해외 전파와 글로벌 메인스트림의 확대재생산에 초점을 두고 있다. 그러나 반대의 경우에 대한 연구가 거의 없다. 초국가적 텔레비전 보기에서 미국이나 유럽 중심 지역이 아닌 다른 지역 콘텐츠가 소비되는 '초국가적 텔레비전 보기'에 대한 연구가 필요하다고 강조한다.[11] 또한 주혜정에 따르면 "시청자들이 K-드라마를 소비하는 것은 문화횡단적(transcultural), 감정적, 행동적 참여 간의 상호작용의 산물이다. 특정 문화 공동체에 관한 서술과 시각적 대본 모두 항상 시청자가 기반하고 있는 현지의 주체성(subjectivities)과 경험에 따라 번역된다.[12] 이는 넷플릭스 미국 시청자들의 K-드라마 시청이 독특한 개입 실천과 해석적 경험들이라는 점을 의미하며 이는 텍스트의 의미나 콘텍스트의 의미들이 문화횡단적 지각들을 경유해서 해석된다는 중요한 문제를 발견하도록 우리를 이끈다."[13]

---

11 Hyejung Ju, "Korean TV drama viewership on Netflix: Transcultural affection, romance, and identities", *Journal of International and Intercultural Communication,* Vol.13, No.1, 2020, pp.32-33.

12 Nicola Mai, Russell King, "Love, Sexuality and Migration: Mapping the Issue(s)" *Mobilities*, Vol.4, Iss.3, 2009, pp.295-307.

13 Hyejung Ju, "Korean TV drama viewership on Netflix: Transcultural affection, romance, and identities", *Journal of International and Intercultural Communication,* Vol.13, No.1, 2020, p.38.

이런 맥락에서 〈오징어 게임〉의 흥행이나 한국 이외 지역 시청자들의 드라마에 대한 해석은 한국에서의 〈오징어 게임〉 시청과는 다른 콘텍스트와 배열(agencement)에 대한 연구에 기반하여 판단해야 한다. 그러나 〈오징어 게임〉 열풍에 대한 한국 담론에서도 드러나듯이 자국 콘텐츠의 해외 확산을 해석하는 지배적 방식에 거의 변화가 없는 상태이다.

넷플릭스를 비롯한 글로벌 텔레비전 산업은 문화적으로 어느 때보다 미국 중심성을 강화했다. 한편 전지구적인 콘텐츠 순환에서 미국과 유럽 중심성이 비서구(특히 아시아와 중남미 지역) 콘텐츠가 미국과 유럽으로 송출되는 방식으로 역전하는 방향성도 보여준다. 또한 특정 지역에서 생산된 콘텐츠가 다른 지역으로 송출되고 수용될 때 해당 지역의 주체성과 위치, 인종, 계급, 젠더적 위치의 문화교섭 과정이 더욱 확장되었다. 이러한 경향에 대해서는 텔레비전의 초국가적 확산이라는 새로운 형태가 서구와 비서구라는 지역적 차이를 강화하는 방식(문화 제국주의)에서 초국가적으로 횡단하는 계급적 차이화를 더욱 강화한다는 분석도 활발하게 이어지고 있다.[14]

서구와 비서구라는 지역적 차이를 중심으로 한 권력의 할당이 초국가적이면서도 젠더, 인종, 계급에 따른 결속(취향 결속체)과 배제로 이어지는 것이 텔레비전을 매개로 한 새로운 초국가주의의 주요 특성이라 할 수 있다. 이런 맥락에서 〈오징어 게임〉의 사례에

---

14 Joseph D. Straubhaar, et al., "Class, pay TV access and Netflix in Latin America: Transformation within a digital divide", *Critical Studies in Television*, Vol.14, Iss.2, 2019, pp.233-254.

서도 알 수 있듯이 텍스트 생산국에서의 콘텐츠를 매개로 한 결속과 배열은 다른 지역에서의 배열과 모순되거나 대립하는 의미와 효과를 발휘한다. 또 콘텐츠의 글로벌 확산이 반드시 제작국에 대한 긍정적 의미 부여로 이어지지 않는다는 점도 주목할 필요가 있다. 많은 이들이 논하는 바와 같이 한국 콘텐츠의 해외 성공은 팬덤과 팬덤 네트워크의 힘에 크게 의지한다. 미국에서 한국 콘텐츠 소비 역시 팬덤 커뮤니티를 기반으로 진행된다. 주혜정도 지적하고 있듯이 한국 콘텐츠는 팬덤의 열렬한 지지에 기반해서 인기를 끌지만, 이 열렬한 지지는 동시에 '극혐(dislike)'을 표명하는 집단적 소비자층을 만들게 된다. 그런 의미에서 팬덤을 열광과 증오의 극단화라는 측면에서 살펴볼 필요가 있다.[15]

혐오를 동반한 열광, 극단적인 호불호가 나뉘는 팬덤은 바이럴 마케팅이 선호하는 방식이기도 하다. 특히 넷플릭스는 최근 이런 식으로 시청자들이 극단화된 반응을 불러일으키도록 하는 방향으로 콘텐츠가 시청자에게 미치는 정동적 강도를 높여왔다. 이런 정동적 마케팅 방식 때문에 근래 몇 년간 넷플릭스 콘텐츠가 불러일으키는 "윤리적 공황"에 대한 문제 제기가 이어지고 있다. 2017년 넷플릭스에서 제작된 〈루머의 루머의 루머(13 reasons why)〉[16]는 미국 텔레비전 드라마 중 가장 많은 트위터 댓글을 기록

15 Hyejung Ju, "Korean TV drama viewership on Netflix: Transcultural affection, romance, and identities", *Journal of International and Intercultural Communication*, Vol.13, No.1, 2020, p.41. 주혜정은 이렇게 열광과 혐오로 극단화된 한국 콘텐츠 팬덤의 존재를 지적하고 있지만, 주로 열광하는 팬덤을 분석 대상으로 삼고 있다.

16 원작은 2007년 발표된 제이 애셔(Jay Asher)의 동명 소설이다. 한국 넷플릭스에

한 작품이다. 17세의 한나 베이커는 자신이 자살한 13개의 이유를 테이프에 남기고 자살한다. 드라마는 한나 베이커가 자살한 이유를 찾아가는 스토리로 이 작품이 방영된 후 청소년들의 자살을 부추기고 영웅화하는 등 "윤리적 공황"을 불러일으켰다. 드라마 방영 금지 요청이나 청소년에게 이 드라마 시청을 금지해야 한다는 요구도 이어졌다. 넷플릭스는 거센 비판에 대응해 넷플릭스 콘텐츠가 유발하는 '정서적, 윤리적 문제'를 완화할 수 있는 보완 장치라는 명목으로 넷플릭스 사이트에 "우리 한번 이야기해볼까"라는 상담 기관 하이퍼링크를 개설했다.

이 사이트에는 시청자가 시청하는 지역의 '관련 기관'이나 상담 기관 링크가 연결되어 있다. "우리 한번 이야기해볼까" 사이트는 "성폭력 및 관계 내에서 발생하는 학대", "정신 건강", "자해와 자살" 카테고리로 구성되어 있다. 한국 넷플릭스 사이트에는 한국 생명의전화, 여성긴급전화, 정신건강복지센터 연락처가 공지되어 있다. 그리고 이 사이트에 대해서 넷플릭스 측은 다음과 같은 공지를 덧붙였다.

> 이 웹사이트의 목록은 이들 문제와 관련하여 도움을 제공하는 기관과 자료의 일부일 뿐입니다. 이곳에 실린 내용은 정보 전달 목적일 뿐이며 실제 정신 건강 상담이나 치료를 대체할 수 없습니다. 이 목록에 포함되었다고 해서 해당 기관 또는 보건 의료 전문가를 넷플릭스가 보증한다는 뜻은 아닙니다. 곧바로 도움이 필요하거나

서는 〈루머의 루머의 루머〉라는 제목으로 2021년 공개.

위기 상황이라면, 지금 계시는 지역의 긴급 전화번호 또는 비상 핫라인으로 연락하거나 인근 병원 응급실 또는 진료소를 방문하세요.[17]

이 사이트에는 넷플릭스 콘텐츠 목록이 제공되고 해당 콘텐츠를 클릭하면 관련한 정서적 · 윤리적 문제에 대해 콘텐츠 출연자들이 나와 시청자에게 이야기를 건네는 형식으로 구성되어있다. 예를 들어 〈하우스 오브 시크릿(House of Secrets)〉을 클릭하면 "자해와 자살"이라는 카테고리가 뜨고 출연진들이 이에 대해 "우리 한번 이야기해볼까요"라며 도움이 필요하면 관련 기관에 연락하거나 상담을 요청하라고 시청자에게 당부하는 식이다. 〈조용한 희망(Maid)〉은 "성폭력, 관계 내에서 발생하는 학대", 〈알라와비 여고(AlRawabi School for Girls)〉는 "정신 건강" 카테고리로 이어진다. 이러한 방식은 기존 콘텐츠에 등장하는 "시청 경고" 자막의 연장에 있다고도 볼 수 있지만, 사실상 넷플릭스 콘텐츠가 전세계에서 새로운 정서적 · 윤리적 공황을 촉발하고 있다는 증거이기도 하다. 최근 개봉한 〈너의 모든 것〉은 스토킹과 교제살인을 소재로 하면서 스토커이자 살인마인 남성 주인공에 '광분'하도록 하여 논란을 촉발했다. 살인을 사랑으로 전도하면서 드라마는 사랑이라는 정서에 대한 배열에 의도된 혼란과 공황 상태를 촉발한다.

넷플릭스에서 이러한 경고 및 시청자에게 주는 안내 메시지, "우리 한번 이야기해볼까"와 같은 메시지를 첨부하는 텍스트는 주

---

17 원문보기 : https://www.wannatalkaboutit.com/kr/

로 '도메스틱 느와르'라고 최근 새롭게 규정되는 장르가 대부분이다. 특히 가정폭력, 성폭력, 가까운 사이에서 발생하는 폭력, 스토킹, 학교폭력, 자살과 관련해서 시청자의 과거의 '유사한 경험'이나 충동이 촉발할 가능성이 있는 콘텐츠로 분류하여 이런 메시지를 매회 반복한다. 도메스틱 느와르는 〈가스등(Gaslight)〉을 역사적 원천으로 다양한 서브 장르가 만들어졌으며 2000년대 초반 미국 대중 소설계에서 엄청난 성공을 거두었다. 〈가스등〉은 엄격하게 통제된 '환경'에서 여성이 정신적으로 불안한 병적 존재로 스스로를 인지하게 만드는 가부장 남성의 폭력을 그린 작품이다.[18] 2000년대 인기를 끈 도메스틱 느와르에서 정신적으로 불안정한 여성과 폭력적인 가부장 남성이라는 젠더 역할 할당은 유지되지만, 여성은 죽거나 미치지 않고 자신에 대한 남성의 통제에 맞서 반격하고 통제된 환경에서 벗어난다. 대표작으로는 〈나를 찾아줘(Gone Girl)〉, 〈기차 위의 여자(Girl on the train)〉 등이 있다. 2000년대 도메스틱 느와르는 여성 스릴러나 여성 탐정 서사라는 서브 장르를 계승해서 여성이 자신에게 가해진 정신적인 폭력과 통제를 벗어나는 새로운 서사로 인기를 끌었다. 또 도메스틱 느와르는 친절하고 매력적인 남성이라는 가면 속에 감춰진 남성의 믿을 수 없는 폭력성과 야만성을 여성 주인공이 폭로하고 세상에 알리는 서사이기도 하다.[19] 영어권 온라인 서점에는 '도메스틱 느와르'가 새로운 분

---

18 원작은 연극으로 1938년 영국에서 초연되었고, 영국에서는 1940년에 영화화되기도 했다. 잉그리드 버그만이 출연하여 잘 알려진 할리우드 영화 〈가스등〉은 1944년 작품이다.

19 '도메스틱 느와르'의 형성과 해석에 대해서는 다음을 참고. Deborah Philips,

류 코드가 되었다. 영어로 된 소설 중 도메스틱 느와르로 분류되는 소설은 1,354편이 검색된다.[20]

넷플릭스 TV 드라마 전세계 흥행 순위에서도 도메스틱 느와르와 〈오징어 게임〉 흥행의 추이를 살펴볼 수 있다. 2020년 TV 드라마 전세계 흥행 1위는 도메스틱 느와르인 〈퀸스 갬빗(The Queen's Gambit)〉이었다. 2020년 흥행 10위 안에는 '여성 서사'인 〈에밀리, 파리에 가다(Emily in Paris)〉가 2위, 〈더 크라운(The Crown)〉이 7위였다. 가정 내 폭력적 관계에 휘둘렸던 여성의 해방을 다룬 도메스틱 느와르로 분류할 수 있는 콘텐츠는 1940년대 정신병원을 무대로 성소수자에 대한 전환 치료의 폭력성을 섬뜩하게 다룬 〈래치드(Ratched)〉가 10위, 가족 내 폭력적 관계에 맞서는 여성을 주인공으로 한 멕시코 드라마인 〈검은 욕망(Dark desire)〉이 7위를 기록했다.

2021년 TV 드라마 전세계 흥행 1위는 〈오징어 게임〉(한국), 2위는 〈종이의 집〉(스페인) 3위는 〈뤼팽〉(프랑스)이다. 세 편 모두 미국이 아닌 다른 지역 드라마이고, '정의로운 복수극 혹은 괴도 장르', 거대 권력에 맞서는 가부장 남성 히어로 서사이다. 2021년 흥행에서도 여성 서사나 도메스틱 느와르 서사가 10위 안에 들긴 했으나 2020년과 비교해서 하락세가 뚜렷하다. 가정폭력에 대한 자전적 경험을 바탕으로 한 소설 원작을 드라마로 만든 〈조용한 희망〉이 10위였다. 2020년과 비교해도 여성 서사나 도메스틱 느와르의 흥행이 하락세로 돌아선 걸 볼 수 있다.

"Gaslighting: Domestic Noir, the Narratives of Coercive Control", *Women: A Cultural Review*, Vol.32, Iss.2, 2021, pp.140-160.

20 원문보기 : https://www.goodreads.com/shelf/show/domestic-noir

2020년과 2021년을 비교해보아도 1년 사이 넷플릭스 콘텐츠의 배열과 흥행 순위는 큰 변화를 보인다. 이는 시청자의 취향 변화로도 볼 수 있고 역으로 넷플릭스의 취향 그룹 분류 방식의 변화로도 해석할 수 있다. 도메스틱 느와르나 여성 서사 붐은 전지구적인 페미니즘 열풍, 소수자 콘텐츠에 대한 열망의 산물이다. 그러나 한편으로는 이런 서사의 붐은 글로벌 차별화 마케팅의 산물이기도 하다. 넷플릭스가 미국 중심의 서사나 콘텐츠에서 미국이 아닌 지역 콘텐츠로 방향을 바꾸는 흐름 또한 이런 차별화 마케팅의 산물이다. 다양한 시청자를 끌어들이기 위한 차별화 공략이 여성 시청자 대상 콘텐츠에서 비영어권 지역 콘텐츠 큐레이션과, 계급과 인종적 차이를 부각하는 콘텐츠로 중점이 이행하고 있다.

또 2020년에서 2021년 사이 넷플릭스 흥행 대상 콘텐츠는 여성 서사, 도메스틱 느와르(장르)에서 남성 히어로(정의로운 복수나 괴도) 장르로 변화했다. 여성과 소수자를 겨냥한 콘텐츠에서 블루칼라 중년 남성을 겨냥한 콘텐츠로 흐름이 변화했다. 도메스틱 느와르 장르는 미국 중심성을 유지하면서도 비백인, 미국 외 지역(특히 중남미 지역) 여성의 서사들로 확장되었다. 반면 정의로운 복수극, 남성 히어로의 서사는 뚜렷하게 미국 외 지역(한국, 스페인, 프랑스)의 계급과 인종(특히 〈뤼팽〉의 경우) 문제를 겨냥하고 있다.

특히 넷플릭스 콘텐츠가 도메스틱 느와르에 집중하면서 이른바 가정폭력이나 친밀한 폭력(domestic violence)을 다루는 방식에 대한 문제 제기가 이어지기도 했다. 이에 대해 전세계에서 다양한 비판이 이어졌다. 대표적으로는 〈루머의 루머의 루머〉에 대한 상영금지 요청과 시청 제한 논란을 들 수 있다. 〈루머의 루머의 루머〉는 학교폭력, 디지털 성폭력 피해를 입고 자살을 한 10대 여성 주인공이 자살에 이르게 된 13개의 이유를 찾아가는 과정을 그린다. 드라마 공개 이후 모방 자살 문제가 전세계적으로 이슈가 되었다. 도메스틱 느와르 콘텐츠 제작에서 남성 히어로 서사로 흐름이 변화한 데에는 이런 딜레마 또한 중요한 계기가 되었다고 볼 수 있다.

〈루머의 루머의 루머〉에 대한 논쟁은 현재도 여러 방향으로 진행 중이다. 이 글에서는 관련 논쟁에 대해 정동 연구의 관점에서 개입하고 그 방법을 〈오징어 게임〉 해석으로 이어가려 한다. 브리깃 힙플(Brigitte Hipfl)은 〈루머의 루머의 루머〉가 촉발한 "윤리적 공황"에 대해 상영금지 요청이나 시청 제한과 같은 방식으로 접근하는 것을 비판한다. 그는 콘텐츠가 청소년에게 윤리적 공황을 촉발한다는 이유로 시청 제한을 요청하는 것은 얼핏 정치적이고 윤리적인 요청처럼 보이지만 막상 청소년을 '보호받고 침해당하는 존재'로 설정하고 이미 구성된 이러한 배열을 재영토화하게 된다고 비판한다. 들뢰즈의 배열(아상블라주/아장스망) 개념을 토대로 브리깃 힙플은 텍스트의 "윤리적 공황"이 발생시키는 미디어 효과를 미리 결정하거나 예단할 수 없다고 논한다. 텍스트가 촉발하는 연결은 언제나 결정되지 않은 방식으로 생성될 수 있기 때문이다. 시청 제한이나 상영 금지, 상영 거부는 이런 연결을 미리 결정하고 예단함으로써 예측할 수 없는 연결성과 행위성 자체를 오히려 삭제하게 된다.[21]

---

21 Brigitte Hipfl, 최옥희 역, 「13개의 이유: 청년 아상블라주와 미디어 아쌍블라주」,

넷플릭스를 비롯한 미국 중심의 초국가적 유료 텔레비전 서비스는 오래된 문화 제국주의에 대한 논의에서 나아가 새로운 초국가주의적 취향 공동체가 생산하는 초국가적 차별 시스템에 대한 다양한 연구를 이끌어냈다. 한국 관계자들은 〈오징어 게임〉 콘텐츠의 글로벌한 성공을 K-콘텐츠의 성공으로 해석하고 싶어 한다. 넷플릭스의 시청자 분류 시스템에 의해 구성된 초국가주의적 취향 공동체에서 〈오징어 게임〉은 한국적 콘텐츠이면서 동시에 넷플릭스 추천 시스템이 추천해준 '나의 취향 콘텐츠'이다. 넷플릭스 카테고리인 '한국 드라마'에서 선택한 〈오징어 게임〉 드라마는 한국적 현실을 담아내는 콘텐츠로 인지되면서 넷플릭스 콘텐츠로 선택된다. 〈오징어 게임〉을 한국적 현실을 보여주는 콘텐츠로 인지하는 건 이런 분류와 취향 맞춤형 서비스와 무관하지 않다. 넷플릭스 세계에서 한국적인 것은 추천 카테고리라는 알고리즘과 분류 체계에 의해 매번 재구성된다. 넷플릭스 알고리즘과 분류 체계가 생성하는 한국적인 것은 많은 부분 할리우드 영화 시장에서 중남미 지역이 소비되는 방식과도 유사하다. 서유럽이나 미국에서는 도저히 상상할 수 없는 빈부 격차, 인신매매, 노예화, 살인 게임이 일상인 곳. 넷플릭스의 추천과 분류를 통해서 초국가주의적인 취향 공동체는 한국적인 것을 이렇게 인지한다.

한국에서 〈오징어 게임〉의 성공은 K-콘텐츠의 세계 제패라는 식으로 다분히 국가주의적으로 인지된다. 이와 대비하여 넷플릭스 취향 공동체에서는 〈오징어 게임〉은 인신매매, 살인게임이 벌

『미술과 교육』 제20집 제1호, 한국국제미술교육학회, 2019, 77-89쪽.

어질 수 있는 이례적인 지역이라는 한국적인 것에 대한 오래된 식민주의적 감각을 새로운 알고리즘과 분류 체계를 통해 갱신한다. 초국가주의적 취향 공동체 속에서 '한국적인 것'은 넷플릭스 추천 시스템의 '한국 드라마'라는 분류 알고리즘과 취향 분류, 인간 데이터 수집의 과정을 통해 갱신된다.[22]

또 〈오징어 게임〉은 한국 드라마라는 큐레이션으로 배열되기

22 넷플릭스 추천 시스템은 콘텐츠 제공자일 뿐만 아니라 콘텐츠 접근, 중재 및 경험 방식을 제어하는 "개인 데이터 브로커"라고 비판된다. "넷플릭스의 추천 시스템은 설립자인 리드 해스팅스(Reed Hastings)와 토드 옐린(VP Todd Yellin)을 비롯한 경영진이 이미 상세하게 설명한 바와 같이 기업 이익을 극대화하기 위한 것이다. 2006년부터 2009년까지 넷플릭스는 추천 시스템의 정확도를 10% 향상시키는 1인 또는 그룹에게 100만 달러를 제공하는 "넷플릭스 프라이즈"를 운영했다. 넷플릭스에서 시청자들이 시청하는 TV 및 영화의 80% 이상이 추천 시스템을 통해 구성된다. 추천은 (1)추천 정보를 제공하는 데이터를 보유한 넷플릭스 회원으로 구성된 시스템에서 개발된다. (2)넷플릭스가 콘텐츠를 분류하기 위해 사용하는 휴먼 태거 및 (3)"모든 데이터를 취하여 모든 것을 통합하는 기계 학습 알고리즘"(Blattmann, 2018; McFadden, 2019, n.p). 개인은 무엇을 시청하는지, 언제 시청하는지, 어떻게 시청하는지를 포함하여 넷플릭스 시스템이 추적하는 행동을 기반으로 여러 "취향 그룹"으로 분류된다. 이러한 행동 외에도 시스템은 여러 장치에서 사람들의 검색 활동을 추적하고 검색 행동은 권장 사항을 추가로 알려준다(Lamkhede and Das, 2019). "취향그룹(taste group)"은 사람들의 선호도를 분류한다. 그들은 "취향 도플갱어...또는 동일한 콘텐츠 선호도를 가진 사람들의 클러스터"로 구성된다(Nguyen, 2018, n.p). 개인은 자신이 속한 취향 그룹을 통제하거나 알지 못한다. 2018년 기준으로 넷플릭스에는 2,000개 이상의 취향 그룹이 존재한다(Nguyen, 2018). 사람이 분류되는 취향 그룹은 어떤 콘텐츠가 그들에게 추천될지와 그 콘텐츠가 어떻게 표시되는지를 적어도 부분적으로 결정한다. 예를 들어, 다양한 취향 그룹에 속하는 개인은 예고편 및 썸네일 이미지와 같은 다양한 자료를 표시하여 선호도를 충족하고 콘텐츠를 검색하여 넷플릭스를 계속 사용할 수 있도록 한다.(Blattmann, 2018; Lawrence, 2015). Dianna Floegel, "Labor, classification and productions of culture on Netflix", *Journal of Documentation*, Vol.77, Iss.1, 2021, pp.210-211.

도 하지만, 소비자의 취향이나 장르를 중심으로 한 큐레이션에서는 오히려 〈종이의 집〉, 〈뤼팽〉과 연결되는 배치 속에 편성된다. 〈오징어 게임〉은 화폐 생산 중심지를 공격하는 정의로운 도둑의 복수극이라는 전작 〈종이의 집〉과의 유사성의 배열 속에서 한국 자본주의에 대한 메타포로 해석되기도 한다. 또 〈뤼팽〉으로까지 이어지는 비영어권 콘텐츠, 블루칼라 남성 가부장 서사, 괴도 장르, 정의로운 복수극이라는 장르 배열로도 편성된다. 또 넷플릭스의 이전 지배 장르였던 도메스틱 느와르 서사를 차용하면서 전유하는 장르 배열로도 편성된다. 그런 맥락에서 〈오징어 게임〉을 한국 콘텐츠의 세계화라는 배열에 맞춰 논의하는 건 매우 제한적이다. 또 이때 넷플릭스의 초국가주의적 편성에서 인지되는 한국 콘텐츠의 의미 또한 '한류'나 'K-콘텐츠'라는 규정으로 환원하기 어렵다.

이런 방식으로 기존 국가 간의 차이와 구획에 대한 인식과 영토적 구획은 정동적으로 갱신된다. 또한 한국 사회에서 〈오징어 게임〉이 '국산(domestic)' 콘텐츠로 인지되는 것과 달리 넷플릭스 초국가주의 취향 공동체에서는 분류와 추천 알고리즘 속의 '한국 드라마'로 인지된다. 이 서로 다른 인지 방식은 넷플릭스와 같은 미국 주도의 초국가주의적 텔레비전 서비스 세계에서 내부와 외부, 국내적인 것과 세계적인 것에 대한 영토성이 점차 정동적으로 변형되고 있다는 점을 보여주기도 한다. 한국 사회에서는 〈오징어 게임〉의 성공을 두고 K-콘텐츠의 해외 성공에 대한 열광을 반복하고 이런 열광 속에서 넷플릭스는 한국 콘텐츠 제작 환경의 모순과 억압에서 생산자를 해방하는 플랫폼으로 논의되기도 한다. 반면 넷플릭스 플랫폼을 비판하는 논의는 추가 수익을 넷플릭스가 모두 가져간다는 수익 배분 구조에 대한 분노, 넷플릭스가 '토종 OTT' 망을 무료로 사용하고 있다는 문제 제기, "토종 OTT 사업을 보호해야 한다"는 논의로 번져나갔다. 한국의 OTT 산업은 독점 재벌들이지만 갑자기 '토종'의, 보호해야 할 산업이 되었다. 이런 소동은 사실상 초국가주의적인 취향 공동체를 통해 구성되는 국내적인 것의 정동적 변용과 조율이 촉발하는 영토 감각 혼란의 한 발현이라고 하겠다. 이런 현상은 이후 더욱 가속화될 수밖에 없다.

앞서도 논한 것처럼 〈오징어 게임〉의 초국가적 흥행은 넷플릭스 큐레이션이 도메스틱 느와르에서 '정의로운 복수극'이라는 남성 히어로 장르로 변화하고 이행한 결과이기도 하다. 다음 장에서는 〈오징어 게임〉이 한국 내에서 어떤 반응을 촉발했는지를 살펴보고자 한다. 또한 서사 구성에 있어서 한국 사회의 젠더와 계급을 둘러싼 이미 구성된 배열을 어떻게 재영토화 하는지 살펴볼 것이다. 특히 〈오징어 게임〉이 '신뢰'를 정동 조율의 주요 대상으로 설정하여 투기자본주의 사회의 신용회복 게임을 죄책감 없이 즐기고 동시에 신뢰자본을 젠더화된 방식으로 편성하는 기존의 배열을 재영토화하고 있음에 주목하고자 한다. 또 믿을 만한 가부장으로 거듭나는 중년 남성 가부장 신화를 강화하면서 여성은 신뢰자본을 획득하는 플레이어에서조차 배제하고 있다는 점에서 〈오징어 게임〉은 한국 사회에 이미 구성된 젠더화된 신뢰자본에 대한 배열을 공공연하게 재영토화하고 있다. 이는 '믿을 수 없는 여자들'과 '억울한 남자'라는 정체성 편성을 통해서 생산되는 이른바 페미니즘 백래시 시대 한국 사회의 젠더 정치와 긴밀한 연결성을 구축하고 있다는 점에 주목한다.

3. 〈오징어 게임〉 어펙트: 도메스틱 느와르의 가부장적 탈환과 젠더화된 신뢰자본의 도덕화

3.1. 〈오징어 게임〉 해석 배열의 마주침들: 노동자 투쟁의 트라우마와 성차별 텍스트라는 마주침

〈오징어 게임〉은 개봉 직후 차별적 텍스트라는 비판이나 일본 작품과의 과도한 유사성에 대해 비판을 받았다.[23] 개봉 직후인 2021년 9월에는 드라마에 내포된 여성혐오적 요소에 대한 비판이 다양한 방식으로 제기되었다.[24]

해외에서는 청소년에게 시청을 금지해야 한다는 문제 제기가 이어졌지만 국내에서는 이에 대해서 별다른 논의조차 없었다. 〈오

23 「오징어 게임 여자혐오 논란」, 『시사매거진』, 2021. 9. 25. 기사에는 당시 드라마에 대한 여성차별 논란이 소개되었고 드라마 보이콧 움직임도 소개되었다.

24 여성혐오 비판이나 표절 관련해서 감독이 의견을 밝히기도 했다. 「여혐? 표절? '오징어 게임' 감독, 4가지 논란에 답하다」, 『한국일보』, 2021. 9. 28. 특히 한미녀 캐릭터와 재현 방식에 대한 비판이 여성혐오 비판의 핵심이었다. 김쿵쾅과 박신영은 칼럼에서 한미녀 캐릭터에 대해 여러 각도에서 비판하였다. 김쿵쾅, 「오징어 게임 가장 기억에 남는 인물이 '한미녀'인 이유」, 『한겨레』, 2021. 10. 8; 박신영, 「드라마 'D.P.'에는 분개하면서, 왜 여자 때리는 남자는 봐주나」, 『한국일보』, 2021. 9. 11; 박신영, 「섹스를 협상 카드로 쓰는 여자? '오징어 게임'의 위험한 서사」, 『한국일보』, 2021. 10. 2.

징어 게임〉에 대해 개봉 초기부터 이어지던 비판은 넷플릭스 시청 1위를 기점으로 거의 사라졌다. 한편 〈오징어 게임〉에 대한 해석은 주로 한국 특유의 자본주의적 문제를 환기하는 작품(한국 자본주의의 디스토피아)이라는 점에 초점이 맞춰졌다. 이런 해석이 널리 퍼진 데에는 〈오징어 게임〉이 쌍용자동차 사태를 모티브로 하고 있다고 감상을 이어간 쌍용자동차 해고노동자 이창근의 논의가 주요한 역할을 하기도 했다. 이런 해석 배치가 만들어진 건 우연이기도 했다. 이창근이 처음 논의를 시작한 건 신세계 회장 정용진이 〈오징어 게임〉에 대해 트위터 글을 작성했다는 소식 때문이었다.[25] 정용진은 〈오징어 게임〉을 잔혹 스릴러나 오락물로 여기며 논평했고 이창근은 이에 대한 불편한 심정을 담으면서 〈오징어 게임〉이 쌍용차 사태에 대한 자신의 경험을 불러일으켰다고 감상을 남겼다.[26] 이 코멘트는 여러 해외 매체에서도 인용하면서 확산되었다. 이창근은 이후 대표적인 사회주의 잡지인 『자코뱅(Jacobin)』에 기고문을 실어서 〈오징어 게임〉 서사가 쌍용자동차 해고노동

25 2021년 9월 22일 정용진은 인스타그램에 〈오징어 게임〉에 대한 짧은 감상평을 올린 후, 〈오징어 게임〉 스포일러라는 비판을 받고 다시 이런 반응을 조롱하는 글을 올렸다. 이후 자신이 BTS 팬클럽 아미라고 표명하기도 했다. 이후 정용진은 〈오징어 게임〉 관련 주요 연관 검색어가 되었다.

26 이 씨는 "추석 연휴에 주변 동료들이 '꼭 보라' 해서 봤는데 '동료들이 경찰에 두들겨 맞는 장면'에 주목하더라"는 이야기를 전하며 처음에는 드라마 볼 생각이 싹 가셨다고 전했다. 이 씨는 쌍용차 동료들이 폭행당하는 장면을 반복적으로 재생하는 일이 우리 삶을 다시 시작하는 데 있어서 어떤 도움도 되지 않는다는 것을 알지만 "신세계 정용진이 보고 어떤 글을 올렸다길래 봐야겠다고 생각했다"며 시청 계기를 전했다. 「쌍용차 해고 노동자 "오징어 게임 주인공은 우리…감독에게 감사"」, 『YTN PLUS』, 2021. 9. 28.

자들의 77일간의 투쟁 전 과정을 드라마 전체 구성에 담았다고 분석했다. 〈오징어 게임〉을 통해서 쌍용자동차 해고노동자에 대한 전세계적 관심이 높아져서 반갑지만 〈오징어 게임〉은 그저 소비될 뿐이고 한국의 노동 현실 변화에는 아무 영향을 미치지 못해서 답답할 뿐이라는 소회를 밝히기도 했다.[27]

---

27 Lee Chang-kun, Translation by Kap Seol, "Squid Game's Strike Flashbacks Were Modeled on Our Real-Life Factory Occupation", *Jacobin*, 2021. 11. 1.
『자코뱅』은 넷플릭스가 미국 중심의 냉전 문화를 노스탤지어적인 방식으로 서사화하면서 신냉전 시기 미국 패권을 문화적으로 강화한다고 비판해왔다. 또 냉전기를 비롯한 근대 역사를 서사화하면서 미국을 중심으로 한 서구를 여성, 소수자들의 해방의 공간으로 그리는 반면, 러시아를 비롯한 비서구와 구 공산주의 진영을 여성 억압적인 통제 사회로 그려내는 방식에 대해서 비판적 논의를 이어가고 있다. 예를 들어 넷플릭스의 전 세계적 성공의 토대가 되었던 〈퀸스 갬빗〉에 대한 비판은 대표적이다. 〈퀸스 갬빗〉은 수용소에서 학내당하던 여성 주인공이 폭력적인 주변 환경과 싸워서 성공한다는 도메스틱 느와르 서사의 전형적 사례이기도 하다.
〈오징어 게임〉에 대한 이창근의 글이 실리기 전 〈퀸스 갬빗〉에 대한 비평에서 넷플릭스에 대해 다음과 같이 비판하고 있다. 소피코 자파르디즈(Sopiko Japaridze)는 소비에트 그루지아의 체스 챔피언 노나 가프린다슈빌리(Nona Gaprindashvili)가 넷플릭스를 상대로 소송을 제기했다는 소식을 전하면서 논평을 하고 있다. 소송이냐 아니냐가 쟁점이 아니라 그 뉴스를 계기로 〈퀸스 갬빗〉이 냉전 시기 소련을 남성 전체주의로 미국을 '꿈의 나라'로 그려내는 방식을 비판한다. 또 이런 재현이 〈퀸스 갬빗〉이 체스를 의미화하는 방식의 산물이라고도 비판하고 있다. 특히 〈퀸스 갬빗〉에서 여성 주인공이 성공하는 과정을 '체스 천재'라는 '지적 능력'에 두고 그 성공의 최종장을 러시아(작품에서 냉전 시기 소련을 러시아라고 명명하는 방식도 비판하고 있다.) 체스 선수를 이기는 것으로 설정하는 방식에 대해서 분석하는 부분은 꽤 흥미롭다. 미국을 재능을 지닌 여성이 꿈을 이루는 공간으로 그리고 체스 능력을 여성의 탁월함의 표상으로 그리는 방식을 이 글에서는 전형적인 근대적 이성 중심주의의 산물로 비판한다. 또 이 근대적 이성중심주의가 부르주아 자유주의의 핵심으로 미국적 가치와 매끄럽게 연결된다. 비평에서는 다음과 같이 이 점을 논한다.
"〈퀸스 갬빗〉은 매력적인 TV일 수도 있지만, 궁극적으로는 여전히 '아인슈타인

〈오징어 게임〉에는 등장인물의 과거 경험과 트라우마를 현재의 게임과 연결하는 정서적 장치가 여러 인물에게 할당되었다. 기훈에게는 파업과 경찰 진압, 동료의 죽음이, 새벽에게는 유년기 북한에서 겪은 전염병과 주민들의 죽음이, 지영에게는 목사인 아버지가 어머니를 죽이고 난 뒤 자신에게도 성폭행을 가했으며 그 결과 아버지를 죽이게 된 경험이 극적으로 제시된다. 이런 여러 트라우마와 정서적 장치가 파업과 관련하여 계급적 맥락으로만 연결된 것은 흥미롭다. 물론 앞서 살펴보았듯이 이창근의 논의는 애초

의 두뇌'에 관심이 있다. 베스는 그녀의 놀라운 천재성 때문에 쇼에서 승리한다. 죽은 엄마, 고아원에 살고 체스 세트를 소유할 수 없는 극한 환경에도 신이 내린 그녀의 놀라운 재능은 종종 쇼에서 강조된다. 하지만 더 나쁜 것은 〈퀸스 갬빗〉의 세계는 그녀가 세계 최고의 선수가 되도록 돕기 위해 두뇌와 사회적, 경제적, 도덕적 자원을 모두 가진 진짜 여성 노나를 명백하게 깎아내린다는 점이다. 하나는 현실이고 다른 하나는 허구인 이유가 있다. 1917년 러시아 혁명 이후, 그루지야의 사민당은 티플리스에서 가장 웅장한 궁전을 도시의 주요 도로인 골로빈스키 프로스펙트에 수용했다. 그 궁전은 19세기에 차르주의 당국에 의해 지어졌고 1917년까지 카프카스 산맥에 있는 제국주의 러시아의 힘의 본거지로서 기능했다. 1921년부터 1937년까지, 이것은 어린이들을 위한 파이오니어 궁전으로 바뀌기 전에 소비에트 그루지야 정부의 소재지였다. 그래서 이 건물은 카프카스 산맥의 러시아 제국주의 권력과 예속의 중심지였던 것에서 세계에서 가장 뛰어난 과학자, 스포츠맨, 예술가, 그리고 체스 그랜드마스터들을 배출하는 곳으로 발전했다. 더 많은 그러한 궁전들이 소련 그루지야와 그 밖의 다른 곳에 지어졌다. 작품 마지막에서 베스가 길거리에서 체스를 두는 '러시아 민중'과 어울리는 장면에서 베스는 이러한 냉전서사에서 비껴가는 듯도 보인다. 그러나 시리즈 전체는 다양한 인물, 장치를 통해서 미국 중심의 냉전 서사를 강하게 재구성한다. 〈퀸스 갬빗〉과 비슷한 시기에 그루지야 여성 체스 챔피언을 다룬 다큐도 공개되었으나, 거의 주목을 받지 못했다." Sopiko Japaridze, "The Queen's Gambit Created a Fictional Female Chess Grandmaster. The Soviet Union Created Dozens of Real Ones.", *Jacobin*, 2021. 9. 20. 원문보기: https://jacobinmag. com/2021/09/netflix-the-queens-gambit-soviet-chess-grandmaster-nona-gaprindashvili-sue-lawsuit-champion

에 정용진 회장의 의견에 대한 반감에서 비롯되었고 그 어떤 성차별적 의도나 결과로도 이어지지 않았다. 쌍용차 해고노동자 당사자의 감상과 해석은 〈오징어 게임〉에 대한 성차별적이라는 비판을 배제하고 텍스트를 자본주의 문제를 다루는 '계급적 텍스트'로 자리매김하는 해석 배열체 정당화의 근거가 되었다. 해외 일간지 기사에서 넷플릭스 같은 글로벌 자본주의 플랫폼에서 텍스트를 생산하면서 자본주의 비판을 한다는 게 모순적이라는 질문이 이어지기도 했고 감독은 초지일관 자신은 그저 단순한 이야기를 할 뿐이라고 강변했다.

〈오징어 게임〉이 부채로 상징되는 한국 자본주의의 디스토피아에 대한 메타포로 독해된 건 이와 같은 우발적인 의미 배열의 산물이었다. 쌍용차 사태를 비웃는 듯한 정용진의 논평은 이창근의 반자본주의적 논평을 촉발시켰다. 또 이창근의 논평이 해외 언론에 소개되면서 해외 언론에서 〈오징어 게임〉을 한국의 자본주의의 문제와 연결하는 해석이 이어졌다.[28] 또 해외 언론의 주목은 드라마의 전세계적 확산에 기여했고 한국에서는 K-드라마에 대한 자부심을 강화했다.

앞서 살펴보았듯이 넷플릭스에서는 시청자의 트라우마나 '정서적 문제'를 유발하는 콘텐츠에는 특정 유형의 메시지를 첨부한

---

28 한국 자본주의의 디스토피아로 〈오징어 게임〉을 해석하는 해외 언론 기사 역시 실시간으로 한국에 소개되었다. 〈블룸버그(Bloomberg)〉, 〈더 가디언(The Guardian)〉, 〈포브스(Forbes)〉, 〈더 컨버세이션(The Conversation)〉, 〈프랑스 퀼튀르(France Culture)〉 등 해외 언론의 논평이 소개되면서 〈오징어 게임〉과 K-드라마에 대한 열광은 더해갔다. 해외 언론 기사 소개는 박은하, 「'빚'나는 한국…오징어 게임에 드러난 '부채의 덫'」, 『경향신문』, 2021. 10. 13 참고.

다. 그러나 〈오징어 게임〉에는 이런 시청자에 전하는 별도의 메시지가 없다. 넷플릭스 분류 체계에서 볼 때 〈오징어 게임〉은 시청자 자신의 경험이나 트라우마와 연결되어 현실적인 문제를 환기하는 텍스트가 아니다. 즉 넷플릭스 분류 체계에서 개봉 당시 〈오징어 게임〉은 현실적 메시지나 경험을 환기하는 텍스트가 아니었다. 그러나 한국에서는 〈오징어 게임〉은 매우 현실적인 경험을 지시하는 텍스트로 해석되고 소비되었다. 물론 이 현실적인 경험은 특정하게 젠더화된 경험이기도 하다. 여성들에게 〈오징어 게임〉은 시청 거부로 분류되는 콘텐츠였다면 특정 집단에게 〈오징어 게임〉은 현실적인, 특히 계급적인 콘텐츠로 분류되고 감각되고 해석되었다.

여성혐오적 콘텐츠여서 보이콧한다는 흐름과 한국 자본주의에 대한 메타포로 분석할 가치가 있다는 흐름은 〈오징어 게임〉에 대한 해석의 지배적 양상이라 하겠다. 물론 K 드라마에 대한 자부심을 고취하는 논지가 가장 강한 흐름이었음을 부정할 수 없다. 이러한 지배적 흐름과는 조금 다른 차원에서 〈오징어 게임〉 나름의 해석적 배열을 만들어나간 흐름도 있었다. 특히 비백인, 비주류, 아시아계 여성의 자리에서 촉발된 해석 배열체는 흥미롭다. 그중 대표적인 건 미국 내 서비스되는 〈오징어 게임〉 자막에 대한 비평적 개입이었다. 트위터 이용자인 영미 메이어(Youngmi Mayer)의 논평에서 촉발된 번역과 자막 문제는 이후 다양한 논의로 이어졌다.[29]

29 BBC는 10월 5일 방송에서 영미 메이어의 트위터를 보도했고 한국에서도 실

미국을 비롯한 영어권 지역에서는 OTT 서비스에서 비영어권 콘텐츠를 영어로 더빙된 버전으로 보는 경향이 지배적이다. 이는 비영어권 콘텐츠를 영어 콘텐츠의 하나로 소비하는 방식이기도 하다. 〈오징어 게임〉이 미국을 비롯한 넷플릭스 시장에서 1위를 기록하면서 영어 더빙으로 비영어권 콘텐츠를 시청하는 관행이 새삼 비판적 논쟁 대상이 되었다.[30]

미국의 비백인 페미니스트 잡지인 『비치 미디어(Bitch Media)』는 〈오징어 게임〉에 대해 비백인 페미니스트로서 의미 있는 비평

시간 보도되었다. "메이어는 지난 1일 자신의 계정에 '번역이 아주 나쁘다'면서 '대사는 훌륭하게 쓰였는데 이를 전혀 살리지 못했다'고 주장했습니다. 그는 특히 드라마에서 한미녀가 등장하는 장면을 예로 들며 '꺼져'라는 강한 대사가 '저리 가(Go away)'로 번역된 점 등이 극중 갈등 분위기와 한미녀의 캐릭터를 제대로 보여주지 못한다고 주장했습니다. 또 한미녀가 '내가 공부를 안 해서 그렇지 머리는 장난 아니라니까'라면서 자신을 부각하려는 대사가 영어 자막으로는 '난 천재는 아니지만 해낼 수 있어(I'm not a genius, but I still got it worked out)'라고 번역된 점도 문제라고 지적했습니다. 다만 영미 메이어가 지적한 영어 자막은 청각 장애인 등을 위해 영상에서 자동 생성되는 버전으로, 그와는 달리 제공되는 영어 자막에 대해서는 이보다는 '대체로 좋다'는 평가를 덧붙였습니다. 이 글에 또 다른 사용자는 '나와 룸메이트가 노트북 두 대를 놓고 〈오징어 게임〉을 봤는데 우리의 영어 자막이 달랐다'며 '차이점들이 미묘했지만 마치 다른 작품을 보고 있다는 느낌이 들었다'고 댓글을 달았습니다. 트위터 이용자인 야스민은 자신을 '번역 및 자막 경력을 가진 다국어 화자'라고 소개하고 '엉망인 부분을 많이 발견했다'면서 '안타깝게도 수준 높은 번역에 충분히 투자하지 않기 때문일 것'이라고 지적했습니다. BBC는 넷플릭스에 입장을 물었으나 답변을 받지 못했다고 전했습니다. 한국에서도 인터넷 커뮤니티 등에서 〈오징어 게임〉 속 호칭이 영어로 어색하게 번역됐다는 지적이 속속 등장했습니다." 「오빠가 올드 맨?…'오징어 게임' 어색한 영어 번역 논란」, 『SBS 뉴스』, 2021. 10. 5.

30 「오징어 게임이 다시 불붙인 '더빙 VS 자막' 논쟁…당신은 어느 쪽인가요」, 『한국일보』, 2021. 10. 9.

을 여러 편 내놓았다. 더빙으로 비영어권 콘텐츠를 시청하는 영어권 시청자들의 관행에 대해 이 매체는 이렇게 논평했다. "우리가 누군가의 네이티브 언어의 리얼리티를 받아들이지 않거나 듣지 않기로 선택한다는 건 우리가 그들의 인간성의 전체적 면모를 받아들이지 않겠다고 선택하는 것과 마찬가지다(When we choose not to hear or accept the reality of someone's native language, we refuse to accept the full picture of their humanity)."[31]

한국의 미디어에서는 한국어 번역 문제와 관련해서 이를 한국어의 세계화와 K-콘텐츠의 세계적 흥행으로 다루는 논의가 역시 지배적이었다. 〈오징어 게임〉 더빙과 자막 관련 논쟁은 "이젠 한국어의 섬세한 뉘앙스를 다른 언어로 표현해내기 위해 애쓰는 시대가 왔다. 케이(K)-콘텐츠의 세계적 흥행이 불러온 전세 역전이다."라고 평가되기도 했다. 즉 한국어의 세계화라는 의미로 받아들여진 것이다.[32]

더빙과 자막 논쟁에 대해 가장 의미 있는 논의를 보여준 건 "감각 번역"이라는 새로운 의제를 제시하고 접근성 논의의 한계를

---

31 Donald Collins, "How Americans Watch Netflix's "Squid Game" Matters", *Bitchmedia,* 2021. 10. 11. 원문보기: https://www.bitchmedia.org/article/one-inch-barrier/how-americans-watch- squid-game-matters

32 「오징어 게임이 술래잡았다」, 『한겨레 21』, 2021. 10. 10. 이런 유사한 논지는 여러 매체에서 반복된다. 「'오징어 게임' 왜 이러지?…미국 언론들의 고민」, 『오마이뉴스』, 2021. 10. 15. 이 기사에서 미국에 거주하는 한국인인 최현정은 〈오징어 게임〉을 계기로 미국 내 한국어 강의가 증가하고 있다고 소개한다. 또 "옥스퍼드 영어사전 최신판엔 오빠, 대박, 먹방, K-드라마, 스킨십, 파이팅 등 26개의 한국어 단어가 새로 등재됐다는 기사가 뜬다."고 논하면서 K-콘텐츠의 세계 흥행의 일환으로 자막과 더빙 버전에 대한 논의를 해석하고 있다.

비판한 안희제의 논의라 하겠다. 안희제는 자막과 더빙 버전에 대한 논쟁을 콘텐츠에 대한 접근성을 근본에서 변화시키는 논의로 만든다. 안희제는 〈오징어 게임〉에서 자막이나 더빙, 이른바 접근성을 높이기 위한 폐쇄자막이나 화면해설 자체가 지닌 한계를 지적한다. 그리고 "이처럼, 분명 폐쇄자막과 화면해설이 모두 탑재된 '오징어 게임' 또한 감정선과 분위기를 감상하고 비평하기에는 그 접근성이 충분하다고 평가하기 어렵다. 그래서 우리에게 필요한 것은 최소한의 조건으로써 접근성이 아니라 '감각 번역'이다. '감각 번역'은 폐쇄자막이나 화면해설을 기존의 시청각 요소를 보완하는 장치가 아니라, 아예 대체해버리는 장치로 이해한다. 나아가 작품의 의도와 의미, 다양한 해석의 가능성을 모두 고려하여 단지 건조하게 장면이나 음성을 묘사하는 것을 넘어, 적극적으로 작품에 개입하며 무엇을 어디까지 감추고 드러낼지 고민하는 과정이다."라는 탁월한 제안을 내놓았다.[33]

〈오징어 게임〉에 대한 지배적 해석과 다른 배열과 흐름 형성에서 또 하나 흥미로운 건 앞서 살펴본 『비치 미디어』와 같은 비백인 페미니스트들의 해석 배열이다. 특히 〈오징어 게임〉을 자본주의와 자유주의가 제시하는 '선택이라는 자율성의 판타지'에 대한 비판적 해석의 거점으로 해석하는 방식은 흥미롭다.

중국계 미국인인 제니퍼 장(Jennifer Chang)은 「〈오징어 게임〉은 "선택"과 "회복"이라는 허위적 레토릭을 폭로한다」라는 글에서 다

33 「'오징어 게임'과 비평의 조건」, 『비마이너』, 2021. 10. 27.

음과 같이 논평한다.[34] 제니퍼 장은 〈오징어 게임〉이 다분히 한국적 맥락을 지니지만 또한 부채에 시달리고 국가 폭력에 대한 저항의 십 년이 파산된 이후 저항이 스펙터클이 되어버린 시대에 선택과 회복 혹은 자기강화라는 환상이 지배하는 현실이 국지적이면서도 전지구적으로 드러나고 있다는 점을 논할 수 있는 텍스트라고 해석한다. 또 부채사회라는 노예적 시스템에서 '선택/회복/자기강화'라는 환상이 계급, 인종, 젠더화된 차이 속에서 어떻게 정당화되는지를 〈오징어 게임〉 서사를 통해서 분석하고 있다. 드라마는 선택권이라는 환상에 대한 실제적 공포를 보여주며 특히 회복력(resilience)에 대한 신화를 공포스러울 정도로 명료하게 보여준다고 논한다. 회복력이란 저항이 스펙터클이 된 시대의 신화라는 게 제니퍼 장의 핵심 논지이다. 즉 "당신은 회복할 수 있다(해야 한다), 체제를 바꾸는 대신.", 이것이 회복력의 신화이다. 드라마에서 모든 게임이 끝난 후, 이건 꿈이라고 생각하고, 푹 쉬고 회복하라는 메시지는 전형적이다.

또 자기강화(self-empowerment)라는 개인주의적 환상이 아메리칸 드림과 선택 페미니즘(choice feminism)의 연동 구조라고 비판하면서 〈오징어 게임〉을 이러한 신화를 비판하는 텍스트로 해석한다. 즉 선택, 회복, 자기강화라는 키워드의 결합이 부채 사회 미국의 지배적 이데올로기이고, 이런 이데올로기가 미국 주류 백인 여

34 Jennifer Chang, ""Squid Game" Exposes the False Rhetoric of "Choice" and "Resilience"", *Bitchmedia,* 2021. 10. 13. 원문보기: https://www.bitchmedia.org/article/bad-sport/%E2%80 %9Csquid-game%E2%80%9D-and-the-resilience-trap

성 중심의 선택 페미니즘에서도 반복된다고 비판한다. 또 이 두 가지 방식을 비판하는 방식으로 〈오징어 게임〉을 비평한다. 선택 페미니즘이 주로 백인 중산층 여성 주도의 페미니즘으로 개인주의적 환상을 강화하고 모든 이들을 부채로 노예화하는 시스템은 아메리칸 드림의 환영으로 정당화된다. 제니퍼 장은 미국 페미니즘 내의 이런 기조를 비판하고 미국 내 여성들 간의 인종적, 계급적 차이를 논하는 교차성 페미니즘, 여성주의 장애학, 퀴어 페미니즘 이론의 논의를 결합하여 논의를 진행한다.[35]

이와 다른 방식으로 해외에서는 〈오징어 게임〉의 폭력성과 비윤리성이 비판되었다.[36] 이런 비판은 드라마의 폭력성과도 관련되지만 넷플릭스 콘텐츠의 비윤리성과 폭력성과도 관련이 깊다. 앞에서 살펴본 바와 같이 넷플릭스 콘텐츠가 시청자를 겨냥하여 수행하는 정동적 파괴력에 대해서는 여러 논의가 진행되고 있다. 최근 넷플릭스가 시청자에게 윤리적 공황이나 정서적 어려움이 촉발될 수 있다는 주의 메시지를 전하는 콘텐츠는 주로 도메스틱 느와르 장르다. 도메스틱 느와르 장르는 2000년대 이래 가장 대중적으로도 인기를 끌었던 장르이자 '가스라이팅'이 새로운 페미니즘 시대의 어휘로 등장한 전세계적 변화 흐름의 산물이다. 정신적으로 불안정하고 취약한 여성들은 이성적이고 선의로 가득한 남성

35 Jennifer Chang, ibid.

36 「미 · 유럽 학교 '오징어 게임' 폭력성 주의보…"시청 · 모방 제한"」, 『연합뉴스』, 2021. 10. 10; 「초등생 '오징어 게임' 놀이 열풍, 괜찮을까 '불안'」, 『부산일보』, 2021. 10. 12; 「"오징어 게임은 생명권 침해"…인도네시아서 인권교육 자료 활용」, 『SBS 뉴스』, 2021. 10. 10.

에게 매료되지만 실제로 그 남성들은 믿을 수 없는 존재들이라는 걸 폭로하는 게 도메스틱 느와르의 중요한 특성이다. 이 새로운 장르는 여성들의 임파워링과 가스라이팅 폭로, 미투 운동으로 이어지는 시대에 대중적으로도 가장 인기를 끈 장르였다. 이런 맥락에서 〈오징어 게임〉은 기존의 넷플릭스 주류 콘텐츠 흐름에서 역행하는 서사라는 점에서 시대착오적이지만 그래서 '새로운' 콘텐츠로 인지되고 분류된다. 도메스틱 느와르는 불안정하지만 결국 통제된 환경에 저항해서 승리하는 여성과 이성적이고 안정된 겉모습 뒤로 폭력과 잔인함을 감춘 믿을 수 없는 남자들에 관한 이야기이다. 반면 〈오징어 게임〉은 취약하고 불안정한 중년의 남성이 믿을 수 없는 여자들로 가득한 세계에서, 통제된 환경에 저항해 나름 승리를 쟁취하는 서사인 것이다. 이는 아주 오래된 가부장적 서사라는 점에서 시대착오적이지만 기존 넷플릭스 서사 흐름에서 단절적이고 그래서 새로움을 획득한다. 이 서사는 단지 시대착오적인 게 아니라, 미투 운동과 여성 임파워링 시대를 경유하면서 도착한 다른 흐름, 즉 백래시의 부상에 올라타 있는 것이기도 하다.

3.2. '믿을 만한 가부장되기' : 신뢰자본의 도덕화와 투기자본주의의 도덕률

〈오징어 게임〉은 기이한 형태의 성장 서사이다. 〈오징어 게임〉과 유사하다고 거론되는 일본 서바이벌 게임은 대부분 일본의 학원물이나 청춘물이다. 〈배틀로얄(バトル・ロワイアル)〉이나 〈아리스인 보더랜드(今際の国のアリス)〉 등 학원물, 청춘물 장르인 서바이벌 게임 서사에서 소년들은 모두 성장이 불가능한 시대 현실이 아닌 게임에서의 생존 투쟁을 통해 히어로-남성/어른이 된다. 일본의 서바이벌 장르물은 남성 연예인들이 소년 주인공에서 청년 주인공으로, 학원물 주인공에서 청춘물(성인 드라마) 주인공으로 '성장하는' 경로이기도 하다.

반면 〈오징어 게임〉은 무기력한 중년 남성 가부장이 게임의 주인공이 되어 최후의 생존자가 되면서 히어로가 되는 '성장' 서사다. 소년의 성장 서사로써 서바이벌 장르에서 소년은 게임에서 전쟁을 통해 남자로 다시 태어난다. 게임을 이루는 모든 세부 요소는 그런 점에서 주인공이 '남자-히어로'가 되는 상징적 의례들로 채워진다. 〈오징어 게임〉은 이런 소년 성장 서사로써 서바이벌 게임을 중년의 몰락한 가부장 남성의 성장 서사로 변형한다. 몰락하고 무능력한 가부장 남성은 게임에서의 전투를 통해서 새로운 의미의 가부장으로 거듭나게 된다.[37] 〈오징어 게임〉의 서사는 한편으

37 앞서도 살펴본 것처럼 〈오징어 게임〉은 넷플릭스 전세계 흥행 1위를 기록한 비영어권 콘텐츠인 〈종이의 집〉을 다양하게 활용하고 있다. 〈종이의 집〉의 아이콘이 된 붉은 색 점프 슈트는 '부당한 거대 권력에 맞서 싸우는 일하는 사람들'이라는 상징적 의미를 갖게 되었다. 넷플릭스는 〈종이의 집〉의 새로운 시즌 개봉에 맞춰 붉은 색 점프 슈트에 대한 별도 홍보물을 만들어 유튜브로 배포하기도 했다. '노동자', '전사'와 같은 이미지가 이런 과정에서 강하게 덧붙여졌다. 〈오징어 게임〉은 붉은 색 점프 슈트를 게임 관리자 복장으로 택했다. '거대한 권력'은 보이지 않거나 화면 뒤에 존재하고 대리인들이 '인질극'으로 마주하는 〈종이의 집〉의 서사를 〈오징어 게임〉은 VIP와 게임 관리자와 플레이어의 관계에 끌어들였다. 〈종이의 집〉과 〈오징어 게임〉은 자본과 권력, 이에 저항하는 가부장에 대한 서사 방식이 여러 면에서 매우 다르지만 붉은 색 점프 슈트를 매개로 유사성으로 연결된다. 이런 방식은 넷플릭스가 제작 콘텐츠를 연결하는 독특한

로는 456억이 걸린 게임의 승자가 누가 될 것인가, 누가 살아남을 것인가를 중심으로 진행된다. 동시에 서사는 다른 사람들을 죽이고 상금을 차지하는 살육의 비인간적 드라마를 선과 악, 혹은 인간 본성에 대한 질문으로 만들어서 관객에게 던진다. 악한 자가 가장 먼저 죽고, 선한 자가 살아남는다는 이런 식의 인과응보의 도덕률은 공포물의 전형적 방식이기도 하다. 무참한 살상이 벌어지는 스펙터클이 상연되고 있어도 피해자의 선함과 악함에 따라 죽음의 무게는 관객에게 다르게 전달된다.

〈오징어 게임〉을 구성하는 세부적인 요소들은 주인공이 몰락하고 무능력한 가부장에서 '믿을 만한 가부장'으로 재생하기 위한 상징적 의례들이다. 몰락하고 무능력한 가부장에서 재생하는 방향은 여러 가지다. 456억의 돈을 소유하게 된 것은 실상 〈오징어 게임〉에서 히어로가 되는 핵심이다. 그러나 동시에 드라마는 이를 단지 돈의 문제가 아니라, 인간에 대한 믿음의 문제라고 거듭 강조한다. 드라마는 시종일관 기훈이 전쟁에서 살아남고 히어로(승자)가 되었지만 돈을 쓰지 않고(소유하지 않고) 대신 인간에 대한 신뢰는 '여전히 버리지 않았다'라고 거듭 강조한다. 게임 플레이어들은 신뢰 혹은 믿을 만한 사람인가를 기준으로 죽음과 삶의 서열이 결정된다. 플레이어들은 익명의 군중, '우리'(깐부와 기훈을 중심으로 한)와 적들로 나뉜다. 덕수 패거리가 적들의 대표 격이라면 흥미롭게도 한미녀는 게임 처음부터 끝까지 '깍두기'로 할당된다.

방식이기도 하다. 붉은 색 점프 슈트는 코스프레 의상으로 〈종이의 집〉과 〈오징어 게임〉 의상으로 분류되어 판매되고 있다.

사실상 그녀는 어느 쪽에도 속하지 않는 외부자로 설정된다. 드라마에서 한미녀는 시종일관 믿을 수 없는 사람의 대표로 표상된다. 또 한미녀라는 믿을 수 없는 사람을 이루는 세부 표상은 '아이를 알리바이로 삼는 엄마', '가족에 대해 거짓말하는 엄마', '성추행이라고 거짓말하는 여자', '자신의 몸을 술책으로 삼는 여자', '성을 거래하는 여자'라는 식의 연쇄로 이뤄진다. 무엇보다 한미녀는 기훈이 지키고자 하는 게임의 '진정성'을 모조리 비웃고 조롱하는 존재로 그려진다. 모두가 나름의 이유로 게임에 임하지만 한미녀만이 게임 자체를 조롱하고 비웃으면서도 게임에 참여한다. 이런 방식으로 한미녀는 게임판의 외부자로 할당된다.

감독이 강조하듯이 〈오징어 게임〉은 극단적인 상황 속에서라면 가능한 일이라는 플롯을 유지한다. 드라마 구조는 게임장과 바깥을 액자로 교차해서 게임과 현실 어느 쪽이 더 지옥인지를 묻는다. 게임과 현실은 지옥이라는 점에서 차이가 없지만 흥미롭게도 중심인물인 기훈에게 현실과 게임은 무너진 가족과 새로운 가족이라는 대비로 할당된다. 기훈은 현실에서 불가능한 가부장의 자리와 신용 회복을 게임 속에서 달성한다. 게임에서 살아남는 플레이어들의 공통점은 이들이 가족을 담보로 맡기고 온 사람들이라는 점이다. 상우, 기훈, 새벽, 알리는 모두 가족을 담보로 하고 있고 이런 이유로 마지막까지 믿을 만한 전우이자 기훈의 '가족'으로 남는다. 기훈은 자신의 가족에게 끝내 돌아가지 않지만 상우와 새벽의 가족을 부양한다.

〈오징어 게임〉에서 신뢰와 믿을 만한 사람을 둘러싼 얼핏 도덕적인 질문은 게임장을 마치 '유사 가족으로 이뤄진 일터'이자

'전우애로 뭉친 전장'으로 의미화하는 역할을 하기도 한다. 드라마는 이들의 게임 행위를 '노동'이자 전쟁으로 의미화하고 있기도 하다. 이런 방식은 한국 자본주의에서 익숙한 산업자본주의 성장 담론의 서사, 산업역군으로서의 가부장이라는 서사의 반복이기도 하다. 기훈은 상금은 얻었지만 쓰지 않고 대신 신뢰를 얻는다. 투기자본주의 사회에서 신뢰 회복은 단지 마음이나 친밀성의 문제가 아니라 신용이라고 하는 자본의 문제이기도 하다. 드라마에서 고전적인 의미로 노동을 하는 사람은 알리와 기훈과 상우의 어머니뿐이다. 다른 이들은 모두 플레이어이다. 이들의 플레이는 산업자본주의 사회의 '노동'이 아니고 투기행위이며 이들이 게임장 바깥의 사회에서 했던 빚, 사채, 도박, 갈취 행위와 연속성에 있다. 사실상 기훈은 여전히 도박 중이고 끝내 도박장을 떠나지 않는다. 하지만 드라마는 일확천금을 좇는 이들의 살상 게임을 투기성이 아닌 마치 죽음을 건 신성한 노동처럼 의미화하고 도덕적으로 정당화한다.[38]

38 '노동자'를 거대 자본에 의해 박탈당한 억울한 자들로 그리면서, 이들의 '전쟁' 혹은 전투를 '정의로운 전쟁'으로 그리는 방식은 〈종이의 집〉의 서사적 특성이자 한 성취이기도 하다. 〈종이의 집〉에서는 반파시즘 인민 투쟁이라는 스페인의 역사를 환기하면서, 북미에 의한 중남미 지배의 역사와 경험, 특히 신자유주의하에서의 국가 파산의 경험 등이 여러 인물을 통해 교차한다. 이런 집단적 경험이 '벨라 차오(Bella Ciao)'라는 혁명가를 부르는 정의로운 도둑 이야기가 새로움에 대한 정치적 열망과 오래된 혁명에 대한 노스탤지어를 불러일으켰다. 〈오징어 게임〉이 신자유주의 경험과 파산, 부채로 이어지는 노동자 가장의 트라우마를 그리는 건 이런 앞선 흥행 사례에 대한 참조와 무관하지 않다. 〈오징어 게임〉에서 노동자와 전사의 경계가 모호해지는 이런 방식은 신자유주의적이기도 하지만 동시에 절대적으로 미국의 문화적 영향을 받으면서 구축된 한국의 냉전 문화의 산물이기도 하다. 뒤에서 보겠지만 〈오징어 게임〉의 세계관은 휴머

물론 게임 참가자는 이 살상 게임판을 만든 제일자인 오일남과 VIP들의 경주마일 뿐이다. 드라마는 오일남과 VIP, 프론트맨, 관리자, 게임 참가자로 나뉜 게임의 권력을 마치 '계급'의 메타포인 것처럼 강조한다. 평등한 게임이라는 게임 관리자의 메시지는 오히려 이 게임의 '계급성'을 보여주는 지표로 자주 언표된다. 이는 〈오징어 게임〉이 자본주의의 디스토피아의 메타포라거나, 한국 사회 자본주의의 어두운 이면을 그린 비판적 서사로 해석되도록 유도하는 서사의 표면들이다. 드라마에서 게임은 인신매매와 투기가 결합한 현장이다. 여기에 작동하는 건 계급이 아니라, 서열일 뿐이다. 그리고 프론트맨이 보여주듯이 이 서열은 한판의 잭팟으로 언제든 뒤바뀔 수 있다.

3화 "우산을 든 남자"에서 오징어 게임으로 다시 돌아온 기훈은 일남, 상우, 새벽, 알리와 친해진다. 기훈은 이들에게 같이 해보자고 제안을 하는데 서바이벌 게임 내내 강조되는 기훈의 이러한 태도는 〈오징어 게임〉을 '을들의 연대'에 대한 이야기로 해석하는 단초가 된다. 게임장과 바깥에서 기훈이 '함께 함'이나 관계를 맺는 방식은 이 드라마에서 매우 중요한 해석의 고리가 된다.

3화에서 기훈은 상우, 알리, 일남과 다시 만난다. 기훈은 재회를 반기면서 "우리가 꼭 훈련소 동기 같다."고 재미있어한다. 그러면서 "군대처럼 우리끼리 한번 뭉쳐서 게임을 해보면 어떠냐"고 제안을 하고 상우가 적극적으로 호응하면서 이들은 원팀으로 새 출

니즘이라 하겠는데, 이는 기독교와 미국식 냉전문화가 결합해서 구축된 한국식 휴머니즘을 진부하게 반복한다.

발을 한다. 기훈은 알리가 힘센 젊은이라며 한 팀에 받아들이고 알리를 "이등병 쫄따구"로 상우는 "일 잘하는 상병"으로 자신은 "말년 병장"이라고 서열을 정해준다. 한 팀에 넣어달라는 일남에게는 "평생 군대 말뚝 박은 주임원사" 역할을 준다. 이렇게 기훈의 소대는 이등병, 상병, 병장, 주임원사로 구성되고 이 소대는 덕수의 무리와 구별되는 팀워크로 배치된다. 드라마는 덕수의 무리와 기훈의 소대를 규율과 의리가 없는 수컷들의 무리, 규칙과 전우애를 지닌 군대 조직으로 대비시킨다.

드라마가 전개되면서 덕수의 무리는 동물적인 종말을 맞으며 이들의 죽음에 대해서는 어떠한 도덕적 질문이 덧붙여지지 않는다. 〈오징어 게임〉 첫 회부터 익명의 존재, 사연이 없는 존재들의 죽음은 잔인하게 클로즈업되고 전시된다. 이들은 애초부터 신체가 해체되어 전시될 운명이다. 반면 덕수를 중심으로 한 무리는 게임의 규칙을 지키지 않고, 참가자들과의 관계에 어떤 신의나 신뢰, 혹은 전우애를 지니니 않은 수컷 무리이다. 이들 수컷 무리의 죽음은 더욱 스펙터클하게 처리되고 관객 역시 이들의 죽음에 '권선징악', '인과응보'라는 식의 도덕적 판단을 내리게 된다. 〈오징어 게임〉의 폭력성과 잔인함에 대한 문제 제기가 전세계적으로 강하게 제기되고 있음에도 어떤 사람들은 이 드라마를 매우 '도덕적인 텍스트'로 관람하거나, 혹은 죽음을 다루는 폭력적 방식에 대해 윤리적 불안을 느끼지 않는 이유이기도 하다.

한편 덕수 무리와 달리 기훈의 소대원들은 전투의 횟수가 늘어날수록 신뢰를 쌓아가고 전우애를 다진다. 기훈의 소대원들이 신뢰 관계를 쌓아가고 전우애가 돈독해지는 3화를 지나 4화는

“쫄려도 편먹기”를 제목으로 게임 참가자들의 관계 형성의 차이를 극대화한다. 게임장이 아닌 숙소에서의 전쟁을 지나 기훈의 소대원들의 전우애는 더욱 돈독해지고 새벽 역시 이 내부 투쟁 와중에 기훈의 소대에 합류한다. 5화 “평등한 세상”에서는 기훈의 소대원과 새벽, 지영, 미녀로 이뤄진 팀이 일남의 지혜로 객관적인 전투력의 열세에도 불구하고 줄다리기에서 승리하면서 이들의 전우애와 신뢰 관계는 정점에 달한다.

많은 관객이 최고의 회차로 꼽은 6화 “깐부”에서는 이렇게 정점에 달한 기훈의 소대원들과 여성 합류자의 신뢰 관계와 전우애가 파탄에 이르면서 신뢰, 전우애, 관계의 윤리와 자기보존 본능이라는 드라마의 도덕률을 담은 질문이 극대화된다. 알리는 죽고, 상우는 자기보존 본능, 게임에서의 승리를 위해 ‘동생’ 알리를 기만해서 죽게 만드는 선택을 한다. 기훈의 소대는 해체되고 팀은 이제 더욱 업그레이드된 도덕적 할당에 의해 재구성된다.

6화에서 기훈과 상우는 모두 ‘어쩔 수 없이’ 상대를 기만하고 죽게 만든다. 그럼에도 드라마에서 상우를 신뢰나 인간관계에 대한 최소한의 도덕률도 남지 않은 파렴치한 인물로 그린다면, 기훈은 어쩔 수 없이 일남을 속일 수밖에 없지만 결국 그마저 성공하지 못하는 허술한 인물로 대비시킨다. 상우와 알리는 이미 서로 호형호제하는 사이가 된 이후이기에 상우의 행위는 ‘동생을 기만하고 살해한 행위’로까지 반인륜적 의미가 부여된다. 반면 기훈은 속임수조차 허술하게 하는, 어떤 순간에도 고민하고 주저하는 존재로 상우와 대비되게 그려진다. 결국 기훈은 상대를 기만해서가 아니라 일남의 ‘선의’로 살아남는 것으로 설정된다.

6화를 지나면서 상우는 반인륜적 존재로 더욱 극단적 행위의 강도가 점점 높아지게 그려진다. 6화에서 알리를 죽인 상우의 행동은 아우를 죽인 인류 최초의 살인자이자 패륜 범죄자인 카인을 연상하게 한다. 6화 이후 드라마는 원초적 살인이나 원초적 윤리라는 플롯을 더 강화한다. 알리와 상우의 관계는 프론트맨과 동생 준호의 관계와 겹쳐서 배치되며, 형의 총을 맞고 절벽 아래로 떨어지는 준호의 대사 "형이 왜?"라는 질문은 6화 이후 드라마의 '도덕적 질문'을 담은 플롯을 더욱 강화한다.

카인과 아벨이라는 인간 본성에 대한 기독교적 모티프는 한국의 서사 전통에서 반복되고 자주 사용되는 전쟁과 형제애에 대한 스테레오타입이다. 특히 한국전쟁에 대한 냉전기 반공주의 서사의 대표적 형식이다. 한국전쟁 기념관에는 "형제의 동상"이 세워져 있기도 하다. 카인과 아벨의 서사는 한국전쟁을 어쩔 수 없는 비극적 전쟁 상황에 휘말려서 이유도 모른 채 서로가 적이 되어 죽고 죽여야 했던 비극적 상황과 그런 상황에서 싹트는 휴머니즘으로 정립하는 서사들에서 반복되었다. 이때 휴머니즘은 비극적인 전쟁 상황에서의 최소한의 윤리로써 인간의 도덕률을 뜻하지만 사실상 이는 냉전 한국에서 반공주의가 도덕화된 형태였다. 또 반공주의 도덕으로서 휴머니즘이 카인과 아벨이라는 기독교 서사를 통해 구축되는 건 반공이라는 사상전과 기독교라는 종교가 어떻게 냉전체제 한국인의 '도덕'이 되는지를 잘 보여주는 사례다. 또 이 도덕률은 한국전쟁을 국제적인 세력들의 정치적 관계에 대한 비판이나 사회주의와 자본주의의 대립과 투쟁의 산물로 보는 해석을 원천적으로 차단하고 비가시화하는 역할을 한다. 한국전쟁은 알 수 없는, 영문도 모른 채 휘말린 전쟁일 뿐이며, 중요한 건 어쩔 수 없는 전쟁통에서도 여전히 인간의 본성은 선하고 그 선한 본성이 바로 자유주의가 승리한 근본 원인이라는 것이 바로 반공 냉전주의 휴머니즘 서사가 형성하는 도덕률이다.[39]

마지막 화인 9화 "운수 좋은 날"에서 기훈과 상우가 비가 쏟아지는 흙구덩이 속에서 맨몸으로 뒤엉켜 싸우는 장면은 이런 냉전 한국의 도덕인 형제애의 로맨스를 전형적으로 반복한다. 대부분의 한국 관객에게 이 장면은 〈인정사정 볼 것 없다〉의 두 남자의 혈투, 〈태극기 휘날리며〉에서 비가 쏟아지는 참호 속에 한 덩어리로 뒤엉켜 있던 두 형제의 비극을 연상하게 된다. 〈오징어 게임〉에 이어 넷플릭스 1위를 기록한 〈지옥〉 역시 기독교적 모티프를 기반으로 하고 있다는 점은 넷플릭스가 초국가적 흐름 속에서 미국 중심성을 어떻게 반복하고 활성화하는지를 연구하는 데 한 단초가 될 수도 있다. 기독교 모티프는 〈오징어 게임〉에서도 기이하게 한

39 한국전쟁 경험 서사는 이질적이고 다양하며 카인과 아벨 서사를 차용한 한국전쟁 경험 서사는 황순원의 「카인의 후예」(1954)를 통해서 정점에 달한다. "형제의 비극"이 한국전쟁 경험 서사의 중심에 놓이게 된 것은 냉전, 기독교, 전향이라는 중층적 요인이 작용한 결과다. 한국의 휴머니즘은 이러한 중층적 맥락 없이 이해할 수 없다. 또 "형제의 비극"으로 서사화된 한국전쟁 경험은 비국민으로 할당된 한국전쟁 경험 서사를 배제하면서, 국민되기의 공유기억으로 전쟁 경험을 기념하는 방식으로 정착되었다. 전쟁 기념관의 '형제의 상'과 같은 조형물 역시 이런 기념 역사의 산물이다. 천만 관객 영화로 기록된 〈태극기 휘날리며〉는 '형제의 비극'이라는 전쟁 경험 기념서사를 바탕으로 재구성되었다. 이에 대해서 필자는 선행 연구에서 자세하게 다루었다. 관련한 후속 연구도 상당히 진척되어 있다. 권명아, 「한국 전쟁 경험과 주체성의 서사 연구」, 연세대학교 박사학위논문, 2002, 1-212쪽; 권명아, 『식민지 이후를 사유하다』, 책세상, 2009, 1-394쪽에 관련하여 자세하게 논의하였다.

국적이면서도 초국가적 보편성으로 텍스트를 감각하게 하는 요인이다. 카인과 아벨의 상징이나 지옥의 상징은 기독교적인 모티프이지만 냉전기 한국에서는 반공을 증명하는 기표였다. 한국전쟁을 반공주의적으로 그려내는 서사에서 카인과 아벨의 상징이 라이트모티프로 반복해서 등장하는 이유다. 또 동생을 죽인 카인이 남한 사회 가부장의 원초적 표상이었으며 죄의식과 무기력이라는 정동으로 채색된 냉전 남한의 가부장 서사는 여기서 비롯된다.[40] 〈오징어 게임〉은 어느 하나 새로운 것 없이 오로지 기존의 익숙한 것을 반복함으로써 기이하게도 전세계 시청자를 끌어당겼다. 그 이유는 다양하지만 문화 냉전을 통해 전세계에 퍼진 기독교적인 것과 로컬적인 것 그리고 반공주의가 결합된 가부장 서사의 익숙한 반복이 페미니즘과 차이의 정치가 지배하는 시대에는 추억에 잠길 정도로 새로운 것으로 감각될 수 있었다고 보인다.

결국 드라마는 회를 거듭하면서 어쩔 수 없이 서로를 죽일 수밖에 없는 상황에서도 최소한의 전우애를 지킨 기훈이 살아남는 과정에 선의, 관계의 믿음, 신뢰와 같은 얼핏 보기에 윤리적인 질문을 부착시켜 놓았다. 사실 기훈은 어떤 의미로든 윤리적인 존재가 아니며, 작품에 의도적으로 배치된 이런 도덕적 질문들은 얄팍하거나 피상적이기도 하다. 그럼에도 드라마는 시종일관 기훈에게 선의, 타인에 대한 호의, 인간에 대한 믿음, 신뢰와 같은 도덕적 의미를 강하게 부착시켜 놓는다. 이를 통해 드라마는 기훈이 455명이 살상된 전쟁에서 홀로 살아남아 456억의 일확천금을 얻었으

40 영화 〈국제시장〉은 전형적이다.

나, '여전히' 인간에 대한 믿음을 갖고 있기에 상금을 소유하지 않는 도덕적 존재라고 표나게 의미를 부여한다.

그러나 사실 드라마 전체가 일련의 연속적인 투기자본주의 게임의 연속체라는 점에서 게임 단계가 업그레이드될 때마다 기훈이 '믿을 만한 사람'으로서의 의미체가 차곡차곡 쌓여가는 점은 단지 도덕의 문제만은 아니다. 투기자본주의에서 믿을 만한 사람이 되는 건 단지 도덕적 질문에 응답하거나 윤리적 존재론에 부합한 삶을 사는 게 아니라 실상 신용 등급을 업그레이드하는 일이기 때문이다. 드라마에서 기훈이 획득한 456억의 일확천금과 매회 쌓이는 신뢰-코인은 분리 불가능하다. 드라마를 보는 내내 기훈이 관객들에게 믿을 만한 존재가 되도록 함으로써 기훈은 이 투기자본의 그라운드 매 회에서 신뢰 코인을 쌓아갈 수 있었고 이 신뢰 코인이 있어야만 456억의 투기에 성공하는 히어로가 될 수 있는 것이다.

관객은 기훈이 무능력한 빚쟁이에서 신뢰 코인을 획득해나가는 과정을 통해 기훈에게 도덕적 정당성을 부여하게 되고 살상 게임이자 투기자본주의의 한판 그라운드에 불과한 이 게임의 승리를 어떤 도덕적 위화감 없이 즐길 수 있게 된다. 또 이 과정에서 기훈에 대한 도덕적 정당화는 신뢰를 투기자본(상금)과 분리하여 배치하는 드라마의 반복적인 의미 할당을 통해서 가능해진다. 이렇게 신뢰와 투기자본을 도덕과 욕망으로 분리함으로써 〈오징어 게임〉은 투기자본주의 메커니즘을 기묘하게 도덕화하면서 정당화한다. 물론 열렬한 지지와는 다르다. 기훈이 그랬듯이 어쩔 수 없는 상황이라는 전제를 반복하면서 최소한의 번민, 최소한의 선의, 최소한의 믿음이 있다면 이 게임에도 충분히 도덕적으로 참가해서 성공할 수 있다는 가능성이 〈오징어 게임〉이 제시하는 도덕률인 것이다. 생명을 담보로 한 투기자본주의의 한판 전쟁을 신뢰의 문제로 도덕화하면서 〈오징어 게임〉은 역설적으로 투기자본주의 시스템 자체를 도덕화하고 정당화한다. 물론 이 정당화는 게임이 정당하다는 것이 아니라, 게임을 바꿀 수 없다면 싸우는 방법을 바꾸라는 매우 그럴듯하고 흔한 도덕률이다. 물론 이 도덕률은 실제로 혁명적 변화 자체가 불가능해 보이는 이 세계를 사는 모든 사람의 마음 깊은 곳에 품고 있는 '최소한의 도덕'이기도 하다. 시스템을 어쩔 수 없이 받아들이지만 그래도 최소한의 번민과 회의를 하는 '나'가 기훈을 통해 상연되고 있는 것이다.

한편 어쩔 수 없지만 최소한의 번민을 하는 '도덕적 존재'로 기훈이 성장하는 과정은 무능력한 가장에서 벗어나 믿을 만한 가장으로 거듭나는 재생의 과정이다. 기훈이 믿을 만한 존재가 되는 과정에는 전우이자 동생에서 적이자 패륜아가 되어버린 상우라는 대립항이 표면적으로 두드러진다. 그러나 이 강렬한 표면의 대립항을 떠받치고 있는 건 도덕과 무관하게 시체로 전시된 참가자들과 동물적인 무리로 죽음에 대한 최소한의 존중도 필요 없는 존재로 피범벅되어 산산조각난 신체로 전시된 '의미 없는' 존재들이기도 하다. 그러나 이 의미 없는 존재들은 의미화 자체를 벗어난 비언어적 차원에 할당되어 있다. 이들은 해체된 살과 내장이 드러난 신체, 그라운드를 채우는 선혈로만 존재한다. 반면 이들과는 다른 방식으로 기훈이 믿을 만한 존재가 되어가는 과정에 대립항으로 매번 미세하면서도 지속적으로 반복해서 등장하는 건 바로 여성들이다. 〈오징어 게임〉은 기훈이 무능력한 빚쟁이에서 믿을 만한 가부장으로 재생하는 과정을 통해 투기자본주의 시스템을 도덕화하고 정당화하고 있다. 동시에 이 도덕화 과정은 가족을 위해 전쟁터에서 목숨 걸고 전쟁을 치러왔지만 아내나 어머니나 어떤 여성들에게도 이를 인정받아보지 못한 '억울한 남자들'의 도덕률이 구성되고 확증되는 과정이기도 하다.

3.3. 신뢰할 수 없는 여자들과 억울한 남자들의 '도덕': 젠더화된 신뢰자본, 돌봄 윤리와 도덕화된 투기의 도착

드라마에서 기훈의 캐릭터는 기훈 자신과 상우의 입을 통해서 직접적이고 반복적으로 언표된다. "형이 그런 사람이니까. 저 여자를 구하려고 게임을 포기할 거니까"라며 새벽을 죽여야만 하는 이유를 강변하는 상우의 대사는 대표적이다. 자신을 궁지에 몰았던 새벽에게조차 선의를 베풀고 돌보는 기훈의 태도는 '원래 그런 사람'이라는 반복적 메시지로 전달된다.

그러나 드라마 안에서도 기훈의 성격, 특히 관계에 대한 태도는 모순적이고 분열적이다. 물론 모순과 분열을 내포한 인물이 다면적이고 복합적인 성격을 체현한 잘 구성된 캐릭터라고 할 수 있다. 그런데 드라마에서는 기훈의 다면성보다는 시종일관 '본래 그런 사람'이라는 점이 명시적 메시지로 강조된다. 〈오징어 게임〉이 인간 본성에 대한 질문을 담고 있다고 해석되는 이유이기도 하다. 동시에 이런 선한 본성은 기훈이 파업 당시 경찰에 의해 살해된 동료의 죽음에 대한 죄책감에서 벗어나지 못하는 이유로 그려진다.

그런데 기훈의 이러한 선한 본성은 드라마 내부에서도 매우 선택적으로만 발현된다. 기훈은 알지도 못하는 일남의 건강을 염려하고 게임 내내 그를 살피는 보호자 역할을 한다. 기훈이 일남에게 보이는 다정다감한 태도는 그가 집에서 어머니를 대하는 무례하고 폭력적이고 기만적인 방식과 극명하게 대조를 이룬다. 기훈은 게임장 내 참가자 사이의 전투 속에서 불침번을 서며 파업투쟁 당시 동료가 살해당하던 장면을 떠올리고 괴로워한다. 그러나 기훈의 무의식이나 꿈자리 어느 한 편에도 자신 때문에 병들어 치료 시기도 놓치고 홀로 죽어가는 어머니의 모습은 등장하지 않는다.

드라마에서 기훈이 다시 게임장으로 돌아올 수밖에 없던 이유가 어머니의 병원비 때문이었다는 설정을 생각해보면 어머니에 대한 감각이 완전하게 부재한 이런 서사는 기이하기조차 하다. 다른 참가자들이 다시 게임장으로 돌아오는 이유는 계약 관계에서 발생한 문제, 악덕 계약자의 문제이거나 당사자의 과도한 욕망의 문제이다. 알리는 사장에게 밀린 임금을 받으려고 갔다가 뻔뻔한 사장의 태도에 분노해서 사장에게 상해를 입히고 돈을 빼앗아 달아났다가 게임장으로 돌아온다. 새벽은 어머니를 북한에서 데려오기로 한 업자에게 속아 돈을 빼앗겼고 역시 항의하러 찾아간 사업장에서 업자를 칼로 위협하고 돈을 갈취해서 도망갔다가 게임장으로 돌아온다. 상우는 과도한 욕망으로 고객들의 돈을 선물 투자에 무단으로 횡령했다가 어머니 집과 가게마저 압류당하고 경찰에 쫓기는 신세가 되어 자살 직전에 다시 돌아온다.

반면 기훈은 되돌아간 집에서 어머니가 당뇨로 다리를 절단할 처지가 되었고 의료보험도 자신이 해지해서 다 탕진해버린 상태라 병원비를 감당할 수 없는 신세가 된 것을 알게 된다. 어머니는 이미 삶을 포기하고 ("나 너무 피곤해, 다 그만두고 싶어.") 치료를 포기한 채 다시 생활비를 벌기 위해 행상을 나간다. 기훈은 친구를 찾아가 돈을 빌려보려 하지만, 친구의 아내에게 구박을 당하고 결국 전 부인을 찾아간다.

기훈과 다른 인물이 결국 '돈 때문에' 게임장으로 다시 돌아오게 되고 이 돈 문제가 2화의 제목인 현실이 게임보다 더 "지옥"이라는 이유로 설정된다. 그런데 기훈과 다른 인물들의 돈 문제는 유사한 문제로 연결되는데 그 성격은 매우 상이하다. 다른 인물에게 게임장보다 더한 현실의 지옥은 악덕 업자들의 부당한 갈취와 이들이 '피해자'인 인물들에게 가하는 모욕으로 채워져 있다. 갈취와 모욕의 악순환 속에서 알리와 새벽은 모욕을 되갚아주기 위해 업자들을 상해하고 돈을 빼앗아 게임장으로 되돌아온다. 알리와 새벽에게 게임은 갈취와 모욕의 악순환을 끊기 위한 전쟁터라는 점에서 현실의 연장이다. 상우 역시 게임은 투기자본에서 가장 위로 올라가려는 무한 욕망과 그 귀결로서의 자기 파괴를 반복하는 그라운드이다.

드라마에서는 기훈 역시 이들과 마찬가지로 '돈 문제'로 게임장에 되돌아올 수밖에 없었다고 그려진다. 한편 알리와 새벽, 상우와 기훈이 처한 문제가 유사성의 감각으로 연결되어 의미화되는 건 이들이 모두 가족을 담보로 잡혀 있는 존재이기 때문이다.

이들이 게임장에서 살고 죽는 문제는 사실 이미 게임 이전에 결정되어 있다. 〈오징어 게임〉 서사에 대한 관객들의 의미 해석 연결체에서 알리와 새벽, 상우의 죽음이 모두 '인과응보'라고 해석되는 것도 이런 이유다.[41] 상우는 자기 욕망 때문에 죄를 지었지만 누구에게 상해를 가하지는 않았고 알리를 도와준 과정에서 이미 선의(善意) 코인을 한 차례 얻었다. 또한 이들이 게임에서 죽는 순서는 사실상 게임 이전에 이미 결정되어 있다.

먼저 이들이 게임의 주요 인물이 되고 무엇보다 죽음에 의미가 부여되는 인물이 되는 건 이들이 '가족을 위해' 게임/전쟁터에서 살고 있는 사람들이기 때문이다. 이는 결국 악당일 뿐인 덕수나 한미녀와 대비하여 고귀한 죽음으로 이들의 삶과 죽음을 대비시켜 강조하는 서사적 장치가 된다. 기훈이 다른 인물과 대비하여 이미 '선한 인물'로 선의 코인을 하나 더 얻은 건 기훈이 게임장에 돌아오는 게 '순수하게' 가족 문제이기 때문이다. 기훈은 부채를 지고 있지만 누군가에게 상해를 입히지도 않았다. '다만' 어머니와 가족을 힘들게 했을 뿐이다. 그러나 어머니도 전 부인도 그런 '선한' 기훈을 인정해주기는커녕 시종일관 냉대하고 쓸모없는 인간 취급하며 그를 믿지 않는다. 기훈이 게임장으로 되돌아올 결정을 하는 직접적 이유는 전 부인에게 받은 모욕과 전 부인의 남편이 내민 돈 봉투 때문이다. 기훈의 지옥을 구성하는 세부적 의미 단위인 전 부인/전 부인의 남편은 알리와 새벽의 지옥 구성체

41 알리와 새벽이 게임에서 죽는 방식이 이들이 2화 '지옥'에서 업자들에게 했던 상해와 같은 방식이라는 점을 근거로 이들의 죽음을 인과응보로 해석하는 흐름도 이어졌다.

에서 악덕 업자의 역할과 조응한다. 세 명의 지옥은 모두 모욕적인 돈 봉투라는 이미지 조각을 통해 유사성의 관계로 연결된다. 모욕적인 돈 봉투는 선한 세 인물의 현실 지옥도를 유사성으로 이어주는 정동 조정의 매개체이다. 관객들은 자연스럽게 모욕적인 돈 봉투를 인물에게 건네는 행위자를 유사성으로 연결해서 감각한다.[42] 기훈의 지옥에서 이 행위자는 전 부인과 전 부인과 연결된 의미 단위이다. 전 부인의 새 가족이 담긴 화목한 가족사진은 기훈의 지옥과 대비되는 이미지로 관객에게 기훈의 입장에서 좌절감과 상실감을 느끼도록 만드는 정동적 장치다.

전 부인은 마치 새벽과 알리에게 악덕 업자가 그러하듯 선의라고 찾아볼 수 없는 얼굴로 기훈을 대한다. 악덕 업자들이 새벽과 알리에게 그러하듯 전 부인은 기훈에게 모욕감만을 준다. 특히 전 부인에게 기훈이 모욕감을 느끼는 건 그녀가 기훈을 전혀 믿지 않기 때문이다. 마찬가지로 기훈도 전 부인을 믿지 않는다. 기훈과 전 부인의 상호신뢰가 깨진 건 드라마에서 전 부인이 출산하는 날부터 시작되었는데 그날은 바로 기훈이 동료를 잃었던 같은 날로 설정된다. 전 부인이 기훈을 무책임한 사람으로 탓하게 된 건

---

42 넷플릭스 콘텐츠에서 이렇게 특정한 동일 이미지를 반복해서 서로 다른 콘텐츠를 연결하는 방식은 자주 발견되는 것 같다. 붉은 점프슈트가 대표적이다. 또 〈오징어 게임〉의 회차 제목인 '지옥'이 전혀 다른 콘텐츠의 제목이 되었고 〈지옥〉은 다시 1위를 달성했다. 또 〈지옥〉에서 사람을 불태워 죽이는 장면과 불탄 시신의 형상은 〈지옥〉보다 일찍 개봉한 브라질 드라마 〈굿모닝 베로니카〉에서 이미 사용된 모티브와 이미지를 반복한다. 넷플릭스가 콘텐츠에 대한 배타적 저작권을 갖게 되면서 콘텐츠와 관련된 제작 아이템과 아이디어가 다른 콘텐츠 생산을 위한 인프라가 되는 독점적 생산 방식이 넷플릭스에 의해 구축되고 있다는 징후로 볼 수도 있겠다.

그녀가 출산 직전 실신 상태로 거리에 쓰러져 응급실에 실려 가서 홀로 목숨을 건 출산을 할 때 남편인 기훈이 돌보지 않고 방치했기 때문이다. 그러나 기훈은 바로 그날 파업 현장에서 동료가 경찰에게 무참하게 살해당하여("내 눈앞에서 죽었다고!") '현장'을 지킬 수밖에 없었다.

기훈의 지옥도는 바로 과거 그날 시작하여 지금까지도 계속되는 아내와의 전쟁이다. 기훈에게는 '나름의 이유'가 있고 지켜야 할 현장과 동료가 있었다. 그러나 아내는 이를 인정하지 않고, 자신을 무책임한 남자로 몰아세우고 모욕을 준다. 기훈에게는 자신이 '현장'을 지킨 건 가족을 위한 일이었다. 기훈은 내내 노동 현장이라는 전쟁터에서 죽음을 걸고 가족을 지키기 위해 싸우고 있었기에 억울할 뿐이다. 그러나 아내는 이를 몰라주고 '단지' 출산하는 자기 곁을 지키지 않았다는 '사소한' 이유로 그를 부정하고 모욕한다. 그리고 이 서로 다른 이유 사이에 한 치의 양보도 없는 줄다리기가 이어졌고 이것이 가족을 파괴하고 기훈의 지옥을 만들었다. 기훈은 그때도 아내의 곁을 지키기보다, '전쟁터와 같은 노동 현장'을, 그곳에서 함께 전투를 수행한 '동료'를 지키기를 선택했고 그것이 기훈의 도덕이자 가부장으로서의 윤리이다. 문제는 이를 이해해주지 못하는 아내에게 있다. 그리고 기훈은 그때 그러했듯이 오늘도 병들어 홀로 죽음을 맞이할 어머니 곁을 지키기보다, '전쟁터인 현장'과 그 전투를 수행하는 가족 같은 동료를 지키기를 선택했고, 그 선택 역시 '가족을 위해서'라는 절대적이고 자기 확신에 찬 도덕에 의해 정당화된다.

이런 선택은 사실 드라마 처음부터 끝까지 반복된다. 기훈은 마지막 회에서 또다시 게임을 요구하는 일남과 '인간을 믿을 것인가'를 두고 내기를 한다. 인간을 믿지 않는 일남은 자신이 이긴 것으로 착각하고 죽음을 맞이하지만, 막상 인간에 대한 신뢰를 마지막까지 놓지 않았던 기훈이 게임의 최종 승자가 된다. 그래서 〈오징어 게임〉은 결국 인간에 대한 믿음을 지킨 선한 기훈의 승리라는 '도덕적 결말'을 택한다. 그러나 이 결말을 기훈의 선택의 패턴과 비교해보면 결국 기훈은 마지막까지 죽어가는 사람 곁에서 돌보고 생명을 살리는 돌봄을 택하지 않고, 돌봄을 회피하면서 돌봄을 알리바이로 전쟁터에서의 게임을 계속하는 패턴을 보여준다. 마지막까지 기훈은 죽어가는 사람을 돌보기보다 그를 매개로 게임을 계속한다. 무수한 해석 연결체가 만들어진 드라마의 결말에서 기훈이 오징어 게임으로 돌아가는 선택은 기훈 자신의 목소리로 강변하듯이 권력자들에 대한 응징의 결단처럼 보인다. 그러나 이 결말이 흥미로운 건 기훈이 결국, 이번에도 딸과 가족의 곁으로 돌아가지 않는다는 점이다.

4. 초국가적인 반페미니즘 흐름과 〈오징어 게임〉 어펙트

〈오징어 게임〉을 보이콧하는 사람들은 해석 유희에 저항하기 위해 해석 자체를 거부해야 한다고도 한다. 비판적 해석 역시 해석의 배열을 이어가도록 촉발하는 정동 작용을 하기에 해석이 이어지는 과정 자체를 절단하는 게 중요한 전략일 수 있다. 그러나 이미 폭발해버린 의미 배열체를 보이콧만으로 제어할 수는 없다. 또 그런 해석 거부가 이미 형성 중인 의미 배열체를 관념적으로 무시하는 것 이상의 비평적 개입을 불가능하게 하고 있다고도 보인다. 이런 문제의식에서 이 연구는 〈오징어 게임〉 해석의 여러 배열들을 그려나가면서 연구자 나름의 비판적 해석 배열을 이어가는 방식을 택했다. 〈오징어 게임〉을 비백인 페미니스트의 관점에서 독해하는 비평이 의미가 있듯이 본 연구는 다른 맥락에서 〈오징어 게임〉을 초국가적인 반페미니즘 흐름과 한국 내의 흐름의 교차 속에서 규명하고자 했다.

국내외에서 〈오징어 게임〉의 세계적 흥행에 대한 논의는 아직은 제한적이다. 콘텐츠 자체의 효과나, 국가 주도의 문화콘텐츠 지원(한류 지원 체계 등), 팬덤에 의한 바이럴 마케팅 효과 등이 주요한 논점이 된다. 〈오징어 게임〉이 성차별적이라는 비판도 주로 텍스트 내적 요인(재현의 문제)에 집중된다. 이런 논의가 무의미한 건 아니다. 그러나 본고에서 살펴본 것처럼 〈오징어 게임〉의 세계적 흥행은 초국가적인 자본의 흐름과 서비스 방식에 내포된 정동적 효과와 밀접한 관련이 있다. 전세계 시청자들이 〈오징어 게임〉을 '선택'하게 되는 동기는 개인의 의식이나 판단에 국한되지 않는다. 〈오징어 게임〉의 흥행은 넷플릭스 큐레이션이 '도메스틱 느와르' 같이 문화적으로 페미니즘 붐을 주도한 여성 장르에서 〈종이의 집〉, 〈뤼팽〉, 〈오징어 게임〉으로 이어지는 '자본과 식민주의자를 공략하는 정의로운 복수'를 다루는 특정 장르로 이동한 결과이기도 하다. 또 이 과정은 지배 장르의 교체이기도 하다. 도메스틱 느와르 붐은 페미니즘의 전지구적 부상에 따른 문화전 변동의 산물이다. 도메스틱 느와르 붐은 유사한 장르의 대량 생산으로 이어졌고 더 이상 새로운 서사로 받아들여지지는 않는다. 인과관계는 전혀 없지만 새로운 장르가 새로움을 잃어가고 있을 때 오래되고 진부해진 장르이며 낯익은 장르인 '괴도' 장르와 '정의로운 복수'와 그 변용태들이 다시 초국가적인 유행을 이끌고 있다. 그 결과가 〈오징어 게임〉의 세계적 흥행이기도 하다. 또 이러한 장르 교체 과정은 단지 시청자의 개인적 판단, 취향과 감각의 변화의 산물만은 아니다. 물론 지배적 장르란 그 시대 많은 사람들의 판단, 취향, 감각의 집적물이다. 그렇기에 도메스틱 느와르에서 괴도 장르, 정의로운 복수 서사로의 변환은 페미니즘에서 반페미니즘으로 기울어지는 초국가적인 백래시와 무관하지 않다.

그러나 다른 한편으로 도메스틱 느와르는 주로 미국과 유럽에서 페미니즘 붐의 산물로 등장한 장르다. 이 장르는 역사적으로 '가스라이팅 서사'를 원본으로 하고 있다. 부르주아 백인 중산층 가정 내에서 벌어지는 성적 지배, 성적 지배를 은폐하는 젠더화된 심리학(여성의 히스테리를 여성의 심리구조로 본질화하는 '과학'과 지식)을 비판적으로 무대 위에 올리는 장르였다. 2020년대 도메스틱 느와르는 가스라이팅 서사를 다시 쓰면서 성적 지배에 대한 저항에서 나아가 '심리적 지배'에 저항하는 정동 투쟁의 서사 형식을 구축했다. 도메스틱 느와르가 스릴러나 호러 장르와 혼성적으로 구축되는 이유이기도 하다. 또 가부장적 권력을 지탱하는 게 성적 지배 뿐 아니라 '심리적' 지배이기도 하다는 점은 '친밀한 폭력'에 대한 페미니즘 정치의 변화되고 확대된 인식의 산물이다. 도메스틱 느와르는 친밀한 폭력에 대한 새로운 인식과 환기가 주요한 화두가 되었던 2010년 이후 페미니즘 정치의 산물이기도 하다.

친밀한 폭력은 가족, 친구, 연인과 같이 사적인 층위에서 발현하지만 해당 사회의 계급, 인종, 지역, 연령 등을 가로지르는 차별적 구조에 의해 구성되고 재구성된다. 오늘날 친밀한 관계와 친밀함이 구성되는 장은 (예를 들어 '안방'과 같은) 근대적인 공간 분할 권력이 여전히 작동하지만 (안방과 광장의 분할처럼) 초국가적 힘들과 매개들의 연결성으로 이미 구조화되었다(넷플릭스가 장악한 안방 극장처럼). 주로 미국 내 시청자들을 겨냥한 콘텐츠에서 미국 이외의 다른 지역 콘텐츠로 넷플릭스 큐레이션이 이동하면서 지배적 장르가 교체되었다. 도메스틱 느와르가 친밀한 관계에서의 지배와 폭력, 새로운 주체의 부상을 그렸다면 '괴도' 장르와 정의로운 복수 서사는 부당한 자본의 보이지 않는 힘과 싸우는 블루칼라 노동자 출신의 외로운 중년 남성을 새로이 무대 위에 올렸다. 〈뤼팽〉과 〈종이의 집〉, 그리고 〈오징어 게임〉은 공통적으로 부당한 자본에 의해 '루저'로 살아야만 했던 아비의 빼앗긴 명예를 되찾고자 하는 아들의 서사이다.

도메스틱 느와르에서 '괴도' 장르/정의로운 복수 서사로의 변화는 남성 지배, 가부장 지배에 저항하는 여성의 주체화 서사에서 부당하게 빼앗긴 가부장의 명예를 되찾으려는 아들의 서사로 이행하는 초국가적 경로를 잘 보여준다. 가부장적 지배에 저항하는 여성 서사가 '억울한 남자들의 서사'로 이행하는 초국가적 경로는 특정 개인이나 집단, 세대의 정치의식과 감각의 변화와도 무관하지 않다. 그러나 한편으로는 초국가적으로 실시간 배포되는 '개인 맞춤형 콘텐츠 큐레이션'은 개인의 신체에서 작동하는 정치의

식과 판단을 텔레비전이라는 물질성, 인터넷 연결성이라는 비물질성, 취향과 소비라는 감각의 차원을 포섭하고 가로지르면서 특정한 정치의식을 구성하고 재생산한다. '선택' 버튼을 누르는 한 개인은 의식의 차원에서 특정한 정치 의식(반페미니즘과 같은)이 동기가 되어 선택이라는 행위를 하지만은 않는다. 그러나 의식하지 않는 순간에도 그 선택은 이미 미세감각과 감각조차 되지 않는 층위에서 이미 특정한 정치 감각으로 정향되어 있다. 이 연구에서는 초국가적인 정동 권력의 작동을 주로 〈오징어 게임〉의 세계적 흥행을 사례로 논의했다. 이후 연구에서 더 다양한 사례를 토대로 초국가적인 정동 권력의 작동에 대해 논의를 이어가고자 한다.

'실내 우주'의 SF 에톨로지
: 사물-동물-식물의 애니메이팅 인터페이스에 관한 일고찰[1]

권 두 현

1. 텔레-공화국의 플랫폼 너머: 실내의 우주론을 향하여

1964년에 발표된 동화 『아낌없이 주는 나무(The Giving Tree)』의 작가 셸 실버스타인(Shel Silverstein)은 잡지 『플레이보이(Playboy)』에 수십 년간 글을 쓰고 그림을 그리면서 이루 헤아릴 수 없는 수많은 여자들과의 섹스에 탐닉했다. 실버스타인의 밤은 그의 동화에서 나무가 '그녀(she)'로 지칭되고 있다는 사실과 함께 이해될 수 있을 것이다. 이 사실은 다시 한번 실버스타인의 밤을 경유하여 나무로 표상되는 식물이 인간=남성(Man)에게 '아낌없이' 주는 대상으로 섹슈얼리티를 부여받으며 젠더화되어 있다는 의미

1 이 글은 「'실내 우주'의 SF 에톨로지: 사물-동물-식물의 애니메이팅 인터페이스에 관한 일고찰」, 『석당논총』 제82집, 동아대학교 석당학술원, 2022를 수정·보완하여 재수록한 것이다.

로 받아들여진다.

셸 실버스타인에게 일과 밤을 동시에 제공한 잡지 『플레이보이』는 1953년 시카고에서 휴 헤프너(Hugh Hefner)에 의해 창간되었다. 폴 B. 프레시아도(Paul B. Preciado)는 시카고에서 로스앤젤레스로 이어지는 '플레이보이 맨션'에 대한 연구를 통해, 지구상에서 가장 부유한 남자 가운데 한 명인 헤프너가 거의 40년 동안 자신의 집에서 파자마와 슬리퍼 차림에, 펩시를 마시고 버터핑거를 먹으면서 시간을 보냈다는 사실을 발견한다. 헤프너는 집을, 좀 더 정확히 말하자면 침대를 떠나지 않고, 미국에서 가장 많이 유통되는 남성 잡지를 감독하고 제작했던 것이다.[2] 이는 어떻게 가능했을까. 헤프너의 침대가 전화, 라디오, 스테레오, 비디오카메라에 연결된 멀티미디어 제작 플랫폼에 다름아니었기 때문이다.

COVID-19에 의한 팬데믹 시대에 이르러, 휴 헤프너의 모습은 특수한 개인의 사례가 아닌 일반의 일상으로 전지구적으로 광범위하게 드러난다. 헤프너 곁의 전화, 라디오, 스테레오, 비디오카메라를 대신하여, 이들 테크놀로지의 기능을 통합한 장치로서 스마트폰과 태블릿 PC가 지구인의 침대 맡을 차지하고 있다. 이들 디바이스와 함께, 유튜브, 넷플릭스 등의 애플리케이션을 통해 침대는 멀티미디어 소비 플랫폼으로 탈바꿈했다. 시청자가 콘텐츠를 소비하는 데는 시각과 청각만이 요구될 뿐, 디바이스를 움켜쥘 손조차 필요치 않다. 거치대 위에서 디바이스는 콘텐츠를 자동적으로, 연속적으로 스트리밍한다.

---

2 Paul B. Preciado, "Learning from the virus", *ART FORUM,* MAY/JUNE 2020, 6.

개인의 침실은 전지구적 광대역 연결망에 포함되었고, 그 안에서 퍼져나간 '오징어 게임 어펙트'는 침대 맡에서 등장했다고 보아도 크게 틀리지 않을 것이다. 〈오징어 게임〉[3]의 '프론트맨'과 그가 초대한 몇몇 남성들은 실내에 자리한 채로 살인 게임의 스펙터클을 생산하고 이를 소비했다. 작품에서 절시증의 남성 주체들이 집단화된 물질적 몸의 죽음을 게임처럼 즐기며 쾌락에 젖어들었던 장면은 '오징어 게임 어펙트'가 특정 콘텐츠의 힘이 아닌 콘텐츠로 수렴된 어떤 체제의 힘에 의해 마련되었음을 보여준다. 반복적으로 상연되고 실시간으로 중계되는 살인 장면은 디지털화된 시청각 코드의 약리적이면서 (그렇기 때문에) 중독적인 효과에 의해 재매개된 제약-포르노(pharmaco-pornographic) 체제의 단면으로서, 관객의 신경계를 재생산하는 테크노프로덕션(technoproduction)의 함의를 갖는다.[4]

오늘날 제약-포르노적 테크닉은 항바이러스 '약물'에 연루된 몸은 물론, 그 몸에 침투하는 또 다른 '약리적 효과'의 각종 코드들과 함께 COVID-19 위기를 특징짓고 있다. 폴 B. 프레시아도는 그 테크닉의 생명정치학적 변화로서 "전통적인 사회적 구속과 규율 기관(병원, 공장, 감옥, 학교 등)이 아닌 '집'이 생산, 소비 및 정치

---

3 황동혁 극본 · 연출, 〈오징어 게임〉(9부작), 넷플릭스, 2021. 9. 17. 공개.

4 제약-포르노 체제는 "안구에 이미지를 분사하고 모든 종류의 신체에 호르몬을 도입하는 시스템"이자, "제약 산업, 포르노의 자위행위적 논리, 그리고 그 기반이 되는 흥분-좌절의 사슬에 의해 지배되는 새로운 경제 시스템"이다. 제약-포르노 체제에 대해서는 다음의 글을 참고. Paul B. Preciado, *Testo Junkie: Sex, Drugs, and Biopolitics in the Pharmacopornographic Era*, trans. Bruce Benderson, Consortium Book Sales & Dist, 2013, Kindle Electronic Ed.

적 통제의 새로운 중심지로 등장했다"는 사실에 주목한다. 프레시아도에 따르면, 집은 이제 원격 소비와 원격 생산의 경제 중심지가 되었으며, 또한 감시 장치이기도 하다. 또한 실내 공간은 '구글 지도'에서 식별할 수 있는 장소인 사이버 감시 영역의 한 지점으로 존재하며, 드론에 의해 인식되는 이미지가 된다. 이처럼 집과 디지털 연결망은 텔레-공화국(tele-republic)을 이룬다. 한편, 김성일은 COVID-19 위기에 대응하는 '집콕' 현상에 주목하는 가운데, '사회적 거리두기' 이후 집이 건강, 보건, 위생이 강화된 곳으로 작용하고 있음을 드러내며 팬데믹 이후 재택근무, 온라인 수업 등이 확산되면서 집의 디지털화가 가속화되고 있다고 설명한다. 이와 같은 논의가 프레시아도를 특별히 참고하고 있는 것은 아니지만, '스마트 하우징'과 '디지털 코쿠닝' 등, 그 논의를 전개시키기 위한 제개념은 '텔레-공화국'의 사유와 무리 없이 접속한다.[5]

폴 B. 프레시아도와 김성일의 논의에서 오늘날의 사회는 물질적 몸을 닮은 말초신경계의 사회적 신체로, 집은 디지털 신경계의 말단으로 상상된다. 이들의 상상 속에서 실내는 멸균과 위생의 공간일 뿐, 사회적 거리두기를 통해 철폐하고자 했던 자연이 식물과 동물의 형상으로 이미 실내에 들어와 있다는 사실이 충분히 고려되지 않는다. 오히려 실내는 바이러스가 떠다니는 음험한 자연과 철저히 분리된 채로 드러나고 있을 뿐이다. 하지만 프레시아도는 성적 뉴로 시냅스와 디지털화된 파르마콘(pharmakon)의 내부작용

5 김성일, 「코로나19 시대에 '집콕'에서 나타난 집의 효용과 의미 변화」, 『문화과학』 통권 제106호, 문화과학사, 2021.

에 의한 몸의 변이를 사유하면서 초물질화(hyper-materialization)의 과정을 추적하고 있다는 점에서 김성일의 논의와 뚜렷한 차이를 보인다. 몸을 변화시키는 것은 물론 디지털 코드뿐만이 아니다. 스테이시 앨러이모(Stacy Alaimo)가 통찰한 바와 같이, 물질적 몸은 다종의 물질들이 마주치고 부대끼는 물질대사의 현장으로 다공성(porosity)과 이로 인한 횡단신체성(transcorporeality)을 드러낸다.[6] 예컨대, 과학 저널리스트로 살아가는 어떤 '실내형 인간'은 실내, 특히 자신의 욕실 샤워기에 서식하는 미생물의 존재를 깨닫고 자신의 건강에 대한 염려를 동료 앞에서 털어놓았던 경험을 글로 옮긴 바 있다.[7] 그는 아마도 많은 실내 미생물이 전적으로 무해하며 어떤 것은 평생에 걸쳐 우리의 건강에 득이 된다는 동료의 말에 조금은 안심하며, 기꺼이 미생물과 함께, 그리고 디지털 디바이스 앞에서 그 글을 타이핑했을 것이다. 그 글은 사물과 미생물과 인간의 뒤얽힘이 아로새겨진 종이라는 물질을 통해 단행본의 형식으로 독자들과 만난다.

캐런 바라드(Karen Barad)는 "물질은 어떻게 물질이 되는가"에 대해 묻고, "반복적 내부작용(iterative intra-activity)의 안정화하고 탈안정화하는 과정"을 그 답으로 제시했다.[8] 그런데 물질은 바라드가 포착한 반복적 내부작용뿐만 아니라—근심에서 안심으로 이어

---

6 스테이시 앨러이모, 윤준 · 김종갑 역, 『말, 살, 흙: 페미니즘과 환경정의』, 그린비, 2018.

7 에밀리 앤시스, 김승진 역, 「실내 정글」, 『우리는 실내형 인간』, 마티, 2021.

8 Karen Barad, "Posthumanist Performativity: Toward an Understanding of How Matter Comes to Matter", *Signs* Vol.28, No.3, Spring 2003, pp.801-831.

지는—정동을 통해 또 다른 물질, 예컨대 인간의 물질적 몸과 만나고 뒤얽힌다. 예컨대, 「반려종 선언」의 도입부에 작성된 "미즈 카옌 페퍼(Ms. Cayenne Pepper)가 내 세포를 몽땅 식민화하고 있다."[9]는 도나 해러웨이(Donna J. Haraway)의 문장은 자신이 반려견과 미생물계를 공유한다는 감각과 정동적 관계에 대한 인식을 선언적으로 드러내고 있다. 카옌 페퍼뿐만 아니라, 모든 반려동물과 반려식물은 생명체로서 필연적으로 미생물계를 실내에 보태거나 외부로부터 가지고 들어오며, 인간 또한 "신체의 모든 구멍과 부위에서 지속적으로 박테리아를 떨구고 있"는 미생물계의 유력한 행위자다.[10] 또한 동물, 더 나아가 식물이 '반려종(companion species)'으로서 '반려인간'과 공생하는 동시에 공변하는 것이야말로 정동적 연결과 결합의 대표적 사례라 할 만하다.

물질적 몸들의 마주침과 부대낌에서 발휘되는 정동과 정동적 '되기', 즉 몸의 역량과 그 변화를 파악하기 위해서는 몸에 대한 유물론적 관점이 요청된다.[11] 김환석은 (인문)사회과학에서의

---

9 도나 해러웨이, 황희선 역, 「반려종 선언: 개, 사람 그리고 소중한 타자성」, 『해러웨이 선언문』, 책세상, 2019, 115쪽.

10 에밀리 앤시스, 앞의 글, 30-31쪽, 40쪽 참고.

11 김성호는 정동 이론의 원형을 제시한 스피노자를 유물론자로 이해하며 다음과 같이 설명한다. "스피노자에 따르면 정신은 다른 신체들과의 끊임없는 상호작용 속에 존재하는 자기 신체와 별개로 존재할 수 없으며, 자신의 능력을 자기 신체의 능력에 의존한다. 이 의존관계에는 신체와 정신 간의 비대칭이 있고, 그런 의미에서 스피노자는 일종의 유물론자라고 할 수 있다." 김성호, 「로런스와 스피노자-비인간주의와 정서 · 정동 이론을 중심으로」, 강우성 · 김성호 · 박인찬 · 유선무 · 이동신 · 정희원 · 황정아, 『포스트휴머니즘의 쟁점들』, 갈무리, 2021, 105-106쪽 참고.

물질적 전회(material turn)로 일컬어지는 쟁점을 점검하며, 물질성(materiality)에 대한 접근을 윤리적 유물론(ethical materialism), 존재론적 유물론(ontological materialism), 역사적 유물론(historical materialism), 신유물론(new materialism) 등 크게 네 가지로 제시하면서, 윤리적 유물론, 존재론적 유물론, 역사적 유물론을 고전적 형태의 유물론으로 분류하고, 이를 관계성(relationality)과 과정성(processuality)에 강조점을 둔 신유물론과 구별해 보인다.[12] 이 가운데 고전적 형태의 유물론은 몸과 집을 설명하는 방식을 통해 뚜렷하게 확인된다. 한국 사회에서 집은 소유의 대상으로서 개인들이 삶에서 주로 물질적 욕망을 추구하게 한다는 윤리적 유물론의 관점에 따라 먼저 포착되어, 역사적 유물론의 관점에 따라 개인들이 노동 또는 투기를 통해 자신의 환경과 자기 스스로를 어떻게 변형시키는가에 초점을 두는 변증법적 설명을 통해 분석되었다. 이러한 분석은 "내 집에 갇힌" 감각인식 너머의 근본적인 요소들로 이루어진 실재적인 집이 있다는 관념, 즉 존재론적 유물론을 전제로 이루어진 것이다.[13]

한편, 비인간적 전환(non-human turn) 혹은 존재론적 전환(ontological turn)으로 호명되는 것에서 시사되듯이, 신유물론은 인간의 문화와 자연의 물질 사이의 경계를 허물고, 인간에게만 부여되었던 행위성(agency)을 비인간 전체에게 나누는 존재론적 패

---

12 김환석, 「사회과학의 '물질적 전환(material turn)'을 위하여」, 『경제와사회』 통권 제112호, 비판사회학회, 2016.

13 집에 대한 이와 같은 접근방식의 대표적인 사례로는 김명수, 『내 집에 갇힌 사회: 생존과 투기 사이에서』, 창비, 2020. 참고.

러다임의 전환을 지향한다.[14] 신유물론적 관점에 따르면, 집의 실내 공간은 물질들의 아카이빙과 큐레이션이 다양하게 벌어지는 곳이라 할 수 있다. 『우리는 실내형 인간』과 같은 사례가 대표적이라고 볼 수 있겠지만, 이 또한 신유물론적 접근으로서는 썩 충분치 않다. 원제 "The Great Indoors: The Suprising Science of How Buildings Shape Our Behavior, Health, and Happiness"의 번역된 제목 "우리는 실내형 인간"에서 은연중에 드러나는 것처럼, 이 저작은 어디까지나 실내형 '인간'의 주변을 맴돌며 '인간 중심주의'에 따라 실내 공간에 접근한다. 실내형 인간은 건조(建造) 공간과 '우리'로 괄호 쳐진 인간의 직접적 대면이 아니라, 이미 해당 저작에서 일부 다루어지고 있다시피, 실내라는 공간을 구성하는 다종의 물질들의 뒤얽힘에 의해 탄생하는 것이라는 사실을 좀 더 적극적으로 감안할 필요가 있다. 그랬을 때, 실내는 "인간적인 것을 넘어서는 인류학"[15]에 의해 재접근될 수 있다. 이는 실내의 사물, 동물, 식물, 더 나아가 미생물 등에 관한 물질적 접근에 다름 아닐 것이다.

물질적 접근을 시도함에 있어 간과해서는 안 될 중요한 사실은 역사적 유물론과 신유물론이라는 두 차원이 대립하는 관점이 아니라 상호 매개된다는 점이다. 물질들은 그 자체로 생동한다기보다, 생동을 위한 연결과 결합, 즉 상호작용 및 내부작용을 필요로 하고, 이에 따른 물질들의 (재)배치는 '인류세(人類世,

14 유선무, 「신유물론 시대의 문학 읽기」, 『포스트휴머니즘의 쟁점들』, 갈무리, 2021, 125-126쪽.

15 에두아르도 콘, 차은정 역, 『숲은 생각한다』, 사월의책, 2018, 22쪽.

anthropocene)'로 일컬어지는 우주적 시간의 흐름과 역사적-사회적 힘에 따라 '위치의 정치'로서 이루어진다고 볼 수 있다. 요컨대, 집의 역사적 위치와 물질적 조건은 사회적 관계를 마련하고 바꾸어 내며, 그 사회는 인간과 비인간에게 두루 열려 있는 우주다. 이 글은 오늘날 수많은 이종적 조건으로 구성되는 다양체로서, 사물-동물-식물이 아상블라주(assemblage)를 이루고 있는 실내를 초점화하여 이 전제를 검토해보고자 한다.

2. '비닐 온실'의 식물, 동물, 인간: 다종의 '비닐하우징'과 정동

'인류세'의 지층을 형성한 인류의 기술적 정향과 탈정향, 그리고 재정향은 어떤 고분자 화합물질과의 관계를 통해 정동적으로 드러난다. 그것은 바로 플라스틱이다. 우정아는 20세기 초에 등장한 신소재 플라스틱이 상아와 종이 등의 난획을 방지하도록 이들을 대체할 유토피아적 물질로 각광을 받았고, 20세기 중반까지 최빈국이었던 대한민국이 천연자원의 편재성을 극복하고 급속하게 산업화할 수 있었던 기반을 마련해 준 '민주적 재료'였다고 평가한 바 있다.[16]

플라스틱 가운데서도 가장 '민주적'으로 활용된 재료는 플라

16 Jung-Ah Woo, "Plastic tradition: Jeong-hwa Choi's artworks and the work ethic of Korea's developmental era", *World Art* Vol. 5, 2015, pp.63-86. 참고.

스틱 필름, 즉 '비닐'이라 할 수 있다. 한국에서 비닐은 실내의 포장도구로서 등장해 플라스틱 시대의 개막을 알렸다. 국산 플라스틱 시대는 1956년에 등장한 '비닐장판'과 함께 시작되었다. 그 해, 국제비니루상공사의 신문 광고는 '꽃장판'을 깔았을 때의 좋은 점 세 가지를 다음과 같은 보디카피로 소개하고 있다. "1. 온돌의 경우…열을 받는 속도가 빨라서 방이 속(速)히 더웁고, 보온질로 되어있기 때문에 오래도록 식지 않는다. 2. 마루 · 응접실의 경우…소제(掃除 · 청소)에 간편하고 따라서 위생상 극치를 이룬다. 3. 기타 특점…장구한 수명을 확보하기 때문에 절대 경제적임."[17] 같은 해, 락희(樂喜)화학공업사(현 LG화학)가 국산 비닐장판 생산 개시를 알린 광고 역시 '경이적 강인함'을 가져 수명이 10년 이상 되고, 열 · 수분 · 유류 · 약품을 견디며, 촉감이 부드럽고 보온성, 내습성이 우수하다는 등 장점을 열거하며, '온돌방 장판으로 최적'이라고 비닐장판의 특장을 소개하고 있다.[18] 각종 공업사의 비닐장판은 공통적으로 '꽃장판'이지만, 그것의 세련된 미관이 아니라, 보온, 위생, 수명 등 그 특장을 물질성과 적극적으로 연관시키고 있다. 비닐장판에 대한 당대의 매혹은 무엇보다도 거주자의 몸과 그 몸에 접촉하는 비닐의 물질적 관계로부터 나타나고 있던 것이다. 오늘날 비닐장판이 '환경 호르몬'을 방출하는 '트러블'로 간주되는 것은 초창기의 비닐장판에 대한 매혹이 공포로 전이된 것이지

---

17 「『꽃장판』을 깔면」, 『동아일보』 1956. 4. 1.

18 「大望中의 眞正品, 『비니루 장판』 드디어 登場!!」, 『조선일보』 1956. 10. 30. 국제비니루상공사의 꽃장판 광고 역시 "온돌방에 외국사람도 초대"할 수 있다며, 비닐장판이 온돌이라는 난방 시스템에 최적화되어 있음을 과시하고 있다.

만, 이는 그 정동이 여전히 몸과의 물질적 관계에 대한 인식에 바탕을 두고 있다는 점을 시사한다.

비닐은 온실의 포장재로서 '비닐하우스'를 등장시키기도 했다. 비닐하우스는 경작물과 직접적으로 맞닿은 토양을 비롯해, 그 밖에도 경작에 영향을 주는 자연적 요소들을 인공적 방식으로 매개한다. 이에 따라 비닐하우스에서는 일조량이 부족하고 냉해가 우려되는 겨울철에도 싱싱한 푸성귀가 자라고, 또한 바로 그 겨울을 견디며 사람이 살기도 한다. 그렇다면 그 사람의 물질적 몸 또한 필연적으로 비닐하우스를 통해 인공적-자연적 환경과 매개된다고 할 수 있을 것이다. 이와 관련한 사례로 혹자는 "런던 올림픽 체조 뜀틀 부문 금메달리스트인 양학선 선수가 살고 있는 비닐하우스를 방송에서 보는 순간 유독 장판이 부각돼 눈시울이 시큰했다. 바닥재 업체들이 친환경 제품을 내놓으며 유해물질 제로에 도전한다고 홍보에 열을 올리고 있는 마당에 양 선수의 집은 추억 어린 비닐장판 그대로의 원형을 갖추고 있었기 때문"이라며, 비닐의 풍경에 겹쳐 자신의 심경을 다분히 낭만적으로 피력하기도 했다.[19] 화자는 가난을 통해 비로소 활성화되는 '유해물질'로서의 비닐장판에 주목하면서도 마찬가지의 물질로 이루어진 비닐하우스를 배경화하고 있는데, 이는 그가 관찰자로서 그저 불민하기 때문만은 아니다. 루이스 멈포드(Lewis Mumford)는 형상(figure)을 가져오지만 그렇게 함으로써 사라지게 하는 배경(ground)을 컨테이너

19 김병희, 「비닐장판의 추억」, 『동아일보』, 2012. 8. 27.

(container) 테크놀로지라고 정의한다.[20] 컨테이너 테크놀로지는 미디어를 가장 환경적인 방식으로 보여준다. 여기에는 항아리와 바구니, 염색통과 벽돌 가마, 저수지, 수로, 길, 빌딩 등이 모두 포함된다. 이 목록에 비닐하우스가 추가될 수 있을 것이다. 식물을 비롯한 바이오매스(biomass) 또한 컨테이너를 필요로 하며 그 가운데 하나가 바로 비닐하우스다.

컨테이너 테크놀로지로서 비닐하우스는 자연환경을 모방하되, 어디까지나 그 물질성을 필터링하면서 재현한다. 비닐하우스를 매개로 삼았을 때, 횡단신체성을 이끌어내는 살된 존재(fleshy beings)로서의 몸들의 물질적 관계는 필연적으로 왜곡될 수밖에 없다. 비닐하우스라는 용기의 경계를 이루는 비닐은 있으면서도 없는 듯, 없으면서도 있는 듯, 자연의 물질적 요소들을 선택적으로 투과시키면서, 동시에 선택적으로 차단함으로써 인공적 실내 환경을 조성한다. 비닐하우스는 그 경계를 이루는 비닐에 투과된 빛을 열로 바꾸는 적정기술의 에너지 변환 장치다. 반투명한 경계를 이루는 물질로서의 비닐은 투광과 보온뿐만 아니라 비바람과 눈

---

20 루이스 멈포드, 유명기 역, 『기계의 신화 1: 기술과 인류의 발달』, 아카넷, 2013. 참고. 이 책에서 루이스 멈포드가 역점을 두는 것은 '거대기계'(megamachine)의 개념이다. 우선 여기에는 기계를 기계체계의 개념으로 확대하여 폭넓게 해석하는, 기계에 대한 멈포드 특유의 독자적 개념이 깔렸다. 가령 멈포드는 인간이 사용하는 도구를 남성적, 반생명적, 파괴적, 기계적 성격을 갖는 것(물리적 기계)과 모성적, 친생명적, 평화적, 유기적 성격을 갖는 것(보자기, 그릇, 근대의 수도관, 도로, 도시, 도서관 등)으로 구분한다. 후자의 도구를 멈포드는 '컨테이너'라는 용어로 포괄하는데, 언어도 문화를 담는 컨테이너에 해당한다고 본다. 이런 컨테이너들은 '기계'의 파괴적 성격과 대조적으로 포용과 순환, 소통을 통한 유기적 관계의 창출을 통해 인간의 생활에 안락과 평화에 이바지한다.

보라, 그리고 해충 등을 차폐하는 데도 효과적이다. 이러한 비닐의 존재로 인해 비닐하우스 내부의 유기체들은 자연의 '자연스러움'을 착각하며 그 생명을 이어가게 된다.

애나 칭(Anna Tsing)이 "생물들은 타고난 다양성을 무시당한 채 단일한 기준으로 통일, 복제, 무한 생산할 수 있는 존재로 변형되고 바코드에 기록되어 전산 처리된 후 서식지에서 멀리 떨어진 곳으로 옮겨져 소비된다."[21]고 지적했다시피, 생물은 서식지의 기후적 환경과 상이한 곳에서 연명할 처지에 놓였다. 생물, 그 가운데서도 특히 식물의 연명을 위해 원예시설로서 비닐하우스가 필요한 이유도 바로 여기에 있다. 오늘날 유전자 변형과 같은 바이오테크닉이 생물종의 다양성을 확대했다는 사실을 염두에 둔다면, 애나 칭이 언급한 '생물의 다양성'이란, 생물종의 다양성이 아니라 단일종 내에서의 조형적 다양성을 언급하는 것으로 이해할 수 있을 것이다. 하지만 비닐하우스는 식물종의 다양성을 발현시킬 수 있는 테크놀로지가 아닐 뿐만 아니라, 근본적으로 다양한 식물종의 종별적 특징을 어디까지나 단일한 조형성(plasticity)으로 발현시키는 데 초점이 맞춰진 시설이다. 이를 통해 강조된 스케일, 모양, 색깔, 질감 등의 총체로서 식물종의 조형성은 식물의 물질적 취약성을 강화하면서도 동시에 이를 은폐한다는 점에서 다분히 기만적이다.

비닐하우스는 원예시설로서만이 아니라 동물 사육시설로서

---

21 노고운, 「애나 칭: 비인간 생물은 역사의 주인공이 될 수 있는가?」, 김환석 외, 『21세기 사상의 최전선』, 이성과감성, 2020.

도 빈번하게 축조되는데, 특히 반려견 번식장이 그렇다. 원예시설로서 비닐하우스가 물질적 관계를 매개한다면, 번식장으로서의 비닐하우스는 원예시설로 위장함으로써 사회적 시선을 차단하는 기능을 한다.[22] 그러면서도 원예시설과 마찬가지로 비닐하우스 번식장에서도 역시 반려견종의 다양하면서도 취약한 물질적 몸으로부터 종별적 조형성을 이끌어내기 위한 억압적 사육이 행해진다. 공장과 다를 바 없는 비닐하우스 번식장에서 종견과 모견은 각각 번식 기계와 출산 기계로 환원되고, 나머지는 반려견이기에 앞서 '애완견'으로서, '애완용'으로 어울릴 만한 조형성을 유지하기 위해 좁은 케이지에 가두어져 성장억제와 비활성화를 강요받는다.[23]

조형의 메커니즘으로서 비닐하우스는 그 내부에서 작동하는 약리적이면서, 동시에 중독적인 시스템에 의해 뒷받침된다. 조형성을 극대화하기 위한 조치로서 시설원예에는 비닐이라는 화학물질로 식물을 차폐하는 조치 말고도, 화학적 식물보호제나 살충제,

---

22 반려견 번식장의 실태를 취재하기 위해 잠입한 기자들은 이곳의 외관을 다음과 같이 묘사한다. "2019년 6월 17일과 7월 1일, 두 차례 방문한 경기도 여주 '산촌애견'의 외양은 꽃집처럼 보였다. 국도 옆에 바짝 붙여 차린 가게 입구에는 알록달록한 꽃모종과 씨앗 따위를 진열해놓았다. 그 뒤로 호미, 삽, 플라스틱 바구니, 고장 난 선풍기 따위가 마구 뒤섞여 있어 얼핏 고물상처럼 보이기도 했다. 그 와중에 간판에는 '애완동물 교배 분양'이라고 쓰여 있었다(신소윤 · 김지숙, 『선택받지 못한 개의 일생』, 다산북스, 2020)."

23 개 또는 강아지의 개체별 격리는 필연적으로 행동학적 문제를 발생시킨다. 여러 연구에 따르면 어릴 때 어미나 형제 개들과 충분히 지내지 못한 강아지는 우선 여러 상황에서 쉽게 흥분하고 불안해진다. 흥분과 불안은 모든 문제행동의 출발점이 된다. 쉽게 흥분하고 불안해하는 개들은 같은 자극에도 쉽게 각성되어 공격성, 분리불안증, 강박 장애 같은 각종 행동문제를 보일 수 있다. 「참혹한 개 번식장, 동물은 물건이 아니다」, 『오마이뉴스』, 2016. 5. 22.

성장억제제 또는 왜화제[24] 등 물질에 고정적 형상을 부여하는 각종 인공물질이 동원된다. 인공물질로서 화학비료는 독가스 및 폭약과 같은 물질성을 가지면서도, 다른 관계성을 가진다.[25] 인간을 떼죽음으로 몰아넣었던 군사화된 테크놀로지는 화학비료를 매개로 식물을 살게 만드는 폭력으로 전이되는 셈이다. 한편, 공장식 번식장에서 대량 사육되는 동물들은 다량의 약물을 복용한다. 번식장을 운영하는 누구든 마음만 먹으면 동물 관련 약품을 쉽게 구해 얼마든지 자신의 동물에게 투약할 수 있다. 반려산업 내부에 자리매김된 동물과 식물은 테스토 정키(testo junkie)로서 제약-포르노 체제의 일원이다. 또한 동물 및 식물 반려종은 비닐이라는 화학물질과 생화학약품으로 이루어진 공장에서 탄생한 유기체적 플라스틱에 다름 아니다. 이들은 탈인간(posthuman)의 형상인 사이보그(cyborg)조차도 인간중심적이라는 점을 환기한다. 사이보그가 사이버네틱스(cybernetics)가 더해진 인간이라는 유기체(organism)라

---

24 "여름에 꽃을 보려고 화분에 심은 식물은 종종 성장억제제 또는 왜화제라 불리는 약품으로 처리가 되어 특히 빽빽해 보이며 특정 높이에서 많은 꽃을 피운다. 그 결과 이 식물들은 식재 후 이 약제를 분해해야 하며 그런 다음 한동안 꽃이 피지 않은 상태로 있어야 한다(안드레아스 바를라게, 류동수 역, 『실은 나도 식물이 알고 싶었어』, 애플북스, 2020, 174쪽)."

25 "근대의 농업은 잡초제거제, 살충제, 화학 비료에 심각한 위협을 받고 있는데, 이들의 사용은 녹색 혁명 동안 폭발적으로 증가하여 1940년대에는 400만 톤, 1965년에는 4000만 톤, 1990년에는 1억 5000만 톤이 사용되었다. 이는 또 하나의 군사장비 남용이었다. 20세기 초기의 암모니아 합성 과정은 단번에 비료와 독가스와 폭약이 되었다. 비료는 아직도 폭약으로 다시 변환될 수 있다. 1995년에 일어난 미국 오클라호마시티 폭파 사건은 4800파운드의 질산나트륨으로 점화되었다. 비료는 다른 활동을 가능케 해주는 탈격 미디어다(존 더럼 피터스, 이희은 역, 『자연과 미디어』, 컬처룩, 2018, 219-220쪽)."

면, 동물과 식물은 비닐하우스 안에서 유기체적 외피를 취한 플라스틱으로서 주조되는 셈이다.

식물과 동물에게 있어 비닐하우스라는 컨테이너가 살게 만드는 폭력이 가해지는 연명의 테크놀로지라면, 인간은 비닐하우스와 또 다른 방식으로 뒤얽힌다. 비닐하우스의 물질성은 그것이 인접한 행위자로서 인간을 만나느냐 비인간을 만나느냐에 따라 비대칭적 행위능력으로 발휘되는 것이다. 화훼 및 영농을 목적으로 만들어진 비닐하우스라는 컨테이너는 종종 난민과 도시빈민의 주거 공간으로도 활용되었다. 2020년 12월 20일 경기도 포천 농장 비닐하우스 숙소에서 영하 20도에 가까운 혹한에 전기와 난방이 끊긴 채로 캄보디아 이주노동자 누온 속헹(Nuon Sokkheng) 씨가 사망했다. 속헹 씨를 비롯한 여성 이주노동자 5명이 살던 검은 차광막으로 덮인 비닐하우스 내부엔 농작물 대신 플라스틱 패널 건물이 자리하고 있었다.[26] 속헹 씨에게 비닐하우스는 삶을 박탈하는

---

26 「한국에서의 4년 9개월, 속헹씨가 죽어간 시간」, 『한국일보』, 2021. 2. 2; 이주노동자 지원 활동가들은 노동자들이 사는 임시 주거시설이 '사람이 살면 안 되는 곳'이라고 말한다. 포천 이주노동자상담센터 대표인 김달성 목사는 "비닐하우스 숙소는 바닥이 지나치게 얇아 단열이 안 되고 웃풍이 많이 들어온다. 난방시설이라고는 전기장판이나 전기히터가 전부다."라고 전했다. 화재나 수해 등 재난에도 취약하다. 지난 9월 경기도 포천의 한 채소농장 비닐하우스에 불이나 이주노동자 다섯 명이 목숨을 잃을 뻔한 일도 있었다. 김달성 목사는 "샌드위치 패널이라 화재에 약한데 화재감지기나 소화기는 찾아보기 어렵다"고 말했다. 지난 8월에는 폭우로 경기도 이천 율면 산양저수지 둑이 붕괴되며 지역 이재민대피소 수용 인원 중 80% 이상이 이주노동자로 나타나기도 했다. 상시 침수 가능성이 있는 농지에 이주노동자 비닐하우스 숙소가 있었기 때문이다. 「농촌 이주노동자 숙소는 "사람 살면 안된다"는 비닐하우스」, 『한겨레』, 2020. 12. 24.

절명의 테크놀로지로서, 그저 배경화된 컨테이너에 그치지 않는다. 비닐하우스는 배경이 아닌 뚜렷한 형상으로서 이주노동자들의 몸과 분리 불가능한 내부작용을 거치며 부대끼고 있었고, 속행 씨의 죽음은 물질적 몸을 통해 그 부대낌의 부정적 정동을 증명하는 것이었다. 오히려 배경화된 것은 비닐하우스라는 구체적 형상 뒤에서 이주노동자들의 거주권과 건강권을 비롯해 생명 그 자체를 방치하는 권력이다. 인간을 국민과 비국민으로 분류하고 난민을 방치하는 생명권력 또한 비닐하우스의 물질성을 경유해 이주노동자들의 물질적 몸에 침투함은 물론이다.

비닐하우스는 모든 인간에게 절명의 컨테이너 테크놀로지로서 공통적으로 기능하지 않으며, 정반대로 연명의 컨테이너 테크놀로지로서 활용되는 경우도 빈번하다. 예컨대, 서울특별시 송파구의 '개미마을'은 소위 '비닐하우스촌'이라 불리는 무허가 주거지의 일종으로, 오갈 데 없는 사람들의 정착촌이었다. 이곳에 개미마을이 자리잡게 된 계기는 '작목반'이라 불리는, 임대 농업을 생업으로 삼았던 사람들의 존재다. 이들은 이주민으로서 농사를 지으며 거대도시 서울 변두리 한편에 자리를 잡았고, 이를 계기로 비슷한 처지의 도시빈민들이 모이기 시작해 개미마을이 형성되면서 비닐하우스촌으로서의 경관과 제도 외부에서의 삶의 양식이 마련되었다.[27] 개미마을뿐만 아니라 전국 각지의 개발제한구역, 즉 '그린벨트'에도 화훼 또는 영농을 구실로, 비닐하우스를 주거지로 삼

27 개미마을의 주거지 형성 과정과 그 성격에 관한 이상의 설명은 정연우, 「무허가 주거지의 성격과 의미 변화에 대한 연구: 서울 송파구 개미 마을의 사례」, 『한국문화인류학』 제43권 3호, 한국문화인류학회, 2010. 참고.

아 연명하는 사람들이 다수 존재했다. 1986년 아시안게임과 1988년 올림픽 등 국제적 메가이벤트를 유치하면서, 정부는 무질서한 도시 환경을 개선한다는 명목으로 서울과 그 주변의 '불량주택'을 강제로 철거하기 시작했다. 성화 봉송의 길목이라는 점, 도시 미관상 외국인 관광객의 눈에 보기 좋지 않다는 점이 공공연한 이유였다. 강제 철거로 인해 발생한 이주자를 비롯한 도시빈민에게 값싼 비닐하우스는 대안 주택으로서의 가치를 가지고 있었고, 이들은 농업용 시설을 주거용으로 사용했다.[28]

동물과 식물에게, 이주노동자에게, 그리고 도시빈민에게 비닐하우스는 각각의 존재자들과 함께 상이한 '비닐하우징'의 정동을 이끌어낸다. 이와 같은 정동은 비닐하우스와 그 내부의 존재자들이 분리 불가능하게 뒤얽힌 물질성에 기인하는 것으로, 그 물질성은 고정된 실체가 아니라 관계적이고, 관계적 상황에 따라 유동적이며 불균등하다. 비닐하우스는 인간과 인간, 인간과 비인간의 복잡다단한 관계맺음과 이에 따라 공동체를 형성하거나 해체하고 더 나아가 재형성한다는 점에서 커뮤니케이션 미디어로 볼 수 있

28 개미마을과 인근의 화훼마을 주민들과의 인터뷰는 도시 외곽의 미개발 녹지 및 체비지가 주거지로 형성되어가는 역사를 압축적으로 잘 드러낸다. "개미마을이 형성되기 전인 1988년 이전의 개미마을 터는 화훼용 비닐하우스와 허허벌판뿐이었다. 올림픽을 앞두고 각 지역에 철거가 진행되었고, 많은 철거민들이 대체 주거지를 찾으며 개미마을로 몰려들기 시작하였다. 그 전에는 농사짓던 사람들이 일부 거주하고 있었는데, 이들이 화훼용 비닐하우스를 사람들에게 전매하기 시작하였다. 당시 비닐하우스 한 동이 약 200만원 정도에 거래되는데, 한 동을 산 사람은 다시 비닐하우스 한 동을 반으로 쪼개 전매하고, 이를 다시 쪼개 전매하는 방식을 통해 지금과 같은 주거지가 형성되었다(이호 · 남원석 · 김윤이, 『서울시 비닐하우스촌 주민의 삶과 사회정책』, 서울시정개발연구원 한국도시연구소, 2002, 23-24쪽)."

다. 그 커뮤니케이션은 정동적이다. 비닐하우스는 '비닐'의 영향을 받는 능력(power to be affected)을 전제로 축조되는 것이지만, '하우스'로서 영향을 미치는 능력(power to affect)을 발휘한다. 이때 비닐하우스의 행위능력은 순수한 물질로서의 행위능력이 아니라 이 물질에 연루된 각종 행위자의 행위능력을 전제로 발휘되는 것이다. 그런 점에서 비닐하우스는 "'물질'이란 동질적인 어떤 것을 가리키는 게 아니라, 이질적 매개의 다중적 형태들에 주어지는 이름"[29]이라는 사실을 여실히 증명한다. 또한 비닐하우스는 그 다중적 형태에 '다종적'이라는 의미를 추가하고 있다.

3. '유리 온실'의 인터페이스: 동식물-사물 아상블라주와 어포던스

자본과 기술의 닦달로 끊임없이 팽창하는 도시에서 비닐하우스가 자리한 토대는 결코 안정적일 수 없었다. 비닐하우스는 정치경제적 이해관계에 따라 '뉴타운' 재개발의 노정에서 번번이 갈아엎어졌다. 이에 따라 도시는 아파트를 중심으로 물질적 관계가 새롭게 맺어지고 또한 단절되면서, 새로운 정동을 배양하고 생장시킨다.

도시 개발 및 재개발이 정동체계의 (재)구축이라는 사실은 두 개의 발생을 근거로 설명될 수 있다. 2011년부터 2019년 7월까지

29 김환석, 앞의 글, 227쪽.

들개 포획 실적이 있는 서울시 자치단체에서 해당 시기 어떠한 개발 이슈가 있었는지를 찾아 대조·분석하는 기사는 다음과 같은 흥미로운 보고를 들려준다. 2011년부터 2019년 7월까지 서울시 25개 자치구 중 10개 자치구에서 들개 562마리가 포획되었다. 10개 지역에서 2010~2019년 추진된 재개발·재건축은 238건(서울시 전체는 623건)이었다. 개와 인간의 유기가 이주 및 철거 과정에서 벌어졌을 것임을 감안했을 때, 238건 중 이주 및 철거 이후 단계의 사업은 104건에 해당한다. 이 기사는 104개의 사업구역과 멀지 않은 거리에 산이 있을 때, 버려진 개들이 숨어들어 야생화할 은신처를 구했을 것이라는 유력한 가정을 앞세워, 은평뉴타운(2004년 12월 착공) 개발로 인해 집단 유기된 개들은 북한산 들개의 초기 세대가 됐을 것이라는 결론에 도달한다. 그 개들이 산에서 번식하고 세대를 분화하는 동안, 은평구 진관내동의 세입자 원정자는 뉴타운 철거민이 돼 밖에서 밖으로 쫓겨 다녔을 것이다. 이 기사의 제목은 다음과 같다. "개는 산으로 사라졌고 사람은 '밖'으로 사라졌다."[30]

"개는 산으로 사라졌다"는 문구에서 강조된 동물의 유기는 개체의 물리적 멸절이 아니라 동물과 인간의 관계적 단절을 의미하는 것이다. 유기된 동물 개체는 인간의 시야로부터 사라질 뿐, 어디에서든 잔존한다. 그런 점에서 들개는 '올드타운'의 철거 또는 매립에도 불구하고 잔존하는 뉴타운의 환경적 힘으로 잠재한다고 할 수 있다. 어느 비닐하우스에서 반려견으로서의 적절한 조형성

30 「개는 산으로 사라졌고 사람은 '밖'으로 사라졌다」, 『한겨레』, 2019. 12. 14.

을 강제적으로 부여받아 우여곡절 끝에 인간에게 선택된 개는 자신을 어떤 식으로든 돌보아주던 그 인간은 물론, 그와 함께 살던 집 자체가 사라짐으로써 유기견이 된다. 유기견은 사라지지 않고 들개로서 포획되고 보호되었다가, 반려견으로서 실내에 정착할 수 있는 가능성을 가진다. 유기견으로 존재하는 들개는 반려견의 잠재태인 것이다.

유기견이 반려견으로서 정착할 실내는 비닐 온실의 내부가 아니라 콘크리트와 강철, 그리고 유리로 축조된 또 다른 온실의 내부다. '강화 유리'로 외벽을 쌓아 올린 유리 온실의 물질성은 생동하는 물질의 고유한 내부작용에 따른 것만이 아니라, 무엇보다도 물질을 형상으로, 더 나아가 환경으로 구축하는 역사적이고 사회적인 힘, 즉 권력에 의해 부여된 것이다. 물질성은 자연적-문화적-기술적 세계와의 관계로부터 주어지고 역시 그에 따라 변용된다. 비닐 온실이 조우해야 했던 바람과 빛이 유리 온실에서도 마찬가지의 부대낌을 야기함은 물론이다. 예컨대, 부산 해운대를 한눈에 조망할 수 있는 위치에 자리한 101층의 초고층 아파트 엘시티는 강풍 또는 태풍 앞에서 '스위트홈'의 안온함 대신 유리의 물질성과 함께 그 취약성을 적나라하게 드러낸다.[31] 비단 엘시티뿐만 아니라, 외벽을 통유리로 시공하는 '커튼월' 공법의 고층 건축물이 늘면서 빛 반사 피해를 호소하는 목소리 또한 곳곳에서 커지고 있

31 「태풍 때 초고층 해운대 엘시티 유리창 수백장 '와장창'」, 『한겨레』, 2018. 10. 9; 「강풍에 또 깨진 부산 엘시티 85층 창…유리 파편 '우수수'」, 『중앙일보』, 2020. 1. 10.

다.[32] 건물 자체가 통유리로 되어 있는 해운대 마린시티의 한 아파트는 직사광선이 그대로 들어와 한여름이면 '비닐하우스 효과'로 고통을 겪는다.[33] 이른바 '오션뷰'를 확보하기 위해 감내해야 할 이 고통은 환경이 풍경으로 전환되어 자본이 쌓아올린 경계 내부로 사유화되고 있음을 시사한다.[34]

사유화의 다른 이름은 실내화(domestication)이다. 환경은 풍경으로서, 그리고 형상으로서 유리 온실에 도착한다. 베란다와 발코니마저 확장해서 실내화시키는 유리 온실에는 인간과 동물, 더 나아가 식물이 함께 한다. 그런데 동물과 식물은 어떻게 '반려종'으

---

32 "1. 외벽을 통유리로 시공하는 커튼월 공법의 고층 건축물 늘면서 빛반사 피해 호소하는 목소리 커져. 내년 5월 준공 앞둔 송도 힐스테이트 이진베이시티 인근 한 주민 "매일 오후 4시부터 6시 30분까지 눈 뜨기도 힘들다" 2. 부산은 특히 해안가 중심으로 커튼월 공법 건물 우후죽순. 앞서 해운대 아이파크에서 빛반사 소송이 벌어진 적이 있으며, 북항G7, 해운대 엘시티도 민원 쏟아져. 3. 하지만 현재로선 규제책 마땅찮아. 한 구청 관계자 "인공조명 피해 구제책은 있어도 햇빛반사 규정은 딱히 없다". 아이파크 경우처럼 줄소송 이어질듯." 「통유리 건물 빛반사를 어찌할꼬」, 『국제신문』, 2021. 7. 5.

33 「"사우나가 따로 없어요" 더위 먹은 최첨단 빌딩」, 『부산일보』, 2013. 7. 12.

34 "청사포에 무시무시한 위세로 자리 잡은 엘시티(LCT)는 그야말로 반공 유산의 새로운 적자로 우뚝 선 표상이라고 할 수 있다. 냉전체제에서 이루어진 지역적 경계 혹은 블록의 단위가 신냉전 상황에서는 지역 내에서 브랜드 아파트와 건축물을 중심으로 지리적, 계급적, 문화적 재편이 이루어지고 있는 것이다. 달리 말해, 반공의 철책선은 단지 입구에서 신분증명이 완료되어야 출입허가가 이루어지는 방식으로 바뀌었다. 통행 '위험'을 빌미로 택배기사의 출입을 제한하여 분통을 터트리게 만든 사례나 경비노동자들에게 갑질과 폭력을 당연하다는 듯이 행사하는 사례들은 적어도 출입 여부가 계급적, 계층적 '적대'로 구성되어 있음을 말해준다. 요컨대 철책은 없앴으되, 보이지 않는 촘촘한 경계를 자본으로 세운 것이다(김만석, 「[한반의반도] 여기는 부산이다, 아니다」, 『한겨레』, 2021. 6. 2.)."

로서 이 공간까지 도달할 수 있는 것일까. 이들을 실내로 끌어들인 힘은 '반려'라는 호명 속에 이미 잠재되어 있다. 반려관계를 염두에 둔 삶은 존재의 물질성 위에 포개진 긍정적 정동에 대한 희구에 바탕을 둔다. 그 관계의 윤리가 "사지 말고 입양하세요"라는 언명으로 공유되고 있음은 주지의 사실이다. 하지만 이는 동물에게만 해당되는 언명이기도 하다. 야생의 유기견과 달리, 유기된 식물이란 애초부터 존재할 수 없다. 식물은 언제나 들판의 지배자였고, 기본적으로 야외를 그 서식지로 삼는다. 야외의 식물은 단독적으로 생장하지 않으며, 다종의 다른 식물들과 어우러져 환경을 이룬다. 그 환경은 곧잘 풍경으로 감각되지만, 더 빈번하게는 배경으로서 비가시화된다. 식물은 멈포드적 컨테이너 테크놀로지로서 존재한다.

식물은 오늘날 또 다른 컨테이너 테크놀로지의 매개를 거치는 과정에서 탈물질화되어 그 조형성만을 추상적으로 남기기도 한다. 오늘날 SNS로 일컬어지는 미디어 테크놀로지는 배경화된 식물을 다시 한번 형상으로 출현시킨다. 식물은 SNS를 통해 복제되고 증식했다. SNS 가운데서도 인스타그램은 식물을 인간에게 한층 가깝게 접근시키는 데 크게 기여했다. 식물이라는 컨테이너 테크놀로지는 인스타그램의 격자 프레임이라는 디지털 컨테이너에 재매개됨으로써 배경 또는 용기로서의 비가시적 특징 대신 개체화된 형상으로서의 조형성을 뚜렷하게 드러낸다. 비닐 온실이 식물에게 부가한 것이 바로 이러한 인스타그래머블(Instagrammable)한 조형성이다. 그것은 특히 식물과 이질적인 존재로서 실내의 각종 사물들과의 어울림 속에서 포착되고 강조되었다.

실내에 자리한 식물, 그리고 그 식물이 드러내는 조형성을 활용한 취미에 부여된 이름이 바로 '플랜테리어(planterior)'다.[35] 식물(plant)을 이용한 인테리어(interior)를 의미하는 플랜테리어 현상은 일종의 정동적 온실 효과로서 공장식 산업 자본주의를 표상하는 화학물질을 대체한 ICT(Information and Communication Technologies)와의 아상블라주를 매개로 드러난 것이다.[36] 유리 온실은 빛과 동시에 인스타그램은 물론, '오늘의 집' 또는 '식물 119'와 주고받는 디지털 신호가 쉴 새 없이 투과되면서 '실시간 핫 트렌드'에 의해 달궈진다. 유리 온실은 가옥의 유리를 통해, 그 안에서 다시 한번 스마트폰 액정 유리를 통해 이중적으로 그 정동적 효과를 발휘한다. 더 나아가, 온실 효과의 정동은 유리 온실과 인접한 야산의 인터페이스를 접착시켜 야생의 자연환경을 실내 조경으로, 유기견

35 "요즘은 어디를 가나 '플랜테리어', 즉 식물(플랜트) 인테리어라는 단어가 쉽게 보인다. 나도 이에 대한 인터뷰 요청이나 질문을 종종 받는다. 인테리어에 대한 관심, 삶 전반의 질에 대한 관심이 높아지면서 사람들이 반려식물과 함께하는 삶의 매력에 눈뜨고 있다. 그래서인지 대형 편집숍마다 앞다투어 식물과 가드닝 용품을 판매하기 시작했고, 백화점에서 식물과 화분을 파는 컬래버레이션 팝업 매장을 운영하기도 한다. 여기저기에 식물 가게도, 화분 가게도 많이 생긴다." 임이랑, 『아무튼, 식물』, 코난북스, 2019, 54쪽.

36 빅데이터 플랫폼 기업 TDI가 식물과 연관된 앱과 인테리어의 트렌드를 분석한 결과를 보면, '식물119' 앱 설치자 수는 매달 꾸준히 상승세를 그리고 있는 것으로 확인된다. 식물 119는 △맞춤 알람 설정 △정보 획득 △식물고수와 나누는 양방향 소통 △구입까지 초보자도 쉽게 식물을 기를 수 있도록 도와주는 서비스다. 한편 '오늘의 집' 앱은 플랜테리어에 활용할 수 있는 식물과 소품 또한 판매하고 있는데, '오늘의 집'과 '식물119'를 병행해 사용하는 이들도 늘고 있다. 2020년 4월 194명이던 중복 사용자는 7월 728명으로 275% 급상승했고, 매달 우상향 하고 있는 것으로 나타났다. 「플랜테리어 열풍, 홈 가드닝의 전성기」, 『Mirakle』, 2020. 8. 18.

을 반려견으로 전환시키는 힘으로 작용한다. 아상블라주는 많은 이질적인 요소들로 사이를 연결하여 새로운 관계를 창출하여 영향을 미치는 작용을 뜻하는데, 항상적 보편성을 담지하지 않고 언제나 변용될 수 있다.[37] 플랜테리어는 식물-사물 아상블라주의 행위능력에 따른 현상이지만, 이는 인간 앞에서 홈가드닝의 실천으로 재맥락화된다. 이는 식물-사물 사이에 돌봄의 행위주체로서의 인간이 식물과 정동적으로 접촉 또는 접착해 아상블라주를 변용시킨 결과다. 이 앞에는 '새집'과 식물이 아상블라주를 이루고 있었다. '뉴타운'이 들어서면서 아파트가 우후죽순격으로 지어지던 2000년대, '새집증후군'의 위험성이 본격적으로 담론화되기 시작하면서 이의 주원인인 포름알데히드를 제거하는 효과가 있다고 알려진 야자나무, 산세베리아, 드라세나, 필로덴드론 등의 식물이 인기를 얻게 됐는데, 이들은 모두 '공기정화식물'이자 넓은 잎을 가진 '관엽식물'이다. 관엽식물은 넓은 잎의 조형성을 통해 인테리어 요소로서도 각광 받으며 SNS의 원격이미지로 변환되어 생산-유통-소비되며 정동적으로 순환했다.

SNS를 통해 마련되고 변용되는 이종적 아상블라주에는 식물뿐만 아니라 유명한 반려묘 '시즈니', 그 못지않게 유명한 반려견 '솜이'와 같은 동물 또한 포함된다. 시즈니는 웹툰 작가 천계영의 반려묘다. 시즈니라는 이름은 고양이를 입양하면서 고양이와 작가 본인의 인생 2막, 즉 "시즌 2"가 되기를 바라는 마음에서 지은

37 김은주, 「들뢰즈의 행동학(éthologie)-되기(devenir) 개념과 실천적 의미」, 『시대와 철학』 제25권 2호(통권 67호), 한국철학사상연구회, 2014, 95쪽.

것이라고 알려져 있다. 천계영의 인생에 있어 "시즌 1"과 "시즌 2"의 결절점을 이룬 계기는 그의 질병과 투병이었다. 천계영은 악성 종양이 발생해서 이를 제거하기 위한 수술을 받아야 했는데, 이 과정에서 그간 만화가이자 웹툰 작가로서 오랫동안 혹사해온 손가락에도 퇴행성관절염이 발병했다. 모든 질병이 그렇듯 천계영의 질병 역시 사회적인 것이다. 천계영은 휴재 없는 웹툰 창작으로 소진되어 갔는데,[38] 이 작업은 이는 디지털 디바이스를 통한 미소전자공학(microelectronics)이자 전자 실내 공업이라 할 수 있다. 마우스로 클릭할 때마다 닳아 없어진 연골 때문에 지독한 통증을 느낀 그는 새롭게 일하는 법을 고안하기에 이르렀다. 장애인을 위해 마련된 기능인 음성을 통해 프로그램을 작동시켜 웹툰을 그려나갔던 것이다.[39] 다음(daum)에서 연재된 웹툰 〈좋아하면 울리는〉은 배경 모델링부터 인물 캐릭터 모델링, 리깅까지 모두 Cinema 4D를 이용해 미리 만들어진 캐릭터를 불러와 목소리로 얼굴이나 자세를 수정하면서 작업한 작품이다. 천계영은 자신의 유튜브 채널을 통해 작업 과정을 생중계하기도 했다. "더 크게." 말풍선을 키우는

38 "통증이 상상했던 것보다 훨씬 컸어요. 손가락을 종이로 베이는 것처럼 아파, 진짜 종이에 베여도 모를 정도로요. 증상은 이전부터 있었지만, 휴재가 거듭될수록 독자들에게 미안한 마음이 커진 탓에 무리하게 작업을 이어갔던 게 독이 된 것 같아요." 「천계영 "목소리로 그리는 웹툰 제작 생중계…기술이 저만의 '살길'됐죠"」, 『경향신문』, 2019. 9. 11.

39 천씨는 이날 "(손가락) 연골이 닳아있는 상태라 사용할수록 점점 더 닳는 손가락을 최대한 아끼고 있다"고 했다. 그래서 손가락으로 마우스를 클릭하는 대신 목소리로 '클릭'이라고 말하거나, '그려줘' '지워줘' 등 미리 입력해 둔 명령어를 말하면 컴퓨터 프로그램이 이를 수행하는 방식을 사용하게 됐다는 설명이다. 「만화가 천계영은 왜 손가락 대신 목소리로 웹툰 그릴까」, 『한국일보』, 2019. 7. 3.

명령어가 통하지 않았다. "'더 크게'가 아니라 '크게'인가?" 몇 번 '크게'와 '더 크게'를 반복하다 보니 말풍선이 커졌다. "'크게'구나. 미안." 작가는 컴퓨터에 사과했다.[40] 컴퓨터라는 사물과의 조우 및 대화를 중계한 "천계영의 창작생활"이라는 이름의 이 채널은 이후 고양이 시즈니와 함께 하는 작가의 모습을 엿볼 수 있는 창구가 되었다.

실내의 노동자로서 천계영은 인간-사물 아상블라주와 인간-동물 아상블라주에 함께 뒤얽혀 있었다. 천계영이 아픈 몸으로 물질성의 불안정성을 노출하고 있을 때, 시즈니는 회복의 정동을 마련하는 힘을 발휘했다. 그 힘은 아픔의 강도와 이를 결정지은 노동의 강도에 대응하는 것이다. 해러웨이가 제시하는 사이보그의 도상에 (여성)인간과 컴퓨터, 그리고 (가죽의 물질성으로 남은) 호랑이가 아상블라주를 이루듯, 천계영 또한 호랑잇과의 고양이 시즈니와 함께 컴퓨터를 앞에 두고 있는 것이다. 그 컴퓨터는 웹툰 창작의 도구이자, 유통의 도구이며, 더 나아가 소비의 도구로서 디지털 네트워크를 형성하는데, 그 연결망은 천계영의 웹툰뿐만 아니라 시즈니의 사진이 유통되고 소비되는 데 더 자주 쓰였다. 이 현상은 고양이라는 물질적 몸이 천계영의 세포를 식민화함으로써가

---

40 "명령어가 너무 많아 다 외우지 못했어요." 설상가상으로 컴퓨터의 음성 인식 기술이 아직 완전하지 않아 명령이 잘 인식되지 않았다. 말풍선 하나에 들어갈 대사를 쓰고 말풍선 모양과 위치를 정하는 데만 2분 30초가 넘게 걸렸다. 손만 건강하다면 마우스 클릭 몇 번이면 끝날 분량이었다. 생방송을 보던 독자들은 "컴퓨터야, 작가님 말 좀 들어라" "내 손을 작가님께 드리고 싶다" 등의 댓글을 실시간으로 달며 함께 답답해했다. 「만화가 천계영… 손이 말을 안 듣자 목소리로 그리기 시작했다: 웹툰 작업과정 유튜브 생중계」, 『조선일보』, 2019. 7. 6.

아니라, 고양이의 이미지를 정동적 매개체로 삼아 이루어지는 다중의 연대가 회복의 정동적 강도를 높이고 있는 것으로 이해해도 무방할 것이다. 이는 유리 온실이 비닐 온실과는 다른 상호작용을 보이는 사례로서도 검토될 수 있다. 그 차이는 사물과 동물을 매개로 한 상호작용이 원격의 차원에서 보다 광범위하게 이루어지고 있다는 데서 발견된다.

웹툰 작가 마일로의 반려견 '솜이' 또한 마찬가지다. 솜이의 이름으로 생성된 계정은 그의 반려인간 마일로보다도 더 많은 팔로워 숫자를 자랑하는데, 팔로워들은 솜이의 귀여운 외모를 칭찬하면서 동시에 그 물질적 조형성을 다름 아닌 웹툰과 비교한다. 그 웹툰은 마일로가 그린 〈극한견주〉다.[41] 이 작품은 작가 자신이 경험한 인간과 반려견의 인지적 차이와 충돌, 그리고 긴장을 담아낸 '일상툰'에 해당한다. 독일 생물학자 야콥 폰 윅스퀼(Jakob von Uexküll)은 모든 생물이 각자 나름의 방식으로 환경을 감지한다는 사실을 주의 깊게 검토하며, 동물의 관점에 사람들의 주의를 촉구하기 위해 각각의 종이 받아들이는 주관적 환경을 둘레세계, 즉 '움벨트(umwelt)'라고 불렀다.[42] 이를 통해 윅스퀼은 하나의 환경이

---

41 마일로, 〈극한견주〉(카카오페이지, 2021)

42 "우리의 감각기관이 감각행위(Merken)에, 우리의 운동기관이 작용행위(Wirken)에 기여한다면, 동물에서 단순히 기계적 배치만이 아니라 기계공도 볼 수 있게 되며, 동물은 단순한 객체가 아니라 지각행위와 작용행위를 그 본질적 활동으로 지니는 주체로 볼 수 있게 될 것이다. 이로써 둘레세계(Umwelt)로 가는 문이 열린 셈이다. 왜냐하면 주체가 지각하는 모든 것은 그의 감각세계(Merkwelt)가 되고, 주체가 작용하는 모든 것은 그의 작용세계(Wirkungswelt)가 되기 때문이다. 감각세계와 작용세계는 함께 하나의 닫힌 단위, 즉 둘레세계를 형성한다." 하나의 동물 또는 생명체에게 둘레세계는 감각세계와 작용세계의 만남이다.

각각의 종에 고유한 현실을 수백 가지나 제공한다는 사실을 입증하고자 했다. 움벨트는 별개의 종에게 단일한 인지의 척도로 온전히 파악되는 일반적 환경이란 존재하지 않음을, 이에 따라 별개의 종이 위계적으로 배치될 수 없음을 전제로 성립하는 개념이다. 웹툰 〈극한견주〉에서 마일로와 솜이의 사이에서는 움벨트의 충돌이 일어나고 긴장이 유지되는데, 이는 인간적 단일 척도에 의한 이해와 통제가 아니라 상호 간의 체화와 적응, 그리고 변용으로 이어진다. 이로써 작품은 움벨트를 전제로 과정으로서의 정동에 대한 체험기의 형식을 갖추게 된다. 이는 솜이에 대한 SNS의 대중적 호응이 단순히 물질적 몸의 조형성에 대한 해부학적 또는 형태학적 열광이 아니라 어디까지나 행동학적 차원에서 비롯되는 것임을 시사한다.

마일로는 〈극한견주〉에 이어 〈크레이지 가드너〉라는 웹툰을 통해 식물과의 공생 경험도 유쾌한 톤으로 그려 보이고 있다.[43] 식물을 웹툰의 소재로 삼은 사례가 대단히 다양한 것은 아니지만, 이에 앞서 식물의 과학적 기록을 목적으로 한 보태니컬 일러스트레이션(botanical illustration)의 역사는 제법 유구한 편이다. 보태니컬 일러스트레이션은 식물에 대한 해부학적이고 형태학적인 접근을 보인다. 이와는 달리, 웹툰은 식물에 대한 관심, 배려, 돌봄을 통해 행동학, 즉 에톨로지를 내포한다. 다만, 〈극한견주〉와는 달리 〈크레이지 가드너〉에서 그려지는 식물은 인간 행동의 비인간 모형들에 불과한 측면이 있어 인지적 차이와 충돌 그리고 긴장이 전작만

43 마일로, 〈크레이지 가드너〉(카카오페이지, 2021~2022)

큼 뚜렷하게 드러나지 않는다. 그럼에도 불구하고 육화된 관계성을 전제로 돌봄의 정동이 작가의 몸에 아로새겨지는 과정만큼은 전작과 마찬가지라 할 수 있을 것이다.

안난초의 〈식물생활〉,[44] 문은지와 메이타야의 〈식물은 처음입니다〉[45]와 같은 웹툰에서는 작가 또는 가공의 등장인물이 가꾸고 돌보는 식물은 물론, 식물의 또 다른 반려인간으로서 타자의 자리에서 그들의 움벨트를 감지해보려는 시도가 그려진다. 〈식물생활〉은 식물 애호가들을 방문하고 인터뷰하는 형식을, 〈식물은 처음입니다〉는 초보 가드너가 가드닝을 실천하는 이웃들과의 마주침을 통해 생활세계를 확장하는 형식을 취한다. 인터페이스의 프록세믹스(proxemics)로서 이들 작품은 각자의 움벨트를 커머닝(commoning)하는 시도라는 공통점을 가진다.[46] 이 커머닝은 다종과

---

44 안난초, 〈식물생활〉(코미코, 2017~2018)

45 문은지 · 메이타야, 〈식물은 처음입니다〉(카카오페이지, 2021)

46 프록세믹스 또는 근접학(近接學)은 인간들 사이의 거리, 지각, 행동, 사회적 소통의 문제를 연구하는 학문으로 에드워드 홀(Edward Hall)에 의해 제안되었다. 홀은 서로 다른 문화에서 자란 사람들의 상이한 감각세계가 사회적 공간과 개인적 공간을 구조화하고 사용하는 방식을 결정짓는다고 말한다. 홀의 프록세믹스는 사람이 일정한 공간을 필요로 하고, 다른 사람이 그 안에 들어오면 긴장과 위협을 느낀다며 거리의 네 가지 유형을 제시한다. ①밀접한 거리(Intimate Distance Zone): 45cm 이내의 거리로, 연인이나 가족처럼 친밀도가 높은 관계의 거리인 동시에 맞붙어 싸우는 거리이기도 하다. ②개인적 거리(Personal Distance Zone): 45cm~1.2m 거리로, 팔을 뻗었을 때 만큼의 길이이다. 친구 등 잘 아는 사람끼리 서로의 감정을 확인할 수 있는 거리이다. ③사회적 거리(Social Distance Zone): 1.2m~3.6m 거리로, 사무적이고 공식적이다. ④공적인 거리(Public Distance Zone): 3.6m~9m 거리로, 위협을 받을 경우 피할 수 있는 거리이다. 목소리는 커지고 몸짓 등 비언어적 커뮤니케이션으로 의사가 전달된다. 무대와 관객의 거리이기도 하고 연설 등이 진행되는 거리이다. 프록세믹스

다중의 마주침을 통한 관계의 형성과 확산에 따른다. 그 마주침은 우연한 계기로서 주어지지만, 이는 결코 수동적인 것이 아니라, 자신의 세계를 벗어나 타자의 세계에 도달하기 위한 방문의 행위를 통해 이루어진 것이다. 이 행위는 환대의 응답으로 이어지면서 프록세믹스의 인간중심주의를 해체하며 새로운 감각과 인지의 세계를 창출한다. 이 감각과 인지는 식물과 인간이 맺은 상호돌봄의 친밀한 인터페이스를 출처로 둔 것이라 할 수 있다. 이들 작품에서 식물의 조형성과 이에 대한 형태학적 재현은 더 이상 중요하게 고려되지 않는다. 오히려 식물은 '침묵의 언어'와 함께 고유의 행동학적 섭리를 통해 이종 간의 행동학적 윤리를 요청하며, 이렇게 활성화된 정동적 사회의 중심으로 자리매김된다. 정동체계이자 행동체계로서 식물적 영토권의 프록세믹스는 배타적이거나 폐쇄적이지 않음은 물론, 단계적이거나 위계적이지도 않다.

식물 또는 동물과 함께 하는 삶을 그려 보이는 작품들 내에서 확인되는 정동의 흔적과 함께 주목을 요하는 또 다른 지점은, 일련의 작품을 접한 독자들이 식물을 키우고 싶다거나 동물을 기르고 싶다는 즉자적 반응이 아니라, 이와는 정반대로 식물 또는 동물을 함부로 키우거나 기를 수 없겠다는 책임감(responsibility) 있는 반응을 비교적 일관되게 보인다는 사실이다. 이는 식물, 동물, 그리고 기술의 아상블라주에 의해 초래된 행위유도성이 개인의 욕망에 따라 개별 행동으로 정향되는 것이 아니라 아상블라주의 접

는 단순히 개인의 공간지각에만 의한 것이 아니라 깊은 저변을 이루는 문화라는 숨겨진 감각에 의해서만 그 의미를 분명하게 드러낸다. 이에 대한 보다 자세한 내용은 에드워드 홀, 최효선 역, 『숨겨진 차원』, 한길사, 2013. 참고.

착제로서 정동에 따른 응답의 역량(response-ability)으로 조정되는 양상이라는 점에서 흥미로움을 넘어 다소 의미심장하다. SNS와 웹툰 등 디지털화된 경로를 통해 식물과 동물은 탈물질화된 조형성을 드러내는 동시에 이를 '가지고 싶고 만지고 싶다'는 등의 어포던스(affordance), 즉 물질적 관계 맺기를 유도한다. 이러한 행위 유도성이 물질성을 대면케 한다고 했을 때, 아상블라주의 정동은 이를 돌봄의 책임으로 정향시킨다. 이러한 정동은 인간을 위해 기여하도록 의도된 것이 아니라, 인간과 비인간에게 상호적이며 공통적인 것이다. 돌봄 경관(caring scape)의 스케일을 중층적으로 펼쳐 보이는 어떤 SF는 바로 이러한 정동적 공통지대 위에서 구축되고 있었음을 드러내고 있다. 여기에는 몇 가지 사변적 우화들이 그 정동을 생장시키고 있다.

4. '온실 우화'의 자매 관계들: SF라는 실뜨기와 정동 정치

첫 번째 우화 : 제임스 러브록의 '가이아 가설'

1970년대 초엽 영국의 대기화학자 제임스 러브록(James Lovelock)은 지구의 역사와 생물 진화에 대한 종래의 견해들과는 전혀 궤도를 달리하는 새로운 이론을 제안했는데, 그는 우리들이 살고 있는 이 지구가 살아 있는 하나의 거대한 유기체라고 주장했다. 그리고 지구 생물권을 단순히 주위 환경에 적응해서 간신히 생존을 영위하는 소극적이고 수동적인 존재가 아닌, 오히려 지구의 제반 물리·화학적 환경을 활발하게 변화시키는 적극적이고 능동적인 존재라고 규정했다. 러브록은 이러한 자신의 이론에 '가이아 가설(Gaia Hypothesis)'이라는 명칭을 붙였다.[47]

두 번째 우화 : 애나 칭의 『세계 끝의 버섯』

애나 칭은 『세계 끝의 버섯(The Mushroom at the End of the World: On the Possibility of Life in Capitalist Ruins)』에서 조금 다른 방식의 역사 쓰기, 즉 다종(多種)의 역사 쓰기를 강조한다. 숲의 역사의 주인공들로는 송이버섯 곰팡이와 소나무, 그 밖에 그들과 다양한 관계로 얽혀 있는 여러 생물종이 있다. 송이버섯 곰팡이와 소나무는 생존에 필요한 양분을 서로에게 제공하며 협력한다. 또한 서로의 주거에 적합한 조건을 만들어 준다. 송이버섯 곰팡이는 활엽수에 밀려 척박한 땅에 정착한 소나무가 뿌리를 뻗을 수 있게끔 모래와 바위를 분해하고, 소나무는 송이버섯 곰팡이가 살아갈 수 있도록 잔뿌리를 내주는 방향으로 진화했다.

소나무와 송이버섯은 다른 벌레, 식물, 동물들과 저마다 다양한 삶의 관계망을 형성하며 살아간다. 그 중 인간은 다양한 방식으로 협력에 동참할 수 있다. 이를테면 솔방울과 송진을 사용하거나 송이버섯을 섭취할 수 있고, 소나무 뿌리를 썩게 하거나 햇빛을 가리

---

47 홍욱희, 「살아있는 지구의 개념을 되살리다」, 제임스 러브록, 홍욱희 역, 『가이아』, 갈라파고스, 2004, 292-293쪽.

는 활엽수가 양산되지 않도록 부식토를 걷어낼 수도 있다. 칭은 인간을 비롯한 지구의 다양한 생물들의 다종의 집합으로서 협력하며 생존하는 과정에 주목해야 한다고 본다.[48]

세 번째 우화 : 김초엽의 『지구 끝의 온실』

모스바나는 수십 년간 어마어마한 속도로 세계에 퍼져나가면서 많은 유전적 변이를 거친 걸로 보입니다. 야생형 모스바나는 원종에 비해 훨씬 다양한 유전형을 가지고 있고 그것이 편집되었다는 의심을 굳이 할 필요가 없을 만큼 울퉁불퉁한 구석이 많습니다. 불필요한 DNA들이 자연스럽게 유입되어 있다는 이야기입니다. 구체적으로 더 살펴봐야겠지만 식물의 표현형에서도 차이가 많을 겁니다. 하지만 해월의 모스바나 원종은, 그런 울퉁불퉁한 자연적 돌연변이들이 생겨나기 전의 유전체를 가지고 있습니다. 정아영 연구원님이 최근에 제시한 재미있는 가설대로라면, 프림 빌리지의 온실에서 탄생한 그 '최초의 모스바나'들이 바로 지금 해월에 퍼져 나가고 있다는 이야기입니다.[49]

'인류세'는 자연에 대한 인간의 교란이 다른 시질학적 힘을 능가하는 시대를 일컫는 명명이다. 브뤼노 라투르(Bruno Latour)는 제임스 러브록의 가이아 가설이 인류세의 맥락에서 효과적인 은유

---

48 노고운, 앞의 글, 107-108쪽.

49 김초엽, 『지구 끝의 온실』, 자이언트북스, 2021, 259-260쪽.

로 재전유될 수 있다고 믿는다.[50] 이에 따라 브뤼노 라투르는 "지구에 묶인 자"라는 뜻으로 '어스바운드(the Earthbound)'라는 개념을 제안한 바 있다. "지구에 묶인 자"는 인간뿐만이 아니며 인간과 이분법적으로 상대화된 비인간적 자연만도 아니다. 어스바운드에게 지구는 그 안에서 살고 있는 여러 개체와의 연결과 상호작용을 통해 스스로를 조절하는 관계적 몸이다. 이처럼 '어스바운드'는 러브록의 가이아를 그 전제로 삼는데, 가이아는 외부로부터의 자극과 변화에 대해 항상성을 유지하기 위해 스스로 조절하는 사이버네틱 시스템과 유비를 이룬다.[51]

러브록의 과학적 관점에 따라 발견되는 가이아의 항상성(homeostasis)은 애나 칭의 역사적 관점에 따라 보다 입체적으로 서

---

50 라투르는 대부분 러브록의 가정을 받아들이지만, 그는 인류세를 위해 가이아를 재해석하고 재정의하고자 한다. 따라서 그는 가이아의 불안정성과 가변성을 강조하기 위해 모든 생물군과 대기, 지구, 해역을 포괄하는 얇은 생물막으로 설명한다. 라투르는 가이아라는 이름을 복수화하고 그 개념적 한계를 잠정적인 것으로 인정함으로써 위험에 대처하고자 한다. 가이아의 한계와 가능성에 관한 라투르의 논의는 송은주, 「인류세에 부활한 가이아: 가이아의 이름을 재정의하기」, 『인문콘텐츠』 제62호, 인문콘텐츠학회, 2021. 참고.

51 윌리엄 골딩(William Golding)은 "지구 대기의 화학적 이상을 감지하여 항상성을 유지하는 경향을 보이는 사이버네틱 시스템"이라는 말을 대체할 용어를 묻는 제임스 러브록에게 '대지의 여신'을 뜻하는 고대 그리스어 '가이아(gaia)'를 제안했다. 살아 있는 지구인 가이아는 하나의 생물이나 한 생물 집단을 훨씬 초월한다. 한 생물의 폐기물은 다른 생물의 먹이가 된다. 그러나 가이아계는 자신의 먹이와 남의 폐기물을 구분하지 않음으로써, 지구 규모에서 물질들을 재순환시킨다. 하나의 계인 가이아는 그 몸을 이루는 1000만 종이 넘는 서로 연결된 끊임없이 활동하는 생물들로부터 출현한다. 이 행성 생명은 허약하지도 심하게 변덕스럽지도 않고, 복원 능력이 아주 강하다. 린 마굴리스, 이한음 역, 『공생자 행성』, 사이언스북스, 2007, 208-210쪽 참고.

술된다. 가이아의 항상성에 그치지 않고, 인간과 비인간 모두에게 주어진 새로운 삶의 가능성을 확인해 보이는 칭의 서술은 '버섯'을 주인공으로 삼아 자본주의적 폐허로서의 지구를 폭넓게 아우른다. 1945년 히로시마(廣島)가 원자폭탄에 의해 파괴되었을 때, 폭파된 풍경에서 가장 먼저 나타난 생물은 마츠타케(まつたけ, 松茸), 즉 '송이버섯'이었다.[52] 폭탄을 통해 지구를 폐허로 바꾸어버린 원자와 마찬가지로, 인간은 송이버섯을 통제할 수 없다.

황폐화된 풍경 속에서 모습을 드러내고자 하는 마츠타케의 의지, 통제되지 않는 송이버섯의 삶은 김초엽이 상상한 식물의 삶과 대단히 유사하다. 김초엽의 소설 『지구 끝의 온실』은 식물 연구소를 중심으로 한 공동체와 그곳에서 개량된 더스트 저항종 식물들, 그 식물을 심으며 함께 살았고 그것을 전 세계로 퍼뜨린 사람들의 이야기다. 죽음의 먼지 '더스트' 때문에 변화한 자연을 연구하는 생태학자 아영은 '해월'이라는 이름의 한 도시에서 '모스바나'라는 유해 잡초의 이상 증식 현상을 발견하고, 이 잡초와 더스트 시대의 연관성을 찾아내면서 모스바나에 얽힌 미스터리를 풀어나간다.[53] 소설에서는 22세기를 살아가는 아영의 서사와 더불

---

52 Anna Lowenhaupt Tsing, *The Mushroom at the End of the World: On the Possibility of Life in Capitalist Ruins*, Princeton University Press, 2015, p.3.

53 소설 속의 유해 잡초인 모스바나는 덩굴식물로 낮은 위치에서 무성하게 퍼진다. 김 작가는 "모스바나를 구상하기 위해 거리에 무성하게 자란 잡초를 보면 사진을 찍고, 식물 앱으로 어떤 식물인지 바로 검색했다"고 답했다. 김 작가는 "소설의 선공개 버전을 쓸 때는 '환삼덩굴'을 모델로 모스바나를 만들어냈으나, 추가 자료조사에서 외관 이미지는 '아이비'에 더 어울린다고 판단해 모델을 수정했다"고 밝혔다. 이어 그는 "외관은 아이비가 모델이지만, 모스바나에는 다양한 환경에 잘 적응하고 성장이 빠르며 씨앗을 많이 생산하는 등 대부분의 잡초

어, 더스트로 인해 황폐해진 21세기를 살아내며 고군분투하는 나오미와 아마라 자매의 이야기가 함께 그려진다. 더스트 내성종이었던 나오미와 아마라는 더스트 사냥꾼들에게 쫓기던 와중 숲속을 헤매다가 '프림 빌리지'를 만난다. 프림 빌리지는 마을의 리더 지수와 '지구 끝의 온실'에서 새로운 식물을 개발하는 레이첼에 의해 운영되는 공동체로서 돔이 없는 자연 상태에서 농작물을 재배하면서 생활한다.[54] 다가오는 더스트 폭풍에서 마을 사람들을 구하기 위해 지수는 레이첼이 재배한 모스바나를 숲 주위에 심고, 급속도로 자란 모스바나는 더스트로부터 마을을 구한다. 그러나 성장을 그칠 줄 모르는 모스바나는 마을의 존립 자체를 위협하고, 외부의 침입자들이 늘어나면서 지수는 마을 공동체를 해체한다. 마을 사람들은 세계 각지로 흩어지면서 가는 곳마다 모스바나

가 갖는 여러 특성을 조사해 더했다"고 설명했다. 「[나의 식물적 삶] 당신의 외계성에 주목하다: 김초엽 작가」, 『과학동아』 제424호, 동아사이언스, 2021.

54 '프림 빌리지'는 작품 내에서 말레이시아 인근 지역으로 설정되어 있다. 이에 대해 작가 김초엽은 다음과 같이 밝힌 바 있다. "이 이야기를 처음 구상할 때, 한 연구소가 열대우림 같은 곳에 둘러 싸여있고, 마을 사람들은 쉽게 접근할 수는 없는 그런 공간을 상상했다. 생각해 보니 좀 비현실적으로 느껴졌다. 그래서 레퍼런스를 찾아봤는데, 말레이시아에 '프림'이라는 곳이 있더라. 소설에 나오는 열대우림 같은 느낌은 아니지만, 숲 안에 연구소가 있고, 그 주위를 관광객들이 찾아올 수 있게 마을처럼 꾸며놓은 공간이었다. 거기서 모티브를 얻었다. 아예 없는 공간을 하는 것보다 실제로 있는 공간에서 따오면 좀 더 실감 나지 않을까 생각했다. 또 다른 이유는 말레이시아가 다국적 국가였기 때문이다. 말레이시아는 영어, 중국어, 인도어 등 여러 나라의 언어를 사용하고, 여러 출생지의 사람들이 모여 사는 곳이다. 한편으로 이 소설은 한 군데에 모인 사람들이 여러 지역으로 흩어지는 운동성이 중요한데 그런 점에서 말레이시아가 지닌 다국적 국가의 특성들이 굉장히 적합한 것 같았다." 「김초엽 "쉽게 희망과 연대라는 말을 하고 싶지 않았다"」, 『독서신문』, 2021. 9. 14.

를 심을 것을 약속한다. 아영은 지수와 동일인물로 추정되는 이희수가 지낸 요양원에서 희수가 남긴 다목적 기억칩을 건네받는다. 다목적 기억칩에는 프림 빌리지에서 생활한 기계정비사 이지수와 사이보그 레이첼의 생활, 둘 사이의 갈등과 지수에 대한 레이첼의 감정 변화가 담겨 있었다. 서로 사랑했지만 사소한 오해로 헤어진 지수와 레이첼은 끝내 만나지 못하고, 아영은 문명 재건 육십 주년을 기념하는 전시회에서 레이첼을 만난다. 아영은 나오미와 레이첼의 연구를 종합하여 더스트 종식의 원인을 밝힌다. 더스트는 '더스트대응협의회'에 의해 2064년에 시작되어 2070년 5월에 완전 종식된 것으로 알고 있지만, 그보다 앞선 2060년부터 더스트 농도 1차 감소가 있었다. 이 1차 감소의 원인은 프림 빌리지를 떠나 세계 각지로 흩어진 사람들이 가는 곳마다 모스바나를 심었기 때문이었다. 결국 프림 빌리지에서의 약속이 파국의 국면을 전환하는 계기가 되었던 것이다.

『지구 끝의 온실』을 프림 빌리지로부터 퍼져나간 모스바나가 지구를 구제한다는 서사로 읽어내는 것은 다소 성급하고 단순한 독해에 불과할 것이다. 작가 김초엽은 모스바나 역시 공존과 유전적 다양성을 습득하고, 더스트 시대의 흔적을 자신에게서 지우는 것으로 살아남는다는 설정을 작품 내에 분명히 새겨두고 있다. 인간의 기획과는 무관하게, 혹은 인간의 기획에도 불구하고 자신의 생태대로 삶을 꾸려 나가는 자연을 애나 칭은 '제3의 자연(the third nature)'이라 불렀다.[55] '제3의 자연'은 인간중심주의적 진보 서사의

55 "'제1의 자연'은 (인간을 포함한) 생태 관계를 의미하고, '제2의 자연'은 환경

프레임을 통해서는 관찰될 수 없었던 '잡초'의 행위자성을 통해 구축된다. 칭의 표현을 빌려오자면, 세계 각지로 증식하는 동시에 변이를 거치는 모스바나는 잡초로서, '오염된 다양성(contaminated diversity)'의 흔적이라 할 수 있을 것이다. 칭이 설명하는 '오염'의 또 다른 이름은 '협업(collaboration)'이다. 칭은 모든 종을 막론하고, 살아 있기 위해서는 살기 위한 협업이 필요하다고 주장한다. 협업은 차이를 가로질러 일하는 것을 의미하며, 이는 오염으로 이어진다. 오염은 다양성을 만든다. 오염된 다양성은 특정적이고 역사적인 것일 뿐만 아니라 근본적으로 관계적이다. 칭이 묘사한 송이버섯의 생태는 물론이거니와, 인간과 사이보그, 그리고 모스바나가 뒤얽힌 김초엽의 소설 속 지구 또한 이를 증명한다. 모스바나가 접한 지구의 토양과 대기 역시 상호의존하며 협업하고 서로가 서로를 오염시킨다. 모스바나의 생태는 어느 한 행위자만의 의도대로 통제되지 않는다.

김초엽의 상상 속에 자리한 지구의 모습은 애나 칭이 '잡초 경관(weedy landscape)'이라 일컬은 그것과 상당히 유사하다. 돌이키기 어려운 파국의 강렬한 징후에도 불구하고 끝내 항상성을 회복하는 소설 속 지구의 모습은 제임스 러브록의 가이아를 연상시키는 측면도 있다. 그렇다고 김초엽의 『지구 끝의 온실』이 러브록과 칭의 논의에 대한 참조성(referenciality) 또는 간텍스트성(intertextuality)

의 자본주의 변혁을 의미한다고 상상하라. 이 용법은 윌리엄 크로논(William Cronon)의 『자연의 메트로폴리스(Nature's Metropolis)』에서 따온 것이다. 그리고 내 책은 '제3의 자연', 즉 자본주의에도 불구하고 살아갈 수 있는 것을 제시한다." Anna Tsing, ibid., p.viii.

을 드러내고 있다고 볼 수 있는 근거는 뚜렷하지 않다. 칭은 채집되는 전리품에서 경매되는 사치품으로, 미국 오리건주를 비롯한 세계 각지에서 일본으로 이어지는 송이버섯의 환태평양 상품 트래픽을 추적하며, 자본주의적 형식과 비자본주의적 형식이 자본주의의 안과 바깥에 동시에 속해있는 주변자본주의적 공간들(pericapitalist spaces)에서 상호작용한다고 주장한다. 이와 함께 칭은 상품이 생산되는 조건을 자본주의적으로 통제하지 않고도 선도기업들이 자본을 축적하는 '구제 축적(salvage accumulation)'의 개념을 제시한다.[56] 칭에 따르면, 자연은 상품 사슬이 연결되는 과정에서 자본주의에 의해 단순히 채굴되는 대상이 아니라 버섯과 채집자들에게 새로운 가능성을 제공하는 사회이자 일종의 몸이다. 그런데 김초엽은 칭처럼 특정 상품의 트래픽을 따르는 방식이 아닌, 지수와 레이첼 사이에서, 프림 빌리지로, 다시 한번 전지구로 이행하며 확대되는 다종 간의 돌봄 관계망을 엮고 짠다. 이 관계망은 지역적이고 독특한 것을 계속되는 자본 축적을 위해 사용될 수 있는 투입물로 옮겨놓는 구제 축적의 토대가 아니라, 구제의 자리를 넓히고 정동적 연결을 더하는 구제 연합(salvage association)이라 부를 수 있을 만한 것이다. 이 연합은 러브록이 가이아를 이론화하는 과정에서 적극적으로 참고한 사이버네틱스 이론의 전제로서 움베르토 마투라나와 프란시스코 바렐라(Humberto R. Maturana and Francisco J. Varela)에 의해 요령있게 설명된 '오토포이에시스(autopoiesis)', 즉 스스로 형성되는 내부적으로 자기 조직적인 시스

56 Anna Lowenhaupt Tsing, ibid., p.63.

템으로서의 생명에 대한 이전의 사유와도 뚜렷한 대비를 이룬다. 사이보그로서의 레이첼, 모스바나라는 식물, 더 나아가 이들이 함께 하는 지구라는 다중적 스케일의 다종적 몸들은 자족적으로 닫힌 개체가 아니라 열려 있고, 역동적인 교환 시스템으로서 끊임없이 주체화와 통제의 방식을 생산할 뿐만 아니라, 그것에 대한 저항과 '되기'의 방식까지도 동시에 생산한다. 요컨대, 김초엽의 SF는 비인격적 우화들을 직조할 뿐만 아니라, 이들을 변용하면서 우화들의 아상블라주로서 새로운 가능성을 창발한다.

『지구 끝의 온실』은 비인격적 우화들에 대한 직접적인 참조보다도, 개인적이며 동시에 사회적인 정동의 이행과 접합 그리고 긴장 속에서 정동적 짜임관계가 구축됨과 함께 생산된 것으로도 볼 수 있다. 타자를 생산하면서 동시에 배제하는 위계적 권력 공간으로서의 작품 속 '돔 시티'는 인간은 물론, 비인간의 생계마저 약탈한 자리에 세워진 뉴타운의 아파트와 닮아 있다. 하지만 작가 김초엽이 자신의 이름이 '풀잎'을 의미한다고 하면서 "우리 집 거실과 베란다는 화분으로 가득 차 발 디딜 틈이 없다"[57]고 개인적 주

57 살면서 가장 많이 들은 질문 하나. "혹시 이름이 무슨 뜻이에요?" "풀 초(草)에 잎 엽(葉)이에요"라고 대답하면 상대방은 그럴 줄 알았다며 고개를 끄덕이거나, 정말로 그 뜻이었냐며 놀라곤 한다. 원래는 풀잎이 될 뻔했다가 할머니가 됐을 때의 무게감을 위해 '초엽'으로 결정된 내 이름은 비록 삶이나 운명과는 무관하지만 부모님의 취향에 대해서는 한 가지를 확실히 말해 준다. 두 분은 식물을 무척이나 사랑한다는 것. 아빠는 직업 음악가이지만 원예학과를 졸업했다. 어쩐지 어릴 때 식물원이나 산, 들로 가면 나무와 풀의 이름을 모두 꿰고 있더라니. 한편 엄마는 이론보다 실전에 강한 타입으로, 우리 집 거실과 베란다는 화분으로 가득 차 발 디딜 틈이 없다. 거실을 오갈 때마다 사람 키만 한 여인초 잎에 뺨을 맞기 일쑤지만, 엄마와 같이 살고 싶으면 감수해야 한다. 김초엽, 「식물덕질을 권유하는 이유」, 『ELLE』, 2021. 2. 3.

거 환경을 밝힌 바와 같이, 아파트의 유리 온실에는 이미 비인간 타자가 들어와 엄연히 존재한다. 이 경관은 협업으로서의 오염에 대한 공동체적 상상과 함께 '프림 빌리지'의 모습으로 소설에 나타난다. '프림 빌리지'의 돌봄은 뉴타운 아파트의 '반려종'에 대한 그것이라기보다도, 권력 공간으로부터 배제된 자들 사이에서의 수행이라는 점에서, 오히려 개미마을과 같은 비닐하우스촌의 정동과 접속하고 있는 것처럼 보인다. 예컨대, 비닐하우스촌의 하나인 '전원마을'은 '주거권실현을 위한 비닐하우스주민연합'의 자치회를 가지고, 그 회의에 '국민의례' 대신 '민중의례'를 포함시킨다.[58] 이는 공적영역으로부터의 추방으로부터 탈정동된 자리에서 발생한 사회적 결사체의 정동을 보여주는 사례다. 또 다른 비닐하우스촌 '꿀벌마을'에서는 마을 주민들이 공동명의의 통장을 개설해 돈을 모으며 공동체의 연명을 약속한다.[59] 정동의 수행적 힘은

58 "비닐하우스 전원마을 주민자치회의 회의가 있는 29일. 이 시각 마을 주민들이 어디론가 같은 방향으로 향한다. 그들을 따라 도착한 곳 역시 검은색 천막이 덮인 비닐하우스. 바로 비닐하우스 전원마을만의 마을회관이다. 회관 벽에 붙어있는 비닐하우스 주민연합 플랜카드, 공공주택과 협동조합주택과 관련한 여러 포스터가 눈길을 끈다. 회의가 시작되고, 곧 민중의례 순서다. 일반 관공서의 식순과 다른 점이다. 주민들이 입을 모아 '남태령 전원마을 찬가'를 부른다. '못 산다고 함께하지 못하는 것은 아니다'라는 사회자의 말에서 주거권을 포함한 인간으로서 누려야 할 기본적인 권리에 대한 확고한 신념이 느껴진다." 「"전기, 수도가 들어와야 사람 사는 동네죠" 남태령 비닐하우스 전원마을의 삶의 이야기」, 『청네활동』, 2015. 3. 2.

59 꿀벌마을 주민 김금순 씨와 홍승순 씨 등 마을주민들은 인터뷰를 통해 공동명의로 통장을 개설해 5천 원씩 돈을 모으고 있다고 밝힌 바 있다. "푼돈이라도 모아서 뭔가 만들어가보자 해서 통장 개설을 했어요. 혼자서 5천 원 저축하려고 은행을 가지는 않잖아요. 그래서 모아서 저축을 하자고 만들었어요. 은행도 가난한 사람과는 가깝지가 않아요. (중략) 저희 가난한 사람들은 개인플레이를

사회 내의 빈민을 잇고, 이들을 다시 소설 속의 난민과 이으며, 다시 한번 난민과 비인간 무기물(사이보그) 및 유기물(식물)을 엮는다. 한국 사회의 상이한 온실 정동은 『지구 속의 온실』이라는 작품을 교차하며 그 텍스트를 직조하고 있는 셈이다.

잠재적인 변화의 기호들을 탐색하는 사변적 우화(speculative fabulation)로서의 과학 소설(science fiction)은 중층의 연결망을 만들어내고 있고 그것이 바로 실뜨기(string figures)다. SF는 과거와 미래를 새로운 배열로 함께 가져와 구제의 가능성을 엮고 짜는 것이다. 요컨대, SF는 실뜨기를 통한 직조물이라 할 수 있다.

실뜨기의 사상가인 도나 해러웨이는 지구의 현 상태를 테라폴리스(terrapolis)라고 부른다.[60] 지구에 있는 모든 것이 긴밀하게 영향을 주고받으면서, 즉 정치를 하면서 뒤얽혀 있다는 것이다. 실뜨기를 할 때처럼, 한 존재가 다른 존재와 접속했을 때 불현듯 생겨나는 문제를 해결하고 공생체를 이룩해 관계를 이어가려는 모든 활동에 정치가 작동한다. 그 정치는 정동적이며 이는 오늘날 온실에서도 비롯된다. 김초엽의 SF는 비인격적 우화들을 직조하고, 온실의 정동들을 교차시킴으로써 담론적 세계와 물질적 세계를 연

하면 죽을 수밖에 없어요. 뭉쳐야죠. 쌀 한 포대라도 뭉쳐 있으니까 주죠. 그걸 장점으로 살리고, 희망이 있어야 에너지가 있어서 살 수 있죠. (중략) 저희 마을은 노인들이 많으니까 도심에서는 딱히 할 게 없어요. 경비도 60세에 구직을 하려면 안 돼요. 공공근로로 그나마 유지하고 있는데 도심에서 비싼 생활비를 써가면서 살 형편은 안 되고. 시골 산자락이라고 해도 공동체를 만들어서 살아가려고 생각하고 있죠." 「꿀벌마을 사람들-"가난한 사람들은 뭉쳐야 할 수 있어요."」, 『민중의소리』, 2010. 2. 28.

60 도나 해러웨이, 최유미 역, 『트러블과 함께하기』, 마농지, 2021, 23쪽.

동시키는 정치를 수행하고 있다.

5. SF 에톨로지의 가능성: 재세계화 또는 재야생화의 테크닉

셸 실버스타인의 나무는 끝내 인간에 의해 잘려 나가는 순간까지 인간을 위해 그 그루터기마저 '아낌없이' 준다. 한편, 일라이 클레어(Eli Clare)는 자신의 유년기를 함께 한 나무(들)의 벌목으로부터 젠더, 장애, 계급의 문제를 교차시키며 실버스타인과는 전혀 다르게 '퀴어 장애 정치학'을 출발시킨다. 클레어의 논의는 자신이 유년기를 보낸 엘크강 인근 포트 오포드의 개벌지를 회고하는 데서부터 출발한다. 클레어가 회고하는 지역 사회의 문제는 환경의 문제이자, 노동 계급의 문제다. 노동 계급의 유입 및 유출로 그려지는 지역 사회의 문제는 근본적으로 퀴어이자 선천적 뇌병변 장애인으로서 클레어 자신을 둘러싼 관계의 문제다. 클레어는 이러한 관계의 방식들로서 퀴어와 비퀴어, 장애인과 비장애인의 관계는 물론, 인간과 사회의 관계를, 더 나아가 이들 관계의 조건으로서 공간 및 시간의 위상학적 배치를 폭넓게 시야에 담는다.[61] 일라이 클레어의 논의가 시작된 포트 오포드는 애나 칭의 탐구가 시작된 바로 그 오리건에 위치한다. 애나 칭은 송이버섯이라는 비인간

61 일라이 클레어, 전혜은 · 제이 역, 『망명과 자긍심: 교차하는 퀴어 장애 정치학』, 현실문화, 2020. 참고.

과 인간의 관계로까지 존재론의 영역을 확장한다.

오리건과 마찬가지로, 주거공간으로서의 실내 또한 인간, 사물, 동물, 식물의 관계론적 존재론에 따라 매 순간 갱신되는 사회적 숲(Social Forest)에 다름 아니다. 현대 인간은 본질적으로 '실내종'이다.[62] 관계론적 존재론은 실내종을 '반려종'으로 다시 호명하도록 한다. 예컨대, 카옌 페퍼와 도나 해러웨이, 시즈니와 천계영은 서로의 반려종이다. 이들은 서로를 살(flesh) 속에 만들어 넣는다. 해러웨이의 표현에 따르면, "너무 다르면서도 그렇기에 소중한 우리는, 사랑이라는 이름의 지저분한 발달성 감염을 살로 표현한다."[63] '지저분한 발달성 감염'에 있어 지저분하고 축축한 것은 반려종의 혓바닥만이 아니라 근본적으로 정동이다. 정동은 근본적으로 관계적이며, 그 관계는 다양하고 복잡하다. 주체, 객체, (인)종, 젠더 모두는 관계의 산물이다. 실내는 관계론적 범주들의 민족지가 펼쳐지고, 이를 토대로 종의 경계를 넘나드는 대화가 이루어지는 세계다. 실내라는 관계적 조건 앞에서 반려동물, 반려식물, 그리고 반려인간은 뒤얽히고 부대끼며 서로를 오염시킨다. 마주침의 복잡성(encountering complexity)을 드러내는 실내 환경은 인

---

62 북미와 유럽 사람은 90퍼센트의 시간을 실내에서 보내고 몇몇 큰 도시는 실내 규모가 옥외 규모를 압도적으로 능가한다. 맨해튼만 해도 섬 자체의 크기는 약 60제곱킬로미터밖에 안 되지만 실내 바닥 면적은 그것의 세 배나 된다. 게다가 옥외 세계와 달리 실내 세계는 계속 팽창하고 있다. 유엔은 2017년의 한 보고서에서 앞으로 40년 사이에 전 세계적으로 실내 공간의 면적이 두 배가 될 것이라고 추산했다. 이것은 "지금[2017년]부터 2060년까지 현재 일본의 바닥 면적만큼이 매년 새로 추가되는 것과 마찬가지"다. 에밀리 앤시스, 김승진 역, 앞의 책, 11-12쪽.

63 도나 해러웨이, 황희선 역, 앞의 글, 117쪽.

간은 물론 비인간의 삶까지도 매우 방대하고, 때로는 매우 의외의 방식으로 정동시키고 있다. 실내는 다른 부류의 창조물들과 맺는 우리의 일상적인 교류가 관계와 소통의 새로운 가능성을 열어준다는 해러웨이의 신념이 관철되는 공간이다.

실내는 단지 또 하나의 생태계이기만 한 것이 아니라, 실내 환경에 잘 적응하는 종을 육성하면서 실내 환경에서 종이 새로운 방향으로 진화하도록 이끄는 '고유한' 생태계이기도 하다. 다시 말해, '반려종'은 곧 '실내종'이다. 문제는 의심의 여지가 없는 이 등식이 실내가 아닌 야생의 다종적 존재들을 반려의 관계 안으로 환대하고 있지 못하다는 점이다. 그런 점에서 '반려'와 '유기', '실내'와 '야생'의 이분법적 상대화 및 양자택일이 아니라, 야생 또는 유기의 상태를 다르게 사유함으로써 책임의 방식을 바꿀 필요가 있다. 이는 '자매' 또는 '친족'으로 묶인 반려 관계에 대한 성찰을 동반하는 것이기도 하다. 사실상 반려종은 그것이 실내종이 되기까지 거쳐왔던 '가축화'라는 통제와 착취의 역사를 몸에 아로새기고 있으며, 이는 반려종 간의 유희로서 반려견의 움직임을 철저히 통제하는 어질리티(agility)에서도 이어짐을 볼 수 있다. 이들을 그 역사와 관계로부터 해방하는 것만이 '동물권'에 접근하는 유일한 경로일 수만은 없다. 가축화의 역사를 거쳐 일대일의 사적관계로 맺어진 반려의 감각을 보다 광대한 정동체계로 확장하는 일이야말로 실내로부터 촉발되고 축적된 돌봄의 긍정적 정동에 값하는 것이다. 이러한 태도의 전환은 재야생화(Rewilding) 또는 재세계화(Reworlding) 담론과 조우한다.

재야생화는 자연 보전 영역에서 근대적 인간-자연 관계를 전환하고자 하는 시도로서 동식물의 자생적 활동을 통해 인간의 도움 없이도 작동하는 역동적 생태계를 만드는 자연 복원 전략이다.[64] 재야생화는 '야생'을 '다시' 구현하는 단순한 자연 복원 전략과는 다르다.[65] 자연은 인간 사회 외부에 독립적으로 존재하면서 칸트적 숭고를 불러일으키는 대상이 아니다. 재야생화는 인간을 포함한 사회로서의 자연에 위치한 다양한 행위자가 저마다의 역량을 발휘하도록 유도하는 '가이아' 또는 '잡초 경관'에 대한 돌봄에 해당한다. 가이아와 잡초 경관을 염두에 두었을 때, 돌봄을 촉발하는 반려관계는 개인의 윤리가 아니라 사회적 책임이어야 하며, 그 사회는 실내라는 척도로부터 전지구적이고 우주론적인 척도에까지 폭넓게 걸쳐 있다. 『지구 끝의 온실』은 이와 같은 다중적 스케일을 보여주는 사례로서 제시될 수 있다. 김초엽의 SF는 단순한 재현이라기보다 재야생화 담론을 실연(enactment)하고 있는 것이다. 물질적 몸을 가진 인간 역시 송이버섯을 채집하며 숲에 흔적을 남기고, 모스바나를 전파하며 정동적 전염을 함께 수행하는 것

64 기존 자연 보전이 이상적 생물종의 조합을 재건하고, 인간의 개입으로 이를 유지하는 인간 중심적 전략이라면, 재야생화는 동식물, 즉 비인간의 생태와 활력을 자연 보전의 핵심 동력으로 삼는다는 점에서 차별화된다(최명애, 「재야생화: 인류세의 자연보전을 위한 실험」, 『환경사회학연구 ECO』 제25권 1호, 한국환경사회학회, 2021, 215쪽).

65 영국 환경 저널리스트 조지 몽비오(George Monbiot)의 『Feral』(한국어 번역 제목 『활생』)의 번역자 김산하는 'rewilding'을 '활생(活生)'으로 번역한다. 그는 '재야생화'라는 한국어 직역이 과거 시점의 특정 생태계로의 복원을 연상시킨다는 점에서 적절치 못하며, 몽비오의 'rewilding'이 생명체의 집합적 활동을 통해 새로운 야생 상태에 도달할 것을 제안한다는 점에서 "생명체의 역량을 활발히 소생케 해야 한다"는 의미의 '활생'이 보다 적절한 번역어라고 판단한다(조지 몽비오, 김산하 역, 『활생』, 위고, 2020, 18쪽).

처럼 행위적 현실(agential reality)에 포함될 수밖에 없는 바, 재야생화는 인간적 개입과 무관할 수 없고, 특정한 경계를 구획하는 것으로도 제한될 수도 없다.

재야생화의 담론과 실천은 반려를 일대일의 사적관계로 제한하는 통념에 대해서도 문제를 제기한다. 돌봄의 사유화가 아니라 돌봄의 커먼즈를 마련하는 것이 바로 재야생화라 할 수 있다. 돌봄의 커먼즈는 경계 없는 공유지이자, 이를 떠받치는 정동적 인프라 모두를 포함한다. 그런 점에서 반려관계를 가축화의 연장이 아니라 재야생화의 시작으로 전환할 필요가 있다. 근접성과 친밀성은 기하학적 거리가 아닌 연결의 효과다. 반려종은 재야생화의 정동적 매개체로서 다시 사유되어야 한다.

재야생화를 통해 펼쳐질 커먼즈가 (비)인간의 비커밍아웃(becoming out)을 촉구하는 장이 되어야 하는 점도 특기될 필요가 있다. 도미야마 이치로(富山一郎)는 커밍아웃을 하는 이들이 청자의 변화를 부추기며 일종의 되기(becoming)에 의해 함께 위험에 노출되는 비커밍아웃(becoming out)을 요청한다고 강조한다. 또한 "커밍아웃을 기다리는 청자들이 안주하는 시민사회"가 아니라 "생명정치에 의해 위험에 노출되어 있는 삶의 세계"가 상정되어야 한다고 말한다.[66] 그 정치에 포함되는 생명을 인간 곁의 비인간에게까지 확장한다면, 그곳이 재야생화의 커먼즈일 것이다. 위험에 노출되어 있는 삶의 세계란 폐허에 다름 아니며, 폐허는 새로운 삶의

66 김기남 · 김현미 · 도미야마 이치로 · 미류 · 송다금 · 신지영 · 심아정 · 이다은 · 이용석 · 이지은 · 전솔비 · 쭈야 · 추영롱, 『난민, 난민화되는 삶』, 갈무리, 2020, 396쪽.

가능성이 배태되는 공간이다. 이를 설명하는 송이버섯에 관한 우화는 인류세의 지구를 흐르는 정동과 함께 소설로 다시 직조되고 있다. 텍스트를 직조한다는 것은 서사적이고 담론적인 의미만 있는 것이 아니다. 소설에 침투한 정동은 다시 소설 밖으로 삼투함으로써 재세계화, 즉 세계를 재조직한다는 행동학적 함의를 동시에 지닌다. 사변과 행동을 매개하는 것은 정동이다. 정동적 관점은 생태위기 또는 기후위기의 해법을 개체의 연명에서 공동체에서의 존재와 되기의 인식, 즉 '오염'의 재인식으로 전환시킬 수 있다. 그런 점에서 공존-공생-공산의 조건이 사적 소유의 폐쇄된 실내일 수만은 없음을 깨닫는 일이 중요하고 시급하다. 실내는 잠재적 공유지로서 다중적인 공간성과 시간성이 있는 위상학적 우주 공간으로 열려 있다. 이를 감지했을 때 비로소 위기 시대의 '열린 결말'이 함께 열릴 수 있을 것이다.

연결성의 에톨로지로 본 '새끼 서 발'[1]

강 성 숙

1. 설화가 연결하는 공동체

'새끼 서 발' 설화는 함경도부터 경상도까지 광범위한 지역에서 100여 년이 넘는 기간 동안 다양한 사람들이 향유해 온 이야기다. '새끼 서 발' 설화는 주인공이 자신의 보잘것없는 성취물(새끼 서 발/조 이삭 하나)을 가지고 길을 떠나 결국 '처녀/비지'를 얻어 돌아오는, 성장에 관한 서사라 할 수 있다. 주인공은 애초에 어떤 의도를 지니고 있었던 것이 아니지만, 타인과 만나 그들의 요청에 따라 단순히 자신이 갖고 있던 물건을 내어주는 것으로 자신과 주변 인물의 상황에 변화를 가져온다. 이때 주인공은 일련의 사물과 서사의 연관 관계의 흐름에 따라 움직이게 되는데, 이를 통해 그

1 이 글은 「연결성의 에톨로지로 본 '새끼 서 발'」, 『석당논총』 제82집, 동아대학교 석당학술원, 2022를 수정 · 보완하여 재수록한 것이다.

는 타인에게 자신이 지닌 것의 가치를 인정받으며 자신과 연결된 타인의 존재를 발견하고 인식하게 됨으로써 존재론적 변화의 계기를 얻게 된다. 주인공이 자신의 물건을 교환하는 과정은 단계적으로 나타나는데, 유형에 따라 정도의 차이를 보이기는 하지만 대체로 주인공은 생명과 삶에 대한 사람들의 인정, 지지를 확인하며 그 역시 죽음과 다를 바 없는 퇴행적 상태에서 생동하는 삶으로 나아가는 원동력을 얻게 된다.

'새끼 서 발' 설화는 사건이 연쇄, 누적되어 나타나는 '형식담'이라는 이야기 형식을 취한다. 이러한 형식적 특징은 전승, 향유자들이 지향하는 가치를 온전히 전하기 위한 요소이기도 하다. 하나의 화소가 다른 화소와 긴밀하게 연결되는 이 '연쇄 누적담' 형식은 주인공이 만나는 대상 하나하나가 모두 연결되어 있음을 잘 표현해주는 장치이다. '새끼 서 발'의 주인공과 그를 둘러싼 세계가 연결되면서 주인공의 변화에 어떻게 관여하고 있는지를 누적 형식담의 외피를 통해 보여주고 있다고 하겠다. 이러한 '연쇄 누적담'의 형식은 '새끼 서 발' 서사 내부에서 주인공의 변화와 성장을 추동하는 기제이기도 하면서 서사의 바깥, 즉 이야기를 구연하고 공유하는 향유 계층이 지향하는 가치를 반복해 체화하는 장치이기도 하다. 이야기를 공유자산이라고 볼 때, '새끼 서 발'이라는 공유재를 통해 향유자들은 자신과 연결된 타인의 존재, 타인이 가진 것, 타인의 성취, 그리고 살아 있음의 절대적인 가치를 온전히 인정하며 반복적 형식을 통해 이러한 주제를 체화하게 되는 것으로 보인다.

'새끼 서 발' 설화의 주제는, 가진 것 없고 뚜렷한 목적도 의지도 없던 주인공이 집 밖으로 나가 누군가를 계속해 만남으로써 자립할 수 있는 어른이 되어가는 성장 서사로 읽을 때, 그 의미가 명확해진다. 생명 회복의 당위성과 함께 경험을 통한 성취와 성장이 이 이야기가 말하고자 하는 중요한 목표인 것이다. 방 안에 스스로 갇혀 먹고 배설하는 일밖에 하지 않던, 온전히 살아 있는 상태라 볼 수 없었던 주인공이 집(방) 밖으로 나가 여러 사람들과 만나는 끝에 결국 고유한 자기 세계를 구축하고 성장해가는 과정을 향유자들은 '새끼 서 발' 설화를 통해 적극적으로 형상화하며 지지해온 것으로 보인다.

이 글은 '새끼 서 발' 설화의 서사구조 속에서 인물이 어떻게 배치되고 연결되는지, 그에 따라 존재의 의미가 어떻게 변화하는지 고찰하고, 이를 통해 이야기를 공유하는 공동체의 믿음과 가치가 이야기 속에서 어떻게 반영되며 변주하는지 살피는 것을 목표로 한다. '새끼 서 발' 설화는 서사 진행에 따라 나타나는 연쇄적 관계가 서사의 의미 형성에 중요하게 작용하는 설화다. 이야기 속에서 인물들이 나아가고 마주치는 연결망 속에서 존재의 의미와 삶의 본질이 드러나고 있어서, 이 설화를 통해 '연결성의 에톨로지'[2]를 발견할 수 있을 것으로 기대한다.

'새끼 서 발' 설화는 그 형식적 특성, 즉 '연쇄에 의한 누적성'

2 '연결성의 에톨로지'는 '배치'(들뢰즈)나 '연결망'(라투르) 속에서 개체를 인식하고 자각함으로써 관계적 존재론과 윤리성을 파악하는 데 유용한 개념이다. 들뢰즈 실천철학의 행동학에 대해서는 조정환, 『개념무기들』, 갈무리, 2020, 1-432쪽, 라투르 연결망 이론에 대해서는 브루노 라투르 외, 홍성욱 역, 『인간·사물·동맹』, 이음, 2010, 1-336쪽 참조.

과 '반복성' 때문에 이야기의 내용보다 반복, 누적, 연쇄, 회귀 등 그 전개 방식으로 주목받아 왔다. 그렇지만 선행 연구자들이 지적한 대로 이 설화는 반복, 누적되는 사건들의 의미가 작품 해석에서 중요하게 다루어져야 함에도[3] 본격적 의미 분석이 이루어진 연구는 그리 많지 않다.

성기열은 '새끼 서 발'과 유사한 누적 형식담을 인도, 필리핀, 프랑스, 불가리아, 집시, 일본 설화에서 발견하고, 이를 인도의 자타카(Jataka, B.C. 3-4)가 불교 전파 경로에 따라 전 세계적으로 퍼진 것으로 보았다.[4] 비교 연구를 통해 '새끼 서 발' 설화 형식의 세계적 공통성과 유사성을 확인할 수 있었지만, 구체적 모티프의 변이 의미에 대한 해석은 여전히 남아 있는 과제다.

조은상은 선행 연구자들이 언급한 형식담의 '허언성, 과장성'을 유희적, 소화적 성격으로 본 것에서 나아가, 과장과 허언이 반복되는 이야기의 구조가 아동의 성공적 성장을 위한 '과대자기' 실현 과정을 보여주는 것이라고 해석했다. 자존감이 낮거나 자기

---

3 조희웅은 설화의 유형을 '동물담', '신이담', '일반담', '소담', '형식담'으로 나누고, 이야기 진행의 형식이 특별한 경우 이를 '형식담'으로 따로 분류하고 있다.(조희웅, 『한국 설화의 유형』, 일조각, 1983, 1-372쪽.) 그는 형식담 가운데 '누적담'에서는 형식 못지않게 내용도 중시된다고 밝혔으며, '새끼 서 발' 설화의 경우 '누적적 형식담' 가운데 '행운에 관한 것' 범주에 넣고 있는데, 실패담의 경우는 형식담이 아닌 '소화(치우담)'로 보아야 한다고 했다.(조희웅, 「한국의 형식담」, 『한국학논총』 3, 국민대학교 한국학연구소, 1980, 229쪽, 236-237쪽.) 설화의 새로운 분류 체계를 제안하며 이홍우는 형식담으로서 누적담은 그 사건의 내용이 중요하게 다루어지는 서사이므로 형식적 미감으로만 다루기 어렵다고 했다.(이홍우 외, 「한국설화의 분류에 관한 제언」, 『겨레어문학』 제52집, 겨레어문학회, 2014, 101-102쪽.)

4 성기열, 『한국 설화의 연구』, 인하대학교 출판부, 1988, 116-139쪽.

애 문제를 겪고 있는 이들에게 심리적 도움 및 교육적 효과를 줄 수 있다는 관점에서 '새끼 서 발' 설화를 분석하고자 한 것이다. 그는 어머니에게서 독립하려는 아들이 스스로의 성취를 대단한 것으로 여기는 힘, '과대 자기의 인정'이 점진적 서사의 계기가 될 뿐 아니라 자신의 삶을 영위해갈 수 있는 원천이라 보았다.[5] 또한 이 이야기가 현실적으로는 성립되기 어려운 사건(자신의 이득을 위해 죽은 사람을 이용해도 벌 받지 않거나, 불합리한 수수께끼를 내거나 속임수를 써도 사람들은 의심하지 않고 승복하는 일 등)을 어설프게 허용하고 있다고 보고, 누적되는 교환과 성취가 성공적인 결과로 이어지는 것 자체를 '과장', '허언'으로 파악했다. 이는 이야기의 소화적 성격을 그 효용 면에서 파악하고자 한 시도였다. 이 연구는 설화 형식의 의미를 적극적으로 해석해 형식담을 본격적인 서사 연구 영역으로 옮겨 왔다는 점에서 의의가 있지만, 이야기가 지향하는 낙관적 성취를 소화 장르가 지닌 특성으로만 해석한 지점은 재고의 여지가 있다고 본다.

최래옥은 연쇄 점층 구조를 공유하는 '새끼 서 발', '볍씨 한 톨' 설화를 함께 다루면서 그 성공과 실패 구조를 교훈성과 연관해 해석한 바 있다.[6] 두 유형의 설화를 포괄하면서 이 이야기가 지

---

5 조은상, 「설화 〈새끼 서 발〉에 나타난 과장과 허언의 심리적 의미와 효용」, 『문학교육학』 제47호, 한국문학교육학회, 2015, 153-190쪽.

6 최래옥은 '새끼 서 발', '볍씨 한 톨' 설화를 같은 구조로 분석하면서, 이들 설화의 성패를 가르는 기준이 '성실과 근면'이라 보았다.(최래옥, 『전북 민담』, 형설출판사, 1979, 180-181쪽 참조.) 두 유형 설화의 서사 발단 모티프가 '새끼 서 발'과 '곡식 한 알'이라는 점에서는 다르지만, 각편에서는 이야기의 모티프를 서로 공유하거나 차용하는 방식으로 전승되므로 이들을 같은 구조로 보는 것

닌 특성을 온전히 파악하기 위해서는, 전개 과정의 인물, 사건, 소재, 형식을 비교하며 이야기가 지닌 지향과 의미를 좀 더 심층적으로 분석할 필요가 있겠다.

'새끼 서 발' 설화는 낙관적인 누적 형식담이지만, 서사를 구성하는 내용이 말도 안 되는 비현실적인 사기담(詐欺談)이나 판타지 또는 소화적 성격의 단순한 흥밋거리로만 보아서는 그 의미를 온전히 해석하기 어렵다. '새끼 서 발' 설화의 주인공은 이야기의 계기적, 반복적 형식을 통해 다양한 대상과 연계되고 접촉하며 각기 무언가를 얻는 결말로 나아간다. 이는 주인공의 성장과 행복의 조건이 주체의 개별적 문제일 뿐 아니라 서로 연결되어 있는 공동체의 문제로도 읽을 수 있는 계기가 된다.[7] '새끼 서 발' 설화의 주인공은 다양한 인물과 사건의 연결(배치) 속에서 변화하고 의미를 획득하는 존재이다. 이 독특한 서사는 설화를 공유하며 연결되어 있는 이야기 공동체의 윤리를 드러낸다는 점에서 연결성의 에톨로지를 파악하는 유용한 텍스트가 될 수 있다.

'새끼 서 발'에 대한 선행 연구의 성과를 수용하면서, 구체적으로 '새끼 서 발' 설화의 인물과 사건의 계기와 연결이 어떤 의미를

은 일견 타당해 보인다. 그런데, 서사의 결과를 성공과 실패로 보는 시각이나 이 서사가 드러내는 의미를 근면, 성실의 옹호로 단순화하는 데는 동의하기 어려운 지점이 있다. 주인공은 전개되는 서사의 흐름에 따라 변화하고, 이를 통해 결과의 의미도 달라지기 때문이다.

7 여기서 언급하는 '공동체의 문제'는 서사 내부의 인물 간에 나타나는 관계뿐 아니라, 이 유형의 이야기를 공유하는 이야기 공동체가 지향하는 규범 또는 가치의 문제를 포함하는 개념이다. 형식담의 규범과 공동체에 관한 논의는 유정월, 「형식담의 수용자와 공동체」, 『구비문학연구』 제60집, 한국구비문학회, 2021, 87-117쪽 참조.

지니는지 살펴, 설화 공동체가 공유하고 지향하는 가치를 파악한다면, 이 이야기가 지닌 사회적 의미를 파악해볼 수 있을 것으로 본다.

2. '새끼 서 발' 설화 자료 현황

'새끼 서 발' 이야기 내부에서 어떤 문제가 왜 일어나게 되었으며 등장인물이 마주치는 인물들은 서사에서 어떤 의미를 형성하는지 구체적으로 파악하기 위해서는 이야기 자료의 총체적 양상을 살필 필요가 있다. 그동안 '새끼 서 발' 설화는 부분적으로만 조사, 활용되어 왔다. 이 글에서는 '새끼 서 발' 설화의 양상을 폭넓게 파악하기 위해 '새끼 서 발' 설화와 '조 이삭 하나' 설화[8] 자료를 좀 더 많은 자료집에서 뽑아서 정리하고, 사건과 인물의 연결 양상을 총체적으로 분석하고자 했다.

이 글에서 다루는 '새끼 서 발' 관련 설화는 모두 63편이다.[9] 이 가운데 '새끼 서 발' 설화에 해당하는 각편이 51편, '조 이삭 하

8 '조 이삭 하나' 설화는 '이상한 수수께끼', '조 이삭으로 정승 딸을 얻다', '수수 이삭 하나로 차차 성공하다가' 등의 제목으로 나타나는데, '새끼 서 발'의 주인공이 자기가 꼰 새끼를 가지고 여정을 시작하는 것과 달리 '조 이삭 하나' 설화의 주인공은 곡식 한 톨(대)을 가지고 길을 떠난다. 곡식은 볍씨, 좁쌀, 수수 등으로 나타나는데, 조(벼) 이삭이 가장 많이 등장한다. 이 글에서는 이 설화를 '조 이삭 하나'로 통칭해 논의하고자 한다.

9 63편 가운데 '민요'로 분류되어 있는 각편이 1편 있는데, '새끼 서 발'의 핵심 화소를 담고 있는 노랫말이라 논의 대상에 포함시켰다.

나' 설화에 해당하는 각편이 12편이다. 조사 대상 자료집은 『임석재전집 1-12』,[10] 『한국 민화에 대하여』,[11] 『한국민담선』,[12] 『전북민담』,[13] 『충청남도민담』,[14] 『한국구비문학대계』,[15] 『증편 한국구비문학대계』,[16] 『영남구전자료집 1-8』,[17] 『호남구전자료집 1-8』[18] 총 9종이다. '새끼 서 발' 설화의 채록 시기는 1919년부터 2017년까지 거의 100년에 걸쳐 있고, 채록 지역은 함경도, 평안도, 서울, 경기도, 강원도, 충청도, 전라도, 경상도로, 제주도를 제외한 한반도 전역에 이른다. 구연자 연령은 13세에서 97세까지 다양하다. 그만큼 '새끼 서 발'은 광범위한 지역에서 오랜 기간 다양한 사람들이 향유해 온 작품이라 하겠다.[19]

---

10 임석재, 『임석재전집 한국구전설화』 전12권, 평민사, 1987-1993.

11 이 책은 손진태가 1974년 일본 岩崎美術社에서 펴낸 『朝鮮の民話について』를 번역한 것인데, '粟(조, 벼이삭)'을 '栗(율, 밤)'으로 보아 각편의 제목을 '밤알로 정승의 딸을 얻다'로 잘못 번역해 싣고 있다. 이에 이 글에서는 '조 이삭으로 정승 딸을 얻다'로 고쳐 제시한다. 손진태, 『한국 민화에 대하여』, 김헌선 외 역, 역락출판사, 2000.

12 한상수, 『한국민담선』, 정음사, 1974.

13 최래옥, 『전북민담』, 형설출판사, 1979.

14 최운식, 『충청남도민담』, 집문당, 1980.

15 한국정신문화연구원 편, 『한국구비문학대계』 전85책, 1980-1992.

16 증편 한국구비문학대계 (원문보기: http://gubi.aks.ac.kr/web/Default.asp)

17 조희웅 외, 『영남구전자료집1-8』, 박이정, 2003.

18 조희웅 외, 『호남구전자료집1-8』, 박이정, 2010.

19 구연자의 성별 정보가 밝혀진 『한국구비문학대계』, 『증편 한국구비문학대계』, 『영남구전자료집』, 『호남구전자료집』, 『충청남도민담』 5종 자료집의 34명을 대상으로 살펴보면, 여성 23명, 남성 11명으로 여성 구연자가 더 많은 것으로 나타난다.

〈표 1〉 '새끼 서 발' 관련 자료 현황_연도순

번호	제목	채록 연도	채록지	제보자	출전
1	이상한 수수께끼	1919	전북 고창	류홍선	임석재전집 8
2	이상한 수수께끼	1919	전북 고창	류홍선	임석재전집 8
3	새끼 서 발 꼬아서	1920	전북 정읍	이씨	임석재전집 8
4	조 이삭으로 정승 딸을 얻다	1928	함경남도 정평	김양하 군(남)	朝鮮の民話について (손진태)
5	이상한 수수께끼	1929	경성부 숭인동	전태선	임석재전집 5
6	새끼 서 발로 색시 얻다	1932	평안북도 선천	채신용	임석재전집 2
7	새끼 서 발로 색시 얻다	1932	평안북도 철산	이명선	임석재전집 2
8	수수 이삭 하나로 차차 성공하다가	1934	평안북도 선천	유준룡	임석재전집 2
9	수수 이삭 하나로 차차 성공하다가	1935	경기 용인	이광현	임석재전집 2
10	새끼 서 발로 색시 얻다	1935	평안북도 박천	이성덕	임석재전집 2
11	조 이삭 하나로 차차 성공했다가	1936	평안북도 선천	장익호	임석재전집 2
12	새끼 서 발로 색시 얻다	1936	평안북도 창성	강학도	임석재전집 2
13	새끼 서 발로 색시 얻다	1936	평안북도 선천	계철원	임석재전집 2
14	새끼 서 발로 색시 얻다	1936	평안북도 선천	이희전	임석재전집 2
15	이상한 수수께끼	1936	평안북도 철산	김낙범	임석재전집 2
16	이상한 수수께끼	1936	평안북도 정주	김종형	임석재전집 2
17	이상한 수수께끼	1937	평안북도 선천	심성희	임석재전집 2

18	이상한 수수께끼	1937	평안북도 선천	김득필	임석재전집 2
19	이상한 수수께끼	1937	평안북도 용천	김명갑	임석재전집 2
20	이상한 수수께끼	1938	평안북도 의주	정이택	임석재전집 2
21	이상한 수수께끼	1942	충북 보은	덕영선	임석재전집 6
22	새끼 서 발	1943	충남 홍성	西原在一	임석재전집 6
23	이상한 수수께끼	1948	경기 양평	金光容準	임석재전집 5
24	새끼 서 발	1958	충남 서산	韓 老人	임석재전집 6
25	새끼 서 발	1962	충남 보령	유문동	임석재전집 6
26	엉뚱한 시골 총각	1962	충남 대전	황화음 (40)	한국민담선 (한상수)
27	새끼 서 발	1971	충남 홍성	안도학 (남, 49)	충청남도민담 (최운식)
28	새끼 서 발로	1972	강원 평창	이성렬 (여, 66)	임석재전집 4
29	새끼 다섯 발이 처녀 되다	1972	경북 안동	임승환 (남, 13)	임석재전집 12
30	새끼 서 발	1974	충남 서산	이홍근 (남, 59)	충청남도민담 (최운식)
31	새끼 세 발이	1974	충남 연기	박수복 (65)	한국민담선 (한상수)
32	볍씨 한 톨	1977	전북 전주	차명수 (남, 62)	전북민담
33	게으름뱅이와 서속 모가지 하나	1977	전북 전주	조순엽 (여, 43)	전북민담
34	새끼 서 발	1979	충남 보령	안성종 (남, 69)	충청남도민담 (최운식)
35	새끼 서 발	1979	충남 예산	남상배 (남, 36)	충청남도민담 (최운식)
36	새끼 서 발이	1979	경기 양평	간음전 (여, 59)	구비대계 1-3
37	새끼로 황재한 이야기	1979	전남 진도	박대금 (여, 65)	구비대계 6-1

38	새끼 서 발	1979	경기 여주	이금봉 (여, 71)	대계 1-2
39	새끼 서 발	1981	경기 강화	박영주 (남, 47)	대계 1-7
40	새끼 서 발로 장가든 이야기	1981	경기 강화	김순이 (여, 81)	대계 1-7
41	새끼로 말을 바꾼 이야기	1981	전남 함평	김봉춘 (남, 72)	대계 6-2
42	바보 돈벌이	1981	경남 밀양	노재석 (남, 65)	대계 8-7
43	새끼 서 발	1982	경기 용인군	오수영 (여, 68)	대계 1-9
44	새끼 서 발로 부자 된 사람	1982	전북 군산	김순엽 (여, 74)	대계 5-4
45	새끼 서 발로 색시 바꾼 방학중	1982	경북 봉화	안금옥 (여, 63)	대계 7-10
46	새끼 서 발과 바꾼 색시	1982	경북 봉화	권이수 (여, 62)	대계 7-10
47	게으른 아들의 새끼 서 발	1983	강원도 횡성	심운택 (남, 60)	대계 2-6
48	새끼 서 발로 부자 된 아들	1983	대구시 동구	진능선 (여, 97)	대계 7-13
49	똥개의 꾀	1984	전남 해남	김달심 (여, 53)	대계 6-5
50	새끼줄 서 발이 큰애기 셋으로	1984	전남 신안	윤화덕 (여, 52)	대계 6-7
51	서숙 세 모개로 부자 된 이야기	1984	전남 신안	김귀금 (여, 55)	대계 6-7
52	새끼 서 발	1984	전남 해남	이난자 (여, 71)	대계 6-5
53	새끼줄 세 발만 있으면	1984	전남 신안	김부단 (여, 58)	대계 6-6
54	새끼로 부자된 이야기	1984	경남 하동	정경갑 (남, 75)	대계 8-14
55	수수께끼 이겨 부자된 게으름뱅이	1985	전북 정읍	김경렬 (남, 69)	대계 5-6
56	새끼 서 발	1986	전남 보성	선영자 (여, 47)	대계 6-12

57	산 처녀, 죽은 처녀	1995	경남 함양	권점석 (남, 77)	영남 구전자료집 3 (조희웅 외)
58	새끼 서 발	2002	전남 나주	윤은님 (여, 77)	호남 구전자료집 2 (조희웅 외)
59	새끼 서 발	2005	전남 무안	장옥림 (여, 78)	호남 구전자료집 5 (조희웅 외)
60	처녀 대신 비지 지고 간 총각	2006	전남 장흥	정학례 (여, 81)	호남 구전자료집 6 (조희웅 외)
61	게으른 아들과 새끼 세 발	2009	충남 금산	신귀이 (여, 1928년 생)	증편대계
62	게으른 아들의 새끼 서 발	2015	충남 서산	심이순 (여, 1938년 생)	증편대계
63	새끼 서 발에 동우 하나(민요)	2017	전남 순천	손영례 (여, 1929년 생)	증편내세

* 음영 표시 : '조 이삭 하나' 유형 설화

위에 제시한 자료는 '새끼 서 발' 관련 자료의 전체 현황을 연도순으로 정리한 것이다. 대상 설화를 '새끼 서 발' 설화 관련 자료로 지칭한 것은 '새끼 서 발' 설화(51편)가 '조 이삭 하나' 설화(12편)에 비해 각편 수가 훨씬 많을 뿐 아니라 공통 화소를 공유하는 각편이 우세하기 때문이다. '새끼 서 발'과 '조 이삭 하나' 유형 설화 각편이 공유하는 서사 전개를 인물과 사건의 계기로 정리하면 다음과 같다.

〈'새끼 서 발' 설화〉

1 게으른 아들이 다 커서도 아무 일도 하지 않는다.

2 아들은 어머니가 빌려다 준 짚으로 종일 새끼를 꼬았는데, 길이가 세 발밖에 되지 않는다.

3 화가 난 어머니는 아들을 집 밖으로 내쫓는다.

4 아들은 새끼가 필요한 옹기장수를 만나 새끼를 주고 옹기를 얻는다.

5 아들은 물동이를 깬 색시를 만나 옹기를 주고 쌀을 얻는다.

6 아들은 죽은 말을 지고 가는 사람을 만나 자신의 쌀과 죽은 말을 바꾼다.

7 아들은 죽은 말을 산 것처럼 위장해 말을 죽인 책임을 외양간 주인에게 묻고 산 말을 얻는다.

8 아들은 죽은 처녀를 지고 가는 사람을 만나 말을 주고 죽은 처녀를 얻는다.

9 아들은 죽은 처녀를 산 것처럼 위장해 처녀를 죽인 책임을 다른 이에게 묻고 산 처녀를 얻는다.

10-1 아들은 처녀와 함께 집으로 돌아와 결혼한다.

10-2 아들이 처녀를 궤짝에 넣어 집으로 가는 길에 두부장수가 나타나 처녀와 비지를 바꿔치기하여 아들은 비지를 얻어 돌아온다.

〈'조 이삭 하나' 설화〉

1 가난한 총각이 커다란 조 이삭 하나를 수확하여 길을

떠난다.

2 총각은 유숙하는 집 주인에게 조 이삭을 맡기지만 쥐가 조 이삭을 먹어버린다.

3 총각은 죽은 쥐 대신 쥐를 먹은 고양이를 얻는다.

4 총각은 집 주인에게 고양이를 맡기지만 고양이는 말에 치여 죽어버린다.

5 총각은 죽은 고양이 대신 산 말을 얻는다.

6 총각은 집 주인에게 말을 맡기지만 주인집 딸로 인해 말이 죽어버린다.

7 총각은 죽은 말 대신 처녀를 얻는다.

8-1 총각은 처녀와 함께 집으로 돌아와 결혼한다.

8-2 총각이 처녀를 궤짝에 넣어 집으로 가는 길에 두부장수가 나타나 처녀와 비지를 바꿔치기하여 총각은 비지를 얻어 돌아온다.

3. '새끼 서 발' 서사 전개의 특징

3.1. 길 떠남의 계기와 주인공의 성격

'새끼 서 발' 관련 자료(전체 63편)에서는 주인공이 집을 떠나 누군가를 만나서 자신이 가진 것을 바꾸어가는 일련의 과정이 주요하게 다루어진다. 서사의 실마리가 되는 소재가 '새끼 서 발'인지 '커다란 조 이삭'인지에 따라 선택되는 화소가 다르게 나타나는데, 이에 따라 자료를 분류해보면 '새끼 서 발' 설화(51편)가 '조 이삭 하나' 설화(12편)에 비해 양적으로 우세하게 나타남을 확인할 수 있다.(서론 '새끼 서 발' 관련 자료 현황 표 참조) 다음은 두 유형의 설화 전개에서 핵심적인 요소가 되는 공통 화소를 표시한 것이다.

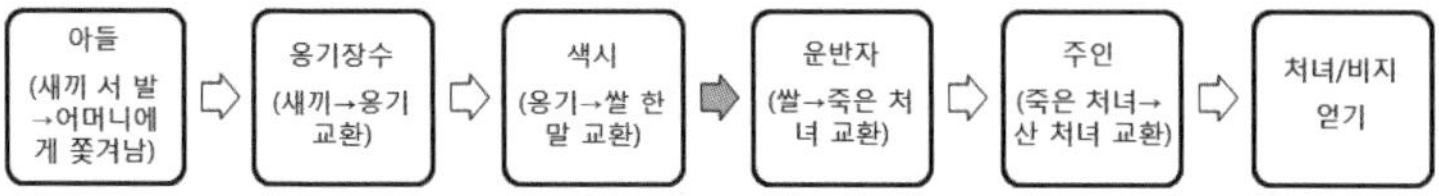

〈그림 1〉 '새끼 서 발' 설화 전개의 공통 화소

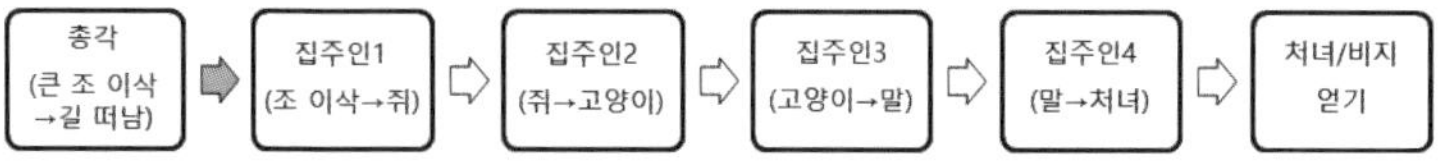

〈그림 2〉 '조 이삭 하나' 설화 전개의 공통 화소

'새끼 서 발'의 주인공이 미련하고 게을러서 아무것도 하지 않고 빈둥거리며 지내는 인물인 데 비해 '조 이삭 하나'의 주인공은 대체로 게으르다기보다 가난하지만 엉뚱한 성격을 지닌 인물로 그려진다.[20] 특히 '새끼 서 발' 유형 설화는 품팔이로 아들을 먹여 살리는 홀어머니를 게으른 아들과 함께 배치시킴으로 해서 아들

20 '조 이삭 하나' 유형에 포함시킨 각편 '볍씨 한 톨'(전북민담)의 주인공은 며느리이며, 이는 며느리가 집안에서 이루어낸 치산의 과정과 내용을 담은 것으로, '조 이삭 하나' 유형의 다른 이야기와 변별된다. 그 단계적 점층적 형식과 성공의 과정이 유사하므로 이 유형에 포함시켰다. 다만, 며느리가 주인공인 경우에는 길 떠나는 이야기 유형처럼 다양한 인물, 사건과의 연결은 불가능하다는 점에서 이 유형의 주된 서사의 성격과 비교해 볼 수 있다.

의 한심하고 철없는 모습을 부각하고, 반복되는 전형적 표현을 통해 아들을 우스꽝스럽게 형상화하고 있다.[21] 아래 예문은 '새끼 서 발'의 주인공의 모습을 보여주는 각편 일부이다.

> 옛적으 한 여인네가 아덜 하나를 두었넌디 이 아덜놈이 미런헌디다가 게을러빠져각고 아랫묵에서 밥 먹고 웃묵에 가서 똥 싸고 웃묵에 가서 밥 먹고 아랫묵에 가서 똥 싸고 집안일이라고는 나무를 히오는가 밭을 매는가 암것도 안 허고 그리 번들번들 놀기만 허지.
>
> 〈이상한 수수께끼〉(임석재전집 8, 219쪽)

> 홀어머니가 있었는데 외아들 하나 있었거든, 근데 그 외아들을 굉장히 사랑했거든, 근데 그 외아들이 아랫목에서 밥먹고 윗목에서 똥누구, 쪼고마니까…… 그래도 그러니까, 지 엄마는 어려우니까 예전에는 왜정 때, 옛날에는 방아품을 팔아다가 방아를 쪄주고, 쌀을 한 됫박씩 주는 것을 그것 갖다가 애를 먹일라치면 그렇게 아랫목에서 밥 먹고 웃목에서 똥누고, 외아들인데 그래가지고, 그래서 지 어머니가 한 열대여섯에 싸고 먹고 그러니까,

21 최래옥은 '조 이삭 하나' 설화에 대해 "게으름뱅이는 성실함과 근면의 근거가 없기에 실패한다고 교훈"을 주는 이야기라고 해석하면서 허무한 실패의 결과가 이야기의 재미를 줄게 했다고 평가했다(최래옥, 앞의 책, 180-181쪽). 그런데 주인공의 게으름은 '조 이삭 하나' 유형보다 '새끼 서 발' 유형의 설화에 더 일반적으로 나타나며, 두 유형 모두에서 결말이 성공적인 각편이 훨씬 많은 비중을 차지하고 있다. 성공이나 실패의 결말을 주인공의 게으름에 기인하는 것으로 보기보다는 주인공의 변화 계기 여부에 따라 달라질 수 있는 것으로 보는 편이 의미 해석에 효과적일 것이다. 또한 결말을 성공 또는 실패로 바라보는 관점 역시 재고할 필요가 있어 보인다.

"아하. 이 자식아. 그래 너는 내가 만날 방아품을 팔아다가 밥을 해 멕이고 하며는 아랫목에서 밥먹고 웃목에서 똥누고 언제나 철이 나느냐?"

〈새끼 서 발이……〉(대계 1-3, 289쪽)

위의 예문에서 아들의 미련함과 게으름은 '아랫목에서 밥 먹고 윗목에서 똥 싸는' 모습으로 수차례 반복적으로 묘사된다. 아들은 방 안에서 머물며 먹고 배설하는 욕구만을 해결하는데, 이러한 모습은 아들이 더 이상 어린아이가 아니기 때문에 문제적이다. 열대여섯 살이 된 아들이라면 방 밖으로 나가 집안일을 하고 자신과 가족의 생계에 도움을 줄 수 있어야 하는 것이다. '새끼 서 발'의 주인공은 서사 문법상, 이제 바깥 공간으로 나아가 새로운 관계 만들기를 요구받게 된다.

'조 이삭 하나'의 주인공은 가난한 처지에 있다는 점에서는 '새끼 서 발'의 주인공과 같지만, 자신의 상황을 자각하고 스스로 변화를 도모하는 인물이라는 점에서 '새끼 서 발'의 인물과 차이를 보인다. '조 이삭 하나'의 주인공은 엄청나게 큰 조 이삭을 수확하고 이를 진상하려 하거나 과거를 보러 나서는 등 뚜렷한 목적을 지니고 길을 떠난다.

옛날 어느 두메 산골에 총각이 하나 살고 있었다. 그는 비록 가난해서 배우진 못했지만 머리가 영리하고 고집이 세어서 가끔 엉뚱한 일을 잘 저질렀다.

〈엉뚱한 시골 총각〉(한국민담선, 81쪽)

위의 예문에서 보이는 것처럼 '조 이삭 하나'의 주인공은 배우지 못했지만 "머리가 영리"하다고 표현된다. 게으르고 모자라 어떤 일도 제대로 해내지 못한다는 평가를 받는 '새끼 서 발'의 아들과는 차이가 있다. 고집이 세고 엉뚱한 일을 잘 저지르는 '조 이삭 하나' 주인공의 성향은 그가 '조 이삭 하나'를 들고 길을 떠날 수 있는 계기로서 작용한다.

'새끼 서 발'의 주인공은 빈둥거리다가 결국 먹고사는 일에 보탬이 되는 새끼를 '겨우 서 발'만 꼬았기 때문에 어머니로부터 쫓겨나 길을 나서며, '조 이삭 하나'의 주인공은 타의에 의해 쫓겨나는 것이 아니라 과거나 진상이라는 뚜렷한 목적을 지니고 길을 떠나는 것이다. 이렇듯 길을 떠나게 되는 계기의 차이는 서사 진행 과정에서 주인공의 태도 차이를 만들어낸다.

3.2. 생명 회복의 반복 서사

'조 이삭 하나'의 주인공은 유숙하는 집 주인에게 조 이삭을 맡기는데, 처음부터 의도적으로 쥐가 쉽게 먹을 수 있는 곳에 두고는 조 이삭을 돌려주지 못한 주인에게 '조 이삭을 돌려달라' 요구하다 결국 조 이삭을 먹은 쥐를 대신 받기로 한다. 주인은 조 이삭을 잘 간수해주지 못한 데 미안해하며 어쩔 수 없이 쥐를 잡아준다. 조 이삭을 먹은 쥐는 쥐를 먹은 고양이, 고양이를 죽인 개, 개를 죽인 말, 말을 죽인(소를 먹은) 처녀로 점점 대체되어간다.

'조 이삭 하나'의 화소가 대체되어가는 1차적 계기는 등장하는 생명체들(식물, 동물, 인간) 사이의 먹이사슬이나 힘의 우열 관계 내부에서 발생하는 것이다. 주인공은 이러한 관계 속에서 죽임을 당하는 생명체의 소유자로서 생명체의 죽음에 책임이 있는 대상을 찾아내 사라진 생명을 되살릴 것을 요구하고, 대상이 되는 존재 전체로 생명에 대한 책임을 질 것을 요청한다. 이 과정에서 주인공과 만나게 되는 사람들은 아무런 의심 없이 주인공이 요구하는 대로 '죽은' 생명을 대체할 '산' 생명을 기꺼이 내어준다.

> 큰애기가 그냥 개가 인자 요렇게 물라구 헝께는 뜨거운 물로 그냥 개를 찌끄러뿌렀어(끼얹어버렸어). 개가 나를 물라 한다구 그라구.
> 이 사람이 기어코 인자,
> "큰애기라두 주라."
> 구 즈그 어무니 즈 아부지한테 그라네.
> "너가 죽든 살든 너 개 죽였는께 너 따라 가거라."
>
> 〈처녀 대신 비지 지고 간 총각〉(호남구전자료집 6, 64쪽)

쥐나 고양이, 개, 소, 말은 우연한(또는 주인공이 의도한) 사고로 죽는데, 주인공은 이미 죽은(사라진) 것들을 원래 상태로 되돌려 놓으라 요구한다. 돌이킬 수 없는 죽음을 돌이키라는 이 심각하고 뻔뻔한 요구는 그 죽음과 연관된 살아 있는 생명체를 대체함으로써 타협, 조정된다. 죽은 생명(쥐/고양이/개/소/말/처녀)과 연관되는 산 생명이 그 자리를 대체하는 이 죽음과 삶의 연쇄에 대해 이야기 속 인물들은 거부하거나 반발하지 않으며 그 가치의 경중을 따지지도 않는다. 서사 바깥의 이야기판에서도 이러한 대체는 자연스럽게 수용된다.

죽은 생명과 산 생명의 교환이 자연스럽게 이야기 안팎에서 받아들여지는 것은 연쇄담이 지니는 형식적 특성이나 이야기의 소화적 성격에서 기인하는 것이기도 하다. 하지만 그 바탕에는 생명의 가치가 동등하다는 인식, '죽음→삶으로의 전환'이 그토록 자연스럽고 당연한 것이기를 바라는 삶의 태도가 개입되어 있는 것이라고 보아야 할 것이다. 이는 이야기의 발단이 되는 곡식의 씨앗이 애초에 구덩이에서 죽어 엄청나게 큰 이삭으로 자라난 것에 대한 은유적 반복이기도 하다. 씨앗 한 알의 죽음이 풍성한 결실로 나타났듯 주인공의 행적을 따라 이어지는 죽음이 또 다른 차원의 삶으로 이어지는 것이 자연스러운 이치임을, 주인공과 마주치는 인물과 그들이 만들어가는 이야기의 서사는 자연스럽게 받아들이고 있는 것이다. 이야기 공동체 구성원들 역시 이 이야기를 통해 매 순간 되살아나는 생의 감각을 경험하며 마음 놓고 주인공의 행적을 따라 우연한 행운을 즐길 수 있는 것이라 생각된다.

'새끼 서 발' 유형 설화의 주인공은 '조 이삭 하나' 유형 설화의 주인공이 애초 목적과 의도를 지니고 죽은 것과 산 것을 바꾸어나간 것과 달리, 처음에는 어떠한 생각이나 계획 없이 무기력한 모습을 보이다가 점차 변화하는 인물로 나타난다. 주인공은 "아랫목에서 밥 먹고 웃목에서 똥 싸는" "게으름장이", "머저리 천치", "믹재기"로 묘사되는데, 나이가 차도록 아무것도 하지 않고 빈둥거리다가 새끼 꼬는 일을 시작하지만 하루종일 세 발밖에 꼬지 않아 집에서 쫓겨난다. 주인공은 나이가 찬 성인에게 요구되는 자질을 갖추지 못하고, 그럴 의향도 없으며, 굳이 노력을 할 필요도 느끼지 못한다. 품팔이를 해 아들을 먹여 살리던 어머니는 참다못해 아들을 집(방) 밖으로 내쫓는다.

쫓겨난 주인공은 새끼가 필요한 옹기장수를 만나 새끼를 준 보답으로 옹기를 얻고, 물동이를 깨뜨린 새색시를 만나 옹기를 그에게 주고 보답으로 쌀 서 말을 얻는다. 주인공이 옹기, 쌀을 얻는 것은 자신이 의도한 것이 아니라 옹기장수와 새색시가 요청하고 제안한 일이다. 애초에 그는 "아무것도 지다릴 것도 없고…… 밥이나 해주먼 밥이나 먹"으면서 "허고 잪은 것이 없는디 엇쩔 것이냐?"라고 항변하며 의욕이나 기대, 희망 없이 하루하루를 지내는 "멍청이"였다(〈새끼로 말을 바꾼 이야기〉(대계 6-2, 576쪽)). 그런 그가 집 밖을 나서서 자신의 보잘것없는 물건이 꼭 필요한 곳에 가치 있게 쓰이게 되는 경험을 하게 되는 것이다. 이는 인물의 의도는 아니었지만 이야기의 의도와 맞물리면서 이 설화의 견고한 화소로 자리잡았다.

자신이 가진 보잘것없는 물건이 누군가에게 꼭 필요한 물건임을 알게 되고, 이로 인해 또 다른 것을 얻는 경험을 한 이후 주인공의 태도는 달라진다. '조 이삭 하나' 유형 설화에서처럼 주인공은 이제 의도를 갖고 죽은 것과 산 것을 바꾸어나간다. '조 이삭 하나'에서는 등장하는 생명체들 사이에서 죽음이라는 사건이 발생하는데, '새끼 서 발'에서 '죽음'은 이미 발생한 상태에서 서사 내부로 '도입'된다. 길을 가는 주인공 앞에 이미 죽어 운반되는 말 또는 처녀가 나타나는 것이다. 이제 주인공은 이 '죽음'을 자신의 삶의 여정에 직접 끌어들인다. 주인공은 새색시에게 받은 쌀을 주고 죽은 말(또는 노인/처녀)를 얻고,[22] 그 다음에는 죽은 말(또는 노인/처녀)를 마치 살아 있는 것처럼 위장해 그 죽음을 유예할 뿐만 아니라, 살아 있는 말(또는 처녀)에게 그 죽음의 원인을 전가하며 죽음을 돌이키라고 요구한다. 죽음에 대한 책임을 요구받게 된 사람들은 생명을 되돌릴 수 없다는 엄중한 섭리 앞에서 다른 의심 없이, 살아 있는 것으로 죽은 생명을 대신할 수 있기를 바란다.

> "야 당신 말이 내 말을 쥑엤다. 내 말 살레놔라."구 과텠다. 쥔은 잘못했다 하멘 산 말을 주었다.
>
> 〈새끼 서 발로 색시 얻다〉(임석재전집 2, 157쪽)

> 말꾼덜은 잘못했다구 빌멘서 좋은 산 말을 내주었다. …… 색시를 엄물에 빠틀레 쥑엤다구 과티멘 야단을 했다. 야단을 티느꺼니 그 집이서는 저에 딸을 내주멘 데불구 가라 했다.
>
> 〈이상한 수수께끼〉(임석재전집 2, 162쪽)

> 노친네레 고만 움물에 빠뎄다. 얼렁 꺼내 보느꺼니 죽어 있었다. 제네레 집이 돌아와서 그 사람과 그 말을 하느꺼지 그 사람은 과따티멘 우리 오마니 살레내라구 했다. 그 집이서는 "죽은 사람을 어드렇

22 주인공이 쌀을 주고 시신을 얻는 행위는 점진적 가치 증대 측면에서 볼 때 자연스럽지 않다. 이야기 속 등장 인물도 "야, 이 미친늠아 송장은 뭘 해니? 쌀 서말은 쌀 서말은 낫지."(〈게으른 아들의 새끼 서 발〉(대계 2-6, 485쪽))라고 하며 주인공의 선택을 비웃는다. 그러나 이 화소를 채택한 이야기의 문법은 이 이야기가 부(富) 실현 바깥의 가치를 지향하고 있다는 점을 시사한다.

게 살례내갔소. 우리 체네를 데리구 가구레." 하멘 사정사정해서 이 사람은 체네를 데불루 갔다. 하하.

〈이상한 수수께끼〉(임석재전집 2, 160쪽)

처재를 살려내라고 막 야단을 쳤다. 동네 사람들은 잘못힜다고 빎서 동네서 질 이쁜 처재를 뽑아서 줌서 지발 이 처재를 데릿고 가라고 사정힜다.

〈이상한 수수께끼〉(임석재전집 8, 219쪽)

주인공은 자신이 꾸며낸(의도한) 죽음의 표면적 원인 제공자에게 죽은 생명을 "살려내라"고 요구한다. 주인공의 이러한 요구에 등장인물들은 잘못했다 사죄하고, 돌이킬 수 없는 죽음 앞에서 살아 있는 자신의 말(또는 딸)이 그 생명을 대신할 수 있기를 사정한다. 앞서 주인공이 바꾸었던 새끼나 옹기, 쌀은 교환을 통해 이득을 늘려갈 수 있는 대상이었지만, 생명은 대체할 수 없는 가치를 지닌 것이다. 이야기 속 인물들은 주인공의 속임수에 넘어갈 만큼 어리숙해서라기보다, 이러한 생명의 가치를 공감하고 인정하기 때문에 자신의 딸을 내어준다.

이야기판에서 구연자나 청중은 주인공의 사기 행각이 얼마나 허술하게 봉합되는가 따지거나 죽은 생명을 대신해 집을 떠나야 하는 처녀에게 연민을 보내는 대신, 죽은 처녀를 산 처녀로 바꿀 수 있음에 다행스러워하고 아들의 수완에 감탄하며 즐거워한다. 이는 이야기가 불가역적이며 대체 불가능한 생명의 가치를 인정하고, 죽은 이의 몫이었던 생명을 산 사람이 대신할 수 있다는 사실에 감사하는, 삶에 대한 긍정적이고 낙관적인 지향을 기반으로 형성되었기 때문이라 볼 수 있다.

'조 이삭 하나'와 '새끼 서 발'의 주인공은 각기 다른 출발선에서 계기적 사건을 경험하게 되지만 둘 다 생명의 가치를 인식하며 죽음에서 삶을 읽어내고 생성할 수 있다는 믿음을 공유하고 있다. 이러한 삶의 가치에 대한 견고한 인식이 형식담의 틀로 더욱 단단하게 형상화되었을 것으로 생각된다. 다만 '조 이삭 하나'의 사건들이 동질적 연속적 계기로 발생한다면, '새끼 서 발'의 사건들은 동질적이지 않다. 발생하는 사건의 성격에 따라 각기 다른 차원의 인식을 보여준다고 할 수 있다. 주인공들은 일련의 사건을 통해 삶의 새로운 단계로 나아간다고 볼 수 있는데, 이러한 계기적 성장이 상징적으로 드러나는 화소가 이야기의 결말 부분에 나타난다. 다음 장에서는 결말의 양상을 통해 주인공 성장에 대해 이 이야기는 어떻게 해석하고 평가하는지 살펴보고자 한다.

4. '새끼 서 발'의 성취 양상

'새끼 서 발' 관련 설화의 결말은 주인공이 처녀와 결혼하는 것으로 마무리되는 경우(총 63편 가운데 46편)가 비지를 얻는 경우(총 63편 가운데 17편)보다 약 2.7배나 많다. '새끼 서 발' 관련 설화를 이 결말의 내용에 따라 두 유형으로 나누어 볼 수 있는데, 이를 각각 '처녀 얻기'와 '비지 얻기' 유형으로 지칭하고자 한다.[23] 애초에 가진 것이 조 이삭 하나 또는 새끼 서 발밖에 없던 주인공이 길을 떠나 여러 사건을 겪고 마침내 성취한 것이 '처녀'와 '비지'라고 할 때, 이러한 결말의 성취가 결국 의미하는 바는 무엇일까?

4.1. 자기성찰로 이룬 성장, 수수께끼로 '처녀 얻기'

주인공이 처녀를 얻어 장가를 가게 된 것이 서사의 핵심적 성취로 드러나는 '처녀 얻기' 유형의 이야기는 주인공이 결혼에 이르는 결말로 귀결된다. 이 유형 서사에 특정 화소가 개입되면 비단이나 놋그릇, 소/말, 관직까지 더불어 얻게 된다. '처녀 얻기' 결말 유형은 '조 이삭 하나'와 '새끼 서 발' 유형 모두에서 공통적으로 발견되는데, 이 유형 서사의 본질을 보여주는 화소가 바로 '수수께끼'라 생각한다.

조희웅은 '새끼 서 발' 설화의 본질이 "주인공이 보여주는 사기 행각이 아니라 바로 마지막 부분에 방점이 찍혀 있는 것"[24]이라고 하여 수수께끼 화소의 중요성에 대한 언급한 바 있다. 반면, 조은상은 '새끼 서 발'의 주인공이 내는 수수께끼는 상대방이 공유하지 못하는 사적 경험을 이야기한 것이어서 수수께끼의 본질을

---

23 기존의 논의에서 처녀 대신 비지를 얻어 돌아오는 이야기를 '실패형'으로 명명하여 분석했다. 그런데, '실패형'으로 분류된 설화에서 주인공은 도중에 두부장수에게 처녀를 도둑맞고 대신 비지를 얻어 오지만 이를 스스로 실패로 받아들이지 않는다는 점에서, 이 글에서는 '비지획득형'으로 지칭하고자 한다. 최래옥, 앞의 글, 180-181쪽.

24 조희웅, 「새끼 서 발」, 『한국민속문학사전』, 국립민속박물관, 2012.

보여주지 못한다고 하며, 이 설화의 과장적 · 허언적 특성과 연결시키고 있다.[25] 하지만 '새끼 서 발' 서사는, 보편적인 수수께끼의 문법에서 벗어난 일방적 문제 역시 수수께끼로 기능할 수 있으며, 상대방이 감히 헤아릴 수 없는 고유한 경험의 비밀이 이 이야기를 완결짓게 하는 힘을 지닌 요소라고 강조하고 있다. 수수께끼를 통해 주인공이 직면한 문제가 온전히 해결되고 있으므로, 이 수수께끼에 대한 적극적인 해석이 요청된다.

이강엽은 바보행운담으로 '새끼 서 발' 설화를 논하면서 '게으른 아들의 새끼 서발'(대계 2-6, 485쪽), '새끼 서 발'(대계 1-2, 379쪽), '새끼 서 발'(대계 1-7, 143쪽), '새끼 서 발'(대계 1-3, 289쪽), '새끼 세 발로 바꾼 색시'(대계 7-10, 880쪽), '새끼 세 발로 부자 된 사람'(대계 5-4, 318쪽), '새끼로 말을 바꾼 이야기'(대계 6-2, 576쪽) 8편은 '우연에 의한 행운'으로, '이상한 수수께끼'(임석재전집 5, 205쪽), '이상한 수수께끼'(임석재전집 5, 207쪽), '이상한 수수께끼'(임석재전집 6, 81쪽) 3편은 '인물의 변화에 의한 행운'으로 분류했다.[26] 행운의 요인이 '우연'한 것인지 '변화'에 기인한 것인지에 따라 구분한 것인데, '새끼 서 발' 유형 설화에 수수께끼 화소가 결합되는 경우 주인공의 변화가 야기됨을 인식한 결과라 하겠다.[27]

---

25 조은상, 앞의 글, 167-171쪽.

26 이강엽, 「바보행운담과 삶의 진정성」, 『열상고전연구』 제24집, 열상고전연구회, 2006, 105-109쪽.

27 다만 이강엽의 이 논의에서는 '새끼 서 발' 설화와 '이상한 수수께끼'를 서로 다른 유형의 이야기로 분류하는 바람에 '새끼 서 발' 설화의 가치를 종합적으로 구현해내지 못한 한계를 지닌다. 이 글에서는 '새끼 서 발' 설화의 핵심 가치가 이 수수께끼에 있다고 보고, 주인공이 새로운 단계로 성장할 수 있는 조건으로

새끼 서 발 또는 조 이삭 하나를 들고 집을 나섰던 주인공은 일련의 과정을 거쳐 결국 처녀를 얻게 된다.[28] 최종적으로 주인공이 처녀를 얻어 결혼하는 결말에 이르는 '처녀 얻기' 유형 각편 46편 가운데 절반이 넘는 25편에서 수수께끼 화소가 등장한다.[29] 주인공이 처녀와 함께 집으로 돌아가는 도중에 이들은 처녀를 욕심내는 인물을 만나게 된다. 그들은 비단장수(10편), 포목장수(3편), 놋그릇(반상기) 장수(2편), 원님(1편), 보물(돈짐) 싣고 가는 사람(3편), 봇짐장수(2편), 대구(도시) 사람(1편), 부자(부잣집 아들)(2편)으로 나타난다. 비단장수 등은 주인공이 예쁜 처녀를 데리고 가는 것을 보고 빼앗을 생각으로 수수께끼 내기를 먼저 청한다. 수수께끼를 청하는 이들은 대체로 부유하거나 지위가 높은 인물로, 스스로 경험과 식견이 높다고 자부하며 주인공을 얕잡아 본다. 그러나 부유한 행인은 결국 그 오만함으로 인해 결국 그들이 자청한 수수

서 이를 살펴보고자 한 것이다.

28 전체 설화 63편 가운데, 처녀를 얻는 화소가 등장하는 각편은 모두 59편이다. 처녀를 얻는 화소가 없는 경우는 4편으로 처녀를 얻는 과정까지 이야기가 이어지지 못한 경우거나 누적 형식담의 틀을 지니고 있지만 다른 유형의 이야기에 '새끼 서 발'이나 '조 이삭 하나'의 부분 화소가 차용된 경우여서 '새끼 서 발'과 '조 이삭 하나' 설화는 대체로 처녀를 얻는 과정이 목표로 설정되어 있음을 확인할 수 있다.

29 '처녀 얻기' 유형 설화 가운데 수수께끼 화소가 나타나지 않는 각편은 21편이다. 수수께끼 화소가 개입된 각편들은 주인공이 겪는 연쇄적 사건이 수수께끼를 통해 마무리된다. 이 각편에서 수수께끼는 인물의 성장과 연결되며 서사를 완결된 형태로 구성하는 역할을 하게 된다. 그에 비해, 수수께끼 화소가 탈락된 각편에서는 주인공의 변화가 드러나지 않은 채 마무리된다. 따라서 필자는 수수께끼가 나타나지 않는 각편은 전승자의 기억에서 화소가 누락된 각편이라고 보고, 주인공의 성장이라는 의미가 두드러지지 않는다고 해석했다.

께끼 내기에서 지게 된다.[30]

> 저녁을 묵고 이놈의 서당꾼들이 가만히 한임 생각하니껜 허이 각시가 어찌나 욕심이 나던지 그걸 뺏들고 싶거든. (일동 웃음) 뺏덜분 싶어. 그렁께 이 사람 보고 뭐라고 헌 것 같으면,
> "당신 글 좀 배웠냐?"
> 고 그렁께,
> "아무것도 못배웠다."
> 고 이라고 다니는데 무신 글을 배우겄냐고. 그 책을 내놓고 이거 뭐냐고,
> "나, 나 이런 거 모른다."
> 고 이라고 모른 체 해버려. 글도 원치 못배웠거든. 무식꾼이라. 그러면 아이 이 사람들은 조것은 참 뺏드렀다 싶어서 수시께끼를 하자고 했어.
> "수수께끼?"
> "수시께끼를 하자고, 수시께끼를 해 가지고 우리가 못이기면 우리가 한 앞 50석거리 해 150석이라. 서인께. 그리 줄끼고, 우리가 하는 것을 당신이 못 알아맞히면 당신 마누래를 우리한테 주라고."
> 이라고 했드란 말여. 아 그라자고 어 이 사람이 그라자고. (청중: 얄

---

30 이강엽은 바보가 자신만이 알 수 있는 이야기로 수수께끼를 만들어내 이기는 결말은 경험과 식견이 뛰어난 상대가 바로 그 경험과 식견으로 인해 속박되어 있는 인물이기 때문이라고 하며, 바보는 닥친 일만을 걱정하기 때문에 소박하고 순진한 태도를 취하여 남들이 하지 못하는 일을 해낸다고 보았다. 이강엽, 앞의 글, 123-124쪽.

보고 그랑께.)

그러자고.

"당신 먼저 해 보소."

"아이 당신이 앞에 해요."

"당신이 앞에 하소. 그라면 우리가 맞혀 볼낀게." 그래,

"사내끼 서말에 동우 한 개, 동우 한 개 꿩 한 마리, 꿩 한 마리 돈 석냥, 돈 석 냥에 죽은 처녀, 산 처녀가 뭐꼬?"

이랬어. (일동 웃음) 응? (청중: 이런 문제 내?) 하면. 처음에 사내끼 서말에 동우 하나 받았거든. 동우 하나 받아가지고 꿩 한 마리 받았거든, 꿩 한 마리 받아가지고 돈 석 냥 받았어. 그래 석 냥을 그 죽은 처자 어마니를 주고 죽은 처자를 산 기라. 이렇께 이자 꿩 한 마리 돈 석 냥. 응? 아니 그렇께 '사내끼 서말 응 동우 한 개, 동우 한 개 꿩 한 마리, 꿩 한 마리 돈 석 냥. 돈 석 냥에 죽은 처자. 산 처자 거 뭐꼬?' 이랬단 말여. 서재놈들 밤새 이걸 알려고 해보니 알 수가 있나? 모르는 기라. (청중: 모르제!) 모르는기라. 그래 접장은 어딜 갔냐면 자기 아바이 제사를 지내러 가고 없었어. 그날 저녁에 그래 인자 그 이튿날 자기 아바이 제사를 모시고 접장이 왔어. 선생님이 와 가지고 선생님한테 문의를 해도,

"야아 그게 무신 글도 그 풀이 할 수도 없고 누구 모르겄다."

할 수 없이 150석거리를 인자 지그는 글을 아니께 다 글을 써가주고 넘겨주기로 하는 것을 싹 쌍방기약을 하고 했드란 말여. 그래 가지고 할 수 없이 한 앞에 50석섬을 받칬어. 그 사람한테. 받치 가지고 그래서 이 사람이 거그서 사실은 그걸 받아 놓고서 낭게 그 얘기를 하는기라. 가르쳐줬어. 그리 됐다 이렇께 참, 당신 벽이라고.

응 당신 벽인께 말할 것도 없드라고 이라드랴. 긍게 예 그것이 수시께끼라고 인자 하자고 논께 지그 해나온 일밖에 안 했어. '사내끼 서발에 동우 한 개, 동우 한 개 꿩 한 마리, 꿩 한 마리 돈 석 냥. 돈 석 냥에 죽은 처자, 산 처자가 뭐꼬?' (일동 웃음) 이라논께 알 수가 있나?

〈산 처녀, 죽은 처녀〉(영남 구전자료집 3, 228쪽)

위 예문에서 주인공에게 수수께끼를 청하는 이는 서당에 다니는 부잣집 아들들이다. 이들은 자신들이 배운 바로 어떤 수수께끼도 풀 수 있다고 자부하며 150섬 내기를 제안하지만, 그들뿐 아니라 그 스승의 학식으로도 주인공의 수수께끼를 풀 수가 없다. 주인공이 낸 수수께끼는 책에서 배운 틀에 박힌 지식으로 풀 수 없는 고유의 경험이 깃든 것이기 때문이다. 주인공의 경험에는 자신의 이야기뿐 아니라 주인공이 만난 옹기장수, 새색시, 매 사냥꾼, 죽은 처자, 산 처자 모두의 이야기가 함께 녹아 있다. 애초에 가진 것 없고 희망도 없이 게으르기만 했던 젊은이는, 자신이 가진 것을 필요로 하는 사람들을 만나고, 살아 있음의 가치를 존중하는 일련의 사람들과 만나면서 스스로 경험한 것의 가치를 깨닫게 되었다. 그리하여, 자신이 가진 모든 것을 표적 삼아 내기를 청해 오는 이에 대항해 자신의 이야기를 무기로 내세운다. 이 과정에서 주인공은 비로소 자신의 서사를 갖게 되는 것이다.

"아, 세상으 사람 되야가지고 준치새끼 한 마디도 없다는게 뭣이요. 아 정 그러믄 내가 허께 들오보시요. (타령조로 바꿔서) 사내끼 스발이 동오 하나, 동오 하나여 쌀 한 말, 죽은 소 산 소, 죽은 말 산 말, 죽은 큰애기 산 큰애기, 정자나무 밑이서 이 잡는게 뭐요?"

현재 저 히어나온 것을 그러거든. 아무리 생각혀도 헐 수가 있간디? (조사자: 그렇죠.) (중략)

여녕(영영) 못 일러낸다고 그걸 다 줘. (조사자: 아 돈을?) 응 돈을. 그리서 소 있겄다 말 있겄다 그놈을 싣고 즈 집이를 가봤어. 즈 어메 있는 집을. 그랬드니 그때까장(까지) 넘의 집이가 일허고 거시기 허드래여. (중략) 그리서 즈 어메허고 잘 먹고 잘 살었드래야.

〈새끼 세 발로 부자된 사람〉(대계 5-4, 318쪽)

위 예문에서 주인공에게 '수수께끼'를 할 줄 안다는 것은 바로, "저 히어나온 것"을 이야기할 수 있는 것임을 알 수 있다. 주인공은 자기가 겪은 일을 수수께끼의 은유로 구성하는 것, 다시 말해 자신의 서사를 갖는 것이 세상 사람으로 태어난 이상 당연하다고 말한다. 주인공에게 수수께끼는 '자신의 이야기를 하는 것'이었다. 애초 목표를 세워 움직였다면 이루지 못했을 우연한 만남의 연쇄는 다음 만남을 위해서는 꼭 필요한 전제로 자리하면서 주인공의 삶의 일부가 되어간다.

자신이 겪어온 과정을 이야기로 구조화하는 것, 자신의 서사를 구축하는 일은 '새끼 서 발' 설화가 지향하는 궁극적인 목표와도 연결된다. '새끼 서 발'이 '동이'가 되고, '동이'가 '쌀'이 되고, '죽은 말'이 '산 말'이 되고 '죽은 큰애기'가 '산 큰애기'가 되는 것, 이 일련의 과정을 통해 큰애기와 주인공이 관계를 맺게 된 것, 이는 주인공의 삶의 궤적이자 성취이며 엄청난 변화를 담아내는 성장 서사가 된다. 주인공이 낸 수수께끼는 누구도 풀지 못하는, 넘보지 못하는 자신의 성취를 담은 것이기에 내기의 승자는 당연히 주인공의 몫이다. 이제 주인공은 누구도 평가하거나 빼앗을 수 없는 자기 세계를 구축한 어른이 된 것이다. 이처럼 수수께끼 화소는 '새끼 서 발' 설화 주인공이 처녀와 함께 집으로 돌아오는 성장 서사를 완성하는 데 핵심적 요소로 기능한다.

4.2. '비지 얻기'의 한계와 성취

'새끼 서 발' 관련 설화는 주인공과 처녀의 결혼으로 행복하게 귀결되는 경우가 우세하지만, 처녀와 함께 돌아오지 못하는 경우도 전체의 삼분의 일가량인 17편으로 나타난다. 이 유형 역시 처녀와 만나기까지는 '처녀 얻기' 유형과 화소를 공유한다. 그러나 처녀를 얻어 집으로 돌아오는 도중에 문제가 발생한다.

> 산 새약시를 학고(상자)를 짜서래미 짊어지구서 넣었어. 새약시 하나 얻었으니께 장가 들은 거 아닌감. 그래 인저 그늠을 질머지고 오면서,
> "똥을랑 싸도 오줌을랑 싸지 마라."
> 구 하면서 오는겨. 그래 무한 오다가 저 쳐다보니께 채알[31]을 높이 친 집이 있거든.
> "너 여기 가만히 있어. 너 물 흘르는 것은 내가 다 먹고 물 안 흐르

31 채알: 차일. 햇볕을 가리려고 높이 치는 포장. (원문 각주)

는 것은 받아다 주께."

그러구선 인저 거기다 놔두고선 갔어.

워떤 두부장수 하나가 새약시를 홀랑 끄내 가고 그러구선 비지만 거기다 하나 넣어놨거든. 그래 인자 음석(음식) 집에 가 음석을 읃어먹고 이늠을 짊어지고 집에를 오는겨.

"야, 이느무 새약시, 오줌을랑 싸지 말고 똥이나 싸라니께 오줌까지 싼다."

구 그러구선, 비지니께 물이 흘르거든. 그러니께 즈이 오메를 불러가며,

"오머니, 오머니."

불르면서,

"왜그러네."

그러니께,

"장자집에 가서 평풍(병풍)하고 채알하고 읃어오요. 새약시 하나 읃어 오니께."

"그러커라"

고 인저 평풍하고 채알 하나하고 읃어다 놨어. 새약시 꺼내놀라고 끌르니께 새약시는 아니고 비지만 하나 가득 찼거든. 즈이 오메가,

"아 이늠아, 왜 새약시 얻어 왔다고 채알하고 평풍하고 갖오라드니 비지가 하나라늬?"

"누가 오머니 보구 채알허구 평풍허구 읃어 오라고 했쇼? 비지 비벼 먹게 장물(간장)허구 짐치(김치)허구 읃어 오라구 했쇼!"

그러더랴.

〈새끼 서 발〉(충청남도민담, 363쪽)

딸을 데리고 가넌데 궤에다 넣어 지고 갔다. 가다가 심이 들어서 처이 든 궤로 질갈에 네레놓고 쉬다가 졸음이 와서 잤다. 총각 하나가 두부 비지를 지고 가다가 이 사람 처이 지고 쉬는 옆이서 쉬다가 처이 든 귀로 지고 갔다. 이 사람은 비지 든 궤로 처이 든 궤로 알고 집이 와서 처이하고 장개들라꼬 보이 생각지도 안한 비지가 들어 있어서 비지를 끓어 묵었다.

〈새끼 다섯 발이 處女 되다〉(임석재전집 12, 156쪽)

'비지 얻기' 유형 서사의 주인공은 대체로 처녀를 상자나 궤짝에 넣어 물건처럼 운반한다. 그는 궤짝을 지고 오는 도중에 잔칫집에 가서 혼자 음식을 얻어먹거나 똥을 누거나 잠을 자는데, 그 사이 나타난 두부장수가 처녀와 비지를 바꿔치기한다. 결국 주인공은 처녀가 사라진 사실을 모른 채 집에 도착하는데, 궤짝을 열어 비지가 나오자 주인공은 그것을 끓여 먹거나 간장, 김치에 곁들여 먹겠다고 한다.

앞서 수수께끼 화소를 포함하는 '처녀 얻기' 유형 서사에서 주인공은 기존의 수수께끼 문법의 규범을 파괴하며 자기 경험을 수수께끼화하여 생동하는 자기 삶을 창조적으로 구성했다. 우연한 만남의 연쇄를 자신의 고유한 이야기로 묶어내고, 이를 수수께끼로 암호화해 가치 있는 것으로 만든 것이다. 처녀와 주인공의 만남이 스스로의 삶에서 변화와 성장을 이루어내도록 추동하는 계기가 바로 이 수수께끼를 내고 내기에서 이기는 화소로 볼 수 있다.

그러나 '비지 얻기' 유형 서사의 주인공은 앞선 일련의 의미 있는 경험에도 불구하고 결국 살아 숨쉬는 생명에 대한 배려조차 하지 못했다. 처녀를 궤짝에 넣은 채 혼자서만 먹거나 배설하는 등 원초적 욕구 충족에만 몰두했다. 비지를 먹을 생각에 빠져 마지막까지 처녀를 잃은 사실을 제대로 자각하지도 못한 것이다. 결국 처녀와의 관계 맺기가 온전히 이루어지지 못했기 때문에 주인공은 처녀 얻기에 실패한 것이라 볼 수 있다. 그가 처녀 대신 얻은 것이 '비지'라는 사실은 알맹이는 사라지고 껍데기, 잉여물만 남게 된 결과에 대한 은유로 보인다.

'비지 얻기' 유형 각편은 주인공이 처녀와 함께 돌아오는 결말을 보여주지 않지만, 정작 주인공은 자신이 얻어 온 음식을 먹는다는 즐거움과 기대에 부풀어 의외의 결과에 개의치 않으며 오히려 만족스럽게 보이기까지 한다. 당연히 있어야 할 신붓감이 사라진 황망한 상황을 무마하기 위해서라거나 실패에 대한 자각조차 하지 못하는 주인공을 희화화한 결말이라는 해석도 가능하겠지만, 주인공의 즐거운 반응은 이를 실패로만 볼 수 없도록 하는 지점이 있다. 주인공은 처녀를 잃어버렸다는 사실에 분노하거나 슬퍼하지 않고 자신이 얻은 비지를 맛있게 먹을 생각에 수저를 준비하거나 간장, 김치를 가져오게 한다. 이는 주인공의 관심사가 처녀에 있지 않음을 말해주는 대목이다.

'비지 얻기' 유형 주인공은 처녀를 얻는 데 실패하지만, 그것은 이 유형 설화 향유자들의 관심이 주인공의 삶에 대한 자각이나 경험의 통합적 성취에 있지 않았기 때문으로 보인다. 주인공의 일련의 만남과 경험이 의미 있는 재현으로 통합되지는 못하지만 그래도 그가 방 밖을 나섰기에 나름의 '비지 얻기'를 성취한 것으로 볼 수 있다. 혼자 방 안에서 빈둥거리며 아무 일도 하지 않던 예전에 비한다면 그래도 자신의 힘으로 먹을 것을 얻었다는 사실은 나름의 성취라고 보아도 좋을 것이다.

5. '새끼 서 발' 설화와 향유 공동체의 지향

'새끼 서 발' 설화는 한반도 전역을 아우르는 지역에서 오랫동안 사랑받아 온 이야기다. 함께 다루는 하위 유형 '새끼 서 발'과 '조 이삭 하나' 설화 주인공의 애초 상황이 달리 나타나기는 하지만, 모두 자신이 지닌 보잘것없는 성취물(종일 꼬아 겨우 만들어낸 새끼 서 발이나 구덩이에서 한 개만 자라난 조 이삭)을 가지고 길을 떠난다는 점에서 동일하며, 결말의 성취 양상 역시 '처녀 얻기' 서사구조를 공유하고 있다는 점에서 함께 논의할 수 있다. 이야기는 주인공이 새끼 서 발(조 이삭 하나)과 길에서 만나는 사람들이 지닌 것을 차례로 바꾸어가는 연쇄적 사건으로 구성된다. '새끼 서 발' 설화는 이러한 형식담의 견고한 외피 때문에 오래 그 형태를 유지해온 것으로 보인다. 이야기 속에서 사람들은 주인공이 지닌 것(주인공의 성취물)의 가치를 제대로 알아봐준다. 그 덕분에, 만남이 계속됨에 따라 주인공은 점차 새로운 것을 얻게 된다. 결국 이 연쇄적 성취의 과정은 타인과의 관계 속에서 주인공이 성장해가는 과정을 보여주는 틀로 기능한다.

주인공이 가진 것을 바꾸어가는 과정은 '새끼 서 발' 유형 설화에서 단계적 변화를 보인다. 주인공은 어머니에게 인정받지 못했던, 자신이 꼰 길지 않은 새끼를 필요로 하는 옹기장수를 만나 그가 옹기를 온전히 옮길 수 있도록 해주고, 또 옹기장수에게 얻은 옹기로 물동이를 깨뜨린 색시가 집에서 쫓겨나지 않을 수 있도록 도와준다. 주인공은 애초에 어떤 의도를 지니고 있었던 것이 아니지만, 타인과 만나 그들의 요청에 따라 단순히 자신이 갖고 있던 물건을 내어주고 그들이 건네는 것을 받아들이게 된다. 이때 주인공은 타인에게 자신이 지닌 것의 가치를 인정받으며 자신과 연결된 타인의 존재를 인식하는 새로운 경험을 하게 된다.

애초 다른 사람의 요청으로 이루어진 교환의 첫 번째 단계를 거치고 나면 주인공은 점차 의도적으로 교환을 주도해나가게 된다. '새끼 서 발' 유형에서는 이 두 단계의 과정이 모두 나타나며, '조 이삭 하나' 유형에서는 처음부터 의도적 교환 행위가 이루어진다는 점이 특징적이다. 주인공은 서사가 진행됨에 따라 타인의 요청이 아니라 스스로 자신이 원하는 것을 얻기 위해 적극적으로 교환 행위에 나선다. 이때 주인공은 죽거나 사라진 것과 살아 있는 것을 번갈아 바꿔나가는데, 그 교환 과정의 끝에 있는 것이 처녀 또는 비지다.[32] 주인공은 속임수를 써서 자신의 죽은 말과 타인의 산 말을 바꾸고, 또다시 얻게 된 죽은 처녀를 같은 방법으로 산 처녀와 바꾸게 된다. 죽음과 삶이 번갈아드는 이 일련의 교환 과정에서 눈여겨봐야 할 것은 죽은 생명을 살려내라는 주인공의 억지

32 '처녀 얻기' 유형에서는 처녀를 얻어 집으로 돌아가는 것이, '비지 얻기' 유형에서는 처녀를 도중에 잃어버리고 대신 비지를 얻어 오는 것이 이 연쇄 교환의 마지막 결말이다.

스러운 요청을 기꺼이 받아주는 사람들이다. 주인공이 만나게 되는 사람들은, 자신의 잘못으로 무엇인가 또는 누군가가 생명을 잃었을 수도 있다고 생각하고 직접적인 잘못이 있다고 생각되는 대상인, 살아 있는 쥐, 고양이, 개, 소, 말, 딸을 내어주는데, 이러한 행위는 이들이 살아 있음의 불가역적이고 절대적인 가치를 인정하기 때문이라고 해석된다.

'새끼 서 발'의 주인공은 나이가 차서도 "아랫목에서 밥 먹고 웃목에서 똥 싸는" 퇴행적 단계에 머물러 있었는데, 여기서 탈피하는 것이 애초에 이 서사의 주인공에게 부여된 임무였다고 볼 수 있다. 처음에는 단순히 타인의 요청으로 가진 것을 내어주고 그들이 건넨 것을 받기만 하던 주인공은 어느 순간 의도를 지니고 길에서 만나게 되는 죽음을 자기 삶에 끌어들여 다시 살려내려는 시도를 반복한다. 죽은 말을 산 말로, 죽은 처녀를 산 처녀로 바꾸어가는 일련의 과정을 통해, 주인공은 자신과 연결된 타인의 존재를 적극적으로 인식하고 이들이 지닌 생명을 존중하는 태도를 체화하게 되는 것으로 보인다. 주인공은 생명과 삶에 대한 사람들의 인정, 지지를 확인하며 그 역시 죽음과 다를 바 없는 퇴행적 상태에서 생동하는 삶으로 나아가는 원동력을 얻게 되는 것이다.

'새끼 서 발' 설화는 확인되는 최초 자료가 1919년에 구연된 것이니, 현재까지 최소한 100년이 넘는 기간 동안 전승되고 있는 이야기다. 또한 성별, 연령, 지역에 구애받지 않고 다양한 이들이 즐기고 공유해온 이야기이기도 하다. 오랜 전승 기간 동안 하나의 유형으로 이야기가 그 형태를 유지하며 전승될 수 있었던 이유는 여러 가지가 있겠지만 우선 연쇄담의 형식적 특성을 꼽을 수 있다. 연쇄 누적의 형식을 지닌 이야기는 도중에 하나의 요소만 탈락되더라도 서사 전개가 어렵기 때문에 기억하기에 용이하다.

그렇지만 이 이야기가 오랜 기간 사랑받는 핵심적인 이유는 향유자들이 수용하고 즐길 수 있는 지향을 담고 있기 때문이다. 그동안 '새끼 서 발' 설화 내부의 화소는 형식담의 단단한 외피에 기대어 굳이 해석될 필요 없거나 해석하지 않아도 무방한 것으로 치부해왔다. 그렇지만 사건이 연쇄 누적되는 형식담의 외피는 전승, 향유자들이 지향하는 가치를 온전히 전하기 위한 장치이기도 하다. 새끼 서 발이 옹기장수를 만나 옹기로, 동이 깬 새색시를 만나 쌀 한 되로, 죽은 말로, 산 말로, 결국 처녀로 바뀌는 과정에서 이야기는 동일한 형식을 반복하며 점진적으로 전개된다. 애초의 사건이 실마리가 되어 다음 사건으로 나아가며, 도중에 하나라도 빠뜨리게 되면 이야기의 연쇄는 이어지지 못한다.

하나의 화소가 다른 화소와 긴밀하게 연결되는 이 연쇄 누적담 형식은 주인공이 만나는 대상 하나하나가 모두 연결되어 있으며, 이 연결망이 주인공의 변화에 깊숙이 관여하고 있음을 드러내는 또 다른 장치이기도 하다. 이는 이야기 내부에서 주인공의 변화와 성장을 추동하는 기제이기도 하면서 서사의 바깥, 즉 향유계층이 지향하는 가치를 반복해 체화하는 장치이다. '새끼 서 발' 향유자들은 이야기 속 인물들이 당연하게 받아들였던 생명 회복의 당위를 그대로 수용하고 있다. 더불어 죽음이 끝이 아니라 또 다른 차원의 삶으로 지속되어야 함을 그들은 이 이야기를 향유함으로써 소망하는 것이기도 하다. 이야기를 공유자산이라고 볼 때, '새끼 서 발'이라는 공유재를 통해 향유자들은 자신과 연결된 타인의 존재, 타인이 가진 것, 타인의 성취, 그리고 살아 있음의 절대적인 가치를 온전히 인정하는 방식을 체화하게 되는 것으로 보인다.

'새끼 서 발' 설화는, 가진 것 없고 뚜렷한 목적도 의지도 없던 주인공이 집 밖으로 나가 누군가를 계속해 만남으로써 자립할 수 있는 어른이 되어가는 성장 서사이기도 하다. 생명 회복의 당위성과 함께 이야기가 말하고자 하는 중요한 목표가 '경험을 통한 성취와 성장'인 것이다. 방 안에 스스로 갇혀 먹고 배설하는 일밖에 하지 않던, 온전히 살아 있는 상태라 볼 수 없었던 주인공이 집(방) 밖으로 나가 여러 사람들과 만남 끝에 결국 얻게 되는 것, 그것은 이야기의 지향과 맞물려 있다.

'새끼 서 발' 설화의 핵심적 성취는 바로 주인공이 처녀를 얻어 결혼하는 것이다. 이 귀결에 이르는 데 가장 중요한 과정이 바로 '수수께끼 내기'다. 부와 지식, 권력을 지닌 힘 있는 이들이 주인공이 가진 전부를 뺏으려 내기를 제안하지만, 주인공은 자신이 경험한 일련의 성취를 담은 자기 서사를 수수께끼로 창조해 누구도 풀 수 없는 문제를 낸다. 스스로의 서사를 의미 있는 것으로 만들어냄으로써 비로소 주인공은 외부의 폭력에 맞서 저항하고 자신을 지켜낼 수 있는 힘을 얻게 된 것이다. 설화 향유자들은 이 수수께끼 화소를 통해 '새끼 서 발' 주인공이 스스로 고유한 자기 세계를 구축해가는 과정을 적극적으로 형상화하며 지지해온 것으로 보인다.

'비지 얻기' 유형의 이야기에서는 앞서 거론한 '처녀 얻기' 유형 설화의 서사 단계가 처녀를 얻는 데까지는 동일하게 나타나지만, '처녀 얻기' 유형과 달리 처녀를 궤짝에 넣어 운반하다가 한눈 파는 사이에 처녀를 잃고 대신 비지를 얻어 온다. 주인공의 앞선 일련의 경험에도 그것이 의미 있는 성찰에 이르지 못했기 때문에 결국 얻는 것은 처녀가 아니다. 그는 여전히 먹거나 배설하는 행위에 집중해 처녀가 비지로 바뀌었는지도 눈치채지 못하는데, 처녀를 데리고 오는 도중에 보여주는 주인공의 태도가 아내를 얻어 한 가정을 꾸릴 수 있는 가장의 모습은 아닌 것이다. 그럼에도 불구하고 주인공은 집을 떠날 때의 무능력하고 의지 없는 모습과는 차이를 보인다. 일련의 경험에도 이를 창조적으로 수용하지 못한 희화화된 모습이기는 하지만, 자신의 힘으로 먹을 것을 얻었다는 점에서 주인공은 소박하지만 작은 성취를 이룬 것으로 보아도 좋을 것이다. '새끼 서 발' 향유자들에게 성장은 이렇듯 다양한 모습으로 자리한다. 의지도 없고 희망도 갖지 않던 애초의 주인공이 한 걸음을 떼어 나아가는 것, 나아가 사람들을 만나고 그들을 통해 무언가를 경험하는 것 자체로 의미 있는 성장일 수 있다는 것을 '새끼 서 발'의 여러 결말을 통해 보여주는 것이라 생각한다.

2부

귀와 눈과 피: 전체와 부분 너머의 신체적 연결성과 어펙트

'데프(Deaf)의 영화'를 찾아서
: 〈만종〉(신상옥, 1970)과 그 주변[1]

이 화 진

1. '데프 시네마(Deaf Cinema)'를 전유하기

프랑스의 실험음악 작곡가이자 영화의 소리에 관한 독보적인 연구자 미셸 시옹(Michel Chion)은 영화 역사에서 사운드 도입 이전의 영화를 '데프 시네마'에 비유한다.[2] 기술 발전에 따라 사후적으로 명명된 용어인 무성영화(silent cinema)를 대신해 시옹이 사용한 데프 시네마는 '들리는 세계(hearing world)'에서 '들리지 않는 영화'

1 이 글은 「'데프(Deaf)의 영화'를 찾아서-〈만종〉(신상옥, 1970)과 그 주변」, 『상허학보』 제63집, 상허학회, 2021을 수정 · 보완하여 재수록한 것이다. 이 연구에서 영화 〈만종〉의 영상과 심의 대본을 비교 검토하는 데 수어통역사 하승연 님의 자문이 큰 힘이 되었다. 하승연 님과의 대화는 한국수어에 대한 이해를 넓혀주었으며 장애의 렌즈를 통한 영화 연구의 필요성을 거듭 확인시켜주었다. 특별한 감사의 말을 전한다.

2 Michel Chion, Claudia Gorbman trans, *The Voice in Cinema*, Columbia University Press, 1999[1982], p.7.

의 경험을 역사적 차원에서 특징짓는다. 시옹의 관점에서 보면, 영화에는 언제나 소리가 있었다. 다만 '들리지 않는 영화'와 '들리는 영화(hearing cinema)'가 있을 뿐이다. 무성영화는 '소리가 없는 영화'가 아니다. 무성영화의 관객은 배우의 입술이 움직이는 것을 보고 대사가 있음을 인지하되, 그 음성을 듣지 못하는 것이다. 극장에 영화해설자나 연주 상영자가 있을 때 청인 관객은 청각적 도움을 받아 '실제의 (목)소리'를 상상할 수 있지만, 엄밀히 말해 그들이 듣는 것은 '영화의 소리'가 아니라 '극장의 소리'이다.

영화에 내포된 청각적 요소가 관객에게 닿지 않는 것, 다시 말해 영화 속의 액션에 동반되는 소리(음성과 음향)가 들리지 않기에 시각 정보에 의존해 '거기 소리가 있음'을 짐작하는 관객의 경험은 청각장애와 영화적 경험 사이의 관계를 환기시킨다. 공교롭게도 현재의 문화 장에서는 데프 시네마(Deaf cinema)가 농인(Deaf)과 청각장애인(Hard of Hearing)이 영화 제작에 주체적으로 참여하는 운동과 관련해 사용된다. 1980년대 후반 미국에서는 농인과 청각장애인의 경험과 문화를 표현하는 시각 예술 운동이 본격화되고, 할리우드 영화 산업에서 농인의 경험과 역사를 추적하는 학술적 작업도 있었다.[3] 데프 시네마 운동은 주류의 상업영화가 청각장애를 소재로 다루거나 농인이나 청각장애인 캐릭터를 등장시키더라도 장애 당사자의 참여를 제한하고 청각장애에 대한 잘못된 재현을 재생산해온 것을 비판한다. 농인다움(Deafness)의 문화적 진정성과

3 John S. Schuchman, *Hollywood Speaks: Deafness and the Film Entertainment Industry*, University of Illinois Press, 1988.

농문화(Deaf culture)의 경험을 담은 영화를 만들기 위해 농인 및 청각장애인이 제작의 여러 분야에 참여할 수 있어야 한다는 것이다.[4] 2015년부터 영미권의 소셜 미디어를 중심으로 일어난 #DeafTalent 캠페인 역시 데프 시네마 운동의 일환이라 할 수 있다. 영화나 TV 드라마에서 청인 배우가 농인 역할을 연기하는 관행은 "블랙페이스(blackface)가 흑인 캐릭터를 묘사하는 방법으로 수용될 수 없듯이 무책임하고 비윤리적이며 모욕적"[5]이라고 비판되고, 농인 캐릭터는 농인에 의해 연기되어야 한다고 주창되기 시작했다.

이 글의 착안점은 영화 역사에 대한 시옹의 통찰에서 등장한 데프 시네마를 농인다움의 진정성을 주창하는 운동으로서의 데프 시네마를 통해 장애의 관점에서 전유하는 데 있다. 스크린을 응시하는 주체의 '신체적 온전함(able-bodiedness)'을 가정해온 영화 연구의 이론적 입각점이 특정한 신체와 감각, 인지력을 '정상'으로 그와 다른 것들을 '비정상'으로 위계화하는 권력의 메커니즘 안에 있었음을 성찰하고 그러한 '정상화(normalization)'의 권력을 탈중심화함으로써, 영화 연구는 풍부하고 의미 있는 통찰로 나아갈 수 있다.[6] 데프 시네마는 비장애 중심으로 질서화된 세계를 흩트리면

---

4 Karen Christie, Patricia Durr & Dorothy Wilkens, "Close-up: Contemporary Deaf Filmmakers", Conference Proceedings of *Deaf Studies Today!*, 2006, pp.91-104.

5 Lydia Callis, "Let's See More #DeafTalent in Hollywood", *Huffington Post*, December 11, 2017.

6 엘리자베스 엘세서(Elizabeth Ellcessor)와 빌 커크패트릭(Bill Kirkpatrick)은 영화 및 미디어 연구에서 장애의 렌즈는 연구의 '포용력(inclusivity)'을 입증하는 추가 항목이 아니라 '정상인(normate)' 연구의 틀을 벗어나는 근본적인 변화라고 강조한다. Elizabeth Ellcessor, Bill Kirkpatrick, "Studying Disability for a Better Cinema and Media Studies," *Journal of Cinema and Media Studies*, Vol.58, No.4,

서 장애의 관점에서 영화의 역사를 재조립하는 시도로서 유용한 방법이 될 수 있다.[7] 등장인물이나 내러티브의 차원에서 장애의 재현을 분석하는 데 그치지 않고, '들리는 세계'와 '들리지 않는 세계(deaf world)'를 모두 고려할 때 시청각 미디어인 영화의 미학적 언어들은 새로운 의미를 함축하게 되며, '들리는 세계'를 향해 발신해온 영화 미디어의 커뮤니케이션 및 접근성(accessibility)의 문제는 근본적인 차원에서 재론된다.

장애의 관점에서 새로운 질문을 던지고 이제까지의 연구를 비판적으로 재검토하는 시도의 중요성에도 불구하고, 데프 시네마라는 문제틀로 한국영화의 역사를 논의하기는 쉽지 않다. 영화 제작에서 농인의 참여가 극히 제한되어온 데다가 농사회의 문화 경험에 대한 학술적 작업도 충분히 축적되지 않았기 때문이다.[8] 이

2019, pp.139-144.

7 할리우드 영화와 농문화 사이의 관계를 탐구하는 최근 연구들은 시옹의 논의로부터 출발함으로써 '방법으로서의 데프 시네마'의 가능성을 입증한다. 그 사례로 다음과 같은 작업이 있다. Carol L. Robinson, "Visual Screaming: Willy Conley's Deaf Theater and Charlie Chaplin's Silent Cinema," H-Dirksen L. Bauman, Jennifer L. Nelson, & Heidi M. Rose (eds.), *Signing the Body Poetic: Essays on American Sign Language Literature*, University of California Press, 2006; Naja Later, "The deaf Issue: Hawkeye #19 and Deaf Accessibility in the Comics Medium," Scott T. Smith, José Alaniz (eds.), *Uncanny Bodies; Superhero Comics and Disability*, Penn State University Press, 2019.

8 최근 온라인 소셜 미디어나 동영상 스트리밍 플랫폼 등을 통해 농인 스스로 농사회의 경험에 대해 적극적으로 발언하는 활동이 현저해졌다. 농인 부모 사이에서 태어나고 자란 코다(CODA)의 입장에서 농사회의 경험을 공론화하는 활동도 주목할 부분이다. 이와 관련된 중요한 안내서로 다음 책을 참조할 수 있다. 이길보라 · 이현화 · 황지성, 『우리는 코다입니다: 소리의 세계와 침묵의 세계 사이에서』, 교양인, 2019.

러한 연구의 난점에 도전하는 첫 시도로서 이 글은 농인과 청각장애인의 삶에 주목해 '들리지 않는 세계'와 접속했던 1960년대 신필름의 농인 소재 영화들을 디딤돌로 삼는다. '향토색 짙은 문예영화'로 알려진 〈벙어리 삼룡〉(신상옥, 1964)을 비롯해 농인 부부와 그 아들의 이야기를 그린 〈이 세상 어딘가에〉(전응주, 1962) 그리고 그 영화의 리메이크이자 후속편인 〈만종〉(신상옥, 1970)이 바로 그 대상이다. 사실 이들 영화는 당시 사회의 통념대로 장애를 개인의 불행한 운명의 문제로 치부하고, '불구'를 낙인화하며 우생학적 담론을 재생산하는 측면도 있지만, 1960년대 한국 사회에서 더불어 살아가는 이웃으로서 농인의 존재를 가시화했다는 점은 평가될 만하다. 특히 동시대 농인 가족의 삶을 전면적으로 다룬 〈이 세상 어딘가에〉와 〈만종〉은 농인들의 수어 대화를 비중 있게 연출하여 '들리는 세계'와 '들리지 않는 세계', 그리고 그 사이의 커뮤니케이션에 대해 생각할 틈새를 만들었다는 점에서 한국영화의 장애 재현 그 너머를 논의할 때 하나의 출발점에 놓일 수 있다.

이 글의 2장에서는 신필름의 농인 소재 영화들을 소개하고, 3장에서는 〈이 세상 어딘가에〉와 〈만종〉에서 농인 가족의 삶이 재현된 양상을 살펴본다. 특히 장애 여성의 모성, 장애 부모의 청인 자녀인 코다(CODA, Children of Deaf Adults)의 성장, 그리고 장애 유전에 대한 잠재적 공포 등을 통해 이 영화들에 반영된 시대적 한계를 비판적으로 검토한다. 1960년대 신필름이 만든 영화들은 '농인을 소재로 한 영화'였을 뿐 '농인을 위한 영화'로 제작된 것이 아니었다. 그러나 영화의 수어 대화는 청인과 농인, '들리는 세계'와 '들리지 않는 세계'의 접속과 충돌을 통해 장애의 사회적 구성에 대한 체험적 교재가 될 가능성을 잠재했다. 1990년대 이후 VHS 제작과 TV 방영 등으로 여러 매체를 통해 새로운 수용층과 만나 온 〈만종〉에서 자막도 더빙도 동반되지 않은 수어 대화는 청인 관객이 영화의 접근성을 제한받는 '수어 장애(the signing-impaired)'[9]를 통해 손상과 장애를 분리하고 장애가 사회적으로 구성되는 것임을 이해하도록 돕는다. 4장에서는 〈만종〉을 일종의 수어 영화(sign language film)로 위치 짓고, 한국영화가 '농인에 대한 영화'를 넘어 '농인의 영화'로 나아가는 데 하나의 방향을 모색한다.

2. 1960년대 신필름의 농인 소재 영화

식민지 시기에 나운규가 만든 영화들이 있기는 하지만, 장애를 가진 인물이 한국영화에 본격적으로 등장한 것은 1950년대 이후라고 할 수 있다. 〈삼천만의 꽃다발〉(신경균, 1951)을 시작으로 한국전쟁으로 인한 후천적 장애(주로 절단장애와 하반신장애, 시각장애 등)가 전쟁의 상흔을 몸 그 자체로 표상했다. 그러나 1960년대 들어 등장인물의 신체적 장애는 점차 전쟁의 기억과 분리되어갔다. 박정희 체제의 선전영화와 다름없는 〈쌀〉(신상옥, 1963)에서 상

---

9 '수어 장애(the signing-impaired)'라는 표현은 수어가 절대적인 언어 상황에서 수어를 알지 못하는 사람이 겪는 장애 경험을 일컫는 것으로, 미국의 농인 극작가 윌리 콘리(Willy Conley)의 연극 〈FALLING ON HEARING EYES-a museum of sign/anguish for people with communication disorders〉(1998)에 등장하는 말이다. 윌리 콘리의 작업에 대해서는 Carol L. Robinson, ibid. 참조.

이군인 차용은 과거 전쟁의 피해자가 아니라 근대화 프로젝트를 수행하는 '국가 재건'의 주체로서 박정희 체제가 열어주리라 기대하는 새로운 미래와 연결되었다.[10]

한국영화가 '전후(戰後)'의 감각으로부터 의식적으로 거리를 두기 시작한 1960년대에 영화감독이자 제작자 신상옥은 농인의 삶을 소재로 〈이 세상 어딘가에〉, 〈벙어리 삼룡〉, 그리고 〈만종〉을 제작했다. 주류의 상업영화 제작사가 특정한 시기에 농인을 주인공으로 세 편의 영화를 만든 것은 드문 사례이다. 그러나, 그렇다고 해서, 신필름이 동시대 한국 농인의 삶에 대한 깊은 관심에서 이들 영화를 제작했다고 보기는 어렵다. 이 영화들은 1960년대 영화 산업의 제작 시스템과 상업영화의 관행, 그리고 그 시기의 멜로드라마의 장르적 관습 체계와 관계 맺고 있으며, 무엇보다도 '들리는 세계'에 있는 청인 관객들에게 보여지고 들려지는 영화로 제작되었다.

---

10 스티븐 정은 용의 과거 동료로 역시 상이군인인 철이 바위산에 굴을 뚫는 공사에 도움을 주었고 '새로운 정부의 요직'에 오른 것에 주목해 철이 5·16 쿠데타를 상징하는 인물이라고 말한 바 있다(스티븐 정, 「대중 멜로드라마와 개발의 스펙터클 신상옥의 1960년대 "계몽영화"」, 『기억과 전망』 제25호, 민주화운동기념사업회, 2011, 234쪽). 유현목의 〈오발탄〉(1961)에서 제대 후 은행강도 행각을 벌이는 상이군인 영호와 비교해보면, 〈쌀〉에서 '국가 재건'의 주체로 긍정적으로 형상화되는 상이군인 용과 철은 군사정부의 출현과 깊이 연관되어 있다. 한편, 이영재는 1960년대 이후 한국, 홍콩, 일본의 액션영화에서 신체적 장애를 가진 인물이 등장하는 경향을 다루면서 〈쌀〉에서 국가 재건의 표상으로 상이군인이 형상화된 것을 분석했다. 그에 따르면, 본격적인 개발주의 시대로 접어들면서 상이군인의 형상은 "주의 깊게 회피"되고 그 빈자리를 '한국산 외팔이 영화'가 채우게 된다. 이영재, 『아시아적 신체: 냉전 한국, 홍콩, 일본의 트랜스/내셔널 액션영화』, 소명출판, 2019, 165-234쪽.

예컨대, 〈사랑방 손님과 어머니〉(신상옥, 1961), 〈상록수〉(신상옥, 1961)와 더불어 식민지 시기의 소설을 영화화해 상업적으로나 비평적으로나 성공을 거둔 영화 〈벙어리 삼룡〉은 '국산영화의 보호와 육성'을 명분으로 내세워 영화제 출품 및 수상, 그리고 우수영화 수상으로 외국영화 수입 편수를 배정하는 수입쿼터제와 직간접적으로 관계 맺고 있다. 신상옥은 나도향의 원작소설에서 모호하게 설정된 시간적 배경을 식민지 시기로 명확히 하고 전근대적인 농촌 공간을 배경으로 관객들의 향수를 자극하는 '향토색 물씬한 문예영화'[11]를 제작했다. 이 영화는 제4회 대종상에서 최우수작품상을 수상한 데 이어서, 아시아영화제, 베를린영화제, 샌프란시스코영화제 등 해외 영화제에도 출품되었다. 국내외 영화제에서의 수상과 출품 실적으로 신필름은 외화 쿼터 배정에서 유리한 지점을 차지할 수 있었다.

1960년대 전반 영화기업으로서 신필름의 전성시대를 기억하게 하는 〈벙어리 삼룡〉은 '춘사 나운규 28주기 추모 작품'으로 기획되었다.[12] 이 영화를 연출할 때, 신상옥은 자신의 '영화적 스승'이라 할 나운규에 대한 존경과 무성영화에 대한 향수를 담아 나운

11 「향토색 물신한 문예영화, 김진규 열연의 〈벙어리 삼룡〉」, 『한국일보』, 1964. 11. 26.

12 「[광고] 벙어리 삼룡」, 『조선일보』, 1964. 9. 12. '나운규 탄생 60주년 추념식'(1962년 11월 23일, 음력 10월 27일)을 계기로 1960년대 한국영화계에는 나운규 기념사업에 대한 관심이 급부상했다. 나운규의 아들 나봉한이 신필름에 소속되어 있었다는 점도 작용했겠지만, 신상옥은 나운규 기념사업에 꾸준히 관심을 기울였다. 이와 관련해서는 이화진, 「'한국영화 반세기'를 기념하기—1960년대 남한의 한국영화 기념사업을 중심으로」, 『대중서사연구』 제24권 3호, 대중서사학회, 2018, 96-102쪽.

규가 1929년에 만든 동명의 무성영화의 장면을 의식적으로 인용하기도 했다.[13] 그러나 '나운규 기념'의 의미를 내세웠던 〈벙어리 삼룡〉이 1964년 11월 12일에 개봉된 데에는 다른 요인이 작용했다. 만일 '음력 10월 27일'이라는 나운규의 기일에 공개되어야 했다면 〈벙어리 삼룡〉의 개봉은 11월 30일이었어야 했지만, 신필름은 1964년 11월 9일에 영화 상영을 개시하기를 희망했다.[14] 그날이 '한국농아리듬연주회'의 단장 김홍산의 제8회 소파상(小波賞) 수상식과 연주단의 자선음악회가 예정된 때였기 때문이다.[15] 1964

---

13 삼룡이 하녀에게 광식과 아씨의 관계를 설명하며 무를 잘라 분노를 표현하다가 칼에 손을 베는 장면은 나운규의 영화를 인용한 것이다. 신상옥은 "주인마님을 즐겁게 하기 위한" 장면으로 기억하고 있으나, 이 장면은 삼룡과 하녀 사이의 대화로 진행된다. 신상옥, 『난, 영화였다』, 랜덤하우스코리아, 2007, 87쪽.

14 1963년 5월에 공보부에 접수된 '영화제작신고서'에 따르면, 신필름은 1963년 6월 11일부터 영화의 제작에 착수해 7월 11일에 완료할 계획이었다. 그러나 신필름이 '영화상영허가신청서'를 접수한 것은 이듬해인 1964년 11월이다. 이때 상영개시예정일로 기입한 날짜는 1964년 11월 9일이다. 하지만 당국이 허가한 상영개시일은 11월 11일(2년간 상영가)이었다. 이에 대해서는 한국영상자료원 소장 『〈벙어리 삼룡〉 심의서류』 중 「극영화 "벙어리 삼룡" 제작신고(1963. 6. 7.)」, 「영화상영허가신청서(1964. 11. 9.)」, 「국산영화 "벙어리 삼룡" 상영허가(1964. 11. 11.)」 참조.

15 1957년 10월에 '대한농아리듬교육연구소'를 창설한 김홍산(1906~미상)은 '농아연주단'을 조직해 농아들에게 악기 연주를 교육하고 국내뿐 아니라 캐나다, 일본 등에서도 순회공연을 했다. 1964년 9월 경제적 어려움으로 해산 위기에 처해있다는 사실이 신문에 보도되면서 '농아연주단'은 각계의 동정과 성원을 얻었다. 며칠 후 새싹회는 김홍산이 "말도 듣지도 못하는 새싹에 음악을 심어 준 인류의 은인"이라며 방정환을 기리는 소파상의 수상자로 결정했다. 농아연주단의 활동과 김홍산에 대해서는 당시의 대한뉴스 보도, 그리고 최근 데프미디어가 공개한 단원 오원국(1937년생)의 인터뷰를 참조할 수 있다. 오원국은 농아연주단으로 활동하면서 월급을 전혀 받지 못했고 그런 이유로 자주 단원이 교체되었으며 결국 단체가 해산될 수밖에 없었다고 증언한다. 「기적도 헛되

년 9월에 김홍산이 이끄는 농아연주단의 해산 위기가 신문에 보도된 후 각지의 동정과 성원이 농아연주단에 답지한 데 이어 단장 김홍산은 소파상 수상자로 결정되며 사회적으로 주목받았다. 당국이 11월 11일부터 상영하도록 허가하자, 신필름은 12일을 개봉일로 정하고, 그 전날인 11일에 개봉관인 명보극장에서 '유료호화시사회'를 주최해 주연배우들의 무대인사와 더불어 '한국농아리듬연주회'의 공연을 편성했다.[16] 신필름이 지지부진하게 진행 중이던 〈벙어리 삼룡〉의 제작을 신속히 완료하고 개봉을 추진한 데에는 김홍산과 농아연주단에 대한 관심이 부상했던 사회적 분위기가 작용한 것이다.

1960년대 들어서 전국적으로 장애 인구 조사와 장애 아동의 실태조사가 이루어지고 '특수교육' 문제가 논의되기 시작했지만, 한국에서 장애에 대한 사회적 인식은 여전히 미미했다.[17] 그런 가운데 김홍산의 농아연주단의 활동과 〈벙어리 삼룡〉은 일시적이나마 농인에 대한 관심을 불러일으켰다. 이듬해인 1965년 5월 25일에는 '전국 15만 농아들을 위한 첫 계몽사업'으로 '제1회 농아 계몽 강연 및 영화의 밤' 행사가 열렸다. 객석에는 많은 농인이 자리했고, 윤봉춘 한국영화인협회 회장을 비롯한 연사들의 연설에는

이, 세계유일의 '농아연주단' 해산 위기」, 『동아일보』, 1964. 9. 2; 「64년도 소파상」, 『동아일보』, 1964. 9. 11; 〈대한뉴스 제487호: 농아연주단〉(1964. 9. 26); 〈데프미디어 한국농역사 14편 오원국: 최초의 농인 밴드 '농아연주단' 추억속으로〉 https://youtu.be/cKnikj1K6h0(접속 2021. 7. 31)

16 「[광고] 벙어리 삼룡」, 『조선일보』, 1964. 11. 12.

17 「좌담회 "불구자도 인간이다"」, 『동아일보』, 1962. 3. 1; 「이상아(異常兒) 실태와 교육」, 『조선일보』, 1962. 7. 24.

수어 통역이 동반되었다. 농학교에서 구화 교육을 받은 아동의 연설과 공연도 선보였다. 이 자리에 참석한 농인 관객들을 위해 신필름의 영화 한 편이 상영되었다. 몇 해 전에 제작된 전응주 감독의 〈이 세상 어딘가에〉(1962)였다.[18]

스타 배우 김진규가 타이틀롤인 '벙어리 삼룡'으로 열연한 〈벙어리 삼룡〉이 국내외 영화제 수상으로 더욱 유명해졌다고 해도 농인 관객에게 〈벙어리 삼룡〉은 다른 한국영화를 보는 것과 특별히 다르지 않았다. 오프닝 타이틀에 등장하는 강렬한 손짓이 고유명사를 전달하는 '지문자'를 나열했을 뿐, 영화 전반에서 삼룡과 청인들의 대화는 농인의 언어로 전개되지 않는다. 반면, 〈이 세상 어딘가에〉는 가난하지만 선량한 농인 부부를 중심으로 가족의 일상과 삶의 애환을 그린 영화이기에 대사의 상당 부분이 수어로 진행되었다. 제작사 신필름은 영화 촬영을 앞두고 농인 부부 역할을 맡은 배우 이경희와 허장강이 매일 서울농아학교에 등교해 수어를 배우고 농인들과 시간을 보내도록 했고,[19] 촬영 현장에 배우들의 수어 연기를 지도할 사람을 상주시켰다.[20]

---

18 「농아(聾啞) 위한 영화의 밤 25일 시민회관서」, 『조선일보』, 1965. 5. 20; 〈대한뉴스_KC 제 530호: 농아 연주〉(1965. 7. 31.)

19 인순 역을 맡은 배우 이경희의 구술이다. 한국영상자료원 편, 『한국영화를 말한다: 한국영화의 르네상스 1』, 한국영상자료원, 2005, 257-258쪽.

20 영화의 오프닝 타이틀에는 주신기(서울농아학교 교사), 주영해, 권상학이 '특별 지도'로 이름을 올리고 있으나, 당시 제작부장이었던 박행철의 회고에 따르면 촬영 현장에서 배우들의 수어 연기를 지도한 것은 서라벌예대 출신의 농인 화가였다. 제작진은 촬영을 마친 후 농아학교에서 러시필름시사를 통해 '괜찮다', '무슨 얘긴지 다 알아듣는다'는 반응을 얻었다고 한다. 한국영상자료원 기획, 김승경 채록연구, 『2014년 원로영화인 구술채록 연구 〈생애사〉 박행철』, 한

수어를 장면화하는 데 많은 관심을 쏟았다고 해도 〈이 세상 어딘가에〉가 어디까지나 청인 관객을 겨냥해 연출된 영화라는 사실은 분명하다. 처음에는 정교한 수어 연기를 추구했던 촬영 현장은 점차 '영화적 연기'를 위한 '간소화된 수화'에 대한 감독의 요청에 따라 짧고 단순한 수어를 흉내 내는 것으로 타협했다.[21] 배우들의 수어 연기에는 청인들의 일상적인 말(한국어 음성언어)과 차이를 드러내도록 문어체로 연출된 대사가 후시녹음으로 더빙되어 청인 관객의 이해를 도왔다.[22] 일부 수어 대사는 더빙 대신 자막을 통해 번역되었다. 그러나 청인의 대사에는 어디에도 자막이 병행되지 않았다. 구순법을 익힌 농인이라고 해도 '듣지 못하는' 관객이 대화 장면을 막힘없이 이해하기는 어려운 영화였다. 그럼에도 이 영화처럼 수어 대사가 큰 비중을 차지하는 한국영화는 일찍이 만들어진 적이 없었기에, 1965년 5월 농인 관객이 객석을 메운 '영화의 밤' 행사장에서 상영된 〈이 세상 어딘가에〉는 단순히 '농인을 소재로 하는 영화' 이상의 의미였다.

1962년이라는 비교적 이른 시기에 신필름이 한국에서는 시도해본 적이 없는 방식으로 농인의 삶과 애환을 담은 영화를 제작한

국영상자료원, 2014, 205-206쪽.

21 한국영상자료원 기획, 위의 글, 위의 쪽.

22 당시 신문기사는 "귀가 멀지 않은 관객들을 위해 변사조의 해설"(「'팬토마임' 속의 부부상, 전응주 감독 〈이 세상 어딘가에〉」, 『서울신문』, 1962. 8. 30)이 있다고 보도했으나, 이는 사실과 다르다. 주인공들의 수어 대사에는 남녀 성우의 음성이 더빙되어 있고, 특정 장면에서는 더빙 없이 자막을 붙였다. 필름이 유실된 것으로 알려졌던 〈이 세상 어딘가에〉는 2015년 한국영상자료원이 입수한 '한우섭-한규호 부자 컬렉션'에 16mm 필름 1본이 포함되어 현재 한국영상자료원 필름보존센터(파주)에서 보존 중이다.

배경에는 동시대 일본영화의 영향이 있었다. 사실 〈이 세상 어딘가에〉는 몇 년 후에 제작될 〈만종〉과 함께 일본영화를 번안한 작품이다. 한국에도 잘 알려진 마쓰야마 젠조(松山善三)의 각본과 연출로 제작된 〈이름도 없이 가난하고 아름답게(名もなく貧しく美しく)〉(1961)를 번안한 것이 〈이 세상 어딘가에〉이고, 〈이 세상 어딘가에〉를 컬러 시네마스코프로 리메이크하면서 일본 원작의 속편(〈続・名もなく貧しく美しく, 父と子〉(1967))을 참조한 것이 〈만종〉이다. 그러나 제작사 신필름은 원작자나 일본영화사와 공식적인 계약도 하지 않았고 심의 당국에 일본영화(혹은 그 시나리오)가 원작이라는 사실을 알리지도 않았다. 한국영상자료원이 소장한 영화심의서류를 살펴보면, 신필름은 당국에 제출한 영화제작신고서에 두 영화 모두 원작자로 시나리오 작가들의 이름을 기재했다.[23] 그러나 〈이 세상 어딘가에〉 개봉 당시 신문기사는 이 영화가 '번안물'이라는 사실을 적시했을 뿐 아니라, "이야기의 대들보가 되는 '책'이 좋으면 그만큼 영화도 덕을 본다는 불변의 진리"[24]라고 평함으로써 일본 원작에 크게 빚지고 있음을 암시했다. 1960년대 초반 일본영화 표절 문제로 뜨거웠던 한국영화계에서 〈이 세상 어딘가에〉의 원작이 일본영화라는 사실은 공공연하게 알려져 있었지

23 〈이 세상 어딘가에〉의 시나리오는 전범성, 〈만종〉의 시나리오는 이희우, 이형우가 집필했다. 「〈이 세상 어딘가에〉 영화제작신고서(1962. 6. 7.)」, 『〈이 세상 어딘가에〉 심의서류』; 「〈만종〉 영화제작신고서(1969. 12. 9.)」, 『〈만종〉 심의서류』.

24 「[새영화] 흐뭇한 이색 소재 〈이 세상 어딘가에〉」, 『조선일보』, 1962. 8. 30.

만 행정 서류에서는 묵인되었다.[25]

1960년대 일본영화의 표절-번안-각색의 작업이 그러했듯이, 시나리오 작가 전범성은 원작 영화를 보지 못한 채 그 시나리오를 참고해 집필했던 것으로 짐작된다.[26] 일본 원작에서 어릴 때 병을 앓아 청각을 잃은 아키코(다카미네 히데코 분)와 선천적인 청각장애인 가타야마, 두 사람의 결혼과 출산, 첫아이의 사망, 두 번째 출산, 육아와 교육에서 부딪친 어려움뿐 아니라 야쿠자인 남동생이 아키코의 부업 수단인 재봉틀을 팔아치우자 절망한 아키코가 가출했다가 남편의 설득으로 집에 돌아오는 사건까지 인물의 설정과 주요 사건, 플롯의 전개가 유사하다. 다만, 번안 및 각색의 과정에서 한국 상황에 맞게 태평양전쟁 말기부터 패전 후의 일본이라는 원작의 시공간적 배경이 한국전쟁 직후부터 1960년대의 '재건'된 서울로 바뀌었고, 여주인공이 불의의 사고로 사망하는 원작

25 〈이 세상 어딘가에〉의 영화제작신고서를 검토한 당국자는 '정부 시책에 저해되는 바가 없고, 중복작품이 없다'는 의견을 제출했다. 마찬가지로 〈만종〉의 시나리오를 검토한 심의위원들(이청기, 장영용, 최금동)도 "표절여부 없음"으로 기재했다. 「국산영화 "이 세상 어딘가에" 제작신고(1962. 7. 21.)」, 『〈이 세상 어딘가에〉 심의서류』; 「한국영화제작자협회 시나리오 심의의견 보고(1969. 12. 14.)」, 『〈만종〉 심의서류』.

26 일본영화가 공식적으로 수입 상영되지 않았던 상황에서 아시아영화제와 같은 특별한 이벤트를 통해서만 일본영화 수용이 제한적으로 가능했다. 1960년대 한국영화계에서는 일본영화의 시나리오나 『키네마준보』와 같은 저널에 수록된 시나리오나 줄거리, 스틸컷, 비평 등을 참조해 보지 못한 원작을 상상하며 모방하는 제작이 드물지 않았다. 1960년대 한국영화계의 일본영화 표절에 대해서는 당시 영화제작인들의 구술을 참조할 수 있다. 한국문화예술위원회 기획, 이순진 채록연구, 『2005년도 한국근현대예술사 구술채록연구-이형표』, 한국문화예술위원회, 2006, 272-277쪽; 김승경, 앞의 책, 206-208쪽.

의 결말과 달리 모두 화해하며 행복한 결말을 맺는 '1960년대식 홈드라마'로 각색되었다.

한편, 〈만종〉은 〈이 세상 어딘가에〉의 등장인물의 배역 이름(인순, 덕만, 용식, 인호 등)을 그대로 사용하고 일부 설정도 그대로 유지한 리메이크 영화이면서 〈이 세상 어딘가에〉 이후의 이야기를 비중 있게 다룬다. 〈이 세상 어딘가에〉의 속편이되, 용식의 결혼 문제와 관련해 발생하는 사건들은 역시 마쓰야마 젠조가 집필한 속편의 시나리오를 참고하고 있다. 그러나 〈만종〉의 심의서류는 일본영화가 원작이라는 사실뿐 아니라 〈이 세상 어딘가에〉의 리메이크라는 사실도 언급하지 않았다. 개봉 직전까지 〈만종〉의 내용은 "벙어리 부부가 낳은 딸이 역시 벙어리를 사랑하게 된다는 이색 소재"[27]로 잘못 알려졌다. 신상옥 감독이 연출하고 최은희와 김진규가 출연한다는 사실 때문에 이 영화에 대한 "흥미의 초점"[28]은 (〈이 세상 어딘가에〉가 아니라) 〈벙어리 삼룡〉과 어떻게 다른지였다. 어떤 기자는 영화도 보지 않은 상태에서 〈만종〉이 "〈벙어리 삼룡〉을 연상케 하는 수법으로 불구인생의 내면세계를 따뜻한 눈으로 추적"[29]하는 영화라고 엉뚱하게 소개하기도 했다.

신상옥이 〈이 세상 어딘가에〉를 직접 리메이크한 구체적인 동기는 알 수 없다. 다만, 이 시기 신필름이 과거 '제작의 명가'로서의 빛을 잃고 특별한 흥행작 없이 '영화 공장으로 전락'해가던 상

27 「극장가의 "특별메뉴", 신정 연휴 노리는 골든 프로」, 『서울신문』, 1969. 12. 27.

28 「신정 극장가 지상감상」, 『조선일보』, 1969. 12. 28.

29 「신정연휴 영화가 설빔」, 『동아일보』, 1969. 12. 30.

황[30]이 리메이크를 추동했던 것으로 보인다. 1960년대 후반 신필름은 한국영화계의 문예영화 붐과는 거리를 둔 채 스튜디오의 규모를 유지하기 위해 오락성 짙은 상업영화들을 양산했다. 〈만종〉은 신필름이 1969년 한 해 동안 제작한 34편의 영화 중 한 편이자 그 해의 마지막날 심의를 통과해 상영허가를 얻은 영화였다. 제작신고 접수(1969. 12. 10.)부터 상영허가(1969. 12. 31.)까지 겨우 21일이 소요되었고, 시나리오 검열 후 "불구자의 생활을 지나치게 처절, 비참하게 묘사하지 않도록 유의할 것(그들이 사회적으로 냉대를 받는다는 인상을 주지 않도록 할 것)"[31]이라는 시정사항을 전달받은 지 십여 일 만에 완성된 필름을 시사실에 들여보낸 것이다. 신필름의 양산 체제가 빚어낸 소재의 고갈 속에서 신상옥은 과거 신필름의 영화 중 다시 만들 만한 영화를 찾았던 것으로 짐작된다. 같은 해 연출한 〈사녀〉(신상옥, 1969) 역시 〈백사 부인〉(신상옥, 1960)의 리메이크에 가까운 것이었다. 전응주 감독이 연출했던 신필름의 영화 〈이 세상 어딘가에〉를 신상옥 자신의 이름으로 리메이크하되 '신상옥-최은희-김진규'라는 조합을 통해 "〈벙어리 삼룡〉 이후 또다시 보내는 사랑의 문예물"[32]로 포장한 상품이 〈만종〉이었다.

1970년 1월 신정 특작으로 서울 명보극장에서 개봉된 〈만종〉은 "〈밀레의 만종〉을 영상으로 드라마화한 신상옥의 영화적 원

---

30 조준형, 『영화제국 신필름: 한국영화 기업화를 향한 꿈과 좌절』, 한국영상자료원, 2009, 154쪽.

31 「극영화 〈만종〉 제작신고 수리 및 시정사항(1969. 12. 19.)」, 『〈만종〉 심의서류』.

32 「[광고] 만종」, 『조선일보』, 1970. 1. 1.

화"[33]라는 수사까지 동반했으나, 예술성도 대중성도 평가받지 못했다. 공교롭게도 같은 시기에 신생영화관인 허리우드극장에서는 헬렌 켈러(Helen Adams Keller)와 앤 설리번(Anne Sullivan)의 이야기를 담은 〈기적은 사랑과 함께(The Miracle Worker)〉(Arthur Penn, 1962)가 개봉되었다. 뒤늦은 개봉에도 불구하고, 최루성 멜로드라마의 홍수 속에서 아카데미 수상작이라는 후광은 한층 빛을 발했던 듯하다. "불구인생의 내면세계를 따뜻한 눈으로 추적"할 것이라는 〈만종〉은 2주간만 상영되었고, 한계를 극복하는 헬렌 켈러의 '인간 의지'는 그보다 일주일 이상 더 오래 극장에 걸렸다.

3. 농인 가족과 우생학의 드라마

3.1. 듣지 못하는 엄마, 결함 있는 모성

영화 〈만종〉은 〈이 세상 어딘가에〉의 몇몇 설정을 없애거나 바꾸었다. 이형우와 이희우가 집필한 오리지널 시나리오는 〈이 세상 어딘가에〉와 일본영화 원작의 설정을 거의 그대로 가져왔으나,[34] 제작이 본격화되면서 여주인공의 후천적 장애 설정이나 첫 남편의

---

33 「[광고] 만종」, 『동아일보』, 1969. 12. 30.

34 제작 착수 전에 집필된 〈만종〉의 오리지널 시나리오에서는 〈이 세상 어딘가에〉 그리고 원작이 된 일본영화와 마찬가지로 인순이 어린 시절 열병으로 청각장애를 갖게 되었고, 전쟁에서 첫 남편을 잃었으며, 선천적 청각장애인 덕만과 재혼하는 설정이다. 「〈만종〉 오리지널 대본」, 한국영상자료원.

사망, 재혼 후 첫아이의 사망, 남매들의 갈등, 농학교 동창회에서 만난 두 사람의 교제, 신혼여행과 관련한 에피소드 등을 소거했다. 수정된 시나리오는 덕만(김진규 분)과 마찬가지로 인순(최은희 분) 역시 선천적인 청각장애인으로 설정하고, 늦은 나이에 맞선으로 만난 두 사람이 가정을 꾸려 외아들 용식을 낳아 기르는 이야기가 되었다. 그리고 영화의 중반 이후에는 〈이 세상 어딘가에〉의 후일담처럼 용식의 결혼 문제를 둘러싼 갈등이 중심적으로 그려진다.

이러한 변개가 있지만, 두 영화는 공통적으로 장애 부모가 비장애 자녀를 양육할 때 부딪치는 어려움을 다루고 있다. 이 어려움은 부모의 장애가 자녀를 양육하는 데 '결함'이 되는 장면으로 재현되는데, 특히 장애 여성의 출산과 양육은 '정상성'의 규범에서 잠재적인 위험 요소로 배치된다. 〈이 세상 어딘가에〉에서 인순(이경희 분)의 임신 사실을 알게 된 모친 윤씨(한은진 분)는 인순의 장애를 부적절한 모성으로 등치시키고, 임신중절수술을 권한다. ("귀 밝은 내가 듣지 못한 너를 기르느라고 얼마나 고생했는지는 너도 알지? 그렇거든 듣지 못하는 네가 어떻게 어린애를 기른다는 거냐?") 인순이 윤씨의 뜻을 거스르고 낳은 첫아이가 도둑이 든 밤에 질식사로 사망했을 때, 아이의 자지러지는 울음소리를 듣지 못하고 곤히 잠든 덕만-인순 부부의 청각장애는 양육에 부적절한 결함으로 각인된다. 시나리오 검열에서 "불구자의 생활을 지나치게 처절, 비참하게 묘사하지 않도록" 주의를 받았던 〈만종〉은 아이의 사망 대신 용식이 다치는 사고 장면을 삽입했다. '우리재봉소'라는 간판을 걸고 재봉일을 시작한 인순의 작업대에서 가위가 떨어져 용식이 다쳤을 때, 인순은 그것이 자신의 청각장애 때문에 일어난 사고가 아님에도 아이의 울음소리를 듣지 못했다는 이유로 스스로를 '결함 있는 모성'으로 강하게 인식한다.

영화는 장애 가족의 녹록치 않은 삶을 장애 부모와 비장애 자녀(덕만/인순-용식) 그리고 비장애 부모와 장애 자녀(윤씨-인순)의 관계를 통해 재현한다. 여기서 비장애 가족 구성원인 용식과 윤씨는 농인 부부를 세상과 매개하는 존재이자, 또 다른 돌봄의 주체이기도 하다. 어머니의 장애는 자녀의 양육에 치명적인 결함으로 재현되는데, 이 결함을 보충하는 것은 비장애 양육자, 즉 장애가 있는 딸 인순을 키운 윤씨이다. 〈이 세상 어딘가에〉에 이어 〈만종〉에서도 배우 한은진이 연기하는 윤씨는 딸의 장애를 자신의 '업보' 때문이라 받아들이기에 그 역시 스스로를 운명적으로 '결함 있는 모성'으로 여기며, 인순과 용식을 돌보는 데 헌신적이다. 자신들의 불만족스러운 삶을 인순의 장애 탓으로 돌리며 일탈하는 다른 자녀들과 갈등하고(〈이 세상 어딘가에〉), 용식의 담임 면담에 동행해 인순의 통역을 돕는 것(〈만종〉)도 윤씨의 몫이다. 신필름 영화에서 형성된 '한은진-최은희'의 모녀 관계는 〈만종〉에서 한층 빛을 발하는데, 윤씨가 인순-덕만 부부와 함께 살면서 밤중에도 아이의 울음소리를 인순이 감지할 수 있도록 방 너머로 길게 끈을 묶어 신호를 보내는 장면은 장애-비장애 모성의 '이인삼각'처럼 그려진다.

한편, 농인 부모 아래에서 자라되 청인의 세계에도 속해 있는 코다 용식의 성장 과정은 장애와 비장애 사이에 있다. 학교에 들어간 용식은 부모가 농인이라는 이유로 아이들의 놀림을 당하고, 싸우는 일도 빈번하다. 어린 용식은 부모의 장애가 부끄러워 하고 시간에 우산을 들고 찾아온 인순을 외면하고 비를 맞고 귀가하기도 한다. 장애 부모가 양육하는 데 겪는 어려움은 아이가 성장하며 점증되는데, 그 또한 젠더적으로 구성되는 경험이어서 덕만보다 인순의 고통이 더 심각하게 그려진다. '귀만 들린다면 더 훌륭한 어머니가 될 수 있을 것'이라고 생각하는 인순은 급기야 담임교사를 찾아가 "나 같은 벙어리는 자식을 어떻게 키워야 합니까?"라고 간곡하게 묻기까지 한다.[35] 이후의 장면에서 용식은 자기 나름의 방법으로 '보통의 아이'처럼 친구들과 어울리는 모습을 부모에게 보여줌으로써 걱정을 덜게 한다. 〈이 세상 어딘가에〉에서 어린 용식은 라디오를 갖고 싶다고 떼를 쓰는 아이이면서도, 어머니에게 일감을 주는 사장이 정당한 품삯을 지불하지 않는다고 '당돌하게' 항의하거나 어머니와 다른 어른들 사이의 대화를 통역하는 등 비장애 중심 사회에서 덕만과 인순을 세상과 이어주는 매개자로 성장해간다. 〈이 세상 어딘가에〉와 그 후일담인 〈만종〉에서 용식의 성장은 장애 가족의 구성원으로서 자신의 존재를 긍정해가는 과정이라 할 수 있다.

3.2 장애 유전의 공포, 우생학의 드라마

다시 〈만종〉의 첫 장면으로 돌아가, 오리지널 시나리오와 달라진 덕만과 인순의 선천적 장애 설정에 대해 생각해 보자. 태어날

35 이 장면은 〈이 세상 어딘가에〉에서는 인순과 담임교사 사이의 필담으로, 〈만종〉에서는 윤씨의 통역으로 진행된다.

때부터 '들리지 않는 세계' 안에 각각 고립되어 있었던 두 사람에게 장애는 처음 만나자마자 서로를 온전히 감싸는 연결체였다. 아이의 출산은 장애 유전에 대한 잠재적인 공포가 외부화되는 계기였다. 덕만은 장모 윤씨로부터 인순이 아들을 낳았다는 소식을 접하자 아이의 "입이 막히지"는 않았는지부터 확인한다. 기쁨에 벅차 일터의 동료들에게 출산 소식을 알리고 돌아와 그가 하는 말은 "이제 귀만 들리기만 하면 된다"는 것이다. 이어지는 장면에서 아들을 위한 장난감 악기를 들고 기뻐하는 덕만의 모습은 장애의 대물림이 '드디어' 종결되었다는 안도를 바탕으로 한다. 그러나 이십여 년 후 아들 용식의 결혼 문제를 두고 가족 구성원들 안에 잠재되어 있던 장애 유전의 공포가 수면 위로 올라오며 농인 가족의 인정극(人情劇)은 우생학의 드라마로 전개된다.

여행사에서 일하는 용식(신성일 분)은 병원장의 동생이자 은행원인 미야(김창숙 분)와 연인 관계이다. 부모 모두 농인이라는 사실을 알게 된 후 용식과 거리를 두기 시작한 미야는 의학박사를 찾아가 농인 부모의 아들이 "건강하고 피가 아주 깨끗한 여자"와 결혼할 경우 자녀에게 장애가 유전될 수 있는지를 묻는다거나 농학교 담장 너머로 아이들의 모습을 바라보며 결혼을 주저한다. 영화 속의 인물들은 청각장애가 유전된다는 강력한 믿음을 공유할 뿐 아니라, 다음 세대에 장애를 물려주는 것이 불행한 일이라고 여긴다. 심지어 의사인 미야의 오빠는 용식에게 "자네가 모면한 불행한 운명이 앞으로 생겨날 아이들에게는 반드시 유전된다는 사실을 확신하지 않느냐 말일세"라고 다그친다. 미야가 '정상아'를 출산하지 못할 것을 염려해 용식과의 결혼을 하지 않는 것이 결혼을 하는 것보다 도덕적으로 정당한 선택이 되는 것이다.

덕만과 인순이 선천적으로 같은 장애를 가진 사람들로서 처지가 같은 서로를 의지해 가정을 꾸렸던 과거와 달리, 고등교육을 받고 도시의 화이트칼라로 살아가는 자녀 세대에 있어서 장애 유전은 심각한 문제로 부상한다. 산업화 시대, 의사의 말처럼 "건강이란 건 감정으로 처리할 문제가 아니"게 되었으며, 결혼의 합리성은 국력을 구축할 수 있도록 '건강한' 비장애 자녀를 재생산하는 문제와 결부되었다. 인구 억제의 필요성을 내세운 '국민우생법안'(1964)이 끝내 입법되지는 않았지만, 몇 해에 걸친 논의 끝에 낙태 자체는 범죄로 규정하되 장애 태아에 대한 낙태는 정당화하는 모순적인 모자보건법(1973)이 공포되었다. 박정희 체제에서 우생학은 장애의 재생산을 통제하는 방법을 통해 합법화되고, 궁극적으로 유전적 장애를 근절하여 장애를 비가시화하는 것이 국가의 비전으로 제시되었다고 해도 과언이 아니다.[36]

결혼의 합리성이 '(건강한 자녀의) 재생산'에 있다는 관념에서 장애는 연인의 결합에 가장 큰 걸림돌이다. 예컨대, 또 다른 커플 현주와 문호의 경우에 우생학의 논리는 '사랑할 권리'와 '재생산의

---

36 모자보건법 제8조는 '인공임신중절수술의 허용한계'로 "본인 또는 배우자가 대통령령으로 정하는 우생학적 또는 유전학적 정신장애나 신체질환이 있는 경우"를 제시하고 있다. 모자보건법에 의한 국가의 장애 여성의 재생산 권리의 침해와 관련해 김은정, 소현숙 등의 연구를 참조할 수 있다. 특히 김은정은 〈만종〉을 비롯해 한국영화와 문학에서 우생학적 담론의 재현에 대해 비판적인 분석을 제시한 바 있다. 소현숙, 「우생학의 재림과 '정상/비정상'의 폭력-가족계획사업과 장애인 강제불임수술」, 『역사비평』 제132호, 역사비평사, 2020; 김은정, 강진경 · 강진영 역, 『치유라는 이름의 폭력』, 후마니타스, 2022.

권리'를 분리하게끔 작동한다. 허영 많은 외삼촌 인호(최불암 분)는 부유한 광산 사장의 외동딸 현주와 용식의 혼담을 주선하는데, 현주에게는 애인 문호가 있다. 현주의 부모는 현주와 문호 둘 다 농인이라는 이유로 두 사람의 결혼을 반대하고 있다.

S#114. 장사장 댁 정문

걸어오는 용식 손엔 꽃다발이 쥐어졌다. 대문으로 계단을 오르는 용식, 문을 열려다 고개를 돌린다. (중략)

문호: ※우리들의 몸속엔 벙어리란 악마의 피가 흐르고 있기 때문이죠. 사랑할수록 죄를 짓는 겁니다.

현주: ※어린애를 낳지 않는 결혼이라도 좋다고 생각해요.

용식, 그런 현주를 올려다본다.

문호: ※나도 좋다고 생각합니다.

현주: ※용기를 가지면 됩니다. 사랑한다는 건 하느님의 뜻이에요. 누가 우리를 막을 권리가 있겠어요? 우리 같은 사람도 세상에 태어난 것은 사랑할 수도 있기 때문이라고 생각해요

문호: ※나는 아무래도 당신을 부모님이 선택하신 대학을 나온 그 사람에게 빼앗길 것 같습니다.

현주: ※그분은 훌륭한 사람일 거예요. 우리를 이해해 주리라 믿고 싶어요.

용식의 손에 들린 꽃다발이 힘없이 떨어진다.[37]

---

37 「〈만종〉 심의 대본」, 한국영상자료원, 28-29쪽. ※는 수어 대사. 영화의 이 장면

인용한 것은 2층 발코니에 있는 현주와 대문 밖 골목에 서 있는 문호 사이의 수어 대화를 용식이 우연히 목격하고 현주에게 이미 사랑하는 사람이 있음을 알게 되는 장면이다. "우리들의 몸속엔 벙어리란 악마의 피가 흐르고 있기 때문"에 결합될 수 없다는 문호를 현주가 '아이를 낳지 않으면 된다'고 설득하는 이 장면에는 우생학의 그림자가 짙게 깔려 있다. 〈만종〉에서 연인들의 사랑은 장애 유전의 가능성 앞에 무력한데, 현주와 문호는 '사랑할 권리'를 지키기 위해 '재생산의 권리'를 포기하기로 하는 것이다. 유전이라는 운명적 장벽 앞에서, 스스로를 "건강하고 피가 아주 깨끗한 여자"로 생각하는 비장애 여성 미야가 용식과의 결혼 그 자체를 주저하는 반면, "벙어리란 악마의 피가 흐르는" 장애 여성 현주는 '재생산의 권리'를 포기함으로써 문호와의 결혼을 이루고 싶어한다. 한편, 문호가 용식을 "대학을 나온 그 사람"이라 지칭하는 것은 가난과 장애의 이중고로 고등교육을 받지 못한 농인 남성의 열등감을 반영한다. 그는 부유한 현주의 부모가 문호와의 결혼을 반대하는 이유에는 계층 이동을 가능하게 하는 학력을 갖추지 못한 문호 자신의 조건도 있으리라 짐작하고 있다. 농인 부모 아래서 태어나 자랐으되 청인인 용식이 고등교육을 받을 수 있었던 것

은 현주와 문호의 수어로 전개되는데, 연기자들은 비수지적인 기호를 거의 사용하지 않고 단어만 나열하는 식으로 수어 대사를 소화한다. 농인이든 청인이든 장면을 보는 것만으로는 두 사람의 대화를 정확히 파악하기 어렵다. 이 글에서 〈만종〉의 내용에 대한 서술은 수어통역사 하승연 님의 자문을 바탕으로 영화와 시나리오를 모두 참조해 정리한 것임을 밝혀둔다.

과 대조적으로, 농인 청년 문호는 교육의 기회를 충분히 제공받지 못했을 것이다. 사회적 불평등에 의해 장애가 더욱 심화되는 삶을 살게 될 문호에게 용식의 존재는 위협적이다.

오로지 수어와 데프 보이스(deaf voice: 농인의 감정을 드러내는 발성)로 전개되는 현주와 문호의 열정적인 대화는 그 내용과 맥락을 온전히 파악할 수 있는 용식에게 목격됨으로써, 용식 역시 그들과 같은 세계에 있다는 사실을 환기시킨다. 수어는 코다로서 '들리는 세계'와 '들리지 않는 세계' 사이에서 살아온 용식 자신의 언어이며, '벙어리의 피' 때문에 사랑하는 사람과의 결혼을 허락받지 못하는 것은 그 역시 마찬가지이기 때문이다. 그러나 청인이고 고등교육을 받은 화이트칼라 용식은 현주와 문호처럼 '들리지 않는 세계'에만 있는 것이 아니라 장애 차별과 폭력의 언어가 '들리는 세계'에 살고 있으며, 그 세계 사이에 있기도 하고 어디에도 온전히 귀속되지 못하기도 하는 존재이다.

용식의 방황이 길어지는 가운데 유전이라는 피할 수 없는 운명 앞에 놓인 두 연인의 결합을 위해 〈만종〉의 결말은 인순을 희생시킨다. 아들 용식이 마음에도 없는 농인 여성과 결혼하는 것을 반대하는 인순은 광산 사장이 건넨 결혼비용을 돌려주러 나섰다가 교통사고를 당해 사망한다. 이를 계기로 미야의 오빠는 의학적 권위를 남용해 유전에 대한 오해를 조장했음을 고백한다. 미야와의 결혼이 '어머니의 마지막 소원'이라는 덕만의 설득으로 마침내 용식과 미야는 혼례를 올린다. 서사적 차원에서 보면, 인순의 갑작스러운 죽음은 청인 아들이 청인 여성과 결혼하는 (인순 자신과 젊은 연인의) 소망을 실현하게 하는 동시에, 인순이 '부적절한 모성'에서 '희생적인 모성'으로 자리를 옮겨 드디어 '훌륭한 모성'으로 인정받게끔 하는 결정적 사건이다. 농인 어머니의 '희생'을 통해 아들이 청인 여성과 결혼하는 '성취'가 이루어진 것이라면, 〈만종〉의 결말은 더할 나위 없이 우생학적이다.

신혼여행을 떠나는 길에 미야와 덕만이 수어로 대화를 주고받는 라스트신은 드디어 이들이 하나의 가족이 되었음을 보여준다. 미야는 농인 가족의 일원이 됨으로써 '들리지 않는 세계'에 동화되어가고 있는 것으로 해석될 수도 있을 것이다. 하지만 이 결혼이 '건강한 미야'가 용식과 결혼한다면 "절대로 절대로 벙어리는 낳지 않을 거예요"라는 장애의 부정, 그리고 그것을 지배하는 우생학적 사고에 바탕을 두고 있음은 부인할 수 없다. 〈만종〉은 장애의 모성을 지우고 미야가 '건강한 아이'를 출산해 가족 구성원들이 점차 '들리는 세계'로 이동해가는 것을 '해피 엔딩'으로 제시하고 있는 것이다.

4. 수어 영화, 장애 경험의 역전

〈만종〉은 '들리지 않는 세계'에 있는 농인의 일상을 디테일하게 묘사한다. 안방 전구의 깜박거림으로 외부인의 방문을 알린다거나, 갓난아이와 엄마 사이를 끈으로 연결해 돌보는 육아 등은 농인들의 삶의 공간을 구체적으로 그린다. 가정과 일터가 소음이 많은 장소인 것도 농인들의 삶과 연결되어 있다. 덕만과 인순의 집은 철도역에서 가까운 곳에 위치해 있고, 덕만은 가구공장에서 일하며, 인순은 가내부업으로 재봉틀을 돌린다. 영화 속에서 이들의 삶은 기계가 돌아가는 소음 안에 있는데, 청인들에게는 거슬리는 소리일지라도 농인 가족의 평온한 삶은 소음으로 방해받지 않는다. 덕만과 인순의 신혼 첫날밤 장면에서부터 오프스크린 사운드로 요란하게 들리는 기차 소리는 용식의 성장에 따른 장면 전환에도, 용식의 결혼 문제로 가족의 위기가 고조되는 장면에도 삽입되어 농인 가족의 희로애락을 함께한다. 그러나 기차 소리를 들을 수 있고, 그것을 가족의 역사로 이해하는 자는 용식 그리고 스크린 너머의 관객들이다.

잘 드러나지 않는 장애(hidden disability)인 청각장애는 영화에서 프레임 내부 혹은 외부에 있는 사운드와 등장인물의 지각 경험 사이의 부조화를 두드러지게 만든다. '들리는 세계'에 있는 관객들은 음원이 어디에 있든 청각적 정보에 전지전능하다.[38] 그렇기에 영화에서 청각장애가 있는 등장인물과 스크린 너머의 청인 관객 사이에는 인지적 격차가 상존하는데, 때로는 이 격차가 긴장을 유발한다. 예컨대, 〈만종〉에서 인순이 재봉틀 앞에 앉아 작업에 열중할 때, 바쁘게 돌아가는 재봉틀 소음과 작업대 아래로 떨어질 것 같은 가위의 이미지, 그리고 재봉틀 가까이 다가오는 아이의 이미지가 조성하는 긴장은 그의 청각장애와 무관하다. 그러나 가위가 작업대에서 떨어진 후 자지러지는 울음소리와 함께 이마를 다친 아이와 여전히 일에 열중하고 있는 인순의 이미지가 교차될 때 고조되는 긴장감은 인순이 듣지 못한다는 정보에서 비롯된다. 인순

38 미셸 시옹, 윤경진 역, 『오디오-비전』, 한나래, 2004, 27쪽.

이 가위를 집으려다가 아이가 다친 것을 알게 될 때까지, 모든 시청각적 정보를 알고 있는 관객과 소리가 들리지 않는 인순 사이의 인지적 격차가 인순의 청각장애를 '결함'으로 구성한다. 3장에서 언급했듯이 이 사건으로 인해 인순은 '귀가 들리지 않기 때문에 훌륭한 어머니가 될 수 없다'고 인식하게 된다.

〈만종〉과 같이 청각장애가 있는 인물을 중심에 둔 영화에서 등장인물이 듣지 못한다고 가정되는 사운드는 사건의 전개에 중요한 기능을 한다. 그런데 이러한 영화일수록 디제시스적 사운드에 대하여 다른 접근이 요구된다는 점은 간과되기 쉽다. 소리는 '들을 수 없는 세계' 외부에 위치하는 것이 아니라 보거나 만질 수 있는 것으로서 존재한다. 농인의 삶에서 언어 혹은 '말하고 있음'은 볼 수 있거나 만질 수 있는 것이어야 한다. 시선과 표정도 의사소통의 과정임을 인지하고, 수어로 전개되는 인물들의 대화를 충분히 담아낼 수 있도록 쇼트의 크기와 시간을 조절한 연출과 편집이 이루어져야 한다.

이런 측면에서 보면, 〈만종〉은 농인 가족의 삶을 소재로 삼았지만 농인의 삶을 영화적으로 재현하는 데 있어서는 기존의 비장애 중심적인 제작 관행을 벗어나지 못했다. 영화의 많은 대사가 수어로 전개되지만, 대화 상황에서 손의 움직임을 충분히 담아내지 못하거나 적절한 의사소통 상황으로 볼 수 없게 하는 쇼트가 빈번하다. 가령, 용식과 광산 사장의 딸 현주의 혼담을 두고 인순과 덕만이 '언쟁'하는 장면(〈그림 1〉)에서 카메라는 부부의 격렬한 다툼, 특히 격분한 인순의 표정을 담는 데 주력해 덕만의 손동작을 담아내지 못한다. 이어지는 리버스 쇼트 역시 마찬가지이다.

용식이 농인과 결혼해도 행복할 수 있다는 덕만과 농인과 결혼하게 둘 수 없다는 인순의 입장이 첨예하게 대립하는 상황에서, 용식이 "맘에도 없는 색씨와 결혼"하는 것을 걱정하는 인순의 대사와 그 '색씨'를 "용식이도 좋아한다"고 우기는 덕만의 대사는 화면 안에 담기지 않았다.[39] 농인들의 언쟁에서 손을 비추지 않고 흥분한 표정과 거친 데프 보이스에만 집중한 연출은 장면에 대한 오해를 낳는다. 수어를 알지 못해 대화의 맥락을 놓친 청인 관객은 이 장면을 인순이 술에 취한 덕만에게 화를 내는 모습으로 오해하기 쉽고, 농인 관객은 수어 대사가 보이지 않아 의미 전달이 원활하지 않은 장면으로 여길 수 있다.

〈그림 1〉 〈만종〉의 한 장면

39 「〈만종〉 심의 대본」, 한국영상자료원, 30쪽.

아무리 농인을 주인공으로 내세우고 당대의 스타 배우를 캐스팅해 관객의 관심을 유인하려 했다고 해도, 신필름의 다른 영화들과 마찬가지로 〈만종〉의 제작진이 농인 관객을 충분히 고려하지 않았다는 것은 명백하다. 영화 속 청인들의 대사에는 어떤 번역 장치도 없다. 〈만종〉은 한국수어(Korean Sign Language, KSL)가 아니라 한국어의 문장 어순에 수어 단어를 대응시킨 수지한국어(Signed Korean, SK)를 사용하는데, 오늘날 한국수어를 사용하는 농인에게 〈만종〉의 어떤 수어 대사들은 전혀 다른 의미로 해석될 수 있다. 게다가 청인 배우들이 짧은 시간 동안 수어를 익혀 연기했기 때문에, 이들의 수어 연기에서 손의 모양(수형), 움직임(수동), 위치(수위), 방향(수향)은 부정확하고 강약과 단장의 리듬감이 충분히 표현되지 않았다. 농인 관객이 보기에 청인 배우들의 연기는 매우 부자연스럽게 느껴질 수 있다. 수어를 사용하는 관객이라 해도 영화 속 주인공들의 대사를 정확히 이해하기 어려운 것이다.

농인의 제작 참여가 제한되고 수어가 도구적으로 사용되는 데 그치는 한 영화에서 수어 커뮤니케이션의 오류는 필연적이다. 하지만 농인 캐릭터가 등장하는 영화에서 청인 배우들의 수어 연기가 심각한 문제로 지적되는 일은 거의 없다. 주류의 상업영화에서 관객들은 농인 연기자의 자연스러운 수어보다 스타 배우의 부자연스러운 수어를 더 보고 싶어 한다고 여겨지기 때문이다. 최근 영화와 드라마에서는 과거에 비하여 장애 인물이 주요 배역으로 등장하는 일이 늘고 있지만, 한국의 경우 주류의 영상 매체에서 장애를 가진 연기자를 만나기는 쉽지 않다. 한국에서 농인 연기자의 활동은 해방 후 결성된 '벙어리극단'[40]으로 시작해 70여 년 이상의 역사를 갖고 있지만, 공연계 일부를 제외하고는 농인 연기자가 농인과 청인 모두를 아우르는 무대에 설 기회가 거의 없다시피 하다. 미국의 극작가 크리스토퍼 신(Christopher Shinn)이 꼬집은 대로 "엔터테인먼트 산업은 장애 캐릭터를 사랑하는 것이지, 장애인 배우를 좋아하는 것은 아니다."[41] 관객은 영화 속에서 장애가 있는 등장인물을 연기하는 배우가 스크린 밖에서는 비장애의 삶을 산다고 알고 있을 때, 즉 영화 속 장애인의 고통과 분투가 허구적 환상이라고 받아들일 때 안도한다는 것이다.[42]

그런데 장애의 렌즈로 〈만종〉을 접근할 때 흥미로운 점은 이 영화가 평이한 전개에도 불구하고 지금의 한국어 사용자에게나 한국수어 사용자에게나 모두 완전히 이해하기 어려운 영화라는 바로 그 사실이다. 〈만종〉은 청인 관객에게 '들리는 영화'로서 제작되었지만, 수어가 한국어와 거의 동등한 비중으로 사용되어 청인 관객이라 해도 영화를 온전히 이해할 수 없다. 전응주 감독이

---

40 1948년에 설립된 벙어리극단은 1960년대까지도 지방을 순회하며 활동을 이어가다가 해산되었다. 벙어리극단에서 활동했던 김남중(1937년생)의 회고에 따르면, 농인 배우들이 연기하고 청인 변사가 해설하는 식으로 공연이 이루어졌다. 정동섭(단장)과 정흥섭(부단장) 형제가 운영했는데, 운영자들이 후원금을 착복하고 단원들에게 급여를 지급하지 않는 악행을 오래 지속하면서 결국 해산되었다. 「문화」, 『동아일보』, 1948. 8. 24; 「휴지통」, 『동아일보』, 1958. 2. 10; 〈데프미디어 한국농역사 16편 김남중_잊혔던 벙어리극단을 소환〉 https://www.youtube.com/watch?v=-8vZt50An68(접속: 2021. 7. 31)

41 Christopher Shinn, "Disability is not just a metaphor: The entertainment industry loves disabled characters—but not disabled actors," *The Atlantic*, July 23, 2014.

42 Christopher Shinn, ibid.

연출한 〈이 세상 어딘가에〉는 농인들 사이의 대화에 후시녹음으로 대사를 더빙하거나 자막을 부가했고, 후천적으로 청각장애를 갖게 된 여주인공 인순이 구화나 필담으로 청인과 대화하는 장면을 삽입했다. 그러나 〈만종〉에서 인순은 구화를 하지 못하며 미야에게 마음을 전하는 장면에서만 수어 대신 필담을 나눌 뿐이다.

〈이 세상 어딘가에〉보다 〈만종〉에서 수어의 비중은 절대적이다. 인순과 덕만 둘 사이의 대화뿐 아니라 그들이 청인 가족(윤씨, 인호, 용식)과 대화하거나 청인 가족이 통역할 때에도 수어가 사용된다. 결혼 문제로 고민하는 용식이 술에 취해 자학적으로 왜곡된 수어로 주정하는 장면에서도 수어는 코다인 자신의 정체성과 고뇌를 보여주는 언어이다. '들리는 세계'에만 있는 사람들은 용식의 설명 없이 그의 수어를 이해할 수 없다. 용식을 통해 덕만과 인순의 말을 이해해온 스크린 너머의 청인 관객들에게도 용식의 수어 대사는 전달되지 않는다. 〈만종〉을 관람하는 동안 청인 관객이 느끼는 이 일시적인 단절감은 '들리지 않는 세계'에서 살고 있는 등장인물들이 '들리는 세계'를 만날 때의 그것과 유사한 경험으로 다가온다.

〈만종〉은 농인들이 수어로 대화를 나누는 장면의 사운드트랙을 데프 보이스로 채우고 있어서, 애초부터 수어 대사를 번역하는 더빙이 고려되지 않은 것으로 보인다. 게다가 수어 대사에 자막이 부가된 것도 아니다. 현재 한국영상자료원이 보유하고 있는 필름뿐 아니라, 1991년에 출시된 VHS(라이프프로덕션 제작), 그리고 2005년에 EBS-TV가 '신상옥 감독 특집'으로 방영한 버전에서도 〈만종〉의 수어 대사에는 자막이 제공되지 않았다. 어쩌면 이것은 단기간에 영화를 '찍어낸' 제작진이 관객의 이해에 대해 무신경했던 탓에 빚어진 일일 수도 있다. 그러나 신상옥이 〈이 세상 어딘가에〉를 리메이크해 〈만종〉을 연출하면서 전작처럼 수어 대화에 대사의 음성더빙을 하지 않고 성우에 의해 연기된 데프 보이스를 녹음함으로써 '농인의 말하기' 자체를 보여주려 한 것은 분명하다. 1990년대에 발매된 VHS에서도 2000년대에 TV 방영에서도 수어 대사에 대한 번역이 부재하는 상태로 이어지면서, 〈만종〉은 영화의 접근성에 대해 주목을 끄는 사례가 되었다. 의도된 연출이든 아니든 간에, 청인 관객이 '들리는 세계'와 '들리지 않는 세계' 사이의 장벽과 단절을 경험하도록 함으로써 〈만종〉은 농인을 소재로 한 영화 그 이상의 의미를 얻을 수 있게 된다.

비장애 중심적인 영화 관람 환경에서 음성언어와 수어는 비대칭적인 관계에 있다. 대부분의 영화에서 수어가 등장하는 장면에는 수어 대사의 내용을 통역 혹은 반복하는 음성 대사가 뒤따르거나 자막과 같은 비디제시스적 장치가 사용되어 청인 관객의 매끄러운 이해를 돕는다. 〈만종〉은 들리지 않는 사람뿐 아니라 수어를 모르는 사람 역시 도움이 필요한 상황을 만든다. 누구도 내용을 이해하는 데 절대적으로 유리하다거나 불리하다고 단언할 수 없는 커뮤니케이션, 그가 '들리는 세계'에 있든 '들리지 않는 세계'에 있든 이해에 어려움을 겪는 이 상황은 '장애 관객'이 어떻게 구성되는지를 우회적으로 보여준다. 장애 관객이라는 개념은 손상이 있는 장애인 당사자를 지칭하는 것이라기보다는 매체와 관람 환경에 따라 다양하게 구성되는 '보통이 아닌 몸'[43]들의 관람 경험에 주목함으로써 관객의 '신체적 온전함'을 전제로 삼아온 기존의 관객성 연구가 신체적 · 인지적으로 '정상적이고 중립적인' 공간으로 동질화해온 관람 공간의 균열을 드러내는 이론적 전략이다. 장애 관객은 영화를 관람하는 동안 "관객이 지닌 손상 그 자체보다 텍스트를 인지하고 수용하는 과정에서 자신의 손상을 신체적 차이로 경험하게 되는, 혹은 손상의 장애화가 구성되는 관람자의 위치"[44]로 정의될 수 있다. 그렇게 본다면, 〈만종〉은 수어를 읽어내지 못하는 청인 관객에게 일시적이나마 접근성의 장벽을 세우고 역전된 장애 경험을 제공한다. 〈만종〉이 전제하고 있는 '들리지 않는 자'가 '들리는 세계'로부터 차단당하는 장애, 그로 인한 불능과 결핍의 경험은 영화의 디제시스에 한정되는 게 아니라, 메타적 차원에서 스크린 너머 극장 공간에 역전된 장애 경험으로써 연결되는 것이다.

한편, 청인 관객이 이해하지 못하는 수어 대화를 '나의 언어'로 이해하는 농인 관객의 존재는 '들리지 않는 자'의 결핍보다 '보는 자(seeing person)'[45]로서의 역능에 대해 더 주의를 기울이게 한다.

---

43 로즈메리 갈런드 톰슨, 손홍일 역, 『보통이 아닌 몸: 미국 문화에서 장애는 어떻게 재현되었는가』, 그린비, 2015. 번역자 손홍일이 로즈메리 갈런드 톰슨의 책 제목 *Extraordinary Bodies*를 '보통이 아닌 몸'으로 옮긴 것을 차용했다.

44 이화진, 「'보통이 아닌 몸'의 영화 보기에 대하여-한국영화사 연구에서 관객의 역사화를 성찰하기」, 『현대문학의 연구』 제71호, 한국문학연구학회, 2020, 18쪽.

45 Ben Bahan, "Notes from seeing person", Sherman Wilcox (ed.), *American deaf culture: an anthology*, Linstok Press, 1989, pp.29-32.

오랫동안 한국영화 관람에서 문화 향유의 권리를 충분히 보장받지 못해온 까닭에[46] 한국영화의 역사로부터 소외되어온 농인 관객에게 〈만종〉에서 인물들 사이의 대화가 수어로만 전개되는 장면은 역사적 순간으로 의미화될 수 있다. '소리 없는 영화'를 만드는 농인 감독 박재현은 어느 인터뷰에서 언어의 장벽 때문에 한국영화를 보지 않았던 그에게 〈만종〉은 '대단한 발견'과 같았다고 이야기한다. 한국수어 사용자로서 영화 속의 수어 대화를 그 자신이 습득해온 언어적 지식과 경험을 바탕으로 '오늘날의 수어와는 조금 다른 언어'로 응용해 이해하면서 한국영화의 역사 속에 자신들의 역사를 새로 기입할 순간을 발견할 수 있었던 것이다.[47] 이때 수어 영화는 '보는 자'로서의 농인의 정체성이 눈으로 보이는 대화를 통해 구현되는 '농인의 영화'로 나아가는 과정인 동시에, 영화의 언어를 다시 만드는 과정에 참여하는 영화가 된다. 한국영화의 역사를 거슬러 '농인의 영화'의 잠재성을 발견해가는 여정에 〈만종〉과 그 주변의 영화들을 포개볼 수 있다.

---

46 청각장애인이 한국영화 관객으로 고려되기 시작한 것은 2010년대에 들어서이며, 2021년 현재까지도 영화 관람의 접근성을 보장받기 위한 법정 투쟁은 계속되고 있다. 이와 관련해서는 이화진, 「'더 많은' 모두를 위한 영화-배리어프리 영상과 문화적 시민권」, 『대중서사연구』 제25권 4호, 대중서사학회, 2019 참조.

47 정영훈, 「새길에서 만난 사람: 그가 소리 없는 영화를 만드는 이유, 농인 영화감독 박재현」, 『새길 이야기』 24, 새길, 2007년 봄, 82쪽. 이 인터뷰에서 박재현 감독은 〈만종〉의 발견을 통해 신상옥 감독의 영화에 관심을 갖게 되었다고 밝힌다. 그가 이끄는 농인독립영상제작단 데프미디어는 2010년 12월에 '농 영화의 밤'을 주최하고 〈만종〉과 〈벙어리 삼룡〉을 상영했다.

5. 나오며

장애의 렌즈로 한국영화의 역사를 다시 쓰기는 어디에서 어떻게 시작되어야 할까. 우선 우리는 한국영화에서 장애가 어떻게 재현되어 왔는지를 비판적으로 다시 읽는 작업에서부터 출발할 수 있을 것이다. 타자성을 강조하는 방식으로 대상화되어온 장애 재현을 검토하고 '불구의 낙인화'와 장애 차별뿐 아니라 장애의 경험과 다양성이 어떻게 억압되어왔는지를 역사적으로 성찰하는 작업이 필요하다. 그러나 영화라는 시청각 매체와 관객의 몸 사이의 관계성을 고려하지 않은 재현 연구는 수용자들의 '신체적 온전함'을 '정상성'으로 전제하는 규범적인 연구의 틀을 반복하기 쉽다. 이 글에서 데프 시네마라는 문제틀은 시청각 매체인 영화가 감각손상 장애와 맺고 있는 특정한 관계성, 그리고 관람 환경과 장애 경험의 관계성을 고려함으로써 재현 그 너머로까지 시야를 확장해 영화와 장애에 대해 논의하는 방법의 하나로 제시된 것이다.

이제까지 살펴본 것처럼 신필름에서 제작한 농인 소재 영화들은 장애를 무력하고 의존적이며 열등한 것으로 낙인찍거나 동정의 대상으로 바라보는 사회적 분위기가 우세했던 1960년대 당시의 시대적 한계 안에 있다. 그러나 농인과 청각장애인에 대한 부정적인 인식이 배어있는 영화임에도 불구하고 〈만종〉이 수어영화로서 다시 위치되어 '농인의 영화'를 탐색하는 길잡이가 되는 것처럼, 영화가 재현하는 삶의 이야기 못지않게 영화가 삶을 전달하는 방법이 지금 우리에게 시사하는 바가 크다. 비장애 중심적인 사회에서 관행적으로 제작되어온 영화를 장애의 렌즈를 통해 다시 읽어야 하는 이유는 텍스트 안에 존재하는 '불구'를 확인하고 그 영화의 재현이 얼마나 장애 차별적인지를 확인하기 위해서가 아니다. 특정한 신체와 감각, 인지력을 '정상적인 것'으로 생산해온 권력의 역학을 그동안 영화 산업과 영화 연구가 도외시해왔음을 문제 삼고, 제작 현장과 관람 환경에 근본적인 변화를 가져올 수 있는 '더 나은 영화 연구'[48]로 나아가는 방향을 모색하기 위해서이다.

---

48 Elizabeth Ellcessor, Bill Kirkpatrick, op.cit.

신체에 각인된 전쟁
: 한국전쟁기 노근리 여성 피해자의 장애 경험과 젠더[1]

소 현 숙

1. 머리말

한국전쟁은 엄청난 인명피해와 희생을 초래하였다. 그 고통과 충격, 피해는 단지 군인들뿐만 아니라 어린이와 여성, 노인을 포함하는 민간인들에게까지도 광범하게 파급되었다. 민간인 피해자는 정부의 공식집계에서 사망자 37만 명, 부상자 23만 명, 실종자 38만 명 등으로 추산되지만, 실제 피해 규모는 이러한 공식 통계를 훨씬 넘어서며 각종 민간인 학살로 인한 피해자만 100여만 명에 달하는 것으로 보고되고 있다.[2] 병사로서 전투에 참여하지 않은 많은 민간인이 눈앞에서 가족과 이웃이 죽음으로 내몰리는 폭력

---

1 이 글은 「신체에 각인된 전쟁의 상처와 치유: 한국전쟁기 노근리 피해자 구술에서 나타난 장애와 젠더」, 『동방학지』 제197집, 연세대학교 국학연구원, 2021을 수정 · 보완하여 재수록한 것이다.

2 내무부 통계국, 『대한민국 통계연감(1953)』, 내무부 통계국, 1955, 212-213쪽; 노영기, 「한국전쟁기 민간인 학살에 관한 자료실태와 연구현황」, 『역사와 현실』 제54호, 한국역사연구회, 2004, 81쪽.

적 과정을 목격하였고 자신도 죽음을 넘나드는 절체절명의 순간을 온몸으로 겪어야 했다. 가까스로 사선을 넘어 살아남았다 하더라도 포탄이나 파편 등을 피하지 못하여 입게 된 부상과 그로 인해 신체에 새겨진 장애는 전쟁이 끝나고 난 뒤 이어진 삶에도 지속적인 영향을 미쳤다.

이처럼 민간인이 입은 전쟁피해는 단순히 학살로 인한 사망자들과 유족들의 피맺힌 억울함에만 그치지 않는다. 가까스로 생존했지만 다친 몸으로 전후 삶을 헤쳐나가야 했던 생존자들의 삶에도 그 피해의 그늘은 짙게 드리워져 있다. 이같은 피해 양상의 다양성에도 불구하고 그동안 한국전쟁 당시 민간인 피해에 관해서는 주로 민간인 학살의 규모나 목적 등 그 실태의 규명에 집중되었고,[3] 생존자의 전후의 삶, 그리고 몸에 새겨진 상처와 장애 문제에 대해서는 소홀했다. 이 때문에 전쟁으로 인한 부상과 장애는 단지 상이군인의 문제로 축소되어 설명되어왔다.[4] 좌우익 학살과 폭격 등으로 부상을 당한 민간인 규모가 작지 않았으며 부상은

3 1990년대 이후 한국전쟁기 민간인 학살 연구현황에 대해서는 노영기, 위의 글을 참고할 것.

4 상이군인의 경험에 관해서는 다음을 참조할 것. 천희숙, 「한국전 참전 군인의 부상경험」, 『군진간호연구』 제21권, 국군간호사관학교 군건강정책연구소, 2003; 박정석, 「상이군인과 유가족의 전쟁경험」, 표인주 외 저, 『전쟁과 사람들: 아래로부터의 한국전쟁 연구』, 한울 아카데미, 2003; 이임하, 「상이군인들의 한국전쟁 기억」 김귀옥 외, 『전쟁의 기억, 냉전의 구술』, 선인, 2008; 이임하, 「상이군인, 국민 만들기」 『중앙사론』 제33집, 한국중앙사학회, 2011; 김필남, 「1950년대 국민국가 만들기와 상이군인의 '몸'」, 『한국문학논총』, 제60집, 한국문학회, 2012; 김아람, 「가족이 짊어진 구호와 자활」, 『역사문제연구』 제33호, 역사문제연구소, 2015; 김규민, 「1950년대 한국 상이군인의 형성과 자활」 서울대학교 석사학위논문, 2021 등.

때때로 몸에 새겨져 평생을 장애인으로 살아가야 하는 후유증을 남겼다는 점, 그리고 이러한 경험은 단지 상이군인과 같은 남성의 경험에 한정되지 않는다는 점을 고려할 때, 민간인들이 입은 전쟁 피해를 보다 구체적으로 드러내고 그 다양성을 확인하기 위해서 생존자의 부상 당한 신체와 장애 문제, 그리고 젠더로 인한 차이 등에도 관심을 기울여 볼 필요가 있다.

이 글에서는 이러한 문제의식에 기반하여 노근리 사건 생존피해자의 경험을 통해 민간인들에게 가해진 전쟁의 상처와 전후 삶에서의 장애와 젠더의 문제를 고찰해 보고자 한다. 이를 위해 이 글은 2020년 (사)노근리국제평화재단에서 수행한 노근리사건 생존피해자 및 유족 구술 채록사업의 결과물을 분석대상으로 삼는다.[5] 노근리사건 70주년 기념사업의 일환으로 진행된 이 작업에는 필자를 포함한 7명의 연구자들이 참여하여 총 30명의 구술 채록 작업을 진행하였다.[6] 그간 노근리사건과 관련해서는 진상규명이나 국제법적 문제, 폭력 문제, 노근리대책위원회의 활동과 성과 등 다양한 각도에서 그 실태를 파헤치는 연구가 이루어져 왔지만,[7]

---

5 면담내용은 노근리국제평화재단, 『노근리사건 생존피해자와 유족들의 구술기록(1~3)』, (사)노근리국제평화재단, 2020으로 출간되었다.

6 면담자로 소현숙 외에 엄승미, 윤종석, 윤송아, 조진석, 강주원, 김미선이 참여하였다. 그 외 인터뷰에는 노근리평화재단의 이근향, 지역 교사인 이상규, 황서연 등이 동석하였다.

7 노근리사건조사반, 『노근리사건 조사결과보고서』, 노근리사건조사반, 2001; 정구도, 『노근리사건의 진상과 교훈』, 두남, 2002; 정진성, 「인권의 관점에서 본 노근리 사건의 재해석」, 『민주주의와 인권』 제1권 1호, 전남대 5.18연구소, 2001; 정구도, 『노근리는 살아있다』, (사)노근리국제평화재단, 2020; 윤은하 · 김유승, 「노근리사건의 사회적 기억과 기록에 관한 연구」, 『한국기록관리학회

피해자들의 구술자료를 통해 그 피해 경험을 분석한 연구는 미진했다. 한편, 여성들의 전쟁 경험과 전후의 삶에 관해서는 남성 부재의 현실에서의 전쟁미망인, 시집살이, 억척스러운 모성이나 노동경험 혹은 성폭력 등을 중심으로 서술되어왔고 여성의 부상과 장애 경험에 관한 접근은 거의 없었다.[8] 또한 전쟁 장애인 문제는 상이군인으로 표상되는 남성들의 경험을 중심으로 논의되어 온 만큼, 전쟁으로 인한 장애와 여성의 삶이 교차하는 맥락에 대한 탐색은 이제까지 연구의 공백을 메우면서 전쟁의 경험과 그 영향, 그리고 치유의 과정을 보다 다면적으로 이해하는 데 기여할 것이다.

2. 노근리사건 및 구술자 개요

노근리사건은 1950년 7월 25일부터 7월 29일까지 충북 영동군 영동읍 하가리와 황간면 노근리 일대에서 미군의 공중공격과 지상공격에 의해 다수의 비무장 민간인들이 살상을 당한 사건을 말한다. 이 사건은 한국전쟁 당시 미군에 의해 일어난 대표적인 민간인 살상사건이다.

미군의 폭격에 의한 민간인 피해는 비단 노근리에만 국한되지

지』 제16권 2호, 한국기록관리학회, 2016; 김영구, 「'피해자 중심 인권운동'의 전개과정과 성과에 관한 연구-'노근리사건대책위'를 중심으로」, 경희대학교 석사학위논문, 2008 등.

8 이임하, 『여성, 전쟁을 넘어 일어서다』, 서해문집, 2004; 이임하, 『전쟁미망인, 한국 현대사의 침묵을 깨다』, 책과함께, 2010; 이재경 외, 『여성(들)이 기억하는 전쟁과 분단』 아르케, 2013 등.

않고 다양한 지역에서 발생했는데, 민간인 전쟁피해의 가장 큰 원인 중 하나가 공중폭격이기도 했다. 1950년 서울 수복 직후 대한민국 공보처 통계국이 조사한 바에 따르면, 1950년 6월 25일에서 9월 28일까지 서울지역의 사망과 부상의 원인은 공중폭격(4,250명), 총격 및 포격(2,378명), 피살(1,721명), 화재(445명) 등으로 공중폭격이 가장 큰 피해를 안겨주고 있었다.[9] 김태우에 따르면, 한국전쟁 당시 남한의 도시와 농촌, 혹은 흰옷을 입은 피난민 행렬을 향한 미군의 무차별적 공격은 매우 일상적이었다. 전폭기 착륙 시 안전보장을 위해 일단 싣고 간 로켓이나 폭탄을 모두 소진해야 했기 때문에 전폭기들은 제한된 시간 안에 탑재된 무기들을 자신의 임무 구역 내에서 모두 투하하고 돌아와야 했다. 이 때문에 적의 병력의 존재 여부를 확인하지 않은 채 무차별적으로 폭탄을 투하하는 일이 일상적으로 발생했다. 더욱이 전쟁 초기 북한군 특수부대원들이 정찰 및 저격업무 수행을 위해 민간인 복장을 한 채 피난민 대열에 섞여 전선 지역에 투입되는 경우가 많았기 때문에, 미군이 피난민을 잠재적인 적으로 간주하여 포격을 가하는 일이 빈번하게 일어났다.[10]

6.25 발발 한 달 만에 서울과 대전 방어에 실패한 미군은 인민군의 공세에 밀려 7월 23일 인민군과 대치하면서 영동에서 후퇴작전을 진행하고 있었다. 노근리사건이 벌어질 무렵, 미 제1기병

9 공보처 통계국, 「부록 임시인구 및 피해조사결과명세(단기 4283년 10월 15일 현재)」, 『서울특별시 피해자명부』, 1950, 3-4쪽; 김태우, 『폭격, 미공군의 공중폭격 기록으로 읽는 한국전쟁』, 창비, 2013, 249쪽에서 재인용.

10 김태우, 위의 책, 221쪽.

사단과 인근 제25보병사단은 피난민 속에 적군이 숨어 있을지 모르니 전선을 통과하는 모든 피난민을 "적으로 간주"해 총격을 가하라는 명령을 내렸다.[11] 미군들은 영동군 임계리, 주곡리의 주민들과 타지에서 온 피난민들을 안전한 곳으로 소개한다면서 집합시켜 하가리를 거쳐 노근리 쪽으로 이동시켰다. 우방인 미군의 안내에 따라 전혀 의심 없이 명령에 따른 피난민들은 노근리 주변 철로에서 난데없이 쏟아지기 시작한 공중폭격과 지상에서의 사격을 맞닥뜨려야 했다. 사방에서 폭탄이 떨어지고 총탄과 파편이 날아드는 아비규환의 상황 속에서 피난민들은 목숨을 부지하기 위해 주변의 수로와 쌍굴다리 밑으로 피신했지만, 미군들은 이들이 무기를 소지하지 않은 어린이와 여성, 노인들이 다수인 피난민들임을 확인하고서도 사흘 동안 굴 밖으로 나오지 못하게 가둬놓고 움직이는 사람을 향해 기총사격을 퍼부었다.[12]

숨 막힐 듯이 뜨거운 한여름의 철로 위와 주변에서 일어난 이와 같은 참혹한 폭격으로 민간인들은 막대한 피해를 보았다. 2004년 노근리 희생자 심사 결과에 따르면, 사망자 158명, 행방불명자 20명, 후유장애자가 57명에 달하지만, 이는 사건 발생 이후 한참 지난 시점에서 이루어진 신고 인원으로,[13] 실제적인 피해자

11 최상훈 · 찰스 핸리 · 마사 멘도자, 남원준 역, 『노근리 다리』, 잉걸, 2003, 21쪽.

12 정은용, 『그대, 우리의 아픔을 아는가』, 다리미디어, 2000; 최병수 · 정구도, 「6.25동란 초기 충북 영동지구의 민간인 살상사건에 관한 연구(1): 老斤里의 美軍對良民 集團殺傷事件을 중심으로」. 『人文學誌』 제17권 1호, 1999; 정구도 외, 『한국전쟁기 인권침해 및 역사인식의 문제』, 두남, 2008, 12-13쪽.

13 노근리사건희생자심사보고서 작성기획단, 『노근리사건 희생자 심사보고서』, 노근리사건희생자심사및명예회복실무위원회, 2006, 277쪽.

규모는 400명을 넘어서는 것으로 추산된다.

〈표 1〉 노근리사건 희생자 현황[14]

구분	합계	유형			비고
		사망자	행방불명	후유장애	
계	218	150	13	55	
남	111	74	11	26	
여	107	76	2	29	

2020년 진행된 생존피해자 및 유족의 구술채록사업에서는 생존피해자 15명과 유족 15명의 구술작업을 진행했는데,[15] 구술대상자는 (사)노근리사건희생자유족회의 의견을 받아 비교적 기억력이 있고 구술작업을 진행할 수 있을 만큼 건강하신 분을 중심으로 선정하였으며, 전체 구술자의 남녀비율은 비슷하여 남성 16명, 여성 14명이었다. 구술 작업은 2020년 6월부터 10월까지 진행되었고, 구술자 각각 2~6시간 정도 인터뷰를 진행하였다. 인터뷰는 공통의 질문지를 가지고 각 면담자들이 3~4명씩 맡아 순차적으로 진행하였다. 필자는 생존피해자인 김상희(가명), 양진희(가명), 양진석(가명)과 유가족인 김주순(가명)과 면담하였고, 나머지 구술자의 구술 내용은 다른 면담자들이 작성한 구술녹취록과 기타 문헌자료를 참고하였다.

---

14 위의 책, 같은 쪽.

15 노근리국제평화재단에서 발행한 『노근리사건 생존피해자와 유족들의 구술기록(1~3)』에는 생존피해자 17명, 유족 13명의 구술 채록을 진행한 것으로 표기되어 있으나, 생존피해자 2명은 유족을 잘못 표기한 것으로 구술 참여한 생존피해자와 유족은 각각 15명이다.

구술 내용과 노근리사건 사실조사증언청취록을 참고하여 구술에 참여한 생존피해자들과 유가족들의 피해 상황을 정리하면 다음과 같다.

〈표 2〉 구술자 개요

성명(가명)	성별	출생년도	구분	피해 내용
강은영	여	1942 (호적 1944)	유가족	시어머니 사망, 남편 부상
고성재	남	1939	유가족	아버지 · 형 사망, 어머니 · 동생 부상
공지숙	여	1939	생존피해자	본인 부상
김기진	남	1944	생존피해자	어머니 포함 가족 4명 사망, 본인 부상
김상희	여	1948 (호적 1950)	생존피해자	본인 부상
김성현	남	1944	유가족	아버지 사망
김웅수	남	1941	생존피해자	할머니 · 어머니 사망, 본인 부상
김주순	여	1942	유가족	시할머니 사망, 시어머니 · 시누이 · 남편 부상
김홍진	남	1931	생존피해자	어머니 · 남동생 둘 · 여동생 사망, 본인 부상
박영민	남	1931	유가족	할아버지 · 아버지 · 남동생 사망
서영순	여	1934	생존피해자	할아버지 · 아버지 · 남동생 사망, 본인 부상
서영진	여	1937	생존피해자	할아버지 행방불명, 여동생 사망, 남동생 부상과 본인 부상
손형진	남	1954	유가족	고모 사망
신유진	여	1941	유가족	시어머니 부상, 시누이 사망
안민혁	남	1954 (호적 1956)	유가족	조부모 사망, 어머니(아버지의 전처) · 삼촌 사망
양진희	여	1939	생존피해자	할머니 사망, 어머니 · 남동생 · 본인 부상
양진석	남	1940 (호적 1943)	생존피해자	할머니 사망, 어머니 · 누나 · 본인 부상
이성진	남	1938	생존피해자	아버지 부상, 어머니 청각상실, 본인 부상

이영옥	여	1942	생존피해자	아버지 부상, 남동생 두 명 사망, 본인 부상
이진주	여	1957	유가족	시조부모 · 시이모 · 시조카 사망
이희성	남	1939	유가족	증조할머니 사망
전영희	여	1943	생존피해자	할아버지 · 어머니 동생 등 가족 5명 사망, 할머니와 본인 부상
정기석	남	1955	유가족	형과 누나 사망
정영은	여	1943	생존피해자	어머니 사망, 오빠와 본인 부상
정영희	여	1938 (호적 1940)	생존피해자	어머니와 동생 사망, 동생과 본인 부상
조병희	남	1959	유가족	녹취록 확인할 것
조승연	여	1943 (호적 1944)	생존피해자	아버지 · 어머니 · 언니 · 오빠 두 명 · 동생 사망, 본인 부상
한정우	남	1942	유가족	증조할머니 사망
한진기	남	1953	유가족	아버지 · 형 · 누나 사망
황민호	남	1945	유가족	아버지 사망

위 표에서 확인할 수 있듯이, 구술 작업에 참여한 생존피해자들은 1930~1940년대 출생한 이들이다. 이들은 노근리사건으로 가족의 일부를 잃었고 스스로도 부상을 당하였다. 유가족들은 노근리사건으로 가족 중에 피해를 입은 이들로 전후에 태어난 후손들이거나 피해자의 아내 혹은 며느리들이다. 이들은 인터뷰를 통해 스스로가 겪었던 경험이나 가족으로부터 전해 들은 바를 통해 노근리사건의 피해를 증언했고, 살아온 내력과 더불어 현재의 노근리진상규명운동과 배상 문제 등에 대한 의견을 피력하였다.

3. 전쟁 피해와 몸에 새겨진 상처

구술에 참여한 생존피해자들은 대체로 70대 중반~90세까지의 고령인데, 이들은 10대를 전후한 어린 나이에 전쟁을 경험하였다는 특징을 갖는다. 노근리사건의 희생자에는 이처럼 어린 연령층이 많았는데, 이는 〈표 3〉 희생자 연령별 인원수를 통해 알 수 있다.

〈표 3〉 노근리사건 희생자 연령별 인원수[16]

구분	합계	10세 이하	11~15	16~20	21~30	31~40	41~50	51~60	61~65	66세 이상
합계	226	68	29	14	34	22	25	21	6	7
남	113	36	8	7	24	12	9	12	3	2
여	113	32	21	7	10	10	16	9	3	5

위 표에서 드러나듯이 노근리사건의 희생자는 다른 연령층에 비하여 15세 이하 연령층의 희생자가 많고, 노약자와 여성까지 포함하면, 전체 희생자의 70% 이상을 차지하고 있다. 이는 쌍굴에 3일 동안 갇혀 기총사격을 당하는 동안, 기동성이 있는 젊은 남성들이 사격을 피하여 쌍굴을 탈출할 수 있었던 반면, 아이들과 아이들을 돌봐야 했던 여성들, 그리고 심신이 쇠약한 노인들은 미쳐 탈출할 수 없어 그대로 총격에 노출되었던 상황과 관련된다.

그렇다면, 이들은 당시 상황을 어떻게 기억하고 있을까?

16 노근리사건희생자심사및명예회복실무위원회, 위의 책, 36쪽.

"철로에서 있었는데 내가 생각하기에는 한 삼사일 됐었을 거야... 인제 막 폭격으로 내리 찌고 총을 쏴고 그 전에는 불총 막 쏘면은 불이 막 팍팍 붙으면은 보따리 싸 간 거 그게 다 불이 붙어가지고 쌀도 막 쌀 튀밥 튀다시피... 그래 인제 우리 엄마가 우리는 죽어도 괜찮은데, 너희들은 죽으면 안 된다 까면서 엄마가 나를 팍 껴안아 가지고 칵 엎어져. 철로 있으면 이쪽에 왜 가시덩굴이잖아. 거기서...지금도 생생하게 기억을 해. 그래가지고는 한참 막 뭐 비행기가 뚝딱거리고 날리가 나고 총소리가 펑펑 나고 대포소리가 나고 그러는데 얼마만큼 있으니까 조용해졌어. 그러길래 나는 그때는 답답, 무서웠지만은 안 나오니까 이제 답답하니까 엄마를 제치고 엄마, 엄마, 엄마 이래도 엄마가 대답을 안 하시는 거야. 엄마~ 하구서는 나오니까 우리 엄마가 돌아가셨더라고. 우리 엄마가 총을 맞으셨더라고. 머리에."[17] (조승연 구술)

"피난 보내준다 그래서 따라 내려간거죠...얼마 후에 그때 아마 한 낮이 됐을 꺼야. 비행기가 정찰기가 오더라고. 정찰기가 와서 빙빙빙 돌더라고. 그러더니...거기 뭐 왔다 갔다 하는 거 같더니 쾅! 소리가 나더라고 그러더니 막 우둥둥 탕탕 우둥둥 탕탕 하는데, 아이구 죽는다 소리가 뭐 여기저기서 나고. 그때 인제 폭격하는 건 비행기서 폭격하는 거여. 막 소들은 이리저리 뛰고 난리가 나도록. 그런데 그 당시에 나도 엎드려 있는데 몸이 바짝 움츠러들더라고. 그래 난 그때 총을 맞은 거야. 철로 위에서...우리 형이 먼저 튀어가지

17 노근리국제평화재단, 『노근리사건 생존피해자와 유족들의 구술기록 (3)』, 278쪽.

고 노근리 굴에 갔어요. 근데 내가 다리 아파 못 내려가니까 형이 뛰어내리라고 내가 밑에서 받는다고...난 체구가 쪼만했었거든. 그 굴로 들어간거지. (다리는) 쩜매지도 못하고 계속 놔둔거지. 그렇게 3~4일 있으니까 썩는 냄새도 나고...그러니까 피를 다 흘려서 사람이 힘이 있나 없지. 까라져 가지고 있는 거죠...(인민군이 들어와서) 어머니가 나를 업고 그래 가지고 중가리...거기다 내려 놓고 어머니가 도저히 열세살 열네살(아이가 커서 들고가기)힘들지. 그까지 업고 왔는데 거기다 놔두고 어머니는 집으로 가고...나는 거기 굴다리에서 이틀 밤을 있었어. 혼자"[18] (이성진 구술)

이처럼 구술자들은 어린 시기에 노근리사건을 겪었지만, 당시 벌어진 일에 대한 기억은 또렷하다. 흔히 아이들이라 제대로 기억할 수 없을 것으로 생각되지만, 마치 영화의 한 장면을 묘사하듯 생생하게 당시를 묘사하고 있다. 구술자들은 고령으로 기억력이 쇠퇴했지만 전쟁 때 기억은 하나도 잊히지 않는다고 말한다. 염미경의 지적처럼, 피해자들은 고통스러운 기억을 망각함으로써 과거로부터 벗어나고자 하지만, 생존피해자 대부분은 이처럼 고통스러운 과거를 여전히 생생한 현재처럼 기억 속에 간직하고 있다.[19]

특히 구술자들은 부상 정황을 뚜렷이 기억하며 자세히 묘사

---

18 노근리국제평화재단, 『노근리사건 생존피해자와 유족들의 구술기록 (2)』, 204-208쪽.

19 염미경, 「제주 4·3, 동아시아 여성과 소수자 인권 그리고 평화」 『4.3과 역사』 제17호, 제주4.3연구소, 2017, 387쪽.

하였는데, 이는 상이군인의 구술서사와 다른 지점이다. 상이군인들이 군인으로서 죽음을 무릅쓰고 '용감하게' 싸웠다는 사실을 강조함으로써 '국가를 수호하고 공산주의를 물리친 용사'라는 지배담론의 틀에 자신의 경험을 끼워 맞추고 이 과정에서 부상 사실은 부차적으로 이야기하는 경향이 있다.[20] 이에 비해 끼워 맞춰야 할 지배적인 담론이 존재하지 않는 민간인 피해자로서 구술자들은 총알이나 파편을 맞아 사람들이 죽고 다치게 된 경위를 비교적 상세히 설명하였다. 피해를 말할 공식서사의 부재가 과거에 대한 기억을 오히려 생생하게 남기게 한 것이다. 나아가 전후 은폐된 기억으로서 피해를 말할 수 없었던 시간이 길어짐으로써 역설적으로 고통의 기억은 오히려 강화되고 그 피해와 고통의 생생함이 현재적으로 지속하게 되었던 것이라 생각된다.

그렇다면 생존피해자들이 몸소 겪은 부상의 구체적인 실태는 어떠한가? 생존피해자들의 구술 내용과 『노근리사건 사실조사 증언청취록』[21]을 참조하여 부상의 구체적인 내용을 정리해보면 다음과 같다.

---

20 박정석, 앞의 글, 181쪽.

21 노근리사건지원팀 노근리사건희생자심사및명예회복실무위원회, 『노근리사건 사실조사 증언청취록』, 노근리사건희생자심사및명예회복실무위원회, 2009.

〈표 4〉 구술자들의 부상 피해

성명(가명)	피해 내용
공지숙	노근리 쌍굴 옆 작은 터널에서 미군의 사격으로 하복부에 관통상을 입음.
김기진	노근리 쌍굴에서 미군의 총격으로 좌측머리에 총상을 당함.
김상희	노근리 쌍굴에서 미군의 사격으로 머리에 부상 당함.
김응수	쌍굴에서 왼쪽 장딴지에 파편을 맞아 부상을 당함.
서영진	철로 위에서 미군의 폭격과 기총사격 시 머리에 파편을 맞아 부상을 당함.
양진희	파편을 맞아 좌측 안구가 빠져 시력 상실.
양진석	총상과 파편을 맞아 좌측 허벅지와 왼쪽 정강이 등 5~6군데 부상을 당함.
이성진	철길 위에서 미군의 폭격으로 오른쪽 대퇴부에 큰 부상을 당함.
이영옥	쌍굴에서 미군의 총격에 이마를 맞아 부상.
전영희	쌍굴로 피신 중 미군의 폭격으로 무릎 아래에 파편을 맞아 부상을 당함.
정영은	철로 위에서 미군의 비행기 폭격 및 기관총 사격으로 앞정강이에 부상을 당하고 이마에 파편을 맞음.
정영희	철로 위에서 미군 폭격시 폭풍에 날려 쓰러지면서 다리 등에 부상을 당하였음.
조승연	철로 위에서 미군 비행기 폭격으로 팔에 파편상을 입고 발에 화상을 입음.

위 표에서 볼 수 있듯이, 미군기에 의한 공중폭격과 지상에서의 기총사격으로 인해 대부분의 생존피해자들이 총알과 파편에 노출되어 이마, 머리, 팔, 다리 등 다양한 신체 부위에 부상을 당했다.

전투 과정에서 부상을 입은 군인들이 야전병원에서 응급조치나 간단한 수술을 받은 뒤 후방의 육군병원으로 이송됨으로써, 의료진 및 약품 부족 등으로 열악한 상황에서나마 의료의 도움을 받을 수 있었던 데 비하여,[22] 이들 민간인 피해자들은 의료의 무방비 상태에 노출되었다. 구술자들 다수가 크고 작은 피해를 봤지만, 병원을 방문하거나 약을 쓰는 등 의료의 혜택을 제대로 받은 사람은 거의 없다. 운이 좋은 경우 미군이나 인민군 측의 도움을 받을 수 있었지만, 그마저도 대개 응급처치 정도에 불과했다. 공지숙(가명)은 옆구리에 파편을 맞아 창자가 나오는 큰 부상을 당했는데, 미군이 이를 보고 김천병원으로 이송하여 응급처치를 해주었다. 서영진(가명)도 머리에 파편을 맞아 부상했으나 미군이 도와줘서 병원에 가서 살아날 수 있었다.[23] 노근리사건조사반의 조사에 따르면 피난민 중 17명이 미군으로부터 치료를 받은 것으로 확인된다.[24] 피해자 중에는 미군이 철수하고 나서 진주한 인민군의 도움으로 응급치료를 받은 이들도 있는데, 이성진(가명)은 인민군이 밥을 갖다주고 상처 부위에 약을 발라주었고, 이영옥(가명)은 인민군이 버려진 아기를 데려와 엄마에게 찾아주고 밥과 장아찌를 가져와 나눠주며 치료도 해주었다고 기억한다.[25]

대부분의 피해자들은 아무런 응급조치도 없이 그대로 집으로 돌아와 민간요법으로 치료했다. 보리밥과 누룩을 섞어 고약을 만들거나, 참기름이나 된장을 바르고, 상처에 잘 듣는 나뭇잎 등을

22 천희숙, 앞의 글, 77쪽.

23 노근리사건지원팀 노근리사건희생자심사및명예회복실무위원회, 앞의 책, 2009, 490, 170쪽.

24 노근리사건조사반, 「한미공동발표문」, 『노근리사건 조사결과보고서』, 노근리사건조사반, 2001, 10쪽.

25 노근리국제평화재단, 『노근리사건 생존피해자와 유족들의 구술기록 (2)』 209, 275쪽.

뜯어다가 빻아서 상처 부위에 붙이는 식이었다. 이처럼 의료의 혜택을 제대로 받지 못한 상태에서 치료 과정은 더뎠을 뿐 아니라 몸에 박힌 총알이나 파편을 빼내지 못하여 치료가 지연되었다. 심지어 한평생을 몸에 총알을 품은 채 살았던 피해자도 있었다.[26] 김상희(가명) 역시 3세 때 노근리 쌍굴에서 미군의 사격으로 머리에 부상을 당했지만 병원에 가지 못한 채 집에서 민간요법으로 치료하였다. 상처는 즉시 아물지 않고 수년 동안 계속 진물이 나고 곪는 것을 반복하였다. 다친 지 6년이 지난 국민학교 2학년 때 학교 선생님이 상처를 소독해주면서 안에 뭔가 있으니 병원에 가보라고 하여 그제야 병원에 간 김상희는 부상 부위에 파편이 박혀 있는 것을 확인하고 영동의 구세군병원에서 수술을 받게 되었고, 숟가락만 한 파편을 꺼내고서야 상처가 아물었다.[27]

부상이 아물었다 해도 전후 펼쳐진 삶은 그리 녹록하지 않았다. 구술자들의 이야기 속에서 전후의 삶에서 두드러지는 어려움은 경제적인 어려움, 가족의 상실로 인한 좌절감으로 부모가 자녀를 돌보지 않거나, 가정폭력을 휘두르는 경우, 그리고 교육 기회의 상실 등이 주되게 나타났다. 아버지가 사망하거나 부모를 상실한 경우 경제적 어려움은 즉각적으로 발생하여 대부분의 경우 하루하루 끼니를 걱정할 정도로 어려운 상황에 직면하였다. 이와 더불어 가족을 상실한 데서 오는 좌절감으로 부모가 자녀의 양육을 방기하는 경우도 있었는데, 정영은(가명)은 어머니가 돌아가시고

26 노근리국제평화재단, 『노근리사건 생존피해자와 유족들의 구술기록 (1)』, 227쪽.

27 노근리국제평화재단, 『노근리사건 생존피해자와 유족들의 구술기록 (1)』, 146-147쪽.

절망하여 매일같이 술만 먹고 가사를 돌보지 않는 아버지로 인해 전후 "죽고 싶은 생각만 했었다"고 회고한다. 노근리사건 당시 쌍굴에서 분만을 하게 된 조병희(가명)의 어머니는 폭격을 당하여 경황이 없는 와중에 갓 태어난 아기를 버리고 가까스로 집으로 돌아왔는데, 이 일로 원래 "말씀이 없으시고 조용했던" 아버지는 4살 된 아들이 죽고 갓난아기도 놓고 왔다는 이유로 어머니를 때리기 시작했다.[28]

교육 기회의 상실은 상당히 많은 구술자들에게서 나타났다. 전쟁 전에는 학교를 다니던 이들이 노근리사건을 거치면서 학교에 다니지 못하게 된 것이다. 여성들의 경우 그러한 경향은 더욱 심했다. 1950년대가 의무교육제가 도입되면서 취학률이 높아지고 교육이 본격적으로 확산해 갔던 시대라는 점을 생각하면, 구술자들의 교육 기회 상실은 같은 또래 아이들과 비교할 때 더욱 눈에 띄는 점이라고 할 수 있다. 학교를 가지 못하게 된 이유는 다양했다. 김성현(가명)은 어릴 적에는 비교적 잘 사는 편이었지만, 아버지가 돌아가시자 가세가 기울어 13세 때부터 공장에서 일해야 했다.[29] 어머니를 잃은 정영은(가명)은 좌절하여 술만 먹는 아버지가 방치한 덕분에 학교에 가지 못하고 집에서 어머니를 대신하여 가사노동을 해야 했다.[30] 조승연(가명)의 경우는 구세군 사관으로 근무했던 아버지가 자녀교육에 열성적이었고 가정형편도 여유가 있

---

28 노근리국제평화재단, 『노근리사건 생존피해자와 유족들의 구술기록 (3)』, 227쪽.

29 노근리국제평화재단, 『노근리사건 생존피해자와 유족들의 구술기록 (1)』, 170쪽.

30 노근리국제평화재단, 『노근리사건 생존피해자와 유족들의 구술기록 (3)』, 96-97쪽.

어서 국민학교를 일찍 들어갔으나, 전쟁 때 부모와 형제들이 사망하고 오빠는 군대 가고 홀로 남겨지면서 큰집으로 보내졌고, 큰집은 형편은 어렵지 않았으나 여자는 공부할 필요 없다고 생각했던 큰아버지의 저지로 학교를 다닐 수 없게 되었다.[31]

한편, 부상과 길어진 치료 과정 또한 교육 기회 상실의 중요한 원인이 되었다. 국민학교 2학년 때 복부에 총상을 입은 공지숙은 경제적 이유와 더불어 부상 치료로 인해 학교를 그만두어야 했다.[32] 정진욱(가명)도 상처에서 냄새가 많이 나고 고통스러워서 고생을 많이 하였고 이 때문에 학교를 빠지는 날이 많아서 국민학교도 제대로 졸업하지 못하였다.[33] 머리 부상으로 머리가 아파 공부에 일찍부터 흥미를 잃어버린 김상희는 중학교까지 졸업한 언니와 달리 간신히 국민학교만 졸업하고 말았다. 상처에서 냄새가 난다고 친구들이 옆에도 오지 못하게 하여 친구도 없이 "괄시"를 당하며 지내야 했던 학창 시절은 김상희에게는 잊히지 않는 상처로 남아 있다.[34]

한편, 부상이 심각한 경우에는 완치 자체가 불가능했다. 구술에는 참여하지 않았지만, 얼굴에 총알이 스쳐 코 아랫부분이 떨어져 나간 피해자 정진욱은 당시 한국 의료계의 성형 기술이 일천한

---

31 노근리국제평화재단, 『노근리사건 생존피해자와 유족들의 구술기록 (3)』, 268-269쪽.

32 노근리국제평화재단, 『노근리사건 생존피해자와 유족들의 구술기록 (1)』, 103쪽.

33 정은용, 『그대, 우리의 아픔을 아는가』, 다리미디어, 2000, 180-181쪽.

34 노근리국제평화재단, 『노근리사건 생존피해자와 유족들의 구술기록 (1)』, 148-149쪽.

상황이었기 때문에 여러 해 동안 부상을 당한 그대로 지내다가 부상을 당한 지 6년이 지난 1956년에 가서야 부산으로 가서 상병환자들을 치료하기 위해 파견되어 광안리 앞바다에 정박중이던 스웨덴 병원선의 의료진에게 수술과 치료를 받을 수 있었으나, 그 기술도 변변치 않아서 안면을 제대로 복원하지는 못하였다.[35] 전쟁으로 인한 부상이 영구적인 장애로 이어지는 경우, 전후의 삶은 장애에 대한 사회적 차별까지 더해지면서 더욱 힘겹게 되었다.

이상 부상자들의 전후를 살펴보면 사망한 어머니를 대신한 가사나 육아 부담의 증가, 교육에서의 소외 강화, 가정폭력에의 노출 등으로 인한 어려움이 여성에게 더 편중되어 나타나고 있음을 알 수 있다.

4. 여성 구술자의 사례에서 나타난 장애와 젠더

전쟁 당시 부상으로 영구적인 신체적 장애를 안게 된 생존피해자가 전후에 어떤 삶을 살게 되었는가 하는 점을 양진희(가명)의 사례가 잘 보여준다. 그의 생애사를 통해서 전쟁과 장애, 그리고 젠더가 어떻게 교차하는지 그 일단을 엿볼 수 있다.

양진희는 노근리사건 당시 파편을 맞아 좌측 안구가 빠지는 부상을 당하였다. 부상 당시에 대한 양진희의 구술은 다음과 같다.

35 정은용, 앞의 책, 180-181쪽.

"호죽기[36]가 이제 비행기 이름이여...전투기. 호죽기가 막 부산서 와...쫙 날아오더니...탕! 하고 막 쏟아 놓는거야...폭탄인지 뭔지도 모르지 뭘 쏟아놓는지. 금방 쏟아놓으니께 난리가 나잖아. 금방 불이 막 펑펑펑 나고 사람들이 모두 내빼고...퍼부니까 뭐 막 불바다가 된기여...우리 엄마도 인제 그래도 머슴아들이야 살려야 한다고 머슴아들은 뱃속에 넣고 엎드리고 나는 어머니 뒤에 삼베치마 그걸로 놓고 대가리를 들이 밀고 있었어. 우리 엄마가 귀 막고 눈 막아라...그래가지고 있었는데, 막 퉁닥퉁닥 소리고 뭐고, 우리 어머니 맞았어, 아파서 죽는다고 막, 아이고 큰일났네 큰일 났네 이래...옆에서 우리 고무부가...고래같이 고함을 질러...그래서 내가 눈을, 치마를 휙 걷어 부치고 이렇게 고개를 들고 쳐다 보니께 고모부가 희떡 까졌는데, 창자가 이만치 올라와. 배에서...그러는 (사이에) 머리에 나는 맞았어...파편...그래가지고, 이래 눈이 빠졌네. 아이고 엄마 나 눈 빠졌는데 어떻게 이러니까 그냥 가만히 엎드리고 있으라니께 왜 질랄하고 일어났어 이랴. 그래 엄마 난 눈이 덜렁덜렁해...나 이것 좀 띠줘 엄마 이거...(어머니는 여덟 군데 전신에 총을 맞으심) 이 망할 년아 나도 죽겄다. 니게 떼내던지 어짜던지 이리 하랴고 그랴. 그래서 내가 떼 내려고 하나 차마 못 떼내서 막 울면서 그 옆에 집에를 쫓아 가더라내. 거기 가서...나 좀 눈 좀 떼달라고 하더래. 그

36 오스트레일리아 폭격기를 지칭하는 말. '호죽기'의 연원은 이승만 대통령의 부인 프란체스카가 오스트리아 출신인데, 호주(오스트레일리아)로 착각해, 이 대통령이 처가(妻家) 나라에서 빌려 온 전투기라는 의미로 '호죽기'로 통칭했다고 함.

래 내가 눈을 어떻게 떼냐, 이러면서...네 엄마한테 쎄게 가라고 막 야단을 쳤드랴. 아카시나무 밑에서 사람소리 나고 이렇게 인기척이 나면 또 자꾸 총을 쏘니까, 그래가지고 그 길로 와서...내가 탁 잡아 뗐어. 막, 내가 내 손으로 내 눈을 잡아뗐어."[37](양진희 구술)

공중과 지상에서 폭격과 기총사격이 쏟아져 사람이 죽어가는 위급한 순간에 양진희는 한쪽 안구가 떨어져 나오는 부상을 당했으나, 전신에 여덟 군데나 총을 맞은 어머니조차 도와줄 수 없는 상황에서 방황하다 스스로 떨어진 눈을 떼어 냈다. 기운이 떨어져 며칠 동안 쓰러져서 있다가 깨어난 양진희는 때마침 진주한 인민군이 밥을 해서 주는 것을 먹고 살아날 수 있었다. 집으로 돌아온 양진희는 소독약 한 번 발라보지 못한 채, 아버지가 보리밥에 누룩가루와 소금을 넣어 만든 반죽을 상처 부위에 바르고, 감나무 잎사귀를 바르며 상처를 치료했으나, 그 과정은 순탄치 않았다. 피고름이 흘러나오고 여름에는 구더기가 기어 나와 방바닥에 기어 다니는 구더기를 빗자루로 쓸어 담을 정도로 고통스러운 과정이었다. 안구가 빠져버린 큰 부상을 당하고도 현대 의료의 혜택을 전혀 받을 수 없는 어려운 상황에서 양진희의 눈은 두 달 정도 갖은 고생을 다한 후에 점차 아물었다.

그러나 상처가 아물었다고 어려움이 끝난 것은 아니었다. "아침에 장님을 만나면 재수가 없다"는 말이 운위될 정도로 시각장애

37 노근리국제평화재단, 『노근리사건 생존피해자와 유족들의 구술기록 (2)』, 86-88쪽.

인에 대한 일반의 시선이 곱지 않고 차별이 만연했던 시절이었다. 양진희는 두 눈을 다 잃은 시각장애인이 아니었지만, 당시에는 한 쪽 눈을 상실한 사람 또한 차별의 대상이 되었다. 1960년 6월 9일 자 경향신문에는 한쪽 눈에 의안을 한 학생이 대학에 입학할 수 있는지를 문의하는 내용이 실리고 있음은 이를 보여준다.[38] "눈깔 땡보라고 따라오면서 돌멩이 던지고 골"리는 아이들 때문에, 양진희는 집 밖에 나가기조차 쉽지 않았다.

양진희는 "창피해서" 학교에도 가지 못했다. 정규교육을 받지 못한 채 집안일을 하고 어린 동생을 돌보는 것으로 소일했다. 양진희가 집 안을 벗어나 바깥 활동을 할 수 있게 된 것은 17세 때 의안을 하고부터였다. 1950년대 초까지 의안은 국내에서 만드는 곳이 없어 모두 해외에서 구입해야 했다. 전쟁으로 장애를 입은 병사들이 많이 발생하자 의안의 필요성이 증대하여,[39] 1950년대 중반 부산 동래에 있는 삼일 정양원에서 의안을 제작하기 시작했는데, 이것만으로는 수요를 감당하지 못하자, 1955년 대한군경 원호회에서는 약 1천만 환의 예산으로 서울에 있는 의안 공장과 특별계약을 맺어 국립시설에 수용되어 있지 않은 장애를 입은 상이용사에게 의안을 무료로 제공하기로 하였다.[40] 1956년에는 미국 "해외맹인협회"에서 한국에 있는 시각장애인들이 의안을 절실히 희구하고 있다는 소식을 듣고 특제품 의안 1백 개를 기증하는 등 상

38 「경향쌀롱: 의안과 공대」, 『경향신문』, 1960. 6. 9.

39 「상이군경 원호하자」, 『동아일보』, 1951. 7. 20.

40 「또 하나의 복음」, 『조선일보』, 1955. 8. 26.

이군인에게 보급할 목적으로 전후 의안의 수입과 제작이 점차 활발해지고 있었다.[41] 상이군인들이 이처럼 원호회 등을 통해 의안을 공급받을 수 있었던 반면, 일반인들이 의안을 구하기는 어려웠던 듯하다. 양진희의 아버지는 딸의 상황을 안타깝게 여겨 백방으로 의안을 구하기 위해 노력하였고, 결국 17세 되던 해에 양진희는 의안을 착용하게 되었다. 당시 의안은 플라스틱으로 만들어져 깨지지 않는 장점이 있었으나, 눈동자가 움직이지 않기 때문에 소위 '정상적인' 눈과 쉽게 구별되었다. 이로 인해 1990년대 초 움직이는 의안이 상용화되기까지 미용상 문제는 완전히 해결되지 않았다.[42]

양진희는 의안의 착용으로 바깥 활동을 할 수 있게 되었지만, 누가 볼까 봐 고개를 똑바로 들지 못하고 사람들을 피해다녔다.

> "맨날 숨어댕기고 이렇게 정면을 바라보면 아는 사람은 표가 나잖아. 그랑케로 그거 안볼라고 동생 친구 같은 사람들 보면 이래 가고 조래 가고 인제 그렇카고 살았지."[43] (양진희 구술)

집에서 가사를 돌보던 양진희는 21살이 되던 해에 중매로 결혼을 하였다. 상이군인들의 경우에도 전후의 삶은 사회적인 소외와 심리적인 갈등으로 쉽지 않지만, 전쟁과 죽음에 대한 공포의

---

41 「맹인들에 의안」, 『동아일보』, 1956. 1. 4.

42 「신촌 세브란스 이상열 교수에 듣는다. 움직이는 의안 안면 신경마비 눈 성형술 각광」, 『매일경제』, 1991. 11. 18.

43 노근리국제평화재단, 『노근리사건 생존피해자와 유족들의 구술기록 (2)』, 111쪽.

일상화는 군인으로 징집될 수 없는 상이군인을 혼인대상자로 선호하게 만들면서, 이들의 사회적인 소외와 갈등은 결혼으로 어느 정도 완화되기도 했다.[44] 이에 비해 양진희의 경우, 결혼생활은 학대와 폭력으로 얼룩진 고통의 시간이었다. 양진희에게 남편의 폭력은 노근리사건으로 안구가 빠진 충격 못지않게 불행한 일로 구술서사의 중요한 두 축을 이룬다. 가부장적인 의식이 강했던 시어머니는 아들과 함께 밥을 먹으면서 며느리가 같이 먹으려면 "어데 여편네가 방에서 쳐먹느냐, 내려가서 먹으라"고 하며 구술자를 학대했다. 본래 "착하고 순했던" 남편은 결혼 후 얼마 안 되어 형의 빚을 떠안게 되면서 그 좌절감에 술로 날을 새며, "독사"처럼 변하여 아내에게 폭력을 휘두르기 시작하였다. 남편의 폭력으로 가정생활은 순탄치 않았고, 생명의 위협마저 느끼는 일이 일상이 되었다.

> "나 때려 죽인다고. 안 나간다고. 작두, 풀 써는 작두 있잖아. 그 작두 갔다가 모가지를 다 대고...다른 것도 아니고 사람이 가슴이 두근거려서 못 살아...가라꼬쟁이고 칼이고 못 놨둬. 나를...저년 저 눈깔을 하나 마저 빼놔야 방에 가만 들어앉았고 잔소리도 안 하고 배지고나 뒤진다고...눈깔을 마저 뺀다고. 송곳도 감추고 꼬챙이란 꼬챙이는 다 감추고 칼도 감추고. 내가 이래고 살았어."[45] (양진희 구술)

---

44 박정석, 앞의 글, 182쪽.

45 노근리국제평화재단, 『노근리사건 생존피해자와 유족들의 구술기록 (2)』, 105쪽.

남편은 자다가도 뛰쳐나가서 아내를 찌른다고 난리를 치곤 했다. 이런 남편을 피해서 여름이면 밤새 바깥에서 모기에 뜯기며 잠을 자곤 하는 나날들이 이어졌다. 차라리 남편이 첩을 얻었으면 좋겠다고 생각할 정도였다. 한번은 남편이 다림질을 하고 있던 양진희에게서 인두를 빼앗아서 찌르려고 하다가 머리를 쳐서 피가 쏟아지는 일이 일어나기도 했다. 그러나 차마 경찰에 신고할 생각은 하지 못했다. 남편의 폭력에 혼자 대항하기 힘들어 딸이 고등학교 졸업하고 육군사관학교에 가려고 했을 때 딸이 없으면 남편의 폭력을 막아줄 사람이 없기에 딸에게 가지 말라고 하소연하여 딸을 주저앉힌 게 그녀가 했던 대응 중 하나였다.

산드라 마틴(Sandra L. Martin) 등이 지적했듯이, 여성 장애인은 비장애 여성 혹은 남성 장애인에 비해 폭력의 위험에 더 많이 노출된다.[46] 노근리사건에서 한쪽 다리에 총상을 입어 평생 절룩거리는 장애를 얻게 되었지만, 남성인 이성진의 경우, 그의 장애는 가정폭력으로 이어지지 않았다. 한편, 상이군인의 경우에는 전쟁에서의 폭력의 경험이 일상생활에서 재생산되었는데, 1952년 상이군인들이 경찰서를 무력으로 점거한 칠곡 사건에서 드러나듯이 전후 그 폭력은 걷잡을 수 없는 것으로 사회적으로 가시화하고 있었다. 특히 가족은 그 폭력의 일차적인 대상이 되었다. 이임하가 지적하듯이, 이러한 폭력으로 인해 '상이군인'과 결혼한 여성들에게

---

46 Sandra L. Martin et al., "Physical and Sexual Assault of Women With Disabilities" *Violence Against Women*, Vol.12 No.9, 2006. (임채영 · 배화옥, 「여성장애인의 폭력피해 위험요인」『재활복지』 제15권 1호, 한국장애인재활협회 부설 재활연구소, 2011, 20쪽에서 재인용.)

결혼생활을 두 번 다시 생각하고 싶지 않은 기억으로 남아 있다.[47] 이처럼 전쟁으로 장애를 입은 상이군인이 그 분노를 가족에 대한 폭력으로 드러냈던 반면, 동일하게 전쟁으로 장애를 입었지만, 양진희의 사례에서처럼 여성은 가정폭력의 피해자가 되고 있었다. 더욱이 양진희의 사례에서 주목되는 점은, 남편의 폭력이 구술자의 눈을 향해 집중되었다는 점이다. 장애를 아내의 약점으로 인식한 남편은 아내를 무력화하기 위해 한쪽 눈마저 잃게 하겠다고 위협을 가했다. 이는 약점으로서 장애를 활용하면서, 아내의 장애를 자신의 폭력을 정당화하기 위해 이용하는 방식이라 하겠다. 이러한 폭력의 양상은 결국 남성 중심 구조에서 여성이라는 요인과 비장애중심 사회에서 장애라는 요인 결합하면서 이중적 차별이 작동하고 있음을 보여준다. 더욱이 장애 여성들은 가정폭력에 취약할 뿐만 아니라, 벗어나기도 힘들다. 주위 사람들이 '그런 (장애인인) 네가 참고 살아야지. 살아주는 것도 고맙지'라며 참고 살라고 강요하는 경우가 많기 때문이다.[48]

이처럼 일상적인 폭력에 노출된 상황 속에서도 양진희는 가사를 돌보지 않는 남편을 대신해 농사짓고 과수원에 품 팔러 다니면서 아이 넷을 길러냈다. 한때 견디기 힘들어 자살을 생각했던 적도 있지만, "이를 깨물며" 버텼다. 양반집 딸로 이혼녀라는 소리는 들을 수 없다는 생각, 그리고 "허물(눈)이 있는데 다른 데 가면 별수 있을까" 하는 남들의 냉소적인 반응을 보기 싫어서였다고 한다.

---

47 이임하(2011), 앞의 글, 304쪽.

48 장명숙, 「여성장애인과 폭력」, 『새가정』 제548호, 새가정사, 2003, 55-56쪽.

결국 양진희가 폭력적인 상황을 견뎠던 것은 자신의 장애를 허물로 생각하고 다른 곳으로 결혼한다 해도 마찬가지일 거라는 사회적 편견과 그에 대한 수긍 때문이었다. 이로 인해 불행한 결혼생활에서 벗어나 다른 꿈을 꿀 가능성을 찾지 못한 채 양진희는 남편이 사망할 때까지 가정폭력을 온몸으로 견뎌내는 삶을 이어가게 된다.

5. 역사의 산 증인이 되다: 장애의 의미 변화

구술자 양진희에게 노근리사건과 그로 인한 그녀의 장애는 이해할 수 없으며 동시에 말할 수도, 누구를 원망할 수도 없는 일이었다.

> "이해할 수가 없지, 이해를 어떻게 해. 그 미군이 쏘긴 미군이 쐈는데 어떻게 이해를 할 수도 없고, 어디다 이야기 할 수도 없고. 이야기야 하지만은 누가 뭐 귀 기울여? 그 시절에는 얘기도 못했어. 까딱 잘못하면 빨갱이로 몰리고 이래 가지고."[49] (양진희 구술)

한국전쟁 중 미군에 의한 피해를 언급하는 것은 '반미' 혹은 '종북'이라는 정치적 이데올로기로 확장되어 해석되었고, 사건의 본질과는 상관없이 반사회적 경험으로 은폐되어야 하는 반기억이

49 노근리국제평화재단, 『노근리사건 생존피해자와 유족들의 구술기록 (2)』, 90쪽.

었다. 독재정권이 인정하는 한국전쟁에 대한 공식 기억은 반공 이데올로기에 근거하고 있었기에 자유민주주의와 반공을 위해 남의 나라에 와서 함께 싸운 미군의 희생은 숭고한 것으로 강조되었고 이에 반하는 경험과 기억은 무시되거나 억압되었기 때문이다.[50] 이러한 사회적 분위기 속에서 양진희는 자신의 피해와 부상의 원인을 이해할 수도 말할 수도 없었던 것이다. 실제로 양진희의 동생 양진석은 반공주의가 시퍼렇던 1970년대 노근리 얘기를 하다 몇 번이나 경찰서에 잡혀가야 했다.

> "그때만 해도 정보가 얼매나 빠른지 오늘 여기서 누가 하고 몇 차 있는 데서 얘기한 기 벌써 들어가가지고 내일 부르는 거야. 경찰서에서. 그렇게 해서 두 번까지는 뭐 그냥 그런대로 그때 이장을 본다, 새마을 지도자 된 사람들은 여하간 잘못이 있어도 훈방 조치해주고 그랬다고 그때는 박 대통령이. 그래서 세 번째는 그 79년도인데 그때가. 세 번째 불려 갔을 때는 연좌제 아는가 몰라 연좌제... 연좌제로 묶겠다 이런 얘기야...그거 뭐 어쩔 수 없지. 그때는 인제 안 하겠다고, 잘못했다고 인제 그랬는데..."[51] (양진석 구술)

양진석은 새마을운동 지도자로 이장으로 마을에서 지도자로 역할을 하던 상황이었기 때문에 다행히 이처럼 훈방으로 풀려날 수 있었지만 세 번째 잡히면 연좌제로 가족들에게까지 고통

---

50 윤은하 · 김유승, 앞의 글, 68쪽.

51 노근리국제평화재단, 『노근리사건 생존피해자와 유족들의 구술기록 (2)』, 166쪽.

을 가하겠다는 경찰의 위협에 결국 잘못했다고 빌고 나왔다. 이처럼 경찰과 정보기관의 감시 속에서 말을 할 수 없는 분위기에서 1990년대에 이르기까지 노근리사건은 함부로 발설하기 어려운 일이었다.

노근리의 피해자들은 진상을 규명하기 위해 끈질기게 노력했다. 노근리사건에서 아들과 딸을 잃은 정은용은 1960년 미국 정부가 서울에 설치한 미군소청사무소 앞으로 손해배상청구를 제기하였고, 1994년에는 노근리사건 실화소설 『그대, 우리의 아픔을 아는가』를 출간하며 한국과 미국 정부에 진정서와 탄원서를 제출했고, 진상규명과 명예회복을 위한 노근리대책위원회를 구성하여 활동하였다. 이러한 피해자들의 노력에 힘입어 1999년 9월 미국 AP통신이 노근리사건의 진상을 보도하면서 노근리사건은 국내외적인 관심사가 되었다. 이에 따라 한미 양국 정부는 2001년 공식조사에 착수하여, 한국전쟁 당시 노근리 일대에서 미군에 의해 발생한 민간인 살상사건의 존재를 인정하였고, 미 대통령 빌 클린턴(Bill Clinton)의 유감 표명까지 이끌어냈다. 희생자들과 유족들 노력의 결과로 국회에서는 노근리사건의 희생자와 그 유족들의 심사와 명예회복을 위하여 2004년 노근리사건특별법이 제정되고, 노근리 평화공원이 설립되고 고등학교 한국사 교과서에 노근리사건이 수록되는 등, 노근리사건이 우리 사회의 공식 기억으로 자리매김되었다.[52]

이러한 공론화와 진상규명 및 특별법 제정 과정에서 생존피해

52 김영구, 앞의 글, 2-4쪽; 정구도, 앞의 책.

자와 유족들의 활동이 결정적 역할을 하였다. 이 과정에서 피해 생존자 양진희는 중요한 역할을 수행하였다. 사실 운동 초기 노근리대책위를 구성하는 것은 쉽지 않았다. 피해자 대다수가 미국이 분명 가해자이지만 강대국인 미국을 상대로 하여 어떻게 민간인 단체인 노근리대책위가 싸울 수 있겠느냐는 의구심을 가졌기 때문이다.[53] 이는 양진희도 마찬가지였다.

> "잠 자는 걸 뭘 인제사 또 그렇게 들먹거려 갖고 속 아프게 만드냐고. 난 처음엔 안나간다고 했는데, 다른 사람이 그렇게 활동을 세게 해서 나오라 했으면 나 그만큼 안 나갔을꺼여. 이런 거, 그런 소리(증언) 할 때마다 이 내 가슴을 얼마나 후벼 파는가 알아? 그래서 안 나갔을껀데, 동생(양진석)이 그러니, 한 번 어김없이 참 엄청 나갔어. 내가 제일 많이 나갔어. 여자치고는...하면서 생각을 해보니께, 다 우리들을 위해서 하는 소리지, 이 정국으로 뭐 또 나쁜 거시기는 없잖아? 그래서 참 아무리 바쁘고 또 바빠도...가서 했다고. 열렬히 했다고...처음엔 동생 때문에 그렇게 나갔지만, 나중엔 그렇더라고."[54] (양진희 구술)

이미 잊힌 일을 뭐하러 새로 들쑤셔서 마음만 아프게 하나 하는 생각을 했지만, 동생(양진석)이 열심히 하는 일이라 누구보다도 열심히 진상규명운동에 참여하고 증언을 하였는데, 이 과정을

---

53 김영구, 앞의 글, 45쪽.

54 노근리국제평화재단, 『노근리사건 생존피해자와 유족들의 구술기록 (2)』, 124쪽.

통해서 결국 이 일이 피해자들을 위한 일이라는 자각을 하게 되었다.

이처럼 적극적으로 활동에 나선 양진희는 1999년 노근리사건 피해자대책위 임원과 생존피해자들이 미국 기독교교회협의회 초청으로 미국에 가서 기자회견을 할 때 동행하여 증언에 나섰다.

> "막 내 차례가 되서 뭐 몇 번 얘기하래. 그러니 내가 뭐 배우기를 했어. 뭐 무슨 말을 조가치게(조리있게) 해야 되는데 조가치게 할 수가 있어? 그냥...이제 내 생각대로 지께니까(지껄이니까) 뭐 잘 할 수나 있어? 그래 이제 하면서 내가 이 눈을 빼가지고 거기서 이제 이 눈을 막 팍 패대기를 쳤어. 막 깨지면 내가 거기서 니들, 눈을 해 넣는 돈 내놔. 안 그러면 여기서 죽을껴. 이럴 작정하고...얼마나 악이 나서 딱 치니까...그렁께 그놈들이 눈깔이 뗑그래져 가지고."[55] (양진희 구술)

청심환을 먹고 한 증언에서 양진희는 한 여성의 일생을 이렇게 망쳐놓았다고 울부짖으며 의안을 빼서 던지는 행위를 통해 좌중에 충격을 주었다. 전후 삶을 옥죄어 온 약점으로서 의안은 전쟁의 피해를 증언하는 가장 강력한 저항의 무기가 되었던 것이다. 이러한 증언 활동은 미국 내 여론을 크게 환기시켰다.[56]

피해자들의 활동은 단순히 노근리사건에 대한 사회적 여론을

55 노근리국제평화재단, 위의 책, 109쪽.

56 정구도, 앞의 책, 161-167쪽.

환기하고 한미 양국 정부를 움직이게 하는 외부적인 변화만을 초래했던 것은 아니다. 피해에 대한 스스로의 인식을 변화시키는 데도 지대한 역할을 하였다. 노근리사건이 공론화되면서 자신의 장애를 설명할 언어를 획득한 것은 양진희의 삶에 큰 변화를 가져왔다. 증언 활동을 하면서 "항상 주눅들어 있던 마음"이 "펴지는" 느낌을 받게 되었다. 배상을 받지 못하고 공원만 만들어 놓은 것에 대해 비판적인 피해자나 유족도 있지만, 양진희는 공원 설립과 기억 사업에 만족한다. "공원 하기 전에는 그렇게 해서 공원을 이만큼 해가지고 키워놔서 이 전부 다 알잖아. 웬만한 사람은. 이거만 이렇게 해놔도 나는 보상 안 받아도 이걸로 나는 내 치료가 됐다고 그랬어." 국민들이 그 억울함을 알아주는 것만으로도 마음의 고통이 해소가 되는 것 같다는 것이다.

변화는 장애에 대한 그녀의 생각에도 나타났다.

> "죽은 거 보단 낫지 않느냐. 내가. 뵈기는 싫지만 이제 이 영동 시내 이것이(노근리사건에 대한 이야기) 다 퍼져가지고 영동 시내 사람은 나 거기서 다친지 다 아니께 다 이해한다. 그 전에야 뭐 안 그래서 내가 숨어댕기고 뭐 참 이랬지만은 이제 안 그랴...막 보고 댕겨 인제."[57] (양진희 구술)

손자 친구들이 와도 "나 이거 눈 이런 거 이상하게 보지마 잉, 나 육이오 난리에 육이오 전쟁에 노근리 만날 나오지? 거기서 나

57 노근리국제평화재단, 앞의 책, 109쪽.

이렇게 다쳤어."라고 스스로 설명한다. 양진희는 사람들이 다 이해하니까 더 이상 숨길 필요가 없다는 생각으로 이제는 의안을 빼고도 시내에 나갔다 오게 되었다고 말한다. 여전히 의안을 끼지 않고 밖을 나섰을 때 낯선 사람이 보면 마음이 좋지는 않지만, 이제는 "늙었으니까" 한쪽 눈이 없어도 "목숨만 살고 다리만 성하면" 됐다는 마음이 들기도 한다는 것이다. 노근리사건의 공론화로 이제 자신의 장애가 더 이상 자신의 잘못 때문이 아니라고 생각하게 된 것, 그리고 나이가 들면서 사회가 요구하는 정상성/여성성의 기준으로부터 자유로워진 것이 이러한 변화의 요인인 것으로 보인다. 트라우마적 기억의 표현은 그 자체가 고통을 수반하지만 동시에 사회적 지지를 동반한다면 그것은 치유를 지향할 수 있다는 염미경의 지적은 증언 이후 양진희의 변화에도 적용될 수 있을 것이다.[58]

나아가 개인의 피해를 역사적 피해의 증거로서 의미화되는 과정에서 구술활동을 통해 양진희는 명예를 회복하고 누락된 기억을 복원하여 공식적인 역사 기억으로 격상시켰다. 이를 통해 구술자는 전쟁의 일방적인 피해자에서 전쟁에 대해 '말하는' 주체, 즉 역사적 주체로 거듭나게 되었다. 이는 그간 여성을 전쟁의 희생자로서만 기억해 온 틀을 벗어나는 것으로 전쟁과 여성의 관계를 새롭게 사고할 시야를 열어주는 행위였다고 판단된다.

58 염미경, 앞의 글, 386쪽.

6. 맺음말

본 연구에서는 한국전쟁기 민간인의 피해와 치유의 과정을 노근리사건의 피해자 구술을 통해 살펴보았다. 이를 통해 민간인들의 전쟁피해, 특히 부상과 그로 인한 장애 경험을 젠더와의 관계 속에서 분석함으로써 민간인의 전쟁 피해와 전후의 삶에 대해 보다 다양한 시각에서 접근해보고자 하였다.

노근리사건은 1950년 7월 충북 영동군 노근리 일대에서 미군의 공중폭격과 지상공격에 의해 다수의 비무장 민간인들이 살상당한 사건으로, 수많은 사망자와 부상자를 발생시켰다. 면담에 참여한 구술자들은 대체로 10대를 전후하여 노근리사건을 겪으며 가족을 잃고 본인도 총알과 파편 등으로 부상을 당한 이들이었다. 어린 시절의 기억임에도 불구하고 이들의 피해 당시에 대한 기억은 생생했는데, 이는 영웅 서사로 구성된 지배담론에 자신의 경험을 끼워맞추며 부상 사실을 부차적으로 말하는 상이군인의 구술서사의 경향과 사뭇 다른 양상을 보여준다.

구술 내용에 따르면, 당시 부상자들은 제대로 된 의료의 혜택을 받지 못한 채 집으로 돌아가 민간요법으로 상처를 치료하였고 이로 인한 치료의 지연은 교육기회의 상실로 이어지기도 했다. 전쟁으로 인한 가족의 상실, 경제적 위기와 좌절감은 부모에 의한 양육의 방기나 교육기회의 박탈, 가정폭력으로 나타나기도 했는데, 이런 전후 지속된 전쟁의 후유증은 여성에게 더 편중되어 나타났다.

부상이 심한 경우 완치가 되지 못한 채 영구적인 장애로 이어지기도 했는데, 전쟁 당시 부상으로 한쪽 눈을 상실한 한 여성의 생애는 전쟁과 장애, 젠더가 교차하는 전후의 삶을 보여준다. 이 여성은 남편의 가정폭력으로 고통을 겪었지만, 자신의 장애를 허물로 생각하는 사회적 인식과 그에 대한 스스로의 수긍으로 다른 삶의 가능성을 찾지 못한 채 가정폭력을 견디는 삶을 이어갔다.

장애를 수치로 여겼던 그녀의 삶에 변화가 나타난 것은 노근리사건 진상규명운동에 참여하면서부터였다. 역사의 산 증인으로서 노근리사건의 피해를 말하며 장애를 설명할 언어를 획득한 그녀는 노근리사건이 공론화되면서 사회적 지지를 얻게 되자 주눅 들었던 마음이 사라지고 그간의 고통이 치유되는 듯한 느낌을 경험한다. 이제 의안을 끼지 않고도 시내에 나갈 수 있는 당당함을 갖게 되었다고 말하는 그녀의 변화에서 트라우마적 기억의 표현은 그 자체가 고통을 수반하지만 사회적 지지를 동반할 때 그것은 치유를 가져다준다는 것을 발견하게 된다.

나아가 개인의 피해가 역사적 피해의 증거로서 의미화되는 과정에서 그녀의 노근리대책위원회 활동 및 구술증언 행위는 자신의 명예를 회복하고 누락된 고통의 기억을 복원하여 공식적인 역사 기억으로 격상시키는 계기가 되었다. 이를 통해 그녀는 전쟁의 일방적인 피해자에서 전쟁에 대해 '말하는' 주체, 즉 역사적 주체로 거듭나게 되었다. 이는 그간 여성을 전쟁의 희생자로서만 기억해 온 틀을 벗어나는 것으로 전쟁과 여성의 관계를 새롭게 사고할 시야를 열어준다.

해외입양인의 가족 찾기 표상[1]

김 이 진

1. 들어가며

냉전 체제하의 한반도에서 발발한 한국전쟁은 같은 민족이 남북으로 분단되도록 만들었으며, 이로 인해 이산가족이 발생했다. 그리고 이산가족과 마찬가지로 전쟁에 의해 운명이 좌우되고 이국으로 보내진 사람들이 있었다. 한국에서 해외로 보내진 해외입양인들이다.

해외입양인은 국적이 다른 양부모에게 입양되어 가족 결연을 맺고 수용 국가로 보내어진 사람들을 가리킨다. 한국에서 해외입양제도는 한국전쟁의 휴전협정이 맺어진 1953년 이후 전쟁고아나 '혼혈아'[2]의 구제를 목적으로 시작되었다. 하지만 시대적 상황

---

1 이 글은 「韓国における国際養子と家族探しの表象」, 『言語社会』, 第15号, 一橋大学大学院言語社会研究科, 2021을 수정 · 보완하여 재수록한 것이다.

2 "혼혈", "혼혈아"와 같은 표현은 순혈과 대립되는 차별적 표현으로, UN 인종차

의 변화에도 불구하고 혈연가족을 중시하는 가치관으로 인해 국내 입양의 수는 극히 적었으며, 특히 가부장적 가족 개념에서 배제된 미혼모의 자녀가 계속해서 서구 국가로 내보내졌다.[3] 즉, 전쟁이 끝나고 더 이상 전쟁고아가 생기지 않음에도 불구하고, 한국의 이상적인 가족상에 부합하지 않는 아동들을 계속해서 국외로 내보냈던 것이다. 또한 아동 복지 제도를 정비하고 국내 입양을 장려해야 할 의무가 있는 정부가 이를 방기하면서 상황은 더욱 고착화되었다.[4]

그렇게 아동들이 보내진 해외 국가들은 선진국으로 여겨지는 서구 국가였기 때문에, 해외입양인들은 문화와 언어 등 차이점이 많은 사람들과 가족으로서 살아가게 되었다. 결과적으로 이들은 한국의 가족 형태를 위태롭게 하는 존재로서 배제되었지만, 수용 국가에서는 종래의 가족상을 변용시키는 촉매가 되었다.

이 글은 이러한 배경에 의해 해외로 보내진 한국계 해외입양인이 한국 사회에서 어떻게 자리매김되고 있는지를 밝히기 위해, 한국의 언론과 대중문화가 해외입양인을 어떻게 표상해왔는지에 주목한다. 뿐만 아니라, 한국 사회에서 만들어진 해외입양인의 표

별철폐위원회는 2007년에 한국에서 해당 표현을 사용하는 것을 금하도록 권고했다. 그러나 한국 사회에서는 이러한 표현이 차별 표현이라는 인식이 일반적이지 않고, 대체할 수 있는 적절한 표현이 없다. 따라서 본문에서는 해당 표현을 그대로 이용한다.

3 박미정, 「국내입양 현황과 개선방안」, 『월간 복지동향』 제192호, 참여연대사회복지위원회, 2014, 22쪽.

4 자세한 내용은 다음 문헌을 참조. 김동수, 「한국인의 시각에서 본 국제입양」, 『한국 해외 입양』, 뿌리의집, 2015.

상과 해외입양인들이 제작한 작품을 비교하고, 양자에 나타난 가족의 모습을 살펴봄으로써 한국 사회가 그려온 해외입양인들의 모습과 당사자들이 생각하는 가족이란 무엇인지 고찰하고자 한다. 이를 통해, 한국의 가족 관념을 파악하는 비판적인 시점을 제시하고 가족이라는 공동체에 대해 재고하기 위한 계기를 마련하고자 한다.

2. 〈수잔 브링크의 아리랑〉과 비극의 여주인공

먼저 해외입양인이 한국에서 해외로 보내진 배경을 간략히 개괄한 후, 한국에서 해외입양인이 어떻게 인식되어 왔는지를 확인하고자 한다. 이를 위해 대중문화 중에서도 일반 대중에게 큰 영향을 준 매체인 TV 프로그램과 영화 작품을 예로 들어 그 특징을 논할 것이다.

한국에서 최초의 해외입양은 전술한 바와 같이 요보호 아동인 전쟁고아를 해외로 보내면서 시작되었다. 하지만 동시대에 전쟁고아와는 다른 문맥에서 '혼혈아'가 해외로 보내졌다는 사실을 확인해 둘 필요가 있다. 김아람은 "1950년대 이승만 정부가 추구했던 국민 형성은 다른 존재들과의 차이를 인정하지 않았"고 '혼혈아'를 국내에서 격리하여 수용하려는 계획이 있었다고 말한다.[5] 반

5 김아람, 「1950년대 한국 사회의 혼혈인 인식과 해외 입양」, 한양대학교 비교역사문화연구소 기획, 박선주 · 오경환 · 홍양희 편, 『고아, 족보없는 자』, 책과함께, 2014, 118쪽.

면 '혼혈아'를 출산한 여성은 '순수한' 부계 혈통을 잇지 못했다고 비판받거나 미군 남성을 상대로 매춘을 하는 여성이라고 여기는 사회적 통념이 있었다.[6] 이러한 상황 속에서 1961년 9월 박정희 정권에 의해 고아입양특례법이 제정 · 공포되었는데, 이는 전쟁고아나 '혼혈아'를 해외에 입양 보내기 위한 법적 근거를 마련한 것이었다.

더불어 이명호는 박정희 정권이 경제성장을 이루기 위해 인구과잉문제를 해결할 필요가 있다고 여기고 가족계획사업의 하나로 해외입양제도를 이용했다고 지적한다. "근대 핵가족 형태로 재편된 가부장적 가족제도 바깥으로 밀려난 존재들, 이를테면 버려진 아동, 가정이 파괴된 아이들, 혼외 관계로 태어난 아이들, 미혼모와 독신모의 아이들을 해외로 입양 보내는 것은 사회복지비용을 줄이면서 인구를 조절하는 손쉽고 효율적인 방법이었다."[7] 때문에 1970년대 이후부터는 입양되는 아동 중 미혼모의 자녀가 차지하는 비율이 높아졌다.[8]

이처럼 해외로 사라져버린 해외입양인들이 한국 사회에서 가시화되기 시작한 것은 1970년대 이후 이들이 한국을 방문하면서이다. 이 시기부터 성장한 해외입양인들이 '뿌리 찾기'를 위해 '모국 방문'을 하는 경우가 있었으며, 성공을 이룬 유명한 해외입양인의 사례가 보도되기도 하였다. 1980년대가 되면 한국에 있는 친

---

6 김아람, 위의 글, 86-90쪽.

7 이명호, 「버려진 아이들의 귀환: 입양인 서사와 박정희 체제」, 『비교한국학』 제21권 1호, 국제비교한국학회, 2013, 50쪽.

8 이명호, 위의 글.

족과 친척을 찾는 해외입양인에 대한 신문 광고를 볼 수 있게 되고, 1990년대부터 한국을 방문하는 해외입양인이 늘어나면서 TV 프로그램에서 가족을 찾는 해외입양인들을 볼 수 있게 된다. 해외입양인에 대한 인식이 형성되는 데에는 이러한 대중 매체가 큰 영향을 주었다.[9]

토비아스 휘비네트(Tobias Hübinette)는 한국 사회에 자리 잡은 입양인에 대한 인식은 언론과 대중문화에 의해 형성되었고, "언론에서는 '성공한', '유명한' 입양인에 대한 엘리트주의적 관심이 주를 이룬 반면, 대중문화 작품의 대다수는 국제 입양의 부정적인 측면을 부각해 대조를 보였다"고 지적한다.[10]

> 1991년부터 주마다 미아 찾기와 해외 입양을 다루고 있는 KBS의 인기 프로그램 '아침마당'은, 헤어진 가족 문제가 치료적 · 카타르시스적 효과를 지닌 미디어 스펙터클로 발전한 모습을 보여주는 좋은 사례다. … 2004년 일요일 저녁에 방송된 KBS 예능프로그램 '해피선데이'에서는 한국이 아닌 입양한 나라에서 해외입양인과 친부모의 상봉이 이루어졌다. 이처럼 가족에 대한 간절한 열망은 '아침마당', '해피선데이' 등의 프로그램을 통해 중재되고 상품화되었다. 시청자는 자연스레 프로그램의 내용에 빠져들었고, 입양이라는 개인의 문제는 가장 극적이고 상업적인 방식을 통해 공공의 문제

9 토비아스 휘비네트, 『해외 입양과 한국 민족주의』, 소나무, 2008, 120-122쪽.
10 토비아스 휘비네트, 위의 책, 128쪽.

로 변모했다.[11]

이처럼 한국 사회에서 해외입양인의 존재가 알려진 것은 정부의 공식적인 진술 등에 의한 것이 아니라 TV 프로그램이 다룬 단편적인 모습을 통해서였다. "사설이나 칼럼보다는 이러한 대중문화를 통해 입양 한국인의 이미지가 국내의 대중에게 전해"진 측면이 크며[12] 해외입양인들이 울면서 가족과 만나는 장면이 극적으로 화면에 비치면서 이들은 연민의 대상으로 여겨지게 되었다.

이러한 인식을 굳힌 영화로 〈수잔 브링크의 아리랑〉(1991)을 들 수 있다. 이 작품은 TV 다큐멘터리 〈MBC TV 인간시대 수잔 브링크의 아리랑〉(1989)이 사회적으로 반향을 불러일으키면서 영화화된 것이다.[13] 영화는 해외입양인인 수잔 브링크를 주인공으로 다루었는데, 해외입양인을 정면에서 다룬 첫 영화라는 점에서 주목할 만하다.[14] 또 당시 인기를 끌었던 여배우 故 최진실이 주인공

11 토비아스 휘비네트, 위의 책, 122쪽.

12 토비아스 휘비네트, 위의 책, 312쪽.

13 본 프로그램은 MBC 방송국의 TV 다큐멘터리로 제작된 〈MBC-TV 3부작 특집극 「우리는 지금-해외입양아」〉에 스웨덴에 입양된 수잔 브링크가 출연하면서, 방송을 본 그녀의 생모가 수잔과 재회하는 모습을 담아낸 것이다.

14 유진영은 1950년대부터 2000년대까지 해외입양인을 다룬 영화의 특징을 정리한 바 있다. 초창기에 해외입양인이 등장하는 한국영화는 〈내가 낳은 검둥이〉(1959)다. 이후 1970년대까지 공개된 작품들은 한국 여성과 미군 남성 사이에서 태어난 '혼혈아'를 해외로 보내는 내용이 포함되거나, 해외입양인과 한국인의 로맨스를 제재로 한다. 1980년대부터는 한국을 그리워하는 해외입양인 여성과, 이러한 여성을 보호하는 한국 남성 간의 로맨스가 주된 모티브였다. 유진영, 「소수자로서의 해외입양인-영화 〈국가대표〉의 해외입양인 재현을 중심으로」, 『영상예술연구』 제22호, 영상예술학회, 2013, 57-58쪽.

수잔 브링크 역을 맡으며 일반 관객에게 해외입양인의 갈등을 알렸다는 평가를 받았다.[15]

하지만, TV 프로그램(다큐멘터리)과 영화(픽션)에서의 수잔의 표상을 비교해 보면, TV 프로그램은 사실을 선입견을 가지고 해석한 것이라고 할 수 있으며, 영화는 TV 프로그램에서는 등장하지 않는 장면을 삽입하여 수잔의 인생을 비극으로써 강조하는 측면이 있다. 우선 다큐멘터리 프로그램에서 소개되는 수잔의 정보를 정리하면 다음과 같다.

신유숙은 한국의 빈곤한 가정에서 막내딸로 태어났다. 그녀의 아버지가 사망한 후 혼자 생계를 꾸리게 된 어머니는 한국에서보다 좋은 생활을 할 수 있을 것이라고 생각하여 그녀를 해외로 입양을 보낸다. 스웨덴에 입양이 되어 수잔 브링크라는 이름으로 살게 된 그녀는 양모와 오빠에게 학대당하고 고통받는다. 18세 무렵, 집에서 독립한 수잔은 스웨덴 남자와 사랑에 빠지지만, 아이가 생기자 교제 상대와 연락이 두절된다. 이렇게 수잔은 '혼혈아'인 엘레노라를 낳은 미혼모가 된다.

그런데 방송의 내레이션의 특징적인 점은 "혼혈"[16]이나 "미혼모"라고 하는 표현이 자주 사용되고, 수잔의 인생이 당연히 "불행"하다고 단정한다는 점이다.

---

15 한국민족문화대백과사전, 검색어 "수잔브링크의아리랑"

16 방송에서는 "동양의 피 엘레노라의 아빠는 자기 자식에게서 동양의 피를 보고 싶지 않았을 것이다", "스웨덴 아이들 속에 있을 때 엘레노라에게서 동양을 느끼는 것처럼 집 안에 단 둘이서만 있을 때 이따금 딸아이에게선 스웨덴의 피가 강하게 느껴진다"와 같은 말을 덧붙이고 있으며, 엘레노라가 '순혈'이 아니라는 점이 스웨덴에서도 한국에서도 부정적인 요소일 것이라 간주한다.

한국에서 입양된 고아들. 이들은 입양과 동시에 한국 국적과 말과 이름을 잃어버리고 유럽인 가족의 일원 유럽인이 되어야 한다. 그러나 유럽인들은 또 이들을 유럽인으로 보지 않는다. … 그[수잔]는 6살짜리 딸 엘레노라의 엄마가 되어 있다. 미혼모 수잔은 미혼모가 된 현재의 불행 역시 자신의 의사와는 아무런 상관없이 스웨덴에 입양되어 어머니와 조국으로부터 버림받았던 그 날로부터 비롯된 것이라 여기고 있다.

내레이션에서는 수잔을 "한국 국적과 말과 이름을 잃어버"린 존재라고 표현하며, 한국과 관계가 있는 요소를 기준으로 그녀의 인생에 대한 가치 판단이 이루어지고 있다. 더불어 '혼혈아' 혹은 미혼모의 자녀이기 때문에 사회에서 배제되고 한국을 떠날 수밖에 없었던 아동들과 수잔과 엘레노라에 대한 인식에는 동일한 편견이 투영되어 있다. 다만 수잔이 '어머니와 조국으로부터 버려진' 아이(입양아)이기 때문에, 그녀는 '혼혈아'를 낳은 미혼 여성에 대한 멸시가 아닌 연민의 대상으로 비친다.

한편, 영화는 스웨덴에서의 생활을 중심으로 수잔의 삶을 묘사한다. 수잔이 양모의 학대를 견디지 못하고 자살을 도모한 일이나, 길을 걷고 있는 도중에 갑자기 진통이 와서 아무도 없는 길목에 쓰러져 괴로워하는 모습, 단 한 명밖에 없는 친구에게 연인을 빼앗기고 그 충격으로 인해 또다시 자살을 시도하는 장면에 극단적인 연출이 더해진다. 이것은 다큐멘터리 프로그램에서는 구체적으로 다룰 수 없었던 과거의 이야기를 그려낸 것이나, 그 내용은 수잔의 실제 경험이나 본인의 인식에 기반한 것이라고 하기보다는 제작자 측의 상상이 가미된 것이라고 보는 것이 타당할 것이다. 수잔이 본 영화의 제작 단계에서 영화가 사실을 과장 혹은 왜곡하고 있다고 항의하였으며, 제작 중단을 요구하였기 때문이다.[17] 이처럼 수잔은 자신의 의사와는 달리 한국 가족에 통합되지 않는 이들을 구현하는 비극의 여주인공으로 비치고 있는 것이다.

3. 가족 찾기라고 하는 표상의 계보

위와 같은 해외입양인에 대한 묘사는 1990년대에 현저하게 나타났으나, 2000년대 이후에 공개된 영화 역시 실제 인물이나 실화를 바탕으로 하는 것이 많으며, 대부분 가족과의 재회나 해외입양인이 겪는 문제에 주목한 극영화[18]이다. 한편 논픽션 영화 중에 해외입양을 메인으로 다루고 있는 작품도 있는데, 이에 해당하는 작품으로는 〈프랑스인 김명실(Winter Garden)〉(이지현, 2014)을 들 수 있다. 이 작품은 이지현 감독이 프랑스에 사는 해외입양인 친구인 세실 들레트르(Cecile Delaitre)[19]를 촬영한 다큐멘터리다. 작품은 세실의 프랑스에서의 일상과 감독이 입양 당사자를 인터뷰한 영상,

17 「"사실왜곡" 항의에 촬영 애먹어」, 『중앙일보』, 1991. 8. 23.

18 예를 들어 〈마이 파더〉(2007)는 어렸을 때 입양된 청년이 사형수인 생부와 만난 실화를 바탕으로 제작되었으며, 〈바비〉(2012)는 장기이식(인신매매)을 목적으로 입양이 이뤄진 사건에 기반하여 만들어졌다.

19 타이틀에 적힌 김명실은 한국 이름이다.

세실이 있던 한국의 보육원의 모습 등이 담겨 있다. 즉, 해외입양인이 직접 제작한 작품은 아니지만 감독이 해외입양인의 경험과 생각을 공유하려고 시도한 작품이라고 할 수 있다.

〈프랑스인 김명실〉은 이지현 감독처럼 해외입양인과 아는 사이이거나 대화를 나눈 적이 있는 경우, 해외입양인에 대한 복합적인 인식을 가질 수 있음을 시사한다. 이와 관련하여 이성희는 해외입양인과 실제 만난 적이 있는 경우(접촉집단)와 그렇지 않은 경우(비접촉집단)를 나누어 한국인이 해외입양인에 대해 가지고 있는 인식을 비교하였는데, 비접촉집단이 가진 인식이 비교적 편향적이라고 말한다.[20] 비접촉집단의 경우 입양된 아동들이 양부모에 의해 학대당한다고 생각하는 비율이 높으며, (접촉 유무와 관계없이 미디어의 영향력은 크나) 해외입양인과의 접촉 여부에 따라 이해도의 차이가 나온다는 것이다.[21]

이러한 측면을 보여주는 작품의 사례를 추가로 확인해보자. 우선 2016년 2월 23일부터 3월 6일까지 한 차례, 2020년 11월 11일부터 2021년 1월 31일까지 또 한번 상연된 뮤지컬 〈에어포트 베이비(Airport baby)〉가 있다. 본 작품은 관객과 함께 한 세 번의 독회와 쇼케이스를 진행하면서 제작된 것으로 미국에 입양된 조씨(조쉬) 코헨을 주인공으로 하고 있다. 극은 미국에서 한국에 온 조씨가 "어렸을 적 난 모든 아기들은 공항에서 태어난다 생각했어"라고 노래하는 장면에서 시작되고, 조씨가 한국에서 만난 게이바의

20 이성희, 「한국인의 해외입양인에 대한 인식 조사: 접촉집단과 비접촉집단의 인식 비교를 중심으로」, 연세대학교 석사학위논문, 2007, 48-49쪽.

21 이성희, 위의 글, 53쪽.

딜리아와 친구들의 도움을 얻으면서 자신의 생모를 찾는 이야기가 펼쳐진다.

스토리의 주역이 되는 두 등장인물은 실제 인물을 캐릭터화한 것이다. 극작가 전수양은 해외 입양을 소재로 하는 뮤지컬의 극본을 쓰기로 하고 조사에 착수한 후, 우연히 미국에 입양된 재이와 친구가 되었다고 말한다.[22] 그리고 재이의 경험담을 듣고 조씨라는 캐릭터를 만들어냈다. 또한 본 작품의 연출은 한국인 아버지와 리투아니아인 어머니가 있는 박칼린이 맡았다. 그녀는 "이 작품은 태어나면서 자연히 주어지는 답을 알지 못해, 늘 맘 한 곳이 허전했던 입양인이 자신의 뿌리를 찾기 위해 떠나는 여정을 담고 있다. 그리고 일부는 내가 공감하고 경험했던 내 이야기이기도 하다. … 슬픈 소재를 신파로 풀지 않고 담백하게 구성했다는 점, 세련된 음악이 글과 잘 엮어져 뮤지컬 작품으로 펼쳐졌다는 게 이 작품의 매력이다"라고 말한다.[23]

이와 같이 해외입양인 지인이 있거나 여러 문화 속에서 성장한 사람들이 해외입양인의 경험에 관심을 가지고 한국의 마이너리티—해외입양인이나 성소수자—의 이야기를 창작하고 있는 것은 주목할 만하다. 한편, 미디어의 표상에도 변화가 생겼다. 예능 프로그램인 〈무한도전〉에서는 미국에 거주하는 해외입양인 선영씨와 그 가족에 대한 프로그램을 2015년에 방영해 대중에게 해외입양에 대한 관심을 환기했다. 이 프로그램은 광복 70주년을 기념

22 〈에어포트 베이비〉 공식 팸플릿, 6쪽.

23 위의 책, 5쪽.

해 해외에 사는 재외 동포에게 고국의 요리를 보낸다는 기획을 바탕으로 제작되었다. 때문에 전면적으로 해외입양인을 다루는 취지의 방송은 아니었지만, 출산을 앞둔 딸을 위해 생모가 미국에 가서 직접 요리를 만들어 주는 모습은 많은 시청자들을 눈물짓게 했다.

선영 씨가 생모와 헤어진 이유는 할머니가 여자아이를 원치 않았기 때문이었다. 선영 씨의 생모는 아이를 출산한 후 시어머니로부터 딸이 죽었다는 말을 들었다. 하지만 실제로 딸인 선영 씨는 미국으로 몰래 입양된 것이었다. 생모는 딸과 재회한 뒤 이 사실을 알게 된다.

방송에서는 선영 씨의 한국 가족과 양부를 포함한 미국 가족이 모두 모여 이야기를 하고 식사를 하는 단란한 모습을 보여준다. 또 미국의 해외입양인 교육기관을 취재하여 해외입양인 아동들과 그들의 양부모들의 모습도 소개하고 있다. 이처럼 종래의 TV 프로그램이 해외입양인과 한국의 가족과의 관계에만 초점을 맞추고, 입양 가족과의 일상생활에 대하여 많이 다루지 않았던 것을 고려한다면, 미디어의 표상이 해외입양인의 다양한 경험을 보여주는 것으로 변화하고 있다고 할 수 있다.

다만 위의 작품들 역시 가족 찾기라는 서사를 축으로 하고 있다는 점에서 종래의 표상의 계보로부터 크게 벗어나지 않는다. 또한 〈무한도전〉의 경우 생모와의 재회 장면에 눈물을 자극하는 자막이 붙어있으며, 많은 시청자들이 그녀를 안쓰럽게 여기도록 유도하고 있다.[24] 이러한 편집은 가족이 모두 모여 꿈만 같다고 말하는 선영 씨의 감회와 한국 사회가 해외입양인의 모습을 받아들이는 방식 사이에 여전히 격차가 있음을 보여준다.

4. 해외입양인의 작품 속 가족

지금까지 살펴본 표상의 계보는 해외입양인 당사자가 아니라 한국 사회나 주위 사람들의 시선을 투영하고 있다. 한편 해외입양인이 직접 제작한 영상 작품도 한국에 소개되고 있다. 이 글에서는 그 중에서 관객들이 가장 많이 접할 수 있었다고 여겨지는 극장 공개 작품을 거론하고, 한국에 소개된 해외입양인의 작품의 특징에 대해 논하고자 한다. 그 중에서도 수용 사회에서 성장한 해외입양인들이 한국에 와서 가족을 찾는 경험을 재현·촬영하여 보여주고 있는 두 작품, 융 에낭(Jung Henin, 이하 융)의 〈피부색깔=꿀색(Couleur de peau: Miel)〉(2012)과 사만다 푸터먼(Samantha Futerman)의 〈트윈스터즈(Twinsters)〉(2015)에 주목하고자 한다.

〈피부색깔=꿀색〉은 벨기에로 보내진 해외입양인 융과 프랑스의 다큐멘터리 감독인 로랑 브왈로(Laurent Boileau)가 공동 감독하여 제작한 작품이다. 영화는 융 자신이 그린 동명의 원작 만화를

24 다음 기사의 제목에도 이러한 측면이 나타나 있다. 「유재석, 안타까운 주인공 입양 사연 소개에 '뭉클'」, 『iMBC』, 2015. 8. 29, http://enews.imbc.com/News/RetrieveNewsInfo/149520; 「'무한도전' 선영씨 母 "막내딸, 죽은 줄 알았다" 눈물 고백」, 『YTN』, 2015. 8. 29.

바탕으로 2D · 3D 애니메이션과 다큐멘터리를 조합한 애니메이션 다큐멘터리의 형식을 취한다. 〈피부색깔=꿀색〉은 2014년에 한국의 극장에서 공개됐다.

〈피부색깔=꿀색〉은 융의 소년 시절부터 사춘기에 걸친 성장기와, 40대가 되어 한국을 방문한 현재의 모습을 교차시키면서 보여준다. 융에게 있어 그림은 생모에 대한 상상을 가능하게 하는 것이자 안식처였다. 또한 어른이 된 그가 〈피부색깔=꿀색〉이라는 만화와 영화를 만든 것은 생모와 양모와의 관계를 받아들이고, 두 어머니에 대해 존경을 표하는 오마주로서의 의미가 있다.

작중에서는 주위 사람과 자신의 외모가 다르다는 것을 깨달은 융이 정체성에 대해 고민하는 모습이 그려진다. 융은 다른 형제와 아버지와의 관계는 원만했지만, 엄격한 어머니와의 사이에서 종종 갈등을 겪었다. 양모를 둘러싼 에피소드 중에서 오랫동안 그의 마음에 자리잡게 되는 일화가 작품에 긴장감을 준다. 융은 어느 날 학교 의자에 떨어진 식권을 훔치는데, 이로 인해 양어머니에게 호되게 혼이 난다. "썩은 사과 같으니. 주위 사과까지 다 썩게 만들 게 뻔해. 우리 애들[양부모의 친자]과 가까이 지내지 마"라는 모진 말을 들은 융은 매우 상심한다.

영화에서는 어머니의 말을 들은 융의 모습이 사과 모양의 드로잉으로 변하고, 다른 사과가 들어 있는 양동이 위에 떨어져서 문드러진다. 그 후, 이어지는 2D 애니메이션에서 (감독이 입양된 나이인) 다섯 살의 융이 얼굴 없는 생모의 뒤를 쫓는다. 그러나 생모는 그를 한 번 뒤돌아본 후 그대로 떠나버린다. 이 장면에서 융은 양모의 말에 상처받고 자신이 의지할 곳을 찾아 공상 속의 생모를 좇아가 보지만, 얼굴을 비롯해 아무것도 아는 바가 없는 생모에게 도달할 수 없다.

이처럼 해외입양인들은 입양 가족과의 관계를 구축하는 과정에서 때때로 우여곡절을 겪으며 성장한다. 그럼에도 불구하고, 영화 후반부에서는 융이 양모의 사랑을 확인하고 갈등을 극복하는 에피소드가 등장한다.

사춘기에 집을 나와 하숙 생활을 하던 융은 적은 양의 밥에 핫소스를 가득 뿌려 먹다가 출혈성 위염을 앓고 병원에 입원한다. 융이 퇴원한 후 본가로 돌아와서 상심해 있는 모습을 보며 양모는 "엄마가 너에게 꼭 해주고 싶은 말이 있"다고 말한다. 그녀는 융을 보듬으며 "아주 오래 전에 첫 애를 낳다가 그만 잃고 말았어. 그래서 난 마음속으로 널 그 애 대신이라고 생각했단다"는 이야기를 한다. 두 사람의 모습에 뒤이어 융은 내레이션을 통해 생모와 양모에 대한 마음을 고백한다.

나의 친엄마
혹시 보게 되면 원망 안 한다고 말하고 싶어요
죄책감에 엄마가 더 힘들었을 거예요
평생 내 걱정하며 살았을 걸 아니까요
친엄마에 대한 환상을 항상 갖고 살았는데
그림을 통해 새로운 스토리를 만들고
가상의 사랑을 누렸어요
하지만 그건 일종의 도피였죠
허전함을 채우기 위한 저만의 돌파구였고

어른이 되고 싶지 않아서였어요
그래요 전 고향 방문을 통해 현실을 직시하게 됐어요
상상 속의 엄마를 사랑할 순 없어요
단지 꿈꿀 뿐이죠
제게 엄마는 한 분뿐이고[25]
그 분은 실제로 존재하며
날 바라보는 눈빛은 거짓말을 하지 않아요
그건 아들을 바라보는 엄마의 눈길이죠

융은 한국에서 입양 알선 기관을 찾아가 자신의 기록을 찾아보지만 생모에 대한 정보는 얻지 못하고, 생모를 찾는 것 또한 포기한다. 그는 자신의 생모가 미혼모였을 것이라고 추측하며 "엄마 얼굴을 기억하지 못해도 나는 늘 엄마에게 많은 애정을 품고 있었다"고 말한다.[26] 융이 입양된 1970년대는 박정희 정권이 경제개발 5개년 계획을 추진함으로써 농업사회였던 한국이 근대산업국가로 전환한 시기다. 실제로 "국가가 급속도로 산업화되며 대가족 중심의 친족 관계 및 연대와 전통 사회가 사라짐에 따라, 수만 명에 달하는 여공의 아이들과 국내 이주 및 빠른 도시화의 혼란 속에서 버려지고 발견된 아이들이 해외 입양"[27]인이 되었다. 융이 생

---

25 영화의 영어 자막은 "I already have a mum"이고, 일본어 자막은 "私には母がいます(나에게는 엄마가 있어요)"로, (한국어 자막과는 달리) 어머니를 "한 분뿐"이라고 단정하지 않은 채로 제시된다.

26 전정식, 『피부색깔=꿀색』, 길찾기, 2013, 137쪽.

27 토비아스 휘비네트, 앞의 책, 94쪽.

각하는 것처럼 그의 생모가 자신을 책망하며 아들을 걱정하였는지에 대해서 알아볼 방편은 없다. 하지만 융은 원작 만화에서 해외입양을 지탱하는 한국 사회의 배경에 대해 해설하면서, 한국에서 "혼외로 아이를 갖는 것은 수치였고, 미혼모가 감당하기에는 너무 무거운 짐이었다. 돈도 없고, 사회적 차별까지 받으면서 미혼모가 선택했던 유일한 해결책이 바로 입양이었다"[28]고 적고 있다. 그가 생모에 대해 원한이 없다고 말하는 것은, 어머니가 놓여 있던 처지를 헤아렸기 때문이라고 여겨진다. 그리고 자신이 자리할 곳이 있다는 것을 확인시켜준 양모의 사랑이 있었기 때문에, 융은 두 어머니와의 관계를 받아들일 수 있게 된다.

5. 다섯 명의 어머니: 생모와 양모, 그리고 위탁모

이처럼 〈피부색깔=꿀색〉은 감독이 두 어머니의 존재를 받아들이는 모습을 그리고 있다. 본 장에서 다루는 〈트윈스터즈〉에서도 어머니들과의 관계를 포함한 다양한 가족관계가 등장한다. 〈트윈스터즈〉는 사만다 푸터먼(이하, 사만다 또는 샘)과 라이언 미야모토(Ryan Miyamoto)가 공동 감독한 영화로, 태어난 지 얼마 안 되어 각각 미국과 프랑스로 입양이 된 쌍둥이 자매가 SNS를 통해 만나는 모습을 촬영한 다큐멘터리이다. 본 작품은 미국에서

28 전정식, 앞의 책, 132쪽.

개봉된 후 한국에서도 원제인 〈트윈스터즈〉라는 제목으로 소개되었다. 타이틀이 된 "Twinsters"라는 단어는 쌍둥이를 의미하는 "Twins"와 자매를 의미하는 "Sisters"를 합친 조어이다.

사만다가 자신의 헤어진 쌍둥이 자매인 아나이스와 다시 만날 수 있었던 것은 아나이스의 친구가 유튜브에서 사만다의 영상을 우연히 발견했기 때문이다. 이후 두 사람은 페이스북을 통해 연락을 주고받다가 재회한다. 이러한 일화가 알려지면서 페이스북은 2013년 창설 10주년을 기념해 두 자매의 이야기를 10대 에피소드 중 하나로 소개했고, ABC나 CNN 등의 미디어에서도 SNS가 없으면 일어날 수 없었던 기적 같은 사건으로 두 사람의 이야기를 다뤘다. 일반적으로 해외입양인이 생물학적 가족과 재회하는 것은 한국에 있는 친족을 스스로 찾은 결과인 데 반해, 사만다와 아나이스는 자신의 자매를 우연히 발견한 것이다.

본 작품에서는 크게 세 가지의 가족관계가 나타난다. 우선 영화의 전반부에서 샘과 아나이스가 만남으로써 생물학적 가족—자매와 생모—에 대한 이야기가 나온다. 샘과 아나이스는 인터넷상에서 처음으로 알게 된 이후, 서로가 유전적으로 자매 관계가 맞는지 확인하기 위해 자신들의 입양을 관할한 기관을 통해 정보를 조사한다. 두 사람의 입양 서류를 비교해봤을 때 생일이나 출생지 등의 정보는 같았지만, 태어난 부모에 대한 기록이 일치하지 않았기 때문이다. 이러한 경위로 두 사람은 생모를 찾아보게 된다.

그러나 기관에서 돌아온 대답은 생모가 두 사람을 출산하고 양육을 포기했다는 사실을 부인했다는 것이었다. 샘과 아나이스는 융 감독보다 젊은 세대로 1980년대 후반에 입양되었다. 하지만 육이 입양된 1970년대부터 현재에 이르기까지 한국에서 국내 및 해외입양인의 압도적 다수는 미혼모가 양육을 포기한 아동이었다.[29] 그 원인은 정부가 미혼모에 대한 실질적인 지원 정책을 시행하고 있지 않았던 사실에 더하여[30] 한국에서는 지금도 "출산의 합법성을 결혼제도 틀 내에서만 인정하는"[31] 가족 관념이 강한 것을 들 수 있다. 생모가 출산 사실을 부인한 배경에는 이러한 상황이 있다는 것도 짚고 넘어가야 할 것이다.

생모로부터 연락을 거절당한 샘과 아나이스는 상심하지만, 서로가 함께 보내는 시간을 소중히 여기며 그 사실을 받아들인다. 그 후, 객관적인 증명이 없어도 친밀한 관계를 이어가고 있던 그녀들에게 DNA 검사의 결과가 도착하고 두 사람이 일란성 쌍둥이라는 것이 증명된다. 이를 계기로 미국과 프랑스에 있는 각각의 입양 가족-샘의 부모와 두 명의 오빠, 그리고 아나이스의 부모-가 한자리에 모이게 된다. 이와 같이 생물학적 가족에 대해 알아가는 과정에서 샘과 아나이스의 입양 가족 간의 교류가 생기고 가족의 외연이 넓어진다.[32]

---

29 2018년의 한국의 입양 발생 통계를 보면 해외로 입양된 아동 303명 중 302명이 미혼모의 자녀이며, 해외입양 전체의 99.9%를 차지했다. 또한 국내 및 해외입양 수치를 통합해보아도 약 90%(총 681명 중 617명)이 미혼모의 자녀로 추산된다. (보건복지부, 2018년 입양통계)

30 「[잃어버린 나를 찾아…입양인들이 돌아온다] 베이비박스가 필요 없는 사회」, 『세계일보』, 2016. 5. 10.

31 김희경, 『이상한 정상가족』, 동아시아, 2017, 114쪽.

32 이러한 가족의 모습이 실현 가능했던 것은 샘의 가족과 아나이스의 가족 간에 영어라는 공통 언어가 있었기 때문이다. 샘의 가족은 미국인으로 영어가 모어이다. 아나이스는 런던에서 고등교육을 받을 만큼 유창한 영어 실력을 가지고

이렇게 입양이 되기 전의 친족과 입양이 된 후의 가족의 유대가 생긴 후, 본 작품이 시사하는 또 다른 '가족'은 한국에 있는 위탁모이다. 샘은 아나이스를 만나고 나서, 아나이스가 입양에 대한 부정적인 생각을 가지고 있음을 알게 된다. 아나이스가 어릴 적에 주변에 사는 아이들이 너는 부모님과 닮지 않았다거나 사랑받지 못해서 버림받은 것이라는 말을 하며 놀렸기 때문이었다. 영화에서 샘은 다음과 같이 말한다.

> 전 그렇게 느낀 적 없어요. 그게 놀림거리가 되는지도 몰랐죠. 우리 동네는 백인 마을이고 참 수용적인 사람들이에요. 그런데 아나이스에게는 입양이 나쁜 것이었어요. 생모는 날 원치 않았고 [양부모님에게] 아이가 없어서 내가 입양됐는데, 만약 아이가 있었다면? [이라는 의심을 하게 된 거죠.]

샘은 미국에서 양부모와 두 명의 오빠와 화목하게 지냈으며, 거주했던 마을의 사람들로부터 편견 어린 시선을 느끼지 않고 평온하게 살았다고 말한다. 그러나 아나이스는 아이가 없는 양부모의 양녀가 되었고, 아시아인을 낯설게 느끼는 주변 사람들의 말에 때때로 상처를 받았다. 그래서 아나이스에게 자신이 입양되었다는 것은 마주하고 싶지 않은 사실이었다. 같은 부모 밑에서 태어난 일란성 쌍둥이라고 해도 스스로가 양녀라는 사실을 어떻게 받아들이는지는 각자가 자라온 사회에서의 경험에 따라서 다르다.

있고, 그녀의 양부모 모두 영어를 구사할 수 있다.

아나이스의 상처를 알게 된 샘은 아나이스에게 한국에 가자고 제안한다. 아나이스는 그것이 반드시 좋은 선택은 아닐지도 모른다고 생각하고 당황하지만, 제안에 응하여 '처음'으로 한국에 가기로 결정한다. 그리고 샘과 아나이스는 자신들을 키워준 두 명의 위탁모를 만난다. 그리고 아나이스는 "한국에서도 자신을 사랑해주는 사람이 있었다"는 것을 알게 된다.

> 우선 쌍둥이 자매를 만났고 우리의 위탁 어머니를 만났어요. 대가족이 된 기분이에요. 그들의 애정과 사랑을 봤어요. 내가 태어난 순간부터 위탁 어머니가 날 키웠죠. … 전에는 이렇게 생각했죠. 내가 버림받아서 지금 부모님과 살게 됐다고요. 그때 태어난 거죠. 공항이 아니라 부모님의 사랑과 함께 태어났다고요. 그런데 한국에 와보니 지금은 알겠어요. 날 사랑하는 사람들이 있었어요. 아주 오래전에요.

샘과 아나이스는 서로를 만난 후 각자의 입양 가족이나 한국에서 그녀들을 돌봐준 위탁모와 관계를 형성한다. 물론 이들의 이야기가 모든 해외입양인의 경험을 대변하는 것은 아니지만, 그럼에도 불구하고 본 작품은 기존의 대중문화의 표상이 놓치고 있는 측면을 보여준다. 사만다는 "가족의 정의는 없다"며 자신에게는 생모, 사만다와 아나이스의 양모, 그리고 서로의 위탁모까지 "엄마가 다섯 명 있다"고 말한다. 그녀들이 보여주는 것은 확장되어 가는 가족이며, 가족이라는 개념 자체에 대한 질문이다. 두 사람은 혈연가족을 중심으로 한 서사와는 다른 확장된 관계를 엿보게 하는 것이다.

영화의 마지막 장면에서 샘과 아나이스는 생모에게 "원망은 하지 않아요… 만약 연락하고 싶다면 언제든 열려 있어요. 행복하기를 바라요"라는 편지를 적는다. 두 사람과 생모의 재회는 쉽게 이루어지지 않았지만, 샘과 아나이스는 양육해준 양부모와 형제, 위탁모의 지지와 사랑을 받으며 자신들의 삶을 살아간다.

6. 나오며

이제까지 한국에서 해외입양인을 다룬 TV 프로그램과 영상 작품과 함께 해외입양인이 제작한 영화 작품을 살펴보았다. 이에 따른 내용을 정리해보면 다음과 같다. 우선 한국에서 해외입양인을 다룬 표상은 해외입양인과 생모의 재회에 중점을 두고 있었다. 또, 생모와의 재회를 드라마틱하게 연출하면서도, 재회한 이후에 대해서는 적극적으로 다루지 않았다.

한편 해외입양인이 만든 영화 작품은 미디어에서의 표상과 마찬가지로 가족 찾기를 소재로 하면서도, 자신들의 수용국에서의 생활이나 입양 가족의 모습을 전면적으로 보여주고 있었다. 이 글에서 다룬 두 작품의 감독들은 생모를 찾으려고 했으나 직접 만나지는 못했다. 하지만 해외입양인들이 양부모와 형제를 포함한 가족의 사랑을 받으며 이러한 상황에 의연히 대처하고 있는 모습을 보여주었다. 이처럼 해외입양인들의 가족을 담아낸 영화 작품을 통해, 기존의 한국 사회에서 해외입양인을 안타까운 대상으로 여기고, '혈연가족'과 다시 만나는 것이 곧 행복을 의미하는 것처럼 생각하는 인식과 해외입양인들이 경험하는 실상 사이에는 차이가 있음을 알 수 있다. 그리고 해외입양인이 감독한 두 작품의 마지막 장면에는 생모에 대한 메시지가 담겨 있었고, 주인공들은 생모에 대해 원한은 없으며 사랑하고 있다고 말하고 있었다.

이 글에서는 고찰 대상을 한국의 극장에서 공개된 두 가지 작품으로 한정하고 있기 때문에, 위와 같은 인식이 모든 해외입양인의 생각을 대표하는 것이라고 할 수 없다.[33] 그럼에도 불구하고 지적할 수 있는 점은 TV 프로그램에서 해외입양인과 재회하는 어머니가 '어쩔 수 없는 이유'로 아이를 떠나보낸 사람들뿐이며, 미혼모의 모습은 좀처럼 눈에 띄지 않는다는 점이다. 수잔 브링크와 선영 씨의 생모는 빈곤이나 가족의 거짓말로 인해 아이를 잃은 어머니들이었다. 그러나 해외입양인의 생모의 대다수가 미혼모임에도 불구하고, 이들이 비가시화되는 문제는 한국에서 '혼인관계 내 출산이 최상이라고 인식'[34]하는 가족 관념이 현존하고 있기 때문

---

33 본문에서 다룬 TV 프로그램에 출연한 수잔 브링크는 15년 후에 재편성된 해당 프로그램의 속편(〈MBC 스페셜 어머니, 나 여기 있어요 2부(유럽편)〉)에서 생모와의 관계 변화에 대해 이야기하고 있다. 수잔은 한국 친척 사이에서 생긴 문제를 이유로 생모와 연락을 하지 않게 됐다. 그녀는 부모와 만나는 것은 매우 힘든 경험이었지만 후회하지는 않으며, 어머니가 평온하게 살고 있기를 바란다고 말한다. 이러한 모습은 생모와의 재회가 바로 부모와 자식 간의 관계의 회복으로 이어지는 것이 아니며, 재회 이후 새롭게 관계를 쌓아가야 하는 것임을 보여준다.

34 平田由紀江, 「「未婚母(ミホンモ)」という選択―支援'生きづらさ'そして自立への意思」, 『韓国家族―グローバル化と伝統文化のせめぎあいの中で』, 亜紀書房, 2014, p.59.

이며, 생모들이 어쩔 수 없이 침묵하는 상황이 계속되고 있는 것을 의미한다. 융 감독, 그리고 샘과 아나이스 자매의 생모 또한 이러한 사회의 분위기에서 결코 자유롭지 못했을 것이다. 그렇기에 해외입양제도나 해외입양인과 관련된 표상은 미혼모에 대한 사회적 인식과 결코 분리될 수 없다.

더불어 본론에서 다룬 해외입양인들의 영상 작품은 미혼모를 포함하여 어머니 혹은 모성에 대해 재고하는 계기를 주고 있다. 그것을 단적으로 보여주는 것은 작품에도 등장했던 여러 어머니들의 존재이다. 해외입양인에 대한/의한 표상 속에서 가족의 모습이 생모나 양모, 위탁모 등의 어머니와의 관계를 중심으로 묘사되는 것은 왜 해외입양제도를 둘러싼 담론이 모자(母子)관계에 수렴되어 버리는지에 대해 질문하게 만든다. 그리고 한국 사회에서 미혼'모'나 위탁'모' 등의 명사가 일반적으로 사용되며, 부모로서의 역할과 아이를 양육하는 역할이 주로 '어머니'에게 부과되고 있는 한편, 해외입양인이 제작한 작품 속에서도 어머니의 존재가 전경화되고 있는 점에 대해서는 향후 보다 면밀한 검토가 필요할 것이다.

3부

'싸우다'의 어펙트: 전쟁, 냉전, 스포츠 속에서 부대끼는 여자들

'아이돌'과 전쟁의 정동

나이토 치즈코(内藤千珠子)

1. 시작하며- '일본 왕실의 인터넷 아이돌'과 '망명하는 프린세스' 사이

현대 일본의 내셔널리즘이 성폭력과 결합하여 작동하는 구조를 '아이돌'이라는 기호를 통해 고찰하고자 한다. '아이돌'의 배경에는 전쟁의 풍경이 존재하여 일본에서의 '위안부' 관련 정동(情動)과도 밀접한 연관이 있다. 그뿐 아니라 '아이돌'은 일왕제와 젠더 구조 관련 제 규범을 상징하는 기호이기도 하다.

먼저 2021년 10월 결혼을 계기로 일본 왕실을 이탈한 내친왕 '고무로 마코(眞子)'를 주인공으로 한 스캔들 보도부터 살펴보겠다. 일왕제가 제국주의의 폭력을 지금까지 연명시키는 시스템임은 분명하지만, 현재 왕실의 여성들을 향해 쏟아지는 인터넷상에서의 비난은 현대 폭력을 상징하는 전형적인 사례이기 때문이다. 내친왕 마코는 현 일왕의 남동생인 아키시노노미야(秋篠宮)의 장녀이다. 2017년 대학 동창인 고무로 게이(小室圭)와의 약혼이 보도된 이후, 그의 모친과 한때 교제했던 남성 사이의 금전 트러블 의혹이 보도되면서 '마코 사마의 결혼 문제'는 언론에서 스캔들로 발전했다. '왕실의 결혼 상대자로 적합하지 않다', '국민들이 납득하기 어렵다'라는 비난이 점차 높아지더니 마코와 약혼자인 고무로 게이, 그 모친을 향한 과도한 비방으로 번졌다. 결국, 마코는 자신의 의지로 선택한 상대와의 결혼을 전례 없는 형태로 관철하여 미국에서 생활하는 길을 선택했다. 그녀는 흡사 '망명'과도 같은 선택지를 골라 스캔들은 '망명하는 프린세스' 스토리로 귀착된 것이다.[1]

그런데 마코가 아직 소녀였던 2000년대, 그녀는 '왕실의 인터넷 아이돌'로서 인터넷상에서 큰 인기를 모았다. '마코린펜'이라는 애칭으로 불렸으며 〈엎드려라, 평민들아!〉라는 동영상이 특히 유명했다. 인터넷 유저들이 만든 사이트에는 궁내청이 난감해할 만한 '소녀 포르노 그 자체'인 외설스러운 동영상도 다수 포함되어 성적 대상으로 소비되었다고 볼 수 있다. 한편 같은 기간 마사코 왕세자비(雅子, 현 황후)에게는 강한 비난이 쏟아져 인터넷상에는 '안티 마사코'에 대한 무분별한 악플이 넘쳐났다. 당시의 대조적 구도에서 여성혐오와 소녀 성애가 결합한 폭력 구조가 엿보인다. 표면적으로는 '안티 마사코'라는 여성혐오를 드러내면서도 그

---

1 페미니스트인 기타하라 미노리(北原みのり)는 두 사람의 결혼 기자회견에 관해 '자신의 나라에서 살아갈 수 없게 된 프린세스의 망명 선언이었다'고 말했다. 北原みのり, 「SNSの「暴力」に抗議も　北原みのりさんが見た結婚会見」, 『毎日新聞』, 2021. 11. 2.

이면에는 소녀를 성적으로 소비하려는 욕망이 있어서 소비 대상인 '마코린펜'은 대놓고 말할 수 없는 공공연한 비밀처럼 자리했다.[2] '진짜 프린세스'였던 소녀는 인터넷상에서 기호화되어 소비되는 아이돌이었던 것이다. 지금은 그 시절을 되돌아보며 '우리들의 마코 사마'에 대해 '마코린펜, 정말 좋아했는데. 세월이 참 야속하네'라고 말하는 무책임한 목소리가 들리기도 한다.[3]

아이돌로서 인기를 얻는 동시에 성적 소비 대상이 되던 소녀가 성인 여성이 되어 자신의 의지로 행동하려 할 때, 의지를 갖는 행위 자체가 혐오 대상이 되어 공격을 받게 되었다. 이 사건에는 아이돌을 향한 성폭력과, 일왕제와 젠더를 둘러싼 차별 구조가 교차한다. 그뿐 아니라 역사적인 시점에서 바라보면, 제국주의 일본이 구축해 온 식민지 공창제도와, 그 연장선상에 있는 '위안부'의 기호가 주인공이 되는 이야기가 구조적으로 중첩된다는 사실도 검증할 수 있을 것이다.

본론에서는 현재 일본과 한국의 관계를 일본 담화 공간의 입장에서 바라봤을 때 증오의 정동 속에 포함되는 젠더 역학의 현황을 살펴보고 성폭력을 당연시하는 문화적 감성을 문제 삼고자 한다. 일본에서의 '위안부'라는 기호와 '아이돌'이라는 기호의 위치에 대해서는 저서 『'아이돌 나라'의 성폭력(「アイドルの国」の性暴力)』[4]에서 이미 논했지만 그 내용도 포함하여 살펴보고자 한다.

---

2 森暢平, 「皇室と雅子さまは'どこへ行くのか」, 『雅子さま論争』, 洋泉社, 2009.

3 日野百草, 「ネット黎明期に眞子さまを崇めたオタクたちはいま何を思うのか」, 『NEWSポストセブン』, 2021. 5. 2.

4 内藤千珠子, 『「アイドルの国」の性暴力』, 新曜社, 2021.

2. '지하 아이돌'과 내셔널리즘

저서 『'아이돌 나라'의 성폭력』에서는 아이돌 자체가 아니라 일본의 '아이돌론'을 대상으로 아이돌이 어떻게 논해져 왔는지 하는 관점에서 아이돌 담화를 분석했다. 일본 아이돌 담화에는 여성 아이돌이 아이돌의 주류라고 보는 경향이 있어 대부분이 여성 아이돌을 중심으로 아이돌을 논한다. 첫째, 연구자나 비평가가 논하는 아이돌론, 둘째, 팬들의 아이돌론이 있으며 셋째, 아이돌이나 전직 아이돌이 이야기하는 아이돌론이 있다.

관련 텍스트를 종합적으로 분석하면 오타 쇼이치(太田省一)의 『아이돌 진화론(アイドル進化論)』으로 대표되듯이 일본을 '아이돌 천국 닛폰',[5] '아이돌 국가'[6]라고 정의하는 역학과 주장들이 공유되고 있다. 아이돌이 일본의 역사나 전통적인 일본문화에 기인한다는 주장도 있고,[7] '아이돌 일왕제'라는 시점에서 일왕제와 연결하는 논의도 존재한다.[8] 실제로 정치로 눈을 돌려 보면 2010년대부터 국가 문화 정책인 '쿨 재팬 전략'에서 아이돌 문화, 애니메이션

---

5 太田省一, 『アイドル進化論』, 筑摩書房, 2011, pp.14-15.

6 境真良, 『アイドル国富論』, 東洋経済新報社, 2014, p.202.

7 예를 들어 아이돌 현상이 '불상, 일왕이라는 우상숭배, 즉 일본 문화의 근간을 이루는 기본 흐름을 형성한다'라는 주장이 이에 해당한다(篠田正浩 · 若山滋, 『アイドルはどこから』, 現代書館, 2014, p.56).

8 濱野智史, 『前田敦子はキリストを超えた』, ちくま新書, 2012, p.72.

이나 아키하바라 등의 오타쿠 문화 등에 내포된 소녀를 성적으로 소비하는 노골적인 성차별 자체를 세계 시장에 선보일 일본 문화라고 정의하고 있는 현실이다. 현대 일본의 내셔널리즘은 아이돌을 통해 지탱되고 아이돌 관련 담화에는 국민국가의 이데올로기가 교차하는 것이다.

한편 아이돌 담화의 공통된 인식으로서 현재 아이돌 문화의 골격에 '지하 아이돌'이 있다는 시점이 있다. '지하 아이돌'은 2000년대에 등장한 새로운 아이돌의 형식이라고 한다. TV를 중심으로 활동하는 기존 아이돌과 다르게 소규모 라이브나 SNS를 효율적으로 활용하여 아이돌과 팬의 거리를 좁힌 것이 큰 특징이다. 2010년대에는 아키모토 야스시(秋元康)가 프로듀싱한 AKB48이 사회적 현상이 되었는데, '만나러 갈 수 있는 아이돌'이라는 콘셉트는 지하 아이돌 문화를 도입한 것으로, 오히려 AKB의 성공이 지하 아이돌 문화를 활성화하고 '아이돌 전국시대'라는 상황을 초래했다.

중요한 사실은 '지하 아이돌'이라는 형식으로 인해 아이돌이 선발된 특별한 존재가 아니라 '평범한 여자아이'라도 원한다면 누구나 아이돌이 되는 시대가 되었다는 점이다. 아르바이트나 클럽 활동 같은 감각으로 젊은 여성이라면 손쉽게 아이돌 활동을 시작할 수 있게 되었다. 스스로 아이돌이라고 지칭하면 누구나 쉽게 아이돌이 되었다.[9] 다시 말해 소녀들의 시야 속에 아이돌이 되고

9 현대 일본에서 아이돌은 '선택받는 것'이 아니라 '스스로 선택'하여 아이돌이 되고 있어 '스스로 칭하고' '스스로 인정하는' 행위를 통해 성립되는 구조이다. 香月孝史, 『「アイドル」の読み方』, 青弓社, 2014, pp.93-94.

싶다는 욕망이 표준화된 세상이 확산된 것이다.

지하 아이돌 문화를 흡수한 현대 아이돌의 특징을 아이돌 담화에서 살펴보면 다음과 같이 세 가지로 요약할 수 있다. 첫째, 미숙함이나 서투름을 긍정하고 성장해나가는 점을 중요시한다. 한국이나 미국의 완성된 스타상과 다르게 미완성된 상태가 어필 포인트가 된다는 특징이 있다. 따라서 재능이나 외양적 모습은 중요하지 않다. '평범한 여자아이'가 아이돌이 되려고 노력하는 모습을 팬이 지켜보고 육성하면서 함께 성장해나가는 시스템은 '참가형 아이돌 소비'로 정의된다.[10] 추후 언급하겠지만 한국의 아이돌 문화와 일본을 비교하는 문맥에서는 한국을 '적'으로 간주하는 구조가 내재한다.

둘째, 팬이 아이돌의 성장을 '지켜본다'라는 관계가 팬과 아이돌 사이의 유사연애 관계성을 후경화(後景化)시킨다는 역학관계가 있다. 아이돌을 응원할 때 기존과 마찬가지로 연애 감정도 있겠지만 오히려 아이돌을 응원하는 현대의 팬에게는 자녀의 성장을 지켜보는 부모 마음과도 비슷한 가족애가 있다는 점을 강조하기도 한다. 아이돌 스스로가 팬을 '가족'이나 '꿈을 쫓는 동지'라고 정의

10 한류 아이돌 그룹이 '노래도 춤도 높은 수준에 도달한 시점에서 데뷔'하여 '완성형으로 대중 앞에 서는 데' 비해 일본 아이돌은 '초보인 채로 대중 앞에' 선다. 일본형 아이돌은 '성장 스토리를 공유한다'고 하는 '참가형 아이돌 소비를 즐길 수 있다'라고 한다. 田中秀臣, 『ご当地アイドルの経済学』, イースト新書, 2016, pp.192-193. 또 본론에서 아이돌 현상 자체를 분석 대상으로 하지 않지만 현재는 한국형과 일본형의 구조를 융합한 아이돌 그룹도 결성되어 한국형 비즈니스 모델을 응용한 프로듀싱을 하는 사례도 있어 향후 그로 인한 문화적 구조 변화가 예상된다.

하기도 한다.[11]

셋째, 이 부분이 가장 중요한 점으로, '현장'이라 불리는 아이돌 라이브나 이벤트에는 신체적 근접성과 쌍방향적 공동성이 수반된다는 특징이 있다. 아이돌과 팬은 '현장'이 서로의 인정 욕구를 충족시키는 공간이라는 사실을 공유한다. 라이브 무대는 관객과 거리가 가까우며 무대가 끝난 후에 진행되는 '굿즈 판매'나 '악수회', '촬영회'가 팬과 아이돌이 접촉하는 장소가 된다. '현장'에 함께 있으면서 응원하는 팬과 아이돌은 서로의 인정 욕구를 충족시킨다. 이때 전경화(前景化)되는 공동성, 쌍방향성은 새로운 현대적인 스타일을 상징하며 더 이상 예전처럼 일방적인 소비가 아니라고 주장한다.

3. 아이돌과 '전쟁'

그런데 이 쌍방향적 공동성 안에는 '같이 싸운다'라는 콘셉트가 있다. '현장', 즉 지하 아이돌 라이브 무대에서의 팬들의 충격적일 만큼 격렬한 응원은 '오타게(오타쿠인 팬이 곡에 맞춰서 노래하고 춤추고 연기하는 일)'라고 불리며 이러한 '현장의 이상성(異常性)'이야말로 '새로운 문화'를 상징한다고 말한다. 팬(오타쿠)들은 아이돌과 '함께' 성공의 길을 향해 싸워나가고 있다. 팬과 아이돌의 공

11 竹之内大輔編 · ぺろりん先生(本の案内役), 『アイドルとヲタク大研究読本』, カンゼン, 2016, p.38.

동 활동을 '싸운다'라는 말로 표현하면서 '적'을 설정한 경쟁과 투쟁의 이야기가 부상하게 된다.

2000년대의 '아이돌 전국시대'에서는 리얼리티 쇼가 주류로 자리 잡으며 투쟁 자체가 아이돌의 관전 포인트가 되었다.[12] 아이돌 간의 경쟁, 운영 스태프와의 싸움, 성공을 거머쥐기 위한 난관의 극복 등이 전쟁의 구체적인 내용으로 설정되고, 아이돌 그룹의 경우 그룹이 '팀' 단위로도 싸우지만 그룹 내부에서는 멤버들끼리 싸우는 이중 구조를 띤다. 이 투쟁은 일본 애니메이션 문화의 정형적인 형태인 '전투미소녀'의 이미지와도 관련이 있다. '전투미소녀' 역시 '일본 고유'의 아이템이라는 점이 강조되지만 순진하고 귀여운 '소녀성'을 온전히 유지한 채 싸우는 히로인의 표상이다.[13] 아이돌은 '전쟁' 이야기라는 무대에 선 히로인인 것이다.

아이돌 당사자들의 말에서도 투쟁 콘셉트는 선명히 드러난다. '싸우다', '지다', '지지 않겠다'라는 단어가 자주 등장하며,[14] '여자아이를 경쟁시키는 이벤트' 속에서 '싸우고 있다'는 인식이 명확히 드러난다.[15] 투표제 라이브를 비롯한 비즈니스 현장에서 그녀들은

---

12 さやわか, 『僕たちとアイドルの時代』, 星海社新書, 2015, p.178.

13 사이토 다마키(斎藤環)는 일본의 애니메이션 작품에 흘러넘치는 '전투미소녀'가 '일본 고유'의 아이템이며 '소녀성'을 잃지 않고 싸우는 히로인의 표상에 대해 정신 분석 측면에서 논하고 있다. 사이토 다마키, 이정민 · 최다연 역, 『전투미소녀의 정신분석』, 에디투스, 2018 참고.

14 指原莉乃, 『逆転力』, 講談社 AKB48新書, 2014. 다카하시 미나미(高橋みなみ)의 『리더론(リーダー論)』(講談社 AKB48新書, 2015)에도 지지 않기 위해서 싸우고 '인생은 모순과의 싸움'이라는 표현이 자주 등장한다.

15 姫乃たま, 『職業としての地下アイドル』, 朝日選書, 2017, pp.247-248.

정신력을 소모시키는 방법으로 비교당하며 경쟁하고 있다.

아이돌의 경쟁과 투쟁과 관련해 팬이 '함께 싸울 수 있는' 구체적 수단으로는 현장에서 응원하는 방법 외에 자신의 한계치만큼 금전과 시간을 할애하는 방법이 있다. 월급 전부를 쏟아가면서 '오타쿠 활동(아이돌을 응원하는 활동)'에 매진하는 팬들은 자신이 가진 돈과 시간을 모두 걸고 아이돌과 함께 싸우고 있는 셈이다.

다만 '함께 싸운다'고 하더라도 페미니즘 관점에서 검증하면 비대칭성이 존재하는 사실은 분명하다. 아이돌 측은 직접 신체가 노출된 상태에서 비교당하고 경쟁하는 싸움을 실제로 겪으며 무엇보다 이러한 전쟁 이야기라는 무대에서 팬으로부터 성적 대상으로 소비된다. 하지만 비대칭성은 표면으로 드러나지 않는 암묵적인 양해사항이다. 실제로 아이돌 신체가 소비되고 착취당하는 공적 장소에 노출되어 있다는 점은 명료한 사실이지만, 외면할 수 있는 시스템이 있다는 의미이다.

다시 말해, 현대의 여성 아이돌은 성적인 부분을 강조한 외설스러운 이미지를 강요받기도 하고, 지하 아이돌은 '현장'에서 팬으로부터 과격한 신체 접촉을 요구받기도 한다. 아이돌과 풍속업계, AV여배우(포르노 여배우)의 경계가 애매하고 서로 붙어있다는 점은 차마 대놓고 말할 수 없는 '공공연한 비밀'[16]이다. 따라서 아이돌이 성공을 향해 '힘을 낸다, 노력한다'고 할 때는, 무대 위에서의 기술을 갈고닦는 표면적 노력과 그 이면에 붙어있는 명백한 성적

16 姫乃たま,『潜行』, サイゾー, 2015, pp.36-38; 太田省一,『アイドル進化論』, 筑摩書房, 2011, pp.229-231.

상품으로서 자신을 팔려는 노력들이 동시에 존재하는 셈이다. 이 이면의 노력은 아이돌을 공식적으로 논할 때는 공동성과 쌍방향성을 강조하며 애매하게 만들어 잘 보이지 않게 한다.

성적 소비를 '공공연한 비밀'로 공적 공간의 이면에 숨겨두는 구조는 제국주의 일본의 검열 제도, 즉 '복자(伏字)'와 관련한 담화 시스템과 관련이 있다. 복자란 의미를 사각지대에 두고 해독하기 어려운 기호를 배치하여 암묵적인 양해를 통해서만 내용을 이해할 수 있게 하는 행위를 말한다. 복자를 활용한 검열 시스템은 암묵적 양해를 전제로 복자와 상관없이 시선을 돌려 전체 의미를 파악하는 인식 스타일을 구축했다.[17] 성적 소비 대상인 신체, 즉 창부성(娼婦性)을 내재한 아이돌의 신체는 복자라는 기호와 같은 장소에 배치되어 시선을 돌릴 수 있는 시스템 속에서 소비되고 있는 것이다.

그뿐 아니라 함께 싸운다는 콘셉트이면서도 아이돌은 '안티'라고 불리는 팬의 비난 섞인 언어적 폭력에 노출되기도 한다. '안티'는 비난과 악플의 의미를 포함한 존재양식, 행동양식 그 자체가 되었다. '안티'에게 해당 아이돌은 '적'의 위치에 있는 타자이다. 팬이라는 사실과 '적'을 공격하는 행위는 양립하여 응원은 곧 공격으로 바뀌기 쉽다.

이처럼 표면과 이면이 존재하는 양의성 아래 그녀들은 전쟁이라는 이야기를 살아가고 있다. 화려하고 빛나는 세계에서 아무리

17 복자가 만들어내는 사각지대의 효과에 대해서는 필자의 저서인 『애국적 무관심(愛国的無関心)』(内藤千珠子, 新曜社, 2015)에서 상세히 논했다.

성공한 듯이 보여도 비유적인 전쟁 이야기 속 주인공인 히로인은 과거 전쟁 속 '위안부'와 식민지 공창제도 속 '창기'와 구조적으로 같은 위치에 있다는 사실이 자명하다. 아이돌의 신체는 전시 성폭력의 대상에 해당하며 아이돌이 살아가는 전쟁 이야기에는 스스로 상처 입는 전개가 기다리고 있다. 이 구조를 직시하는 일은 현대 일본에서 '아이돌'이 되고 싶은 욕망이 표준화된 세대의 여성이, 구조상 강요된 장소에서 살아가는 신체의 연결성이라는 측면에서 '위안부'라는 기호를 '적'으로 분류하는 것이 아니라 해당 문제가 자신과 관련이 있는 사건이라는 사실을 깨닫는 계기가 될 것이다.

4. 남성들의 상처를 대리하다

한편 '함께 싸우는' 팬의 주관과 신체에 주목하면 신자유주의 사회에서 상처받고 지칠 대로 지친 '우리들'의 아픔이 보인다. 누구나 상처받으며 살아가는 시대에서 상처받으면서 싸우는 아이돌은 '우리들'을 위로하고 격려한다. 중요한 것은 아이돌 담화 속에서 '우리들'이 포기해버린 것을 아이돌이 '대신 노력해준다고' 인식하는 구조가 있다는 점이다. 다시 말해 그녀들은 '우리들'을 대신해서 싸우고 있다. 아이돌은 팬인 남성들 대신에 노력하고 전쟁 이야기 속에서 싸움을 이어가고 있는 셈이다. 이는 곧 함께 싸운다는 공동성에 대리 운동이 녹아 있다는 말이다.

공공연한 비밀인 성적 소비를 이면에 숨긴, 현대의 아이돌이 살아가는 '전쟁' 이야기는 여성을 주인공으로 한 이야기이자 대리 운동을 통한 남성의 이야기이기도 하다. 즉 그녀들이 대신해서 싸우는 '우리들'의 전쟁 이야기이다.

'우리들'이 말하는 아이돌 이야기는 '공공연한 비밀'을 직시하지 않아도 되는 복자 검열시스템을 매개로 한 인식 구조와, 대리 운동이 조합된 형태로 기동한다. 이것이 어떻게 나타나고 있는지 확인해보자.

사카이 마사요시(境真良)는 '아이돌 국가'인 일본의 대다수는 '큰 꿈을 꾸지 않고 손이 닿을 만큼 가까이 있는 도전을 포기하지 않고 계속해 나가려는 사람들'이라며 '벼랑 끝에서 애쓰는' 팬의 입장에서, '무력감을 느꼈을 때' 자신의 응원으로 인하여 아이돌이 상승하거나 전락하는 드라마를 소비하는 일은 '자신의 주체적인 힘을 확인'하는 수단이라고 말한다. 이때 '큰 꿈'을 포기하는 일은 '열심히 하는 자세에 도취되지 않고' '세계 제일을 목표로 하지는 않지만 충분한 노력을 통해 성과를 내는 나라'인 일본이라는 국가에 겹쳐져 내셔널리즘의 문맥이 아이돌을 응원하는 이야기와 중첩된다. 이 문맥에는 세계 제일을 목표로 하는 '한류' 문화가 적대적인 타자로 가공되어 타자와는 다른 자기상(像)이 '사랑받는 나라'인 '아이돌 국가 일본'이라는 정의로 겹쳐진다. 가공된 적대적 타자를 배경으로 '적'을 부정함으로써 상처받은 '우리들'의 이야기가 강화된다는 스토리가 엿보인다.[18]

상처받은 '우리들'의 신체를 아이돌은 '우리들' 대신에 극한의

18 境真良, 『アイドル国富論』, 東洋経済新報社, 2014.

형태로 표현한다. 다만 대리 운동은 아이돌과 '우리들'의 간신체성(間身體性)과 간주관성(間主觀性)이 강조되는 탓에 잘 보이지 않는다. 하마노 사토시(濱野智史)는 '희망을 가질 수 없는 폐색된 일본 사회'에서 누구나 '상처받으면서 꿈을 꿀 수밖에' 없어서 아이돌도 팬도 '하나의 주체로서는 불분명하고 모호하며 약하고 불투명한 주체'가 되어 '반쪽짜리 주체끼리 연결된다'고 말하지만 성적 소비와 관련한 비대칭성은 무시하고 있다.[19]

예를 들어 여성 아이돌의 노래에는 남성 1인칭인 '나(僕)'를 활용하는 노래가 많아서 아이돌이 팬의 마음을 노래하는 구조를 띤다. 마쓰다 쇼헤이(松田聡平)는 노래의 '주인공'이 단순히 '남성의 솔직한 심정'을 이야기하는 것이 아니라 '젊은 여성이 상상하는 젊은 남성의 마음'을 그린다고 지적한다.

> 노래에서 그려지는 '나(僕)'의 마음은 남성인 나 자신의 마음은 결코 아니다. 하지만 '너' 안에 확실하게 존재하는 '나(僕)'의 마음이다. 이는 '너'가 정화해 준 투명한 마음이며 그것을 '너'가 불러주는 행위로 인해 나 자신은 '너' 안의 '내(僕)' 모습처럼 되려고 하고, 좋아한다는 꺼림칙한 감정을 조금이라도 정당화할 수 있는 것이다. 나와 '나(僕)' 사이를 왕복함으로써 욕구적 주관성이 공유적 간주관성으로 부드럽게 변화하여 어느새 나는 투명한 '나(僕)'가 된다.[20]

---

19 濱野智史,『前田敦子はキリストを超えた』, ちくま新書, 2012, pp.31-39.

20 松田聡平,「コラム 君は僕だ」, 塚田修一·松田聡平,『アイドル論の教科書』, 青弓社, 2016.

'너와 내가 교차하는' 세계에서는 '자기 투영의 무한한 가능성'이 있다. '우리들'은 아이돌과 간신체적, 간주관적으로 연결되어 있다. '우리들'은 자신을 대신하여 싸워주는 아이돌 이야기를 통해 자신이 싸우지 않으면 안 되는 현실의 경쟁으로부터 눈을 돌린다. '주인공'인 '나(僕)'는 소녀가 상상해준 자신의 모습과 다른 '나(僕)'이며, 픽션이 보장되기 때문에 상처받은 남성들은 '우리들'의 이야기에 몰입할 수 있다. 누구나 불안한 '아이돌 국가'에서는 팬과 아이돌은 간신체적 공동성을 가진다. 소녀 측이 투명하게 해주었기 때문에 꺼림칙함이 '정당화'된다는 말이다.

하지만 정당화는 그리 쉬운 일이 아니다. 예를 들어 이벤트인 악수회에서 '1대1로 악수한다'라는 '신체 접촉 커뮤니케이션 기회'를 설명하는 문맥에서 드러나는 이상한 모순을 확인해보자.

> 신체 접촉은 성적 관계를 암시하기도 할 정도로 친밀함을 의식시키는 효과가 있지만 '악수'는 신체 접촉 중에서 구미에서는 인사로도 사용되기 때문에 성적 관계로 의식하지 않는다.[21]

위 기술에서 보이는 모순은 아이돌 담화가 가진 논리의 핵심을 체현한다. '접촉 이벤트'라고 불리는 '악수회'를 무조건 '아이돌과 접촉하는 것이 목적'이라고 하는 것은 '오해'이다. '커뮤니케이션의 장'이라고 봐야 한다는 부정이 존재하고,[22] 한편으로는 노골

21 境真良, 『アイドル国富論』, 東洋経済新報社, 2014, p.134.

22 岡田康宏, 『アイドルのいる暮らし』, ポット出版, 2013, p.107.

적으로 성행위의 대리라고 말하는 의견이 있다. 부정하려는 움직임에는 꺼림칙함을 정당화하기 위해 아이돌의 창부적 신체를 공공연한 비밀로 만들어서 보이지 않도록 하려는 역학이 존재한다.

또 악수회에서의 접촉이 성행위의 대리 표상이라고 인정하는 문맥에서는 악수회에서의 접촉 체험이 '전쟁을 줄일 수 있다. 이것이 바로 세계 평화를 실현하는 일'로 이어진다는 역겨운 주장도 있다.[23] 악수회가 접촉 현장인 동시에 아이돌이 서로 경쟁하는 전쟁터라는 점을 함께 고려하면 여성의 신체가 소비됨으로써 '폭력을, 전쟁을 조금이라도 줄일 수 있을지도 모른다'라는 논리에서는, 현실 속 전쟁 대신에 그녀들이 '전쟁' 이야기를 상연해나가는 풍경이 도출된다. 대리 운동을 매개로 전쟁의 틀을 내재한 성적 소비 형식이 전쟁 이야기를 피하는 수단으로서 역설적으로 이용되고 있는 것이다. 성적 소비라는 폭력에 대한 무관심을 기반으로 눈을 돌리고 폭력을 우회하려는 인식은 공공연한 비밀과 대리 운동을 통해 보호받는다.

하지만 자신을 대신해서 싸우고 상처받은 아이돌과 '자신'이 같다고 말하고 싶어도 현실에서 '나(僕)'는 그를 타자에게 떠넘기고 있으며 싸우면서 생기는 상처나 아픔, 성적 소비에 동반한 수치스러운 정동을 일으키는 쪽은 언제나 아이돌이다. 식민지 공창제도하에서 '창기'나 '위안부'로 살아야 했던 여성의 신체가 국가의 수치나 남성화된 측의 수치심이나 굴욕의 정동을 대표해야만 했던 시절과 같은 구조이다.

23 濱野智史, 『前田敦子はキリストを超えた』, ちくま新書, 2012, p.190.

그래도 이러한 정당화에는 반드시 리스크가 동반된다. 간신체성으로 연결된 이야기 속에는 자기 자신의 아픔도 포함되기 때문이다. 자신의 상처나 아픔을 타자에게 대행시키고 의존하는 구도 속에서 '우리들'은 자기 자신에게 데미지를 부여하는 행위를 반복하고 있다. 권력에 열정적으로 의존하여 생겨나는 회로를 자각하기 위한 비평적 가능성[24]은 꺼림칙한 감정의 자각에서부터 시작될지도 모른다. 하지만 타자에 대한 꺼림칙한 감정으로부터 눈을 돌리기 위한 시스템이 '우리들'을 둘러싸고 있다. 타자에 대한 꺼림칙함은 타자의 목소리가 들리기 전에 '적'의 장소에 가둠으로써 지나칠 수 있다. 설사 실제로는 자기 자신에게 데미지를 주는 행위와 같다 하더라도 말이다.

표면적인 동지적 관계, 가족 같은 관계라는 차원과, 이면에 있는 성적 소비나 유사 연애 차원을 조합한 아이돌과 팬의 관계성 안에서, 아이돌은 타자화되어 있다. '안티'의 공격이 상징하듯이 여성 젠더화된 아이돌이라는 타자는 타자화 되었기 때문에 '적'으로 간주하는 장소에 융합되기 쉬워서 공격 대상으로 바뀌기 쉽다. 일본어 담화 공간에서 아이돌이 살아가는 전쟁의 풍경은 '위안부'라는 기호가 배치된 장소로 향하는 증오의 정동과 동기화되어 있기 때문이다.

---

24 주디스 버틀러는, 주체는 권력을 향한 열정적인 애착과 의존 없이는 출현하지 않지만 권력이 가진 구조적인 반복 가능성에 대해 재의미화함으로써 복종화를 향한 열정적인 애착을 동요시키고 재개념화시킬 가능성이 있음을 논하고 있다(Judith Butler, *The Psychic Life of Power: Theories in Subjection*, Stanford University Press, 1997; ジュディス・バトラー, 『権力の心的な生』, 月曜社, 2012).

대리 운동 중 팬의 입장에서 바라본 간신체적, 쌍방향적 공동성은 소비하는 측에 유리한 픽션일 뿐이다. 팬은 아이돌의 창부적 신체를 소비할 수도 있고 보지 않을 수도 있다. 하지만 제대로 보고자 한다면 전쟁 이야기 주변에 흩어져 있는 그녀들의 상처에 관한 언어의 파편을 확인할 수 있다. '여자아이들의 정신력을 소모시키는 행위임에는 틀림없습니다.',[25] '어딘가에서 누군가가 상처받고 있다는 사실을 잊지 않았으면 좋겠습니다.',[26] '악수회에서는 저를 보러 와준 극소수의 팬이 서 있는 줄 옆에서 다른 멤버가 기다란 줄을 뽐내고 있어도 아무렇지 않은 척해야 한다.', '마음이 다치는 순간도 늘 있었다.'[27] 꺼림칙한 감정을 외면하지 않아야 손상이 예정되어 있는 이야기의 폭력으로 인해 상처가 계속해서 소비되는 반복을 가시화할 수 있다. 이 지점부터 연속성을 자각한 사고를 시작해야 한다.

---

25 姫乃たま,『職業としての地下アイドル』, 朝日選書, 2017, p.246.

26 高橋みなみ, 앞의 책, p.67.

27 大木亜希子,『アイドル、やめました』, 宝島社, 2019, p.5.

미디어 속 여성 스포츠의 서사와 재현[1]

김 은 진

1. 들어가며

2020년에서 2021년까지는 한국 사회에서 여성 스포츠에 관한 관심이 많이 늘어난 시기이다. 도쿄 올림픽에서 김연경을 중심으로 한 여자 배구, 올림픽 역사상 금메달을 내어준 적이 없는 여자 양궁이 도쿄 올림픽의 가장 큰 화제였다. 유일한 금메달 3관왕임에도 소위 '페미' 논란에 휩싸인 여자 양궁 안산 선수의 사례에서도 볼 수 있듯, 여성과 스포츠, 여성 스포츠인의 능력과 신체 이미지는 아직도 치열한 논란 속에 있다.

지금까지 여성의 스포츠 활동은 '여성적이지 않다'라는 인식이 컸다. 고대 여러 스포츠 제전에서는 여성이 선수로 참가하는

1 이 글은 「미디어 속 여성 스포츠의 서사와 재현」, 『여성학연구』 제32권 1호, 부산대 여성연구소, 2022를 수정 · 보완하여 재수록한 것이다.

것이 금지되었고, 한국에서는 과거 유교 문화의 영향으로 여성은 신체를 노출하지 않아야 했다. 1800년대 후반 여학교가 생기고 체육교육이 시작되자 이화학당의 학생들은 '며느리로 삼지 않는다'고 할 정도로 큰 사회문제가 되었다.[2] 여성의 신체 이미지에 관한 억압도 사회적으로 이어져 왔고 이는 미디어를 통해 고스란히 재현되었다. 과거에는 코르셋, 전족 등이 강요되었고 지금은 다이어트, 하이힐, 부분 모델과 포토샵으로 만들어진 '완벽한' 육체가 미디어를 통해 재현, 강요되고 있다. 2021년에도 올림픽 3관왕 양궁 선수 안산의 쇼트커트 헤어스타일을 둘러싼 '페미' 논란이 벌어지고 있다.

또한 한국 예능 프로그램의 주인공은 오랜 기간 남성들이었다. 〈무한도전〉, 〈1박 2일〉, 〈아는 형님〉 등으로 이어진 남성만의 예능 전통은 공고하고, 최근 여성들을 '양념'으로 한두 명 끼워 넣으면 다행인 상황이다. 간혹 여성들이 주로 나오는 예능도 있지만 이는 대개 남성 예능의 유사품이나 스핀오프였다. 〈라디오스타〉와 〈비디오스타〉, 〈무한도전〉과 〈무한걸스〉, 〈나 혼자 산다〉와 〈여자들의 은밀한 파티〉, 〈맛있는 녀석들〉과 〈시켜서 한다-오늘부터 운동뚱〉(이후 〈운동뚱〉으로 표기) 등은 모두 인기 프로그램과 그 스핀오프로 진행되었다.

이러한 상황에서 2020년 2월부터 유튜브에서 방송 중인 〈운동뚱〉은 여성의 운동, 운동능력, 신체 이미지에 대해 고정관념을

2 이현정, 「근대 한국 여성스포츠의 발달과정」, 단국대학교 체육학과 박사학위논문, 2010.

깨기 시작한 예능 프로그램이다. 이후 은퇴한 여성 운동 선수들이 모인 〈노는 언니〉(2020년 8월~2022년 7월)가 등장했고, 2021년 2월 여성들이 팀으로 모여 축구를 하는 예능 프로그램 〈골 때리는 그녀들〉(이후 〈골때녀〉로 표기)이 방영되었다. 이러한 프로그램들은 〈뭉쳐야 찬다〉 같은 남성 스포츠 예능 프로그램의 유사품으로 출발했지만, 프로그램이 진행되면서 나름의 의미를 만들고 있다. 이 연구는 이 중 유일하게 공중파에서 방송되며 수요일 예능 시청률 1위를 기록하고 있는 〈골때녀〉가 어떤 의미를 가지는지, 한국 미디어, 특히 예능 장르에 여성 수십 명이 스포츠를 하는 프로그램의 등장은 무엇을 드러내고 만들었으며, 그 한계는 무엇인지에 대한 관심에서 시작되었다.

이 연구에서는 파일럿[3]부터 시즌 2까지 변화하고 확장한 이 프로그램의 가능성과 한계, 그 의미를 살펴보고자 한다. 이를 위해 서사와 재현에 대한 분석을 진행했다. 〈골때녀〉의 서사구조가 기존의 남성 중심 서사구조와 어떤 공통점과 차이를 가지는지, 수십 명의 여성 캐릭터는 어떻게 구성되고 관계를 맺고 있는지, 여성들의 신체는 어떻게 재현되고 그 속에서 여성 주체는 어떻게 재현되고 변화하는지 살펴보려 한다.

---

3 시청자와 광고주의 반응을 살펴보기 위해서 시험 제작하는 프로그램이다. 반응이 좋을 경우 정규방송으로 편성된다.

2. 기존 연구와 이론

2.1. 미디어와 여성 서사

서사는 많은 콘텐츠에 보편적으로 존재하며 그에 대한 연구도 역사가 깊다. 소쉬르(Ferdinand de Saussure)는 기호의 관계와 구조를 계열체적(공시적) 구조와 통합체적(통시적) 구조로 설명했다. 계열체 분석은 텍스트 내 인물 등의 요소를, 통합체적 분석은 시간의 흐름에 따른 이야기의 진행을 분석하는 것이다.[4] 이후 프로프(Владимир Пропп, Vladimir Propp)가 계열체 분석을 통해 민담의 일곱 명의 등장인물, 즉 주인공, 가짜 주인공, 악한, 조력자 · 보조자, 제공자 · 증여자, 공주와 그 아버지, 명령자 · 파견자를 분류하고, 31가지의 이야기 단위(narrative unit)를 통해 민담 플롯의 발전과정을 보여주었다.[5]

코즐로프(Sarah Ruth Kozloff)는 모든 서사는 '이야기(누구에게 무슨 일이 일어났나)'와 '담론(어떻게 이야기가 전달되나)'으로 나누어지며, TV의 경우 '편성'의 층위도 더해진다고 보았다.[6] 채트먼(Seymour Chatman)은 이를 좀 더 세분화했는데, 우선 서사는 '이야

4 백승국, 「소쉬르 탄신 150주년 기념 학술논문집: 소쉬르의 현재성과 탈현대성: 소쉬르 기호학 이론과 게임콘텐츠 연구」, 『기호학 연구』 제21집, 한국기호학회, 2007.

5 블라디미르 프로프, 유영대 역, 『민담형태론』, 새문사, 1987.

6 Sarah Ruth Kozloff, "Narrative Theory and Television", Robert C. Allen (eds)., *Channels of Discourse, Reassembled: television and contemporary criticism*, Routledge, 1992.

기'와 '담화'로 나뉘고, '이야기'의 분석은 '계열체(paradigm)' 분석과 '통합체(syntagm)' 분석으로 나뉘며, '담화' 분석은 '서술자' 분석과 '표현방식' 분석으로 나뉜다. '이야기' 중 '계열체' 분석은 인물 유형과 관계에 대한 분석, '통합체' 분석은 이야기의 전개와 흐름에 관한 분석이며, '담화' 중 '서술자' 분석은 서술자의 유형과 시점에 관한 분석, '표현방식' 분석은 미장센, 편집, 조명, 음악 등에 관한 분석이다.[7]

젠더 관점에서 한국 TV 콘텐츠의 서사를 분석한 연구는 1990년대 초중반 드라마 분석으로 시작되었다. 1995년 방영된 텔레비전 드라마 10편을 분석한 김명혜와 김훈순은 이 드라마들이 '선택과 배제', '권력 부여', '대리인', '폄하' 등의 서사 전략을 통해 가부장적 이데올로기를 재생산하고 있다고 밝혔다.[8] 홍지아는 2000년대 초중반 드라마 26편을 분석하여 이 드라마들이 '시어머니 권력 자형 합리화', '탈 권력 어머니 이상화', '모성본능의 신화화', '회개와 용서' 등 네 가지의 서사 전략을 통해 모성을 신화화하고 여성의 공간을 가정으로 한정하며, 사회자원 분배에서의 여성차별 관행을 정당화한다고 분석했다.[9] 그러나 2000년대 이후 연구들은 드라마가 가부장적 젠더 이데올로기를 재생산하면서도, 한편으로는

---

7 Seymour Chatman, *Story and Discourse: Narrative Structure in Fiction and Film*, Cornell University Press, 1978; 시모어 채트먼, 한용환 역, 『이야기와 담론』, 푸른사상, 2003.

8 김명혜 · 김훈순, 「여성이미지의 정치적 함의」, 『한국언론학보』 제38권, 한국언론학회, 1996.

9 홍지아, 「TV드라마에 나타난 모성재현의 서사전략과 상징적 경계의 구축」, 『한국방송학보』 제23권 6호, 한국방송학회, 2009.

이를 균열 또는 전복하는 측면을 지니고 있다고 분석한다.[10]

TV 예능 프로그램을 젠더 관점으로 서사 분석한 연구들은 2000년대 말부터 시작되었다. 홍지아의 커플 매칭 예능 프로그램 〈우리 결혼했어요〉 분석,[11] 우정화와 이오현의 〈윤식당〉 시즌 1~2 분석 모두 이 예능 프로그램들이 서사구조를 통해 가부장적 젠더 이데올로기를 재생산하고 있음을 드러냈다.[12] 한편 예능 프로그램도 가부장적 젠더 이데올로기를 재생산하는 동시에 이를 균열을 내는 측면이 동시에 나타났다. 김미선과 이가영은 〈삼시세끼-어촌 편〉이 남성인 유해진과 차승원을 역할(혹은 영역)에 따라 아빠와 엄마로 부르며 성역할의 정형성을 강화하지만, 남성이 자연스럽게 가사를 수행하는 등 가부장 체제에 균열을 시도하는 면도 있다고 분석했다.[13] 이소현과 장은미는 〈우리 결혼했어요〉 속 이국주와 〈나 혼자 산다〉 속 박나래가 과장과 왜곡으로 부풀려진 코미디 연기의 경계에 머무르기보다는 공감할 수 있는 현실적 여성으

---

10 최현주, 「텔레비전 드라마에 묘사된 성역할의 전도(reverse)와 그 함의: 남성 전업주부 드라마 〈불량주부〉를 중심으로」, 『한국방송학보』 제22권 4호, 한국방송학회, 2008; 정지은, 「TV 드라마의 젠더 관계 재현 방식: 연상녀 · 연하남 커플에 대한 재현을 중심으로」, 『미디어, 젠더 & 문화』 제29권 4호, 한국여성커뮤니케이션학회, 2014.

11 홍지아, 「리얼리티 프로그램의 서사전략과 낭만적 사랑의 담론-〈우리 결혼했어요〉를 중심으로」, 『한국방송학보』 제23권 2호, 한국방송학회, 2009.

12 우정화 · 이오현, 「텔레비전 예능 프로그램의 판타지적 요소와 젠더 이데올로기의 관계에 대한 연구-〈윤식당〉의 서사분석을 중심으로」, 『영상문화콘텐츠연구』 제20권, 영상문화콘텐츠연구원, 2020.

13 김미선 · 이가영, 「미디어 재현에 나타난 남성성과 젠더 이데올로기의 정치학: 〈삼시세끼: 어촌편〉 서사분석을 중심으로」, 『미디어, 젠더 & 문화』 제31권 3호, 한국여성커뮤니케이션학회, 2016.

로 확장되는 변화를 보여주었고 새로운 여성성, 이성애적 짝짓기 코드를 조롱하는 전복성도 보여주었다고 분석했다.[14]

이 연구는 이러한 기존의 연구 결과들을 참조하여, 〈골때녀〉라는 여성 스포츠 예능 프로그램이 어떤 방식으로 젠더 이데올로기를 재생산하는지, 혹은 이에 균열을 내는지 살펴보려는 시도이다.

2.2. 미디어의 시선과 여성 재현

지금까지 대부분의 미디어 콘텐츠 속 여성은 양적으로 적게 재현되며, 질적으로 스테레오타입화 되어 등장했다. 카이스트(KAIST) 이병주 교수 연구팀이 2017~2018년 개봉한 할리우드 영화 20편과 한국 영화 20편을 분석한 결과, 화면에 얼굴이 나오는 비중은 여성이 남성의 56%였고, 여성의 나이가 남성보다 평균 80%가량 낮게 나왔다. 여성은 주로 가구와 함께 화면에 등장했고, 남성은 자동차와 함께 등장했다. 또 여성 캐릭터는 슬픔이나 공포, 놀람 등의 수동적인 감정을 더 표현했지만, 남성 캐릭터는 분노, 싫음 등의 능동적인 감정을 더 표현한 것으로 나타났다.[15]

영화 속에서 여성은 주체가 아닌 객체, 대상으로 등장해왔다. 영화 속 여성은 남성의 어머니, 혹은 애인 등 보호해야 할 대상, 혹

---

14 이소현 · 장은미, 「예능 프로그램의 언니들: 여성성의 일탈과 확장」, 『한국여성학』 제34권 4호, 한국여성학회, 2018.

15 Ji Yoon Jang, Sangyoon Lee and Byungjoo Lee, "Quantification of gender representation bias in commercial films based on image analysis", *Proceedings of the ACM on Human-Computer Interaction* 3(CSCW), 2019.

은 남성을 유혹하고 파멸시키는 팜므파탈 등 주로 남성의 부속품이나, 성적 도구로 묘사되었다.[16] 스테이시 스미스와 크리스탈 알렌 쿡(Stacy L. Smith & Crystal Allene Cook)에 따르면 아동과 청소년 대상으로 하는 영상물에서도 여성은 남성보다 등장 빈도가 매우 낮고, 등장하더라도 "지나치게 매력적(hyper-attractive)"이거나, "지나친 성적 매력(hyper sexual)"을 보여주거나, 수동적이어서 존재감이 없었다. 독립적이고, 리더십이 뛰어나며, 강한 체력과 정신력을 가진 여성들은 미디어에서 거의 등장하지 않거나 등장하더라도 주로 중요하지 않은 역할로 등장했다.[17] 이러한 맥락 속에서 여자들은 볼거리로서 강조되고 여성으로서의 여성은 부재하게 된다.[18] 즉 여러 대중매체 콘텐츠에서 여성의 몸은 성적인 자극과 유혹의 기호로 재현되며, 주체성을 담보하는 여성의 몸, 신체 이미지는 찾아보기 어렵다. 문제는 몸 이미지가 단순한 기호가 아니라 개인과 사회가 가진 태도와 욕망의 반영이라는 점이다. 폴 쉴더(Paul Schilder)는 몸 이미지가 인지 구성뿐 아니라 태도의 반영이자 타인과의 상호작용이라고 설명했다.[19] 자크 오몽(Jacques Aumont)도 얼

---

16 김예리, 「관객의 시선 앞에서 싸우는 여성: 〈헝거 게임〉 속의 행동과 연기」, 『영미문학 페미니즘』 제20권 2호, 한국영미문학페미니즘학회, 2012.

17 Stacy L. Smith & Crystal Allene Cook, "Gender Stereotypes: An Analysis of popular films and TV", *Annenberg School for communication/The geena Davis Institute on Gender in Media, 2008.*

18 Claire Johnston, "Women's Cinema as Counter-Cinema", Bill Nichols(ed), *Movies and Methods. An Anthology1*, Univ of California Press, 1976.

19 Paul Schilder, *The image and appearance of the human body-Studies in the Constructive Energies of the Psyche*, International Universities Press, 1950.

굴이야말로 가장 인간적이고, 존재론적인 사회적 기능의 장이라고 보았는데, 이는 몸의 재현을 주체의 형성으로 연결한다.[20]

몸 이미지를 젠더의 관점으로 살펴본 수잔나 다누타 월터스(Suzanna Danuta Walters)는 가부장제 문화에서의 여성 재현은 '사회에 실재하는 여성'과 '남성이 욕망을 해 구성된 성적인 스펙터클, 이미지로서의 여성'을 분리한다고 주장한다.[21] 즉 여성이 기호, 이미지, 스펙터클로서 어떻게 재현되는지 숙고해야 한다는 것이다. 실제로 2008~2010년 사이의 지상파 TV 광고 1,818편을 분석한 백주연과 송민희의 분석 결과를 보면, 수동적 객체로서의 여성 몸 이미지를 사용한 광고는 남성의 관심도가 높은 제품군 47%, 여성의 관심도가 높은 제품군 29%에서 나타나, 여성의 몸은 '능동적 주체(spectating subject)'가 아닌 '남성적 응시(male gaze)의 대상'으로써 사용되고 있었다.[22]

여성의 몸에 대한 남성 중심적 시선은 다양한 미디어 콘텐츠에서 나타난다. 백선기와 손성우는 여성 코미디언 이영자에 대한 세 가지 콘텐츠 분석을 통해 미디어 메커니즘의 몸 이미지 제시, 남성 중심적이고 가부장적 메커니즘의 몸에 대한 가치관 제시, 다이어트 산업 메커니즘의 몸 관리 방법 제시 등이 서로 연결하여 여

20 자크 오몽, 김호영 역, 『영화 속의 얼굴』, 마음산책, 2006.

21 수잔나 월터스, 김현미 외 역, 『이미지와 현실 사이의 여성들』, 또하나의문화, 1999, 70쪽.

22 백주연 · 송민희, 「문화연구 관점에서 TV 광고 속 여성 몸의 이데올로기 분석 연구」, 『기초조형학연구』 제11권 6호, 한국기초조형학회, 2010.

성의 몸을 사회적으로 규정하고 있다고 결론지었다.[23] 이처럼 미디어가 여성들에게 강요하는 외적 신체 기준이 가장 극단적으로 드러나는 것이 메이크오버, 혹은 성형수술 프로그램들이다. 안젤라 맥로비(Angela McRobbie)는 외모 개선 TV 프로그램들이 출연자들에게 창피 주기와 협박의 전략을 사용하며, 이를 통해 특정한 취향, 외양에 기초한 '이상(ideals)'을 영속화하는 제작 의도가 드러난다고 비판했다. 그는 이를 여성에 대한 '상징적 폭력'으로 해석했다.[24] 반면 일부 포스트 페미니즘 연구에서는 '못생겨서' 심리적 고통을 주는 몸이나 얼굴을 성형수술 하는 것이 고통으로부터 자신을 해방하는 주체적인 행위이며, 일종의 권한 부여(empowerment)라고 재해석하기도 한다.[25]

이러한 미디어의 여성 재현은 관객의 위치와 시선을 통해 남성적 쾌락을 만들어 내기도 한다. 로라 멀비(Laura Mulvey)에 따르면, 여성 출연자는 남성 출연자, 남성적 카메라, 남성 관객이라는 3중의 관점에서 대상화된다. 남성은 보는 주체로 보이는 여성을 대상화하고, 그것을 통해 남성 관객은 시각적 쾌락을 경험하게 된다. 멀비는 그러나 성적 대상으로 그려지는 여성조차 남성의 무의식적 거세 불안을 일으킨다고 보았다. 그 때문에 많은 영화에서

---

23 백선기 · 손성우, 「한국 사회에서의 '여성의 몸'의 의미-'이영자 사건' 관련 프로그램에 대한 담론 분석」, 『기호학 연구』 제11권, 한국기호학회, 2002.

24 Angela McRobbie, *Aftermath of Feminism*, Sage, 2009, p.28.

25 Sarah Banet-Weiser, Laura Portwood-Stacer, "'I just want to be again!': beauty pageants, reality television, and post-feminism." *Feminist Theory* Vol.7, No.2, 2006; Sue Tait, *Television and The Domestication of Cosmetic Surgery,* Feminist Media Studies Vol.7, No.2, 2007.

위협적인 여성들이 벌을 받는 것으로 끝난다는 것이다. 멀비는 성애적 관조를 위해 여성 신체의 일부분을 클로즈업으로 보여주는 것을 '물신적 응시(fetistic look)'라고 명명했다.[26] 이러한 시각적 쾌락은 관음증(voyeurism)으로 연결되며, 영화나 영상물에 있어서 관음증은 '생동하는 정신적 메커니즘'으로 작용한다.[27]

이러한 미디어 속 여성의 재현은 미디어 생산과정과도 연관이 있다. 도로시 스미스(Dorothy Edith Smith)는 "여성들은 대체로 사고의 유형과 사고가 표현되고 정리되는 이미지와 상징을 생산하는 작업으로부터 배제됐다"며 여성의 이미지 생산과정에서 여성이 배제되고 타자화되어 왔음을 지적했다.[28] 라나 래코우(Lana F. Rakow)는 "거기(도로시 스미스가 말한 여성 배제)에는 순환적인 효과(circle effect)가 있다 … 남성들은 서로서로 말했던 것을 들었고 듣는다"라고 강조했다.[29]

이러한 여성 재현에 대해서는 벡델 테스트(Bechdel Test) 등 문제 제기가 이어졌고, 이는 영상 산업에 대한 문제 제기로도 연결되었다. 벡델 테스트는 영화 텍스트에서 여성이 상대적으로 적게 나

26 로라 멀비, 서인숙 역, 「시각적 쾌락과 내러티브 영화」, 변재란 · 유지나 편, 『페미니즘 영화 여성』. 여성사, 1993, 50-73쪽.

27 Christian Metz, "Story/Discourse: Notes on Two Kinds of Voyeurism", Bill Nichols(ed), *Movies and Methods,* An Anthology 2, Univ of California Press, 1976.

28 원용진 · 한은경 · 강준만, 『대중매체와 페미니즘』, 한나래, 1993.

29 Lana F. Rakow, Rethinking Gender Research in Communication, *JOURNAL OF COMMUNICATION* Vol.36, No.4, p.38; 이수안, 「대중매체와 성형의료산업의 연동 구조 속 여성 몸 이미지 전형의 재강화 기제와 포스트페미니즘 해석의 모순적 공존」, 『한국여성학』 제32권 2호, 한국여성학회, 2016, 81쪽에서 재인용.

타나는 현상을 살펴보기 위한 테스트로서, 이를 통과하기 위한 조건은 ①이름이 있는 여성 캐릭터가 최소 2명 이상 포함될 것, ②여성 캐릭터가 서로 이야기를 나눌 것, ③여성 캐릭터가 남성에 대한 것 이외에 다른 대화를 나눌 것 세 가지다. 너무나 당연한 조건인 것 같지만 최근 10년 동안 한국 영화의 50% 정도만 벡델 테스트를 통과했다.[30] 2018년 전후, 영화계에서도 미투 운동이 일어나면서 영화진흥위원회가 성평등에 관한 보고서를 발간하는 등, 영화산업계의 성 불평등을 해소하려는 흐름이 영화 텍스트에 관한 관심과 맞물려 이어졌다. 2021년 한국영화감독조합은 기존의 벡델 테스트 3가지 조건에 4가지 요구사항을 덧붙인 7가지 기준을 만들고 이에 따라 '벡델 초이스' 영화를 선정했다. '감독 · 제작자 · 시나리오 작가 · 촬영감독 중 1명 이상이 여성일 것', '여성 단독 주인공이거나 남성 주인공과 여성 주인공의 역할 비중이 동등할 것', '여성이 스테레오 타입으로 재현되지 않을 것', '소수자에 대한 혐오와 차별적 시선을 담지 않을 것' 등이 추가된 기준이다.[31]

이렇게 미디어 속 여성에 대한 시선과 재현은 다층적인 기제들을 통해 객체화되고 왜곡됐으나, 반면 이를 비판하고 극복하고 재해석하려는 노력도 이어졌다. 이 연구에서는 운동하는 여성, 즉 지금까지 미디어에 주로 재현된 것과 다른 방식으로 등장한 여성 캐릭터와 신체가 구체적으로 어떻게 재현되고 있고, 지금까지의 미디어 속 재현, 혹은 이미지와 어떤 차이가 있는지 알아보

---

30 「[밀물썰물] 벡델 테스트」, 『부산일보』, 2021. 9. 30.

31 「영화 속 성평등 가늠하는 벡델 테스트… 이번엔 어떤 영화들이 통과했나」, 『경향신문』, 2021. 8. 17.

려 한다.

2.3. 미디어 속 여성의 몸과 스포츠, 그리고 연대

여성들은 어릴 때부터 학교 체육 수업에서 배제되는 경험을 하게 된다. 남성 위주로 발전해 온 종목들에서 여학생들은 재미를 느끼기 어렵고, 혼성으로 경기를 뛰면 상대적인 무력감을 느낄 수 있다. 이 때문에 최근에는 신체적 약자가 즐길 수 있고, 어린이와 노인을 포함한 가족, 장애인과 비장애인이 함께 소통하며 즐길 수 있는 '뉴스포츠'가 주목받았고, 기존의 체육 수업 및 스포츠의 문제도 함께 주목받고 있다. '빼앗긴 운동장'에 대한 문제 제기가 이루어지는 것이다.

엘리트 스포츠계에서도 성차별과 성폭력, 여성 신체에 대한 대상화 등의 문제는 심각하다. KBS 〈다큐 인사이트: 국가대표〉(2021년 8월 12일 방송)에서 축구선수 지소연은 머리를 기르라는 제안을 받았던 경험, 골프선수 박세리는 '외모가 더 예뻤으면 더 잘됐을 것', '운동할 때 좀 웃을 순 없냐'는 말을 들었던 경험을 털어놓았다. 논란에도 불구하고 여성 배구, 농구 리그에 도입된 '쫄쫄이 유니폼', 비치발리볼 남녀 선수의 유니폼 차이 등도 여성 선수에게 주어지는 성적 매력에 대한 요구를 드러낸다. 여성 선수들의 신체는 뛰어난 능력을 가진 주체가 아니라 스펙터클한 볼거리 취급을 받아왔다. 여성 선수는 성적인 매력을 드러내라는 요구를 받는 동시에, 뛰어난 신체 능력을 가지고도 위협적이지 않은 '천생 여자'여야 한다는 요구도 받는다. 〈다큐 인사이트〉의 이은규 PD

는 "과거 운동하는 여성을 다룬 다큐들을 보면, 꼭 여성 선수들이 수를 놓거나 뜨개질하는 모습이 나와요"라며 미디어가 여성 선수를 다루는 관행에 문제를 제기했다.[32]

스포츠 경험은 자아성취뿐 아니라 팀워크와 연대를 배우는 과정이다. 그러나 한국 사회에서 일반인 여성들이 하는 스포츠는 주로 개인 운동이며, 요가, 필라테스 등 몸매를 가꾸는 것이다. 팀 스포츠를 통해 팀워크나 리더십을 배울 기회가 거의 없는 것이다. 현재 대부분 대학에서 리더십, 의사소통, 창의성, 문제해결 능력 등의 소프트 스킬(soft skill) 강화 교육이 독립적으로 이루어지고 있다. 그러나 팀워크 강화 교육은 따로 이루어지지 않는다. 팀워크는 대개 팀 활동, 팀 기반 수업 등을 통해 강화될 것으로 인식되기 때문이다.[33] 그렇다면 팀워크 향상을 위해서는 실제 팀 활동과 팀 기반 수업을 들어야 하는데, 이의 대표적인 사례가 스포츠 활동이나 수업이다.

최문경과 조미혜에 따르면, 중학생들을 대상으로 실제 선수로서 참여하는 체육 수업을 실시한 결과 팀 간의 협동심이 향상되었고, 자신에게 주어진 역할에 대하여 책임감이 향상되었다.[34] 이러한 참여형 스포츠 경험은 남성들에게 기회가 많다. 실제로 팀워

---

32 「'국가대표' 성차별 짚은 이은규 PD, 여성 다큐 계속 만드는 이유」, 『경향신문』, 2021. 8. 17.

33 황순희, 「팀워크 관련 연구 동향 분석-국내 연구를 중심으로」, 『교양교육연구』 제14권 2호, 한국교양교육학회, 2020.

34 최문경 · 조미혜, 「스포츠교육모형수업에 참여한 학생들의 흥미, 팀워크, 역할학습 탐색」, 『스포츠과학논문집』 제23권, 인하대학교 스포츠과학연구소, 2011.

크 역량은 여학생보다 남학생이 높고,[35] 학년이 올라가는 데 따른 향상도가 미미한 것으로 나타났다.[36] 스포츠 참여 경험은 긍정적인 상호작용, 대인관계 개선 등 '사회적 차원의 정서', 자아존중감, 성취감, 판단력 등 '개인적 차원'의 정서에도 긍정적 영향을 주었다.[37]

미디어 속 캐릭터는 시청자의 롤모델이 되고 현실 사회에까지 영향을 미칠 수 있다. 미국 드라마 〈X파일〉의 여주인공 스컬리는 여성 FBI 요원이자 물리학, 법의학 박사다. 〈X파일〉을 열성적으로 본 시청자들은 그보다 적게 본 응답자보다 더 높은 비율로 이공계 직업을 가지고 있었다는 조사 결과가 있다.[38] 따라서 미디어 속 여성 스포츠의 재현 또한 현실 사회에 영향을 미칠 수 있다. 이처럼 미디어의 영향력을 무시할 수 없음에도 지금까지 미디어 속 여성 스포츠 재현은 양적으로 부족하거나 질적으로 왜곡됐다.

미디어 속 여성은 대개 운동, 특히 팀 스포츠와 거리가 먼 존재였다. 프로 스포츠에서 축구, 야구 등 여성 팀 스포츠의 인기는 남성 팀 스포츠보다 적고, 따라서 미디어에 중계되는 기회도 훨씬 적다. 최근 방송 등 미디어에서 스포츠 예능 프로그램이 인기를

---

35 유지원 · 류다현, 「자연과학계열 대학생의 비교과활동 참여와 구성원과의 상호작용이 팀워 역량에 미치는 영향」, 『교육과학연구』 제47권 2호, 교육과학연구소, 2016; 황순희, 앞의 글.

36 유지원 · 류다현, 앞의 글.

37 박준태 · 이종목, 「팀워크 중심 체육 프로그램(TOPPE)에 참여한 초등학생들의 정의적 변화 살펴보기」, 『한국초등교육』 제26권 3호, 서울교육대학교 초등교육연구원, 2015.

38 「이공계 진학한 여성들, '스컬리' 보고 꿈 키웠다」, 『여성신문』, 2019. 11. 25.

끌면서, 여성 스포츠인이 출연하는 예능 프로그램 〈노는 언니〉나 여성의 신체 능력이 긍정적으로 재현된 〈운동뚱〉도 등장했지만 역시 팀 스포츠를 하는 모습은 잘 보이지 않았다. 이러한 상황 속에서 수십 명의 여성이 팀 스포츠에 도전하는 〈골때녀〉는 새로운 형식의 콘텐츠이며 새로운 가능성을 보여준다. 이 연구에서는 〈골때녀〉에서 여성의 운동, 특히 팀 스포츠를 하는 여성, 혹은 여성들 간의 관계 재현이 어떻게 이루어지며 서사 과정에서 어떻게 의미화되는지 분석하고자 한다.

3. 연구 방법

3.1. 연구 대상

〈골때녀〉는 여성들이 팀을 이루어 축구 경기를 펼치는 SBS 예능 프로그램이다. 2021년 2월 11~12일 2회 설날 특집 파일럿 프로그램으로 시작해 2회 시청률 10.2%로 상당한 반응이 나오자 정규 편성되어 6월 16일부터 밤 9시에 시즌 1이 방영되었다. 시즌 1이 수요일 예능 시청률 1위를 달성함에 따라 이례적으로 휴지기 없이 10월 13일부터 시즌 2 방영 중이다. 파일럿 프로그램에서는 평균 나이 48세의 전원 비혼 여성인 SBS 예능 〈불타는 청춘〉 출연자로 이뤄진 'FC 불나방', 개그우먼팀인 'FC 개벤져스', 국가대표 출신이나 국가대표 가족이 모인 'FC 국대패밀리', 모델팀 'FC 구척장신' 등 4개 팀이 나왔고, 시즌 1에는 액션에 능한 배우들로 모인 'FC 액셔니스타'와 영국 · 파라과이 · 프랑스 등 출신 외국인 팀 'FC 월드클라쓰' 등 2개 팀이 더 들어와 6개 팀이다. 시즌 2에서는 'FC 원더우먼' 등 3개 팀이 더 추가되었다. 감독은 2002년 월드컵에서 활약했던 남자 축구선수들이 맡고, 진행은 배성재, 이수근 등 남성 2명이 맡고 있다. 심판진은 여성이 맡는다. 이 연구는 파일럿, 시즌 1 전체, 시즌 2 초반 경기,[39] 그리고 연출자, 출연진이 SBS 〈집사부일체〉(11월 21일 방송)에 출연해 〈골때녀〉에 대해 인터뷰한 내용도 포함해 분석한다.

〈표 1〉 팀 구성의 순차적 변화 및 확장

	팀 이름	시즌	시즌별 선수	감독	팀 구성
1	FC 구척장신	파일럿	한혜진, 이현이, 송해나, 아이린, 진아름, 송경아	최진철	패션모델
		시즌1	한혜진, 이현이, 송해나, 아이린, 김진경, 차수민	최용수	
2	FC 개벤져스	파일럿	이성미, 이경실, 조혜련, 안영미, 신봉선, 오나미	황선홍	개그우먼
		시즌1	이경실, 조혜련, 안영미, 오나미, 김민경	황선홍	
3	FC 불나방	파일럿	신효범, 박선영, 조하나, 강경헌, 송은영, 안혜경	이천수	〈불타는 청춘〉 출연진
		시즌1	박선영, 신효범, 조하나, 송은영, 안혜경, 서동주	이천수	
4	FC 국대패밀리	파일럿	전미라, 한채아, 김수연, 심하은, 명서현	김병지	국가대표 (가족)
		시즌1	남현희, 한채아, 심하은, 명서현, 양은지, 박승희	김병지	
5	FC 액셔니스타	시즌1	김재화, 최여진, 장진희, 정혜인, 이미도, 지이수	이영표	배우

39 파일럿 2화, 분석 시점인 2022년 1월 26일까지 방송된 정규시즌(시즌 1~2) 29화, 총 31화를 분석했다.

	팀 이름	시즌	시즌별 선수	감독	팀 구성
6	FC 월드클라쓰	시즌1	에바, 구잘, 아비가일, 엘로디, 사오리, 마리아	최진철	외국인
7	FC 원더우먼	시즌2	송소희, 치타, 박슬기, 김희정, 황소윤	이천수	힙한 여성들
8	FC 아나콘다	시즌2	신아영, 박은영, 오정연, 윤태진, 주시은	현영민	아나운서
9	FC 탑걸	시즌2	바다, 간미연, 아유미, 유빈, 문별	최진철	가수

3.2. 분석 방법

이 연구에서는 채트먼의 서사 분석 이론을 적용하여 통합체, 즉 이야기 전개와 흐름을 우선 분석하고, 계열체, 즉 콘텐츠 구성 요소를 분석한다. 담화 분석 중 서술자 분석은 이야기 흐름과 함께, 캐릭터, 미장센, 편집 등 표현방식 분석은 재현과 이미지 분석과 함께 진행한다. 채트먼은 서사를 크게 이야기와 담화로 나누고, 이야기는 다시 전개와 흐름(통합체), 인물 유형과 관계(계열체)로 나누었다. 담화는 언술 표현 방식과 영상 표현 방식으로 나뉜다. 담화 중 언술 표현 방식 분석은 서술자 분석이라고도 하는데, 이는 서술자의 유형과 시점, 서술자의 위계 구조에 대한 분석이며, 영상 표현 방식 분석은 미장센, 카메라 기법, 편집, 조명, 음향, 음악 등에 관한 분석이다.[40]

이에 따라 〈골때녀〉의 이야기와 담화를 분석했다. 우선 이야기를 분석했는데, 그중 통합체, 즉 사건의 전개와 흐름이 어떻게

40 Seymour Chatman, ibid.

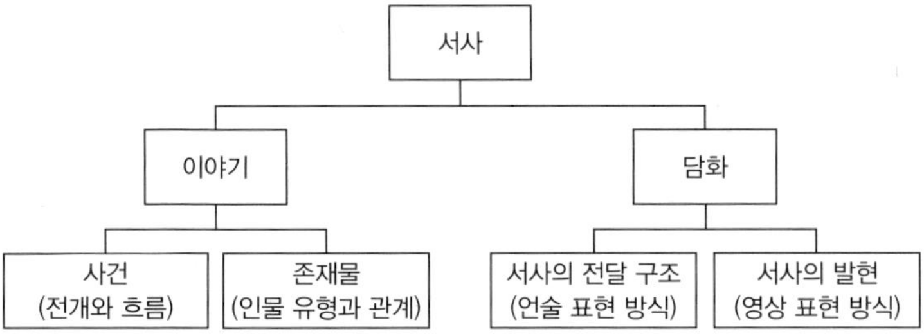

〈그림 1〉 채트먼의 서사 분석

이루어지는지 분석하고, 계열체, 즉 등장인물들의 캐릭터와 배경, 상호관계를 살펴보았다. 다음으로 담화 분석, 즉 서술자와 표현방식을 분석했다. 즉 누가 어떤 시점에서 이야기를 이끌어가고 서술하는지 언술을 분석하고, 화면과 자막, 편집 등을 통해 등장인물의 재현이 어떻게 이루어지는지 영상을 분석하였다. 이 연구는 특히 〈골때녀〉가 드물게 여성 수십 명이 등장해 집단 스포츠를 하는 프로그램이라는 점에 주목하여, 젠더 관점에서 드러나는 특징과 여성 신체에 관한 표현 방식을 중요하게 살펴보았다. 3개 시즌을 통해 계속 변화한 31화의 텍스트를 대상으로 하므로, 채트먼의 서사 분석을 엄격하게 적용해 모든 요소를 분석하기보다는, 두드러지게 드러나는 특징을 중심으로 분석하였다.

4. 이야기-사건과 존재물

4.1. 프로그램 전체의 사건-성장 서사와 '언더독(underdog)'의 도전

〈골때녀〉의 서사 중 통합체, 즉 이야기의 전개에서 가장 두드러지는 특징은 성장 서사라는 것이다. 등장인물도 성장하고, 프로그램도 성장한다. 우선 등장인물들은 대부분 축구를 접한 적이 없는 초보들이다. 프로그램 또한 파일럿 프로그램 2화로 시작해 지상파 예능 중 눈에 띄는 시청률을 기록하자 시즌 1로 연장되었고, 시즌 1 종료 후 쉬는 시간도 없이 시즌 2로 바로 들어갔다. 등장하는 팀도 4팀에서 6팀, 9팀으로 확장되었다.

〈표 2〉 팀별 경기 기록과 성장

	팀 이름	파일럿	시즌 1	신생팀 데뷔전, 평가전	시즌 2
1	FC 불나방	1위	1위 연속 우승		
2	FC 개벤져스	2위	탈락		액셔니스타 전 3-2 승 탑걸 전 5-0 승 시즌 1에 비해 큰 성장
3	FC 국대패밀리	3위	2위		
4	FC 구척장신	4위 골 없음	4위 만년 꼴지		원더우먼 전 6-3 승 아나콘다 전 4-0 승 시즌 1, 2 꼴찌에서 엄청난 성장
5	FC 액셔니스타		탈락		원더우먼 전 4-0 승 시즌 1에 비해 큰 성장
6	FC 월드클라쓰		3위	탑걸 전 4-1 승	시즌 1에 비해 큰 성장

7	FC 원더우먼			아나콘다 전 6-0 승 탑걸 전 4-1 승	구척장신 전 3-6 패 액셔니스타 전 0-4 패 탑걸 전 3-1 승 새 멤버 영입으로 성장
8	FC 아나콘다			원더우먼 전 0-6 패 초등유소년 전 0-18 패	탑걸 전 1-3 패 구척장신 전 0-4 패 꼴찌에서 매 경기 성장
9	FC 탑걸			원더우먼 전 1-4 패 월드클라스 전 1-4 패 아나콘다 전 1-0 승	아나콘다 전 3-1 승 개벤져스 전 0-5 패 원더우먼 전 1-3 패 새 멤버 영입으로 성장

파일럿 프로그램은 준비가 부실했으며 예능적 요소가 많이 강조되었다. 교체 선수가 한 명도 없거나, 경기를 뛰기 거의 불가능한 60대 선수도 포함되었다. 특히 스포츠 능력이나 의지가 없는 멤버가 2명(이성미, 이경실)이나 포함된 'FC 개벤져스', 선수 대부분이 체력과 실력이 부족한 패션모델로 구성된 'FC 구척장신'은 멋진 경기보다는 예능의 재미를 위해 편성된 것으로 보인다. 실제로 초반에는 선수들이 헛발질하거나 초보적인 축구 규칙도 몰라 핸드볼 반칙 등을 저지르는 장면이 많이 보였다.

단발성 프로그램이 아니라 정규시즌으로 편성되면서 〈골때녀〉의 재미 요소 첫 번째는 운동 능력이 부족한 여성들이 모여, 치열하게 노력하고 발전해가는 과정이 되었다. 파일럿 프로그램과 시즌 1 사이 4개월의 시간이 있었고, 출연자들은 그동안 열심히 연습해 눈에 띄게 발전한 모습을 보여주었다. 이러한 스토리텔링은 〈슬램덩크〉 등 전형적인 스포츠 만화의 성장 스토리와 같다. 〈골때녀〉는 신체 능력도 부족하고 운동 경험도 없는 여성들이 우여곡절 끝에 성장하는 이야기며, 뛰어난 개인이 아니라 팀의 성장 스토리이다. 이러한 프로그램의 성장 서사는 시즌이 지나면서 강화되었는데, 이는 당초 기획한 것이 아니라 선수들의 플레이를 통해 시간이 지남에 따라 자연스럽게 발생했다는 것을 보여준다.

〈골때녀〉의 성장 서사는 스포츠 만화뿐 아니라 비디오 게임과도 유사성이 존재한다. 파일럿, 시즌 1, 시즌 2로 가면서 새로운 팀이 추가되고 경기장이 커지는 등 끊임없이 '퀘스트(quest)'[41]에 도전하는 모험이 펼쳐진다. 〈골때녀〉의 선수들은 계속된 대결을 통해 성장하고, 성장에 걸맞게 경기의 규모가 커지며 승리, 혹은 트로피의 보상을 받는다. 불가능해 보이는 것에 도전하는 모험을 수행하며 놀라운 성장을 보여주는 것이다. 이는 만화나 게임과 같은 콘텐츠의 재미도 부여하지만, 초보도 노력하면 놀랍게 성장한다는 점이 강조되면서 여성 등 육체적 약자나 초보자도 '하면 된다'라는 메시지를 전달하기도 한다.

성장 서사에 '언더독(underdog: 스포츠에서 이길 확률이 적은 팀이나 선수)'에 대한 응원은 필수적이다. 언더독 효과(underdog effect)는 승자보다는 패자, 일등보다는 이등에 대해 동정하거나 공감하면서 지지를 보내는 것이다.[42] 몇몇 운동신경이 뛰어난 선수들도 있지만 대부분 축구를 본격적으로 해본 경험이 거의 없고, 심지어 평

---

41 '퀘스트'는 본래 고대 영웅서사시에서 유래한 용어로 온라인 게임에서 이용자가 수행해야 하는 임무이며, 그것을 달성하면 보상이 주어진다. 퀘스트는 플레이어가 주체적으로 스토리를 생성할 수 있게 동기(motivation)를 제공하며, 퀘스트를 수행하는 것은 게임 세계의 의미를 탐구하는 과정이다(한혜원 · 조성희, 「구조주의 서사이론에 기반한 MMORPG 퀘스트 분석」, 『한국콘텐츠학회논문지』 제9권 9호, 한국콘텐츠학회, 2009).

42 성정연 · 정유정 · 전선규, 「언더독(Underdog)에 대한 감성적 반응이 상표태도와 선호도에 미치는 효과」, 『소비자학연구』 제24권 1호, 한국소비자학회, 2013.

균보다 신체 능력이 떨어지는 모델, 배우, 아이 엄마, 40~50대 중년이라는 점에서 일종의 '언더독'의 도전이다.

〈골때녀〉는 9팀 모두 전체적으로 축구 경험이 거의 없는 여성이라 '언더독'이기도 하지만, 여러 팀이 계속 대결을 진행하므로 그중에서도 약한 팀, 혹은 부상자인 '언더독'도 존재한다. 경기를 진행할 때 다른 팀들은 관전하며 응원하는 모습을 보여주는데, 대개 약체로 평가되거나 지고 있는 팀을 응원한다.

〈골때녀〉는 여성 축구를 표방하지만 사실상 경기장 크기와 경기 시간, 경기 규칙까지 축구보다는 풋살에 가깝다.[43] 규모가 작은 풋살 경기장을 사용했고, 경기 시간도 전후반 각 10분에 불과하다. 풋살은 신체적 약자가 즐길 수 있고, 어린이와 노인을 포함한 가족, 장애인과 비장애인이 함께 소통하며 즐길 수 있는 '뉴스포츠(New Sports)'[44]에 속한다. 이는 운동 초보자이자 여성 중에서도 신체 능력이 약한 대부분의 출연자, 그리고 섭외의 어려움으로 인해 교체 선수 포함 팀당 6명도 채우기 어려웠던 상황, 촬영과 편집의 용이성을 위한 선택으로 추정된다. 여러 상황적 제약, 혹은 예

---

43 축구와 풋살은 경기 인원(축구는 11명, 풋살은 5명), 경기장 규격(축구는 길이 100~110m, 너비 64~75m, 풋살은 길이 38~42m, 너비 18~25m)과 경기 시간(축구는 전후반 각 45분, 풋살은 전후반 각 20분)도 차이가 있고 신체 접촉도 풋살이 제한이 크다.

44 보편화한 경기를 간소화한 형태의 스포츠로 높은 기능이 요구되지 않고, 협동심과 상호 격려를 배울 수 있으며, 특히 혼성 수업을 진행하는 데 효과적이다. 배드민턴 대신 패드민턴, 축구 대신 풋살, 농구 대신 넷 볼, 골프 대신 게이트 골프, 야구 대신 티볼, 배구 대신 소프트 발리볼 등이 이에 속한다(최홍섭, 「뉴스포츠를 활용한 학교스포츠클럽 활성화 방안 연구」, 『교과교육학연구』 제14권 1호, 교과교육연구소, 2010. 208쪽).

능적 재미 때문에 선택한 이러한 경기방식은, 축구 초보인 여성들의 약점을 부각하지 않는 역할을 하게 되었다.

〈골때녀〉보다 앞서 2020년 12월 숏폼 웹 예능으로 방송된 〈마녀들〉의 경우 여성 신체의 상대적 약함을 고스란히 드러내는 한계가 있었다. 원래 야구팀 인원보다 적은 여성 연예인 6명으로 팀을 구성했고 감독, 코치, 매니저 모두 남성으로 구성되었다는 점은 〈골때녀〉와 유사하지만, 딱 한 개의 팀을 꾸려 기존의 남자 사회인 야구에 도전한다는 점이 차이다. 무리한 성 대결로 출연자들은 심리적 부담과 체력의 한계를 보여주었다. 그러다 보니 시즌 2 첫 번째 경기는 유소년팀과 맞붙는 등 신체적 성차가 강조되었고, 감독이 선수들에게 “정신이 좀 썩어 있어” 등의 폭언을 하는 상황이 발생했다. 〈마녀들〉 시즌 2 두 번째 경기의 다시 보기 동영상 제목은 ‘승부욕으로 똘똘 뭉친 마녀들 “파이팅 하나는 끝내줍니다!!”’이다. 그러나 파이팅으로 극복할 수 있는 한계가 있고 그렇지 않은 것이 있다. 반면 〈골때녀〉는 운동 초보 여성들끼리 팀을 꾸려 아마추어에게 적합한 경기방식을 도입했기 때문에, 남성보다 혹은 젊고 운동능력이 뛰어난 사람들에 비해 부족한 출연 선수들의 한계가 강조되지 않았다. 남자 프로축구 선수들 같은 뛰어난 기량을 보여주지는 못했지만 매주 더 높은 시청률을 기록했다. 이것은 결과적으로 보이는 능력이 아니라 노력하고 성장하는 과정이 인정받았기 때문이다.

넷플릭스 드라마 〈오징어 게임〉 속 줄다리기는 힘이 약한 여성, 노인 등 소수자를 배제해야만 이길 수 있는 게임이다. 줄다리기뿐 아니라 기본적으로 대부분 스포츠의 규칙은 건장한 남성이

기준이다. 오드리 로드(Audre Lorde)는 "주인의 도구로는 결코 주인의 집을 무너뜨릴 수 없다. 주인의 도구로 그가 만들어 놓은 게임 안에서 일시적인 승리를 거둘 수 있을지도 모르지만, 결코 진정한 변화를 일으킬 수는 없다"라고 말한다.[45] 〈골때녀〉는 〈마녀들〉과 달리 기존의 축구 대신 여성도 쉽게 접근할 수 있는 뉴스포츠인 풋살을 하고 체력과 경험이 우위에 있는 남성과 경쟁하지 않았다. 이렇게 기존의 규칙과 경쟁 구도를 벗어남으로써 여성 축구의 새로운 가능성과 재미를 보여주었다.

4.2. 회별 사건-대결과 승부와 투혼, 스포츠와 게임 형식의 여성 서사

〈골때녀〉의 각 회 콘텐츠에서 통합체, 사건 전개의 기본 뼈대는 대결과 승부다. 〈골때녀〉는 예능이지만 프로그램 형식과 구성에서 예능보다는 진짜 스포츠 중계에 가깝다. 이런 부분에서 대부분의 다른 스포츠 예능과는 차이가 뚜렷하다. 파일럿 프로그램은 팀 구성이나 해설 등에서 예능의 특징이 있었지만, 시간이 지나면서 스포츠 중계나 다큐멘터리에 가깝게 조금씩 수정되었다. 파일럿은 2회에 네 팀뿐이라 토너먼트로 운영되었고, 시즌 1부터는 팀이 늘어 리그전을 치른 후, 토너먼트로 진행한다. 시즌 1 초반에는 경기 결말을 보여주지 않고 끝냈지만, 곧 수정되어 1회당 1경기를 온전히 보여주었다. 또 초반에는 하이라이트 장면을 계속 반복해

45 오드리 로드, 주해연 · 박미선 역, 『시스터 아웃사이더』, 후마니타스, 2018.

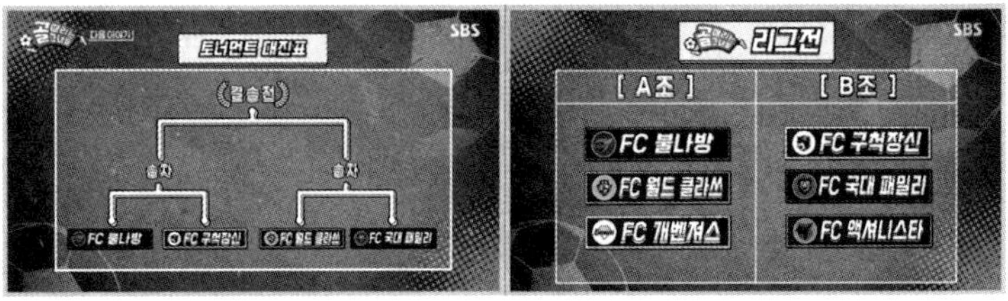

〈그림 2〉 대진표

서 보여주기도 했지만, 점차 일반 축구 중계와 비슷해졌다.

〈날아라, 슛돌이〉, 〈뭉쳐야 찬다〉, 〈우리 동네 예체능〉, 〈진짜 농구〉, 〈천하무적 야구단〉, 〈핸섬 타이거즈〉 등 이전까지의 스포츠 예능들이 한 팀의 성장기를 다룬 이야기였다면, 〈골때녀〉는 여러 선수의 성장을 보여주지만 여러 팀 간의 경기, 즉 대결에 초점이 있다. 예능 프로그램으로서의 캐릭터 구축과 배경 설명을 위한 토크나 훈련은 경기 시작 전이나 경기 중에 조금만 보여주고, 방송 시간 대부분을 경기 위주로 진행하는 구성을 하고 있다. 다른 스포츠 예능과 달리 게임 등은 생략하고 오로지 매 화마다 경기 내용에 집중하여 방영한다. 또 한 편에 두 경기의 절반씩 보여주던 방식을 중반부터 바꿔, 한 편에 한 경기씩 보여주고 하이라이트 반복도 줄였다. 〈골때녀〉는 이렇게 스포츠 중계의 서사구조를 그대로 가져가며 대결과 승부에 집중하면서, 스포츠에서 가장 중요한 투혼과 열정을 강조하는 서사를 보여준다. 국가대표 출신 선수(남현희 등)들도 부상을 입는 부상 투혼을 지속하면서, '신체 능력은 부족하지만, 열정과 투혼만은 빛난다'는 식의 서사가 계속되었다.

〈골때녀〉의 서사구조는 실제 여성 팀 스포츠 중계에서나 볼 수 있는 것이다. 이러한 서사는 남성들에게 더 익숙하다. 실제로 시청률을 보면 여성보다 남성 시청률이 더 높다. 시즌 1 결승 시청률은 9.3%(수도권 기준), 분당 최고 시청률은 12.3%였는데, 이 경기는 2주 연속 수요일 프로그램 전체 1위, 가구 시청률 수요 예능 1위를 차지했다. 시즌 1은 6월 16일 정규방송을 시작하고 2주 만에 지상파 예능 1위를 차지했다. 이날 남자 50대 시청률은 1부 6.0%, 2부 8.2%를 기록하며 한 주 전 대비 가장 많은 상승을 보이면서 전 성, 연령대에서 가장 높은 시청률을 보였다.[46] 이런 추세는 결승 전까지 지속되어 9월 15일 방송된 '불나방 vs 국대패밀리 결승전'은 당일 방송된 모든 TV 프로그램 중 40~50대 남자 시청률 전체 1위를 기록했다. 전체 시청률은 8위를 차지했지만 40대 남자와 50대 남자 시청률 순위에서는 각각 1위를 차지한 것이다.[47] 여성들이 집단으로 등장해 기존의 전형적인 여성성에서 벗어나 뛰고 대결하는 콘텐츠가 중장년 남성들에게 가장 인기를 얻었다. 이는 이 여성 서사가 기존 남성 서사의 형식을 따르고 있기 때문일 수도 있지만, 새로운 여성상이 중장년 남성들에게도 반감 없이 받아들여지고 있다는 점은 충분히 의미가 있다.

---

46 시청률은 파일럿 2회가 더 높았다. 파일럿 프로그램의 결승전인 2회 시청률은 수도권 가구 기준 11.8%, 분당 최고 시청률은 14%를 기록했다(「SBS 「골때리는 그녀들」... 남자 50대 가장 많이 시청」, 『비욘드포스트』, 2021. 6. 24.

47 「골때리는 그녀들 결승전, 4050 남자 시청률 1위 차지」, 『시사매거진』, 2021. 9. 16.

4.3. 인물 유형과 관계 1-남성 중심의 서사 극복과 다양한 여성 캐릭터

〈골때녀〉의 중심 계열체, 즉 등장인물의 구성과 관계를 보면, 수십 명의 여성이 다양한 캐릭터와 중요성을 가지고 각각의 역할을 하고 있다. 이는 공중파 방송에서 선례를 찾을 수 힘든 구성이다. 〈골때녀〉 시즌 2는 팀당 6명, 9팀 54명의 여성 선수가 출연한다. 파일럿에서도 4팀 23명(1팀은 5명)의 여성이 출연했다. 모든 장르에서, 특히 남성들만 혹은 대부분 남성이 '떼'로 진행하는 최근 한국 예능 프로그램에서는 찾아보기 힘든 구성이다.

또한 〈골때녀〉 속 여성, 즉 선수와 심판은 경기장 내에서 실제로 뛰면서 제 역할을 하고 있다. 특히 선수들은 개인이 아닌 팀으로 같이 경기를 만들고 상호작용하며 동시에 각자 다양한 역할을 하고 있다. 〈골때녀〉는 스포츠라는 대결의 서사를 기본으로 하지만, 치열한 싸움 속에서 강자와 약자의 이분법보다 전체적인 밸런스와 다양성을 보여주고 있다. 한석희는 대전 액션 게임에서 가장 중요한 요소 중 하나는 "캐릭터들 간의 밸런스"로 보았다. 각기 다른 무술 방식으로 차별화하되, 캐릭터들 간의 밸런스가 같아야 게임의 공평성을 추구할 수 있다. 또 특정 캐릭터가 너무 강력하다면, 게이머들이 그 특정 캐릭터만 사용하게 되므로 게임의 흥미라는 측면에서도 밸런스가 중요하다는 것이다.[48] 캐릭터의 밸런스는

---

48 한석희, 「대전액션게임에서 나타나는 여성 캐릭터들의 지위 분석: EVO 2016을 중심으로」, 『한국게임학회 논문지』 제16권 5호, 한국게임학회, 2016.

승부를 예상하기 힘들게 하는 재미를 만든다.

〈표 3〉 〈골때녀〉 내 여성 역할 세분화

<table>
<tr><td colspan="5">선수</td><td>심판</td></tr>
<tr><td colspan="4">경기 중인 선수</td><td>관중인 선수</td><td>심판</td></tr>
<tr><td>공격</td><td>수비</td><td>골키퍼</td><td>주장</td><td rowspan="2">응원, 감탄, 배움</td><td rowspan="2">판정</td></tr>
<tr><td colspan="4">공격, 수비, 패스, 몸싸움, 킥, 격려, 상호 커뮤니케이션</td></tr>
</table>

이는 수십 명의 캐릭터를 살려주는 결과를 낳았다. 선수들은 경기 중에는 공격, 수비, 골키퍼, 주장 등 선수 각자의 역할을 소화하면서 패스, 몸싸움, 킥 등은 물론이고 다른 선수에 대한 격려 등 상호 커뮤니케이션을 끊임없이 이어간다. 경기를 하지 않을 때는 관중석, 혹은 대기석에서 다른 팀의 경기를 보며 응원과 감탄을 연발하고 그것을 통해 배워나가는 모습을 화면에 고스란히 드러낸다. 이들은 개인으로서의 역할, 팀의 일원으로서의 역할, 동료와 관중으로 해야 할 역할까지 수행한다. 이렇게 많은 여성이 등장하고, 대부분 각각 자신의 역할을 가지고 그것을 훌륭하게 수행해 낸 미디어 콘텐츠는 지금까지 보기 드물었다.

〈표 4〉 〈골때녀〉 내 역할과 성별 배치

선수	감독	아나운서	해설	심판
여성	남성	남성	남성	여성

다만 이 콘텐츠의 주인공, 혹은 주체는 여성 선수들인가, 남성들인가? 화자, 담화의 서술자는 누구인가? 하는 질문이 남는다.

여성 선수들의 멘토이자 지도자 역할을 하는 감독은 2002년 월드컵 축구 스타인 남성들이고, 해설과 진행도 남성이 맡았다. 프로그램을 기획하고 진행하는 PD도 남성이다. 즉 프로그램의 구조가 여성의 플레이를 남성이 지도하며, 남성의 눈으로 보고, 남성의 언어로 발화하는 것을, 남성이 기획하여 촬영하여 편집해 내보내는 것이다. 멀비가 말하는 2중, 3중의 남성 시선이 존재하는 것이다. 여성이 주인공이라도 이를 조종하거나 지도하는 이는 남성이라는 구도는 익숙하다. 기존 여성 액션 영화나 스포츠 영화 등에도 여성을 훈련하고 지령을 내리는 사람(〈니키타NIKITA〉, 〈미녀 삼총사Charlie's Angels〉, 〈마이 네임My Name〉 등), 지도하고 명령하는 코치는 남성인 경우가 대부분이었다(〈그들만의 리그A League of Their Own〉, 〈밀리언 달러 베이비Million Dollar Baby〉).

그러나 종합해보면 〈골때녀〉의 영상 대부분은 여성 선수들이 플레이하는 장면이고, 경기 중간 선수들의 인터뷰가 상당한 비중을 차지하고 있다. 또한 남성 아나운서와 해설자는 초반에 예능의 재미를 주기 위해 우스갯소리를 많이 했지만, 시간이 지나면서 선수들의 플레이를 그대로 중계하는 역할로 점차 비중이 축소되었다. 감독은 팀 수가 늘어나는 상황에 다른 팀을 맡기도 하는 등 그 역할이 절대적이지 않다는 점이 여러 장면에서 드러났다. PD나 제작진의 역할도 〈골때녀〉가 전형적인 예능이 아니라 경기를 그대로 처음부터 끝까지 중계하는 방식으로 변화하면서 비중이 줄어들었다.[49] 방송이 진행됨에 따라 선수들의 활약과 변화 등 선수들의 비

49 제작진이 프로그램을 재미있게 만들기 위해 경기 흐름을 편집으로 조작한 사건

중이 늘어났다. 선수들 스스로 인터뷰를 통해 화자의 역할도 하고 있기 때문에, 시즌1, 2에서는 어느 정도 한계는 있지만 충분히 여성이 주체로 재현되고 있는 것으로 보인다.

4.4 인물 유형과 관계 2-팀 스포츠를 통한 여성 주체의 성장과 연대

〈골때녀〉 서사의 인물관계는 복잡하면서도 단순하다. 〈골때녀〉의 존재물, 등장인물은 수십 명의 선수 개개인이기도 하지만 9개의 팀이기도 하다. 9개의 팀은 팀 간의 관계, 팀 내의 관계를 통해 이야기를 구성한다. 앞서 살펴보았듯이 선수와 팀은 성장 서사를 통해 변화하고 성장했으며, 주체로 자리잡았다. 이 과정에서 선수들은 스스로 주체로서의 인식, 자부심을 느끼게 되었음을 지속해서 표현했다. 또 이를 통해 팀워크와 리더십을 배우는 등 상호 간의 관계, 즉 여성 연대의 생성이 드러났고, 선수들은 이에 대한 인식과 만족을 표현했다.

〈골때녀〉 프로그램의 출연자는 단순히 방송 출연자를 넘어 운동선수로 자신을 규정했다. 객체가 아닌 주체로 규정하는 것이다. 〈골때녀〉를 통한 경험은 선수들 스스로에게 큰 성취감과 자부심, 존재감, 힐링 등을 안겨주었고 그러한 성취는 팀 동료들 사이에서

이 드러났지만, 이는 오히려 경기, 혹은 콘텐츠의 흐름에 제작진이 개입할 여지가 별로 없다는 것을 보여주는 것이기도 하다. 사건 이후 제작신을 징계, 교체했을 뿐 〈골때녀〉는 그대로 방송 중이다. 이는 경기 자체에는 조작이 없었으며, 콘텐츠의 내용 흐름은 이미 제작진이 아니라 선수들이 주도하기 때문으로 보인다.

만들어졌다. 2021년 방송된 시즌 1의 3화에서 'FC 국대패밀리'의 명서현은 "남편과 결혼하고 나서 승무원 일을 그만뒀다. 평생 누군가의 아내, 엄마로 살 줄 알았는데 지금이 신기하다. 축구선수의 아내가 축구선수가 된다는 걸 상상이나 했겠나… 일본으로 돌아가고 싶지 않다"고 스스로 주체가 된 소감을 표현했다. 'FC 액셔니스타'의 최여진은 "혼자서는 느끼지 못했던 호흡들과 감정들을 느끼는 것 같다"고 전했다. 〈집사부일체〉(2021년 11월 21일)에 출연한 'FC 불나방'의 박선영도 "축구를 하며 자기 존재감을 찾은 것, 팀이 있어 더 외롭지 않다"며 연대의 감정을 말했다. 벡델 테스트 세 기준 중 두 가지는 여성 연대와 관련한 내용이다. ②여성 캐릭터가 서로 이야기를 나눌 것, ③여성 캐릭터가 남성에 대한 것 이외에 다른 대화를 나눌 것. 〈골때녀〉는 다른 콘텐츠에서는 이렇게 테스트를 통해 체크해야 하는 것들을 풍부하게 재현해냈다.

〈골때녀〉 출연자 각각은 대부분 연예인이자 아내, 어머니이고 아마추어 초보 축구 선수인 '교차적 정체성(intersectional identities)'[50]을 가진다. 여성들은, 특히 아내, 어머니, 며느리이자 직업인인 여성은 '사회적으로 성공해도 가정에 소홀하면 안 된다'는 식으로 완벽한 각각의 역할을 동시에 강요받는다. 또 이 9개 팀은 20대부터 60대까지, 기혼과 비혼, 여러 직업군의 여성들을 모두 포함한다. 기존 미디어, 특히 드라마의 여성 관계는 거의 여성 주인공과 악녀가 남성을 두고 싸우거나 비교되는 경우가 많았던 것과 달리

---

50 Kimberle Crenshaw, "Mapping the margins: Identity politics, intersectionality, and violence against women", *Stanford Law Review*, Vol.43, No.6, 1991.

〈골때녀〉의 선수들은 서로를 비판하지 않고 각자의 장점을 드러냈다. 이들은 하나의 목표를 위해 순수하게 연대한다.

〈골때녀〉 콘텐츠는 선수들이 스스로, 그리고 서로 간의 관계 맺기를 통해 새로운 '여성 주체'를 구현해나가는 장면을 계속 보여준다. 선수들은 패스와 세트플레이를 배우고, 부상으로 못 나가는 사람은 응원석에서 응원한다. 남편의 뒷바라지를 하면서 가정에 있거나 모델, 연예인으로 개인플레이를 하다가 팀에 속하게 되어 좋다는 표현이 반복된다. 한혜진은 〈골때녀〉 제작발표회에서 "평소 각개전투식으로 활동하던 모델들이 서로의 이름을 연호하고, 화내고, 원망하는 모습을 보며 신선한 충격에 빠졌다"고 말하며 팀플레이를 배우는 즐거움을 강조했다.

〈골때녀〉에는 팀워크의 한 요소인 리더십도 충분히 드러났다. 'FC 불나방'의 주장인 박선영은 팀원들의 실수에도 항상 여유 있게 조언하고, 'FC 구척장신'의 주장 한혜진은 발톱이 빠지는 부상에도 끝까지 경기를 수행하고 끊임없이 팀원들을 챙긴다. 'FC 개벤져스'의 신봉선은 목이 터져라 파이팅을 외치고, 부상으로 팀에 피해를 줄까 봐 빠지는 결단을 보여주기도 했다. 선수들은 같은 팀원들끼리 대기실에서 대화를 주고받으며 서로 이해하고 챙겨주고, 경기가 끝나면 상대 팀도 응원하고 인정하며 존중한다. 이는 팀의 경계를 넘어서는 팀워크이다. 이러한 관계는 샹탈 무페(Chantal Mouffe)의 아고니즘(agonism), 즉 '상호투쟁적인 동시에 상호격려적인 관계'와도 같다.[51]

51 조주현, 「후기 근대와 사회적인 것의 위기: 아고니즘 정치의 가능성」, 『경제와

5. 담화-언술과 영상 표현 방식

5.1. 언술 표현-예능 관행과 남성 시선의 극복, 그리고 플로우(flow)

〈골때녀〉의 담화 중 언술 표현을 젠더 관점에 집중하여 살펴보면, 여성에 대한 호칭, 여성 신체에 대한 표현이 두드러진다. 〈골때녀〉는 프로그램 제목이나 선수들의 호칭에서부터 문제가 있는 관점을 보여준다. "골 때리다"의 사전적 의미는 '어이없고 터무니없다', '(속되게) 어이없고 황당하다'이다. 〈골때녀〉의 도입부에서도 "여자들이 모여서 축구를 한다고? 처음에는 다들 그랬지. 골때린다고"라는 내레이션을 깔아 노골적으로 이런 의미를 드러낸다. 공을 찬다는 중의적 의미를 활용해 웃음을 유발할 의도였겠으나, 이는 여성 시청자에게 불쾌감을 유발할 수 있다. 팀 이름에서도 '구척장신'은 모델들의 큰 키를 과장해 웃음을 유발하려 했다.

'국대패밀리' 선수의 호칭도 마찬가지다. '국대패밀리'는 전 국가대표 남성 축구선수들의 부인(심하은, 김수연), 며느리(한채아)를 주축으로 이루어진 팀이다. 파일럿 프로그램에서는 유니폼 뒤쪽 이름 위에도 '정대세 아내', '김병지 아내'라고 크게 적혀 있었고, 경기 중계에서도 누구의 아내, 며느리가 계속 강조되었다. 2021년

사회』 제95권, 비판사회학회, 2012.

〈그림 3〉 파일럿 프로그램에서 선수들이 착용한 유니폼

에 여성이 자신의 이름이 아닌 누구의 아내라고 불리며, 그 호칭을 아예 유니폼에 인쇄했다.

〈골때녀〉 파일럿 프로그램에의 선수들의 신체는 부족하고 약하고 서투른 것으로 표현된다. 팀 구성을 보면 선수 평균 나이 48세인 'FC 불나방', 62세 이성미와 55세 이경실을 포함한 'FC 개벤져스', '이천수 아내', '정대세 아내'라고 적힌 유니폼을 입은 'FC 국대패밀리', 영양실조가 걱정되는 신체를 가진 패션모델로 이루어진 'FC 구척장신' 등 4개 팀으로 이루어졌다. 축구를 제대로 하기 어려울 뿐 아니라, 얼핏 구르고 넘어지는 모습이 연상되는 구성이다. 실제로 이성미와 이경실은 경기를 제대로 뛰지도 못했고 축구라기보다는 슬랩스틱 코미디를 위해 투입된 것으로 보인다. 즉 처음 기획은 여성들의 진지한 도전이라기보다는 미니축구도 제대로 못 하는 축구 문외한 여성들이 실수하는 모습으로 웃음을 주는 슬랩스틱 코미디에 가까웠다.

다만 이러한 구성은 정규편성이 되고 시즌 1에 들어서면서 조금씩 개선되었다. 우선 선수나 팀에 대한 호칭과 호명은 시즌 1에서 조금이나마 개선되었다. 시즌 1에 국대패밀리가 처음 등장하는 장면에서 유니폼 뒤쪽 이름 위에 '이천수 아내', '정대세 아내'가

빠졌음을 보여주며 "이제 우리 진짜 선수"라는 표현과 함께 언급했다. 국대패밀리가 입장할 때 뜨는 소개 자막 "그 누구를 대신해서가 아니라 나를 대표하는 나만의 축구"도 변화를 보여준다. '국대패밀리'의 경우 '국대'의 아내가 아닌 본인이 '국대'인 선수도 3명(전 테니스 국가대표 전미라, 전 펜싱 국가대표 남현희, 전 스피드스케이드 국가대표 박승희)으로 늘었다. 시즌 1, 2에 추가 투입된 다섯 팀의 이름(액셔니스타, 월드클라쓰, 원더우먼, 아나콘다, 탑걸)도 과장을 통한 웃음 유발보다는 구성원의 특징과 강한 의욕, 멋진 모습을 보여주는 측면이 더 커졌다. 시즌 1부터는 개개인 선수들에게도 뚫을 수 없는 벽과 같은 수비를 보여준 신효범은 "신효벽", 개인기를 보여준 남현희는 유명 축구 선수 메시의 이름을 붙인 "남메시"로 부르는 것도 출연자들을 선수로 진지하게 볼 수 있게 해준다.

선수들의 인터뷰 언술에서도 선수들이 방송 출연자가 아니라 축구 선수로 자신을 규정하고 축구에 온전히 몰입(flow)[52]하고 있

---

52 미하이 칙센트미하이, 최인수 역, 『몰입flow』, 한울림, 2004; 김주희, 「e스포츠 전문화 수준이 플로우(Flow)와 관람만족에 미치는 영향」, 『한국게임학회논문지』 제19권 1호, 한국게임학회, 2019, 63쪽에서 재인용)은 플로우(Flow)를 "다른 어떤 일에도 관심이 없을 정도로 지금 하는 일에 푹 빠져 있는 상태"로 정의하고, 도전(challenge)과 숙련도(skill)가 균형을 이룰 때, 그 결과로서 플로우를 경험한다고 설명했다. 플로우는 플로우를 일으키는 선행변수, 플로우 상태에서 나타나는 핵심변수, 플로우 경험에 따른 결과 변수들이 혼합된 다차원적 개념이다. 기존 선행연구에 따르면 플로우는 13가지 구성요소로 이루어진다; ①각성(arousal), ②도전감(challenge), ③통제감(control), ④탐색적 행동(exploratory behavior), ⑤주의집중(focused attention), ⑥관여(involvement), ⑦최저 자극수준(Optimal Stimulus Level), ⑧즐거움(playfulness), ⑨긍정적 감정(positive affect), ⑩숙련도(skill), ⑪시간 왜곡(time distortion), ⑫상호작용(interactivity), ⑬원거리 실재감(tele-presence) 등.

다는 것이 드러난다. FC 구척장신의 한혜진은 “지금 이게 뭔지 모르겠다. 정말 성취감이 크니까 최근 들어 가장 행복한 것 같다. 비현실적으로 행복하다”고 밝혔다. FC 불나방의 신효범 또한 “볼이 흥분제가 됐다. 노래를 대신하는 것처럼 행복하다”고 말했다. 특히 축구에 빠진 것으로 알려진 FC 개벤져스의 신봉선은 “제 정체성이 뭔지 모르겠다. 손에 뭐가 잡히질 않고 축구 위주다. 사실 지금 인터뷰하는 것도 마음에 안 든다. 가서 몸 풀어야 하는데”라고 말했다. 출연 선수들의 인터뷰에서는 도전감(challenge), 즐거움(playfulness), 긍정적 감정(positive affect), 상호작용(interactivity) 등 플로우의 요소들이 뚜렷하게 드러난다. 플로우는 ‘통제감(control)’을 포함하는 개념이며 선수들이 자발적이고 주체적으로 참여하고 있고, 숙련도(skill)가 높아지면서 더 커질 수 있다는 것을 시사한다.

열정과 투혼이 대단하다며 감탄하는 언술 표현은 남자 감독, 남자 진행자의 시선과 입을 통해서도 반복되었다. 황선홍은 시즌 1 첫 회에서 “박선영 씨. 농담 아니라니까. 세 사람 몫을 해”라며 칭찬했다. 그러나 선수에 대한 칭찬이 거의 ‘일반 남성’과 비교라는 것은 남성 관점 평가의 한계를 보여주고 있다. 최진철은 박선영에 대해 “뛰는 모습이 진짜 남자선수 같아”라는 칭찬을 했다. 평가의 기준이 여전히 남성이고 남성의 시선에서 남성의 입을 통한 표현이지만, 이러한 표현은 기존 여성 캐릭터에게서 보기 힘든 측면이다.

시즌 1에서도 여전히 ‘FC 월드클라쓰’의 외국인 선수와 최진철 감독의 관계를 ‘딸’과 ‘대디’로 표현하거나, 파일럿에서 감독을 맡았던 ‘FC 구척장신’은 ‘전 여자 친구’, 시즌 1에서 감독을 맡은

'FC 월드클라쓰'는 '현 여자친구'로 표현하는 등의 문제는 있었지만, 전체적으로는 프로그램이 진행되면서 점차 개선되었다.

5.2 영상 표현-주체로서의 몸, 그리고 플로우(flow)의 재현

〈골때녀〉의 영상 속 여성 신체 재현은 지금까지의 미디어 속 여성 신체와 다른 특성을 가진다. 우선 여성을 성적 대상이 아닌 운동하는 주체로 재현한다. 지금까지 운동하는 여성은 프로 선수나 국가대표였으나, 〈골때녀〉 출연자들은 운동 능력이 뛰어난 프로가 아닌 초보다. 몇몇을 제외하면 평균보다 못한 신체 능력을 지닌 이들로 구성되었다. 〈운동뚱〉이 '3대 500' 등 남성 중심으로 수치화된 기준에 도전하는 특출한 여성 1인의 능력을 보여주고, 남성('갈비씨' PD)과의 대결에서 승리하며 그 능력을 더 강조하고, 〈노는 언니〉가 전직 프로선수들로 구성된 것과는 대조적이다. 〈골때녀〉 파일럿 프로그램은 40대 이상 60대까지 포함한 중장년 혹은 노년의 여성들(불나방, 개벤져스), 출산과 육아를 경험하며 신체 능력이 떨어진 주부들(국대패밀리), 지속적인 다이어트로 근력이 부족한 패션모델들로(구척장신) 팀이 꾸려졌으며, 이후 시즌에도 여배우와 아나운서, 가수 등 날씬하고 예쁜 외모가 요구되는 여성 연예인들이 투입되었다. 이것은 서툴고 모자란 이들을 비하해 웃음거리로 만드는 전형적인 예능 프로그램의 구성이지만, 실제 프로그램에서는 오히려 선수들의 의지가 돋보이는 장치가 되었다.

둘째, 〈골때녀〉 선수들은 부상을 개의치 않는 투혼을 보여준

〈그림 4〉 열정과 투혼의 신체 이미지

다. 이들의 진정성과 투혼은 여러 신체 기호들을 통해 드러난다. 모델 한혜진이 말한 '하이힐 대신 축구화', 명서현이 스타일을 포기하고 바지 안에 넣어 상의를 넣어 입자 '배바지'라고 놀린 해설진, 의욕만 앞선 아마추어다 보니 유난히 잦은 부상과 그로 인해 자주 등장하는 온몸 가득한 테이핑과 파스, 동여맨 붕대, 의무실 장면 등이 그러하다. 승부에 집착하고 눈물을 흘리다가 심지어 통곡하는 모습도 자주 재현된다. 이는 실력과 상관없이 투혼만은 프로 축구선수 못지않다는 인상을 남겼다. 선수들의 이런 열정과 몰입(flow)의 정서(affect)는 영상을 통해서도 충분히 재현되었다.

셋째, 〈골때녀〉는 기존 남성 스포츠 유니폼과 기존 스포츠 중계 방식의 카메라와 연출이 거의 그대로 사용해, 결과적으로 여성 신체에 대한 고정관념과 남성적 시선을 일부 깨뜨리는 결과를 낳았다. 여성 신체를 부분적으로 강조하는 클로즈업이 아니라 선수들의 움직임과 공의 흐름을 보여주기 위해 '떼 샷(group shot)'을 사용함으로써 여성 신체의 물화에 집착해 온 기존 미디어의 시선과는 다른 시선을 보여주었다. 흥행을 위한다는 핑계로 쫄쫄이 유니폼 논란이 있었던 여자 농구, 여자 배구와 달리 남성 축구선수들이 입는 것과 같은 헐렁하고 몸의 곡선을 가려주는 운동복을 입고, 납작한 축구화를 신었다. 이런 복장으로 파스와 테이핑을 붙이고 땀 흘리는 여성들의 신체가 스포츠 중계가 아니라 예능 프로그램에서 보인다는 것은 획기적인 사건이다. 〈골때녀〉에서 여성 신체는 성적인 매력을 발산하는 객체가 아니라 역동적 움직임을 통한 주체로 재현된다.

넷째, 남성에 비해 작고 약한 여성 신체, 혹은 10~20대에 비해 노쇠하고 약한 중장년의 신체에 대한 편견을 깨뜨리고 새로운 관점을 보여주었다. 'FC 월드클라쓰'의 에이스 사오리는 단점으로 지적되는 154cm의 작은 키에도 놀라운 스피드와 몸싸움을 보여주었고, 평균 나이 48세인 'FC 불나방'은 파일럿 시즌과 시즌 1 연속 우승을 차지했다. 'FC 불나방'의 에이스 박선영은 53세, 막강 수비수 신효범은 57세이다. 저체중 패션모델들로 구성된 팀 'FC 구척장신'의 주장 모델 한혜진은 '정신이 육체를 지배한다'는 말을 팀원들에게 끊임없이 반복한다. 이들은 신체적 약점을 극복할 수 있거나 최소한 그것이 걸림돌은 아닐 수 있다는 점을 보여주었다.

마지막으로 스포츠를 하는 여성이란 쇼트커트 헤어스타일에 여성성이 없으며 여성으로서 매력도 없다는 기존의 편견을 깨기도 했다. 〈골때녀〉 출연자들은 대부분 연예인이자 아내이고 어머니이다. 남자친구, 남편, 자녀가 있는 여성들이 스포츠에 진심으로 최선을 다하는 모습을 보여주는 것은 여성 스포츠 선수는 '여자도 아닌' 존재라는 기존의 편견을 깨는 것이다. 〈골때녀〉의 선수들 54명은 특히 2021년 도쿄 올림픽 양궁 3관왕으로 국민적 영웅이 된 안산 선수마저도 "쇼트커트" 머리 모양이라는 이유로 '페미(페미니스트의 비하어)'로 비난받은 것과는 반대 지점에 있는 상징이다. 소위 '여성성'과 거리가 먼 특정한 여성이 아니라, 비혼, 기혼, 주부, 배우, 가수, 개그우먼 등 여러 정체성을 가진 여성들이 모두 스포츠를 좋아할 수 있다는 것을 보여주었다는 것은 큰 의미를 가진다.

결국 〈골때녀〉 시즌 1, 2에서는 뚱뚱한 여성, 마른 여성, 키가 너무 큰 여성, 키가 너무 작은 여성, 젊은 여성, 늙은 여성 모두 등장하여 저마다의 역할을 다하는 모습이 재현된다. 이들의 신체는 성적인 매력이 아니라 축구 실력과 축구에 대한 열정으로 평가받는다. 이들의 신체는 주체적인 능력과 열정으로 재현된다. 이에 따라 타인의 실수나 부족한 점을 웃음거리로 만드는 기존의 유머 공식은 더는 〈골때녀〉에서 시도되지 않는 것으로 보인다.

6. 나가며

〈골때녀〉의 서사 중 통합체, 즉 이야기 전개의 특징은 성장 서사, 그리고 대결과 승부가 반복되는 구조라는 것이다. 〈골때녀〉에서는 등장인물도 성장하고 프로그램도 성장한다. 선수들은 대부분 축구를 접한 적이 없는 초보들로, 한 경기 한 경기마다 눈에 띄게 성장한다. 프로그램 또한 2회의 파일럿 프로그램에서 시즌 2로 연장되었고, 등장하는 팀도 4팀에서 6팀, 9팀으로 확장되었으며, 무엇보다 선수들을 재현하는 방식도 변화하고 성장했다.

〈골때녀〉 이전에 등장한 여성 운동 프로그램인 〈운동뚱〉과 〈노는 언니〉에는 일반 여성보다 강하거나 운동 능력이 뛰어난 여성들이 등장했다. 반면 〈골때녀〉는 기본적으로 축구 초보자이자 보통 여성보다도 신체 능력이 떨어지는 여성 연예인, 거기에 아이 엄마이거나 40~50대 중년의 신체 조건을 가진 '언더독'의 성장 서사이다. 출연자들은 그중에서도 약한 팀이나 부상자를 응원하는 모습을 보이기도 한다. 최근 '여경 논쟁'에서 보듯 남성에 비해 약한 여성의 신체 능력은 무능력으로 비하당하기 쉽다. 그러나 〈골때녀〉에서는 오히려 응원하고 싶은 특성이 되었다. 이는 〈골때녀〉가 같은 초보 여성들끼리의 경쟁이며 초보자도 접근이 쉬운 '풋살' 형식을 택했기 때문으로 보인다. 〈골때녀〉보다 앞서 방송된 〈마녀들〉은 남성 야구 규칙을 그대로 적용해 이미 경험이 많은 기존 남성팀들과 경쟁하면서 여성 신체의 상대적 약함을 고스란히 드러내는 한계가 있었다. 그러나 〈골때녀〉는 '아나콘다'가 유소년 축구팀과 연습경기 결과 18:0으로 패배한 한 번 외에는 훈련된 남성팀과 대결하는 경우가 없었다.

〈골때녀〉의 중심 계열체, 즉 등장인물의 구성과 관계를 보면, 이렇게 많은 여성이 등장하고, 대부분 각각 자신의 역할을 가지고 그것을 훌륭하게 수행해 낸 미디어 콘텐츠는 지금까지 보기 드물었다. 선수들은 서툴고 모자란 모습보다 부상을 두려워하지 않는 투혼을 더욱 압도적으로 보여주었다. 이들의 부족한 실력은 열정과 투혼이 결합하면서 비하의 웃음이 아니라 '언더독'에 대한 응

원으로 바뀌었다.[53]

파일럿 프로그램에서는 여성들의 플레이를 슬랩스틱 코미디로 활용하려는 기존 예능 방식의 언술과 영상 표현들이 있었다. 토마스 홉스(Thomas Hobbes)의 '웃음 이론'에 따르면, 다른 사람의 약점에 대해 웃는 사람은 웃음거리가 된 사람을 하나의 대상물로 간주하며, 이러한 웃음은 경멸감의 표현과 관련된다.[54] 아론 스머츠(Aaron Smuts)는 웃음이 타인에게 상처를 줄 수 있기 때문에, 유머 감각은 도덕적 평가의 대상이라고 본다.[55] 유머는 혐오의 정서를 무난하게 받아들이게 해주는 '당의정'과 같다.[56] 극단적인 사례로 반유대주의자들의 유머에서 장 폴 사르트르(Jean-Paul Sartre)는 '증오의 기쁨', 테오도르 아도르노(Theodor Ludwig Wiesengrund Adorno)와 막스 호르크하이머(Max Horkheimer)는 '조직화한 웃음'을 발견하기도 했다.[57] 마이클 빌릭스(Michael Billig)는 본래 유머와 혐오는 '불편한 연관(disturbing link)' 관계에 있다고 주장한다.[58] 〈골때녀〉에서 '타인의 약점에 대한 웃음'은 특히 파일럿 프로그램에

53 Michael Billig, "Humour and Hatred: The Racist Jokes of the Ku Klux Klan", *Discourse & Society,* Vol.12, No.3, 2001.

54 류종영, 『웃음의 미학』, 유로서적, 2005.

55 Aaron Smuts, "The Ethics of Humor: Can Your Sense of Humor be Wrong?", *Ethical Theory and Moral Practice* Vol. 13, No.3 2010; 김수아 · 김세은, 「좋아요가 만드는 싫어요의 세계」, 『미디어, 젠더 & 문화』 제31권 2집, 한국여성커뮤니케이션학회, 2016, 15쪽에서 재인용.

56 김수아 · 김세은, 위의 글.

57 Michael Billig, op.cit., p.268.

58 Michael Billig, ibid.

서 다양한 방식으로 드러났다. 그러나 시간이 지나면서 선수들의 플레이에 대한 언술과 영상은 초보자들의 열정과 투혼을 보여주는 방향으로 변화했다.

출연 선수들의 인터뷰에서는 도전감, 즐거움, 긍정적 감정, 상호작용 등 '플로우'의 요소들이 뚜렷하게 드러난다. 〈골때녀〉는 헐렁한 운동복에 테이핑을 하고 땀 흘리는 여성 신체를 클로즈업이 아닌 그룹 샷을 사용해 보여줌으로써, 여성 신체를 성적인 대상이 아니라 역동적 움직임을 가진 주체로 재현한다. 또한 '여성은 약하다', '중장년은 노쇠하다', '스포츠를 하는 여성은 여성으로서 매력이 없다'는 신체에 대한 기존 편견들을 깨뜨리기도 했다.

〈골때녀〉의 영상 대부분은 여성 선수들이 플레이하는 장면이다. 즉 기존의 콘텐츠들과 달리 여성들은 충분히 주체로 재현되고 있다. 〈골때녀〉의 선수와 팀은 변화하고 성장했으며, 이 과정에서 선수들은 주체로서의 인식, 자부심을 드러냈고, 특히 팀워크 등 상호 간의 관계, 여성 연대에 대한 인식과 만족을 드러냈다. 〈골때녀〉는 팀 스포츠를 통해서 다양한 세대와 다양한 입장의 여성들이 서로 연대하고 격려하며 리더십을 발휘하는 모습을 보여주었다. 대기실에서 여성들은 경기에 대한 기쁨과 안타까움을 나누고, 서로의 부상을 걱정하며, 응원석에서는 경쟁자인 다른 팀을 응원한다. 이러한 관계는 무페의 '아고니즘(Agnism)', 즉 '상호투쟁적인 동시에 상호격려적인 관계'와도 유사하다.[59] 그들은 스스로, 그리고 서로 간의 관계 맺기를 통해 새로운 '여성'의 정체성을 구성해나가

---

59 조주현, 앞의 글.

는 모습을 보여준다.

이는 질 들뢰즈(Gilles Deleuze)와 펠릭스 가타리(Pierre-Félix Guattari)의 '아상블라주(assemblage)'와도 통한다.[60] 즉 "그것은 수많은 이종적 조건으로 구성되는 다양체인데 이것은 다양한 특성들, 즉 나이, 성, 영역(reigns)을 가로질러 그들 간의 연결, 관계를 수립한다. … 그것은 공생이며, 동조다. 그것은 분파라기보다는 동맹, 합금"이다.[61] 〈골때녀〉의 선수들은 여성들을 콩쥐와 팥쥐, 시어머니와 며느리로 나누어 분리 지배하는 구조에서 벗어난다. 가부장제가 선호하지 않는 인물을 주변화시켜 가부장제가 선호하는 인물을 부각하는 '주변화' 전략에 포섭되지 않는다.[62] 여러 여성은 여러 정체성을 가지며 여러 종류의 차별을 경험하므로 억압의 서열을 매길 수 없다. 린다 제릴리(Linda Zerilli)는 "같음이나 차이를 전제하는 정체성 정치에 구속되지 않고 '여성'의 이름으로 페미니스트 정치가 가능하다고 주장"했다.[63] 나아가 새로운 페미니스트 정치학은 여성의 정체성을 "앞질러서 발언하는" 것으로 그 주장을 통해 주체인 '여성'을 구성해 나가는 실험이다.[64] 〈골때녀〉는 새로운 '여성' 주체를 구현한다.

〈골때녀〉는 기존의 '여자다운' 운동들과 달리 남성들의 전유

60 들뢰즈 · 가타리, 김재인 역, 『천 개의 고원』, 새물결, 2001.

61 김숙진, 「아상블라주의 개념과 지리학적 함의」, 『대한지리학회지』 제51권 3호, 대한지리학회, 2016.

62 김명혜 · 김훈순, 앞의 글.

63 김문정, 「여성 정체성의 정치에서 아고니즘 정치로: 대구 안심마을공동체 여성들을 중심으로」, 『한국여성학』 제3권 4호, 한국여성학회, 2015.

64 조주현, 앞의 글, 181-182쪽.

물로 여겨진 축구 경기를 매회 거듭하면서, 여성은 남성보다 신체/운동 능력이 부족하다는 벽을 열정과 투혼으로 무너뜨렸다. 브라이언 마수미(Brian Massumi)는 사람들이 무언가를 재미있다고 판단하는 기준은 '강렬하게 느꼈는지'의 여부라고 설명한다.[65] 또한 그는 정동의 정치는 정체성이 아닌 어울림, 상관적 발생, 실행주의 사이의 정치이며, 결국 '세계 속에 자신을 내던지는 삶'을 사는 것이라고 정의한다.[66] 〈골때녀〉는 운동 초보 여성들이 무작정 뛰어들어 넘어지고 헛발질하면서 '여성은 어떠하다'는 편견을 깨고 서로 어울려 상관적으로 무엇인가를 발생시키는 실행을 보여주었다.

〈골때녀〉는 그간 여러 여성이 진행하는 소수 프로그램이 유사품, B급, 스핀오프 느낌(라디오스타-비디오스타, 무한도전-무한걸스 등)이었던 것처럼 〈뭉쳐야 찬다〉의 유사품으로 시작했지만, 결국 어떤 '파도'를 타고 인기 프로그램, 주류로 자리 잡은 흔치 않은 사례이다. 선수들의 열정으로 시청률이 오르면서 정규 편성되고, 시즌이 연장되었으며, 프로그램 구성(1회 1경기로)과 선수들의 호칭(누구의 아내에서 본인 이름으로)이 바뀌었다. 한 회에 두 게임을 편성했던 파일럿 프로그램이 시즌 1에서는 경기 후반부는 다음 회로 미루는 편집을 하다가, 곧 1회당 1경기를 중계하듯 보여주었으며, 예능의 웃음보다는 선수들의 진지한 경기 모습을 보여주는 것에 집중하는 식으로 조금씩 프로그램이 변화했다. 권명아는 문화 영역에서 여성들은 "독자", "관객", "소비자"로서 수동적인 지위만

65 브라이언 마수미, 조성훈 역, 『가상계: 운동, 정동, 감각의 아쌍블라주』, 갈무리, 2011.

66 브라이언 마수미, 조성훈 역, 『정동정치』, 갈무리, 2018.

부여받아 왔다고 비판했다.[67] 그러나 〈골때녀〉에서 여성들은 프로그램을 바꾸고 연장하고, 그것을 텍스트 밖으로 끌어내어 향유한다. 마수미가 정동을 설명하면서 말한 "참여를 통해 상황을 비틀고, 자신의 움직임에 주목하는 파도타기"[68]가 작용한 것이다.

〈골때녀〉 프로그램의 출연자는 단순히 방송 출연자를 넘어 '운동선수'로, 객체가 아닌 주체로 자신을 규정했다. 출연자들은 자원해서 4개월간 일주일에 최소 세 번 팀 훈련과 기초 체력을 위한 개인 훈련을 소화했다. 신효범은 "노래를 대할 때처럼의 열정 같은 게 생겼어요. 공이 이렇게 아름다운지 세상 처음 알았어요"라고 말했고, 최여진은 "막상 해보니까 '세상 이렇게 재밌는 걸 너희만 했니'라는 생각이" 든다고 했다. 나아가 한채아는 따로 '어머니 축구교실'에 등록했고, 심하은은 직접 동네에 '아줌마 축구단('엄청라 FC')'을 만들었다.[69] 박선영은 "지역 축구교실에서 너무 반가워한다. 이제 주부들도 축구교실을 만들었다더라(2021년 11월 21일 〈집사부일체〉 중)"라고 말했다.

해러웨이(Haraway)는 『반려종 선언』에서 "존재자들은 서로를 향해 뻗어나가며 "포착"이나 파악을 통해 서로와 자신을 구성한다… 모든 존재자는 관계에 선행해 존재하지 않는다"고 말했다.[70]

---

67 권명아, 『여자떼 공포, 젠더 어펙트-부대낌과 상호작용의 정치』, 갈무리, 2019.

68 김민지, 「정동의 잉여적 사유들-브라이언 마수미 논의를 중심으로」, 『동서철학연구』 제96권, 한국동서철학회, 2020.

69 「이렇게 재밌는 걸 니들만 했어?… 축구에 진심인 그녀들 일 냈다」, 『한국일보』, 2021. 7. 6.

70 도나 해러웨이, 황희선 역, 『해러웨이 선언문: 인간과 동물과 사이보그에 관한 전복적 사유』, 책세상, 2019. 123쪽.

많은 여성이 여성성과 여성 간의 관계에 대해 각각의 목소리를 내어왔고 그것들은 다른 여성들에게 또 서로에게 영향을 미쳤다. 여성들은 오랫동안 '빼앗긴 운동장 되찾기'를 외쳐왔다. 여자들은 운동장을 써본 경험이 부족하니 자연스럽게 '나는 팀 스포츠는 잘 못 할 거야'라는 생각을 하지만 사실은 기회가 없었을 뿐일 수 있다. 이렇게 보면 〈골때녀〉가 풋살 형식을 도입한 것도 프로그램의 재미뿐 아니라 여성 스포츠의 대중화에 도움이 되는 측면이 있다. 2020년 이후 〈운동뚱〉, 〈노는 언니〉 등의 콘텐츠를 통해 여성 신체와 여성 스포츠에 다른 담론들이 생겨났고, 도쿄 올림픽 여자 배구팀의 팀워크와 김연경의 리더십, 베이징 동계올림픽의 '팀킴', 〈골때녀〉 속 초보 선수들의 열정 등이 여성들의 팀 스포츠에 대한 가능성을 보여준다.

여성 팀 스포츠 프로그램인 〈골때녀〉의 가능성은 시간이 지남에 따라 지속해서 변화하고 확장되었다. TV는 '문화적 공론장' 역할을 한다. 현대 사회에서 가장 중요한 매체 중 하나인 TV가 다양한 가치와 관점, 의미들을 제시하여 사회적으로 중요한 이슈를 전달하는 토론의 장이 된다는 것이다. 즉, TV 텍스트는 기존의 관점을 지원하거나 시험하면서 그 사회의 이데올로기를 유지하거나 변형한다.[71] 때문에 〈골때녀〉의 시도는 한계에도 불구하고 의미를 가진다. 마수미에 따르면 '계속 비판만 하고 제대로 된 접근법이 나올 때까지 기다리다가는 아무것도 할 수 없다'며 '바로 뛰어들

---

71 김훈순 · 김미선, 「여성 담론 생산의 장으로써 텔레비전 드라마: 30대 미혼 여성의 일과 사랑을 중심으로」, 『한국언론학보』 제52권 1호, 한국언론학회, 2008.

어 실험하고 네트워킹' 해야 한다.[72]

특히 〈골때녀〉가 시사나 교양, 다큐멘터리 프로그램이 아니라 예능 프로그램이라는 것은 더 큰 의미를 가진다. 웃음은 일종의 "난입"이자 문턱을 넘어 경계를 해체할 힘이다.[73] 웃음은 극단에 놓인 가치를 껴안으며 변화 과정 자체에 주목한다. 웃음의 전복성은 미하일 바흐친(Михаи́л Михáйлович Бахти́н)이 프랑수아 라블레(François Rabelais) 작품 분석에서 말한 '웃음을 통해 거지가 왕이 되고 왕이 거지가 되는 카니발(carnival)'에서 발견된다. 웃음은 지배의식으로부터 일시적 해방을 맞이하게 하고, 타자의 마주침을 통한 순간의 풍요로움으로 가득 찬 순간을 만든다.[74] 시청자들은 편안하게 웃으면서 변화한 여성 주체를 받아들이게 되는 것이다.

〈골때녀〉는 프로그램 작가나 연출진이 아니라 여성 출연자들에 의해 콘텐츠의 방향이 긍정적으로 달라지고 자리매김한 사례다. 심지어 연출진들이 편집으로 경기 과정을 조작하고 경질된 중대한 사건에도 불구하고, 〈골때녀〉는 출연진들의 열정과 진정성을 무기로 여전히 방영 중이다. 이는 비단 하나의 프로그램의 성공 요인에 대한 분석을 넘어 최근 시즌제 프로그램, 유튜브 등 시청자의 반응을 보면서 장기간에 걸쳐 수정, 변화하는 콘텐츠가 늘어나는 상황에서 소수자의 서사에 어떤 방법과 가능성이 있는지 제시하는 의미가 있을 것으로 본다. 다만 현재 방송 중인 프로

---

72 브라이언 마수미, 앞의 책.

73 브라이언 마수미, 앞의 책.

74 김민지, 앞의 글.

그램을 대상으로 했기 때문에 분석 시점까지 방영된 부분만 분석했다는 한계가 있다. 또 서사 분석을 기본으로 했기 때문에 〈골때녀〉라는 프로그램이 어떤 맥락에서 등장했고, 시청자들에게 어떻게 수용되었으며, 사회적으로 어떤 반향을 불러일으켰는지는 다루지 못했다. 또 최근 이어진 여성 운동 예능 프로그램들의 흐름과 차이도 대부분 생략하였다. 무엇보다 3개 시즌을 통해 계속 변화한 30여 회 분량의 텍스트를 분석하기 위해, 그리고 여성 스포츠 예능이라는 〈골때녀〉의 특징과 차이점을 포착하기 위해, 채트먼의 서사 분석을 엄격하게 적용하기보다는 두드러지게 드러나는 특징 중심으로 분석하였다. 이러한 한계들을 보완해줄 후속 연구들이 이어지길 기대한다.

냉전의 감정 동원:
전후 타이완의 대중적 담론에 나타난 '모성애의 과학'

첸페이전(陳佩甄)

1. 서론: 냉전의 감정 구조

이 글에서는 우선 '냉전 분단(Cold War division)'이라는 개념에 대해 비판적 사고를 제시하면서 '냉전'이 미국과 소련 두 강대국, 두 개의 중국, 남한과 북한 간의 정치적, 지리적 분단일 뿐 아니라 타이완과 한국 사회 내부의 분단임을 지적하고자 한다. 여기서 내부의 분단이란 지정학의 운용과 담론 생산에 의해 구성되는 다양한 내부 타자를 가리킨다. 구체적으로는, '냉전 이데올로기'가 현대 동아시아 각 지역 간의 상호 관계를 주도(및 저해)했다면, 사회 내부에서도 그와 비슷한 주도성이 드러났고 서로 다른 정치, 성/젠더 주체 간의 연대를 가로막았다는 것이다. '냉전 분단'은 또한 강대국에 의해서만 일어났던 것은 아니다. 소련과 미국이 1945년 얄타회담에서 현상 유지(status quo)에 합의하고 전후 새로운 세계 질서와 열강의 이익 배분 방식을 대체로 정했으나 1950년 발발한 한국전쟁이 각국을 냉전 구도로 몰아넣었고 2차 대전 후 구축된 열강의 질서 및 미국과 소련 주도하의 지정학적 구도를 뒤흔들었다.[1] 이매뉴얼 월러스틴(Immanuel Wallerstein)은 「아시아에서 냉전이란 무엇인가? 해석적 에세이(What Cold War in Asia? An Interpretative Essay)」에서 다음과 같이 지적했다.

> "미 · 소 양대 강대국 간의 분단의 서사는 사실 1970년대 이후 점차 사라졌다. '남북분단(North-South division)' 상황이 지속되고 있기는 하지만 사실은 다른 국가가 필요에 따라 냉전적 수사를 동원하여 미국과 소련이 자국의 이익에 부합하는 방향으로 정치 활동을 하도록 내모는 바람에 '분단' 상태가 지속되었다."[2]

냉전사 연구자인 마스다 하지무(益田肇)는 더 나아가 타이완과 한국을 포함하여 전후 미국 주도의 냉전 반공 이데올로기에 가담한 모든 아시아 국가에서[3] 일반 대중들이 '냉전의 상상된 현실'

---

1 Marc S. Gallicchio, *The Cold War Begins in Asia: American East Asian Policy and the Fall of the Japanese Empire*, Columbia University Press, 1988; Odd Arne Westad, *Cold War and Revolution: Soviet-American Rivalry and the Origins of the Chinese Civil War, 1944-1946*, Columbia University Press, 1993; Chen Jian, *China's Road to the Korean War: the Making of the Sino-American Confrontation*, Columbia University, 1994; 沈志華, 《冷戰在亞洲》, 九州出版社, 2013; Kimie Hara, *Cold War Frontiers in the Asia-Pacific: Divided Territories in the San Francisco System*, Routledge, 2007.

2 Immanuel Wallerstein, "What Cold War in Asia? An Interpretative Essay", Zheng Yangwen, Hong Liu & Michael Szonyi (Eds.), *The Cold War in Asia: The Battle for Hearts and Minds*, Brill, 2010, pp.15-24.

3 이들 국가에는 전후의 미국, 중국, 일본, 한국, 영국, 타이완 및 필리핀이 포함된

구축에 적극적으로 가담했음이 관찰된다고 지적한 바 있다.[4] 마스다는 냉전의 양자적 논리가 전후 각 사회의 항쟁 운동에서 보편적으로 관찰되며, 일반 대중들도 자신의 삶을 지키면서 타자의 각종 항쟁 운동을 배제하는 방식으로 전후 세계 지정학의 형성에 구체적으로 개입했다고 판단한다. 또한 그것이 미국과 소련에 의해서만 주도되거나 하향식(top-down) 방식의 정치 프로파간다를 통해서가 아니라 평범한 사람들에 의한 비정치적이며 사회문화적 방식으로 운영되었는데, 그 목적은 국내 사회에서 전통적 또는 기존의 질서 있는 삶을 회복 및 유지하는 데 있다고 주장했다. 이러한 관점에서 마스다는 각 사회 내부의 질서 정화는 사실 더욱 광범위한 목표가 있다고 보았다. 즉, 공산주의자에서부터 사회문화운동가, 종파, 농민 봉기 심지어 보통의 범죄와 같이 '평범한 사람의 삶의 회복'을 가로막는 요소를 정화한다는 것이다. 요컨대 '상상되어진' 냉전시대에 각지에서 출현한 반동(反動)은 풀뿌리 계층에서 일어난 사회적 징벌이고, 그 목적은 스스로의 삶의 정상화에 있다

다. 자세한 분석은 *Cold War Crucible: The Korean Conflict and the Postwar World* (Masuda Hajimu, Harvard University Press, 2015) Part 3 7장~10장 내용 참조.

4 마스다 하지무는 자신의 저서에서 "냉전의 상상된 현실(the imagined reality of the Cold War)"이라는 논점을 제시했다(Masuda Hajimu, ibid., p.8). 이는 외교, 국제관계사에서 냉전 문제에 접근하는 일반적 연구방법과 달리 방대한 민간 자료를 이용하여 '냉전'의 형성 과정을 분석한 후 사회 내부의 관점에서 냉전은 동서양 간의 충돌이기보다 각 국가 사회에서 "국내에서 화합의 질서와 생활을 유지하고…전후 세계에서 거대한 상상된 현실을 창조하고 유지하려는(…to maintain harmonious order and life at home… the creation and maintenance of a gigantic imagined reality in the postwar world)" 것이라고 지적했다(Masuda Hajimu, ibid., p.279).

는 것이다. 이 글에서는 한 걸음 더 나아가 이러한 '냉전의 상상된 현실'이 어떤 메커니즘을 통해 운영 및 유지되었는가라는 질문을 제기하고, 가능한 사고의 경로로서 '냉전의 정서 구조'를 제시하고자 한다.

마르크스주의자이자 문화 연구자인 윌리엄스(Raymond Williams)가 1960년대에 제시한 '감정 구조(structures of feeling)'라는 용어는[5] 훗날 수많은 연구자들이 감정 정치를 논의하고 분석하는 기원이 되었다. 윌리엄스는 '감정(feeling)'이라는 단어를 통해 '세계관' 또는 '이데올로기' 등의 개념과의 차이를 강조했다. 왜냐하면 윌리엄스는 사회가 기존의 관념에 대해 항상 동일하고 고정된 인식을 가지고 있지만 사실 시대와 단계별로 현재의 변화와 흐름에 속하는 느낌, 이른바 감정 구조를 만들어내기 마련이라고 믿었기 때문이다. 윌리엄스는 감정 구조는 과거 '시제'를 나타내는 것으로 이를 방법론에 적용하면 문화적 가설이 될 수 있다고 언급하며 "이러한 가설은 상술한 요인 및 이들 요인이 한 세대 또는 특정 시기에서 가지는 관련성에 대해 이해하려는 의도에서 비롯되었고 이러한 가설은 언제나 상호작용하며 실제 사례로 돌아가려 한다"고 했다.[6] 따라서 이 글에서는 감정 구조가 사실은 사회와 개인 및 집단 간에 특정 시기의 경험이 어떻게 수용되고 인식되는지

5 Raymond Williams, *Marxism and literature*, Oxford University Press, 1977. 本文討論引自: 雷蒙德 威廉斯, 王爾勃 譯, 《馬克思主義與文學》, 河南人民出版社, 2008.

6 Raymond Williams 著, 王爾勃 · 周莉 譯, 《馬克思主義與文學》, 河南大學出版社, 2008, 頁142.

를 보여준다고 판단한다. 예를 들어 '냉전의 경험'과 관련하여 정부의 공식적인 정책 자료 외에 평범한 사람들이 어떻게 수용하고 반응했는지도 살펴보아야 한다. 그러나, 변화하는 감정 구조를 어떻게 구체적으로 인식하고 이를 분석 대상으로 삼을 것인가? 이와 관련하여 윌리엄스는 예술, 특히 문학에서 그러한 감정 구조를 살펴볼 수 있다고 하며 "일반적인 해석과 실제 경험 간에는 항상 긴장관계가 존재한다"[7]고 언급했다. 이는 분석방법에 하나의 단서를 제공하는 것으로, 달리 표현하자면, 문학작품에 나타난 '긴장관계'에 주목하게 되면 '감정 구조'의 형성을 파악할 수 있다는 것이다. 윌리엄스는 사회 내 다양한 집단 간의 갈등, 특히 계급 갈등에 주목했다. 예를 들면『기나긴 혁명』[8]에서 1840년대 소설을 분석하며 당시 지배계급에 속한 중산층이 가지고 있던 도덕적 도그마와 실제 사회 경험(부채, 파산 등 문제로 인한 긴장, 갈등, 불안 등) 간의 모순에 주목했다.[9] 그는 특정 정체성(소외계층, 여성, 성소수자 등)

---

7 Raymond Williams 著, 王爾勃 · 周莉 譯,《馬克思主義與文學》, 河南大學出版社, 2008, 頁139.

8 Raymond Williams, *The Long Revolution*, Chatto & Windus, 1961.

9 보다 구체적으로 말하자면 빅토리아 시대의 중산층 작가들은 노동자 계급의 캐릭터에 감정적으로 경도되는 경우가 많았는데, 캐릭터의 개인 가치가 당시 이데올로기(돈과 지위의 기준)에 부합하지 않아 서사를 이어가는 과정에서 논리에 맞지 않게 윤리적 딜레마에 빠지곤 했다. 이들 작품 속 인물들이 결말 부분에서 어려움에서 벗어나 성공을 거둘 때는 사회 주류의 정의(定義)로 돌아갈 수밖에 없으므로 뜬금없이 친척의 유산을 상속받거나 유토피아를 상징하는 머나먼 제국으로 떠나는 것으로 묘사하며 황당하게 가장 일반적인 해결방안으로 끝나곤 했다. 이렇듯 비전통적인 수법의 이면에는 중산층 작가가 교착상태에 빠진 사회를 직면했을 때 가지게 되는 실제적 감정이 존재하고, 사회질서의 불평등성이 드러나 하나의 이데올로기가 된 후에는 그들이 과거 체험한 강렬한

을 지닌 개인의 경험에 능동성을 부여했고, 따라서 사회적 차이(젠더, 인종, 나이 등)도 사회적 관계의 형성 방식에 따라 다소 달라진다고 인식했다. 즉, '감정 구조'는 개인이나 사회에 경험을 귀속시키는 것이 아니며, 개인과 사회의 상호 작용과 상호 매개(mediating)를 통해야만 감정 구조를 관찰할 수 있다는 것이다.

본 연구에서는 윌리엄스의 개념을 차용하고 글로벌 냉전의 전개와 결합하여 타이완과 한국 사회가 특정 역사적 시간과 공간에서 공유했던 '상상된 현실' 및 '감정 구조'를 살펴보고자 한다. 본 연구에 언급된 '냉전의 감정 구조'에는 반공의 '공포'에 의해 추동된 정서적 거버넌스, 미국의 주도하의 자유진영이 만들어낸 민주적 감정, 미국의 원조와 근대화가 선전하는 행복하고 즐거운 가정 등의 측면이 포함된다. 이들 측면은 미국의 냉전문화 연구 분야에서 상당한 축적이 이루어졌다. 예를 들어 미국 문화연구학자인 크리스티나 클라인(Christina Klein)[10]이 제시한 '냉전의 감성주의(Cold War Sentimentalism)'란 일부 중산층 문화 생산자 및 소비자들이 미국이 '문화 냉전'에서 널리 전파했던 이데올로기를 내재화하고 이를 개인 및 국가 이데올로기의 이념과 결합시킨 후 (동양) 대중들에게 매력적으로 다가갈 수 있는 취향으로 전환했다. 클라인은 '냉전의 감성주의'는 중산층 취향의 핵심 내용으로서, 반항 서사의 이상적 도구가 될 수 있는 중요한 특징을 많이 가지고 있다고 주장했다. 그녀는 또한 이들 감정 서사가 단일한 개체가 아니

감정의 장력, 즉 공포감이나 수치심 등은 사라지게 된다.

10 Christina Klein, *Cold War orientalism: Asia in the Middlebrow Imagination, 1945-1961,* University of California Press, 2003.

라 '관계 속의 자아(self-in-relation)'에 초점을 맞춘다고 정의 내렸다. 인간관계를 가장 숭고한 이상으로 보고 친구, 가정, 커뮤니티 간의 연계와 단결을 강조했다. 또한 관련 '감성 텍스트(sentimental text)'에 대한 분석을 통해 인종, 계층, 성별, 민족, 종교 등이 다름에도 상술한 인간관계가 어떻게 유대관계를 형성시키는지를 발견할 수 있다. 이러한 이유로 이들 감성 텍스트가 보편화된 모델을 제공 및 구축하여 사람들로 하여금 공유된 체험을 인식하게 하고 이를 바탕으로 차이를 넘어서서 민주에 대한 지향을 상상하도록 한다. 미국의 냉전문화 연구자인 가이 오크스(Guy Oakes)도 '감정 관리(emotion management)'라는 개념을 제시하며 냉전시기 미국에서의 정서적 거버넌스를 분석하고 다음과 같이 지적했다.

> 감정 관리는 특정 기준에 관해 정의 내리고, 이들 기준은 어떤 감정과 체험의 범위가 어느 정도로 확장되는지와 우리의 느낌이 무엇을 의미하는지를 알려준다. 감정 관리는 또 규범에 관해서도 정의 내렸는데, 이들 규범은 감정적 기대와 수용 가능한 감정 표현의 한계, 특정 상황에서 느껴야 할 감정 및 이들 감정의 표현 방식 등을 말해준다. 마지막으로 감정 관리는 감정적 통제기술에 대해 정의 내렸는데, 이러한 기술은 우리가 감정을 어떻게 처리 및 사용하여 느낌을 활용하고 감정을 표현하는지를 알려준다.[11]

---

11 Guy Oakes, *The Imaginary War: Civil Defense and American Cold War Culture*, Oxford University Press, 1994, p.47.

미국 문학 연구자 켈리 싱글톤(Kelly Anne Singleton)은 오크스의 '감정 관리'라는 개념을 빌려 냉전이 한창이던 1949년부터 1962년까지의 미국 문학과 영화를 분석한 후 2차 대전 후 미국 정부의 자금 지원으로 조성된 심리학과 사회과학의 붐이 미국 문화의 '심리학적 전환'을 야기했고, 미국인으로 하여금 자신의 감정을 과학적이고 민주적인 행동 기준에 부합하는 방향으로 관리하게 유도함으로써 사회 문제를 해결하려 했음을 발견했다. 미국의 정책결정권자들은 상기 목적을 이루기 위해 사회과학자가 발견한 바를 이용하여 감정 관리의 서사를 발전시켰는데, 그 예로 핵 공격 발생 시 행동방식의 시뮬레이션, 행복과 미국에서의 이상적 삶의 동일시, 감정의 민주적 인격화 등이 있다.[12]

상술한 연구를 예로 들면, '냉전의 감정 구조'와 연관된 감정 서사는 전(前) 사회적이거나 비정치적인 것이 아니라 냉전의 특정 역사 문화 환경에 영향을 미치면서 동시에 그로부터 영향을 받는다. 넓은 의미로 보자면 '냉전의 감정 구조'는 냉전시기에 유포된 다양한 문화적 서사를 가리키는데, 이러한 서사는 사람들로 하여금 특정 '감정 행동 기준'에 따라 스스로의 감정을 '관리'하도록 독려한다. 이러한 서사는 냉전 이데올로기의 요구에 의해 등장하곤 했다. 예를 들어, 전후 타이완의 반공 선전은 비인간화된 '공비(共匪)'를 이용하여 두려움을 유발하고 어린이와 성인에게 일상생활에서 간첩을 만났을 때의 대처방안을 가르쳤다. 미국의 지원하에

12 Singleton Kelly Anne, *The Feeling American: Emotion Management and the Standardization of Democracy in Cold War Literature and Film*, Unpublished PhD Dissertation, University of Maryland. 2017, pp.13-15.

선전한 미국식 민주주의와 미국의 생활방식을 현대의 표준으로 이상화했을 뿐 아니라 미국식 모던 라이프가 행복을 가져다줄 것이라는 일종의 상상을 약속했다. 이러한 냉전의 경험은 윌리엄스가 '감정(feeling)'이라는 단어의 현재 시제를 통해 강조한 바와 같이 사회 현실에 대한 직접적 경험과 지식 전통에 대한 본능적 반응을 내포하고 있을 뿐 아니라 형성 과정과 개체성을 초월하는 사회 내부의 모종의 보편적 상태와 연관된다. 윌리엄스는 "이는 현재하고 활성 상태이며 상호 연관되어 있는 연속성 중의 실천의식이다. 따라서 우리는 이들 요소를 일종의 '구조', 즉 상호 연계되어 있으면서 상호 긴장 관계에 있는 특정 내부관계를 가지고 있는 '구조'라고 정의 내린다"고 했다.[13] 윌리엄스의 정의에서 '구조'는 동태적인 것으로, 선형의 역사 발전 과정에서 기존의 감정 구조와 새로운 감정 구조가 공존하며 상호 영향을 미치고, 이러한 상태는 새로운 감정 구조가 사회적 포화상태에 도달하여 한 시대에 보편적으로 유지되는 이데올로기 또는 공식 사상이 될 때까지 지속된다. 따라서 '냉전의 감정 구조'는 냉전 당시의 경험일 뿐 아니라 후대에 이르러서는 참조 대상 또는 전 시대의 유물이 된다.

2. 동아시아에서 '어머니'의 민족적 은유

전후 동아시아 문학에서 여성은 다원주의적 의미를 내포하며

13 雷蒙德 威廉斯, 王爾勃 譯,《馬克思主義與文學》, 河南人民出版社, 2008, 141頁.

여성 소설 또는 여성을 주체로 한 문학작품에 등장할 때마다 항상 '가정/국가' 내부에 발생하는 모호성을 건드린다. 이와 관련하여 요우젠밍(游鑑明)은 다음과 같이 지적했다.

> 『우먼프렌즈』(婦友)가 행복한 가정의 이상을 소리 높여 노래하고 있지만 본 잡지에 실린 작품들 모두 이러한 이슈에 호응하는 것은 아니다… 청일전쟁 때부터 전후 시기까지 중국의 수많은 가정이 이산의 아픔을 겪었고 많은 연인들이 생이별을 해야만 했다. 그런데 이런 이야기가 타이완으로 이주한 사람들 또는 주변에서 일어났기 때문에 많은 영화나 소설에서 반복적으로 비슷한 줄거리를 반복해서 복제했지만 아무도 질려 하지 않았다. 『우먼프렌즈』는 독자 유치를 위해 행복한 가정상을 구축하는 일 외에 이러한 소설들을 싣지 않을 수 없었다. 특히 전후 타이완으로 이주한 여성 작가들의 소설은 대부분 여성을 주인공으로 하고 남녀관계, 결혼과 가정생활을 주요 스토리로 했는데, 궈량후이(郭良蕙)의 『룽룽의 불행(容容的遭遇)』, 치쥔(琦君)의 『용봉쌍비(龍鳳雙飛)』가 대표작이다.[14]

'국가(國)/가정(家)' 간의 변증 외에 현대화 사회로의 전환 과정에서 '가정' 또한 여성 주체를 통해 모호성을 갖게 되었다. 마거릿 힐렌브랜드(Margaret Hillenbrand)는 그의 저서 『문학, 현대성과 저항의 실천: 1960-1990 일본과 타이완 소설』에서 산업화 이후 동

14 游鑑明, 〈為黨國抑或是婦女？1950年代的《婦友》月刊〉, 《近代中國婦女史研究》 第19期, 2011, 184頁.

아시아 사회 및 문학적 재현을 다루었다.[15] 특히 '가정의 변조: 전후 소설 속의 이산 가정'이라는 제목의 세 번째 장은 전후 경제 고도 성장기에 일어난 동아시아 가정의 변화에 초점을 맞추어 경제주의(economism)와 가족주의(familialism)가 어떻게 하여 함께 손잡고 국가 주도의 현대화, 산업화, 도시화 과정을 걷게 되었는지와 가족 차원에서 개인이 어떻게 하여 '어머니'라는 역할의 구축 과정에 참여했는지를 분석했다. 힐렌브랜드는 세 번째 장에서 특히 왕원싱(王文興)의 작품 「어머니」(1960) 속 히스테리컬하고 신경질적인 임산부가 산업화된 석재공장의 사회적 아픔을 어떻게 담아냈는지를 분석했다.

같은 시기 한국은 한국전쟁(1950~1953)이 야기한 민족 분단과 사회적 혼란 가운데 질서를 재건하고 있었고, '여성'은 대중적 담론이 사회적 분열을 봉합하려 할 때의 중요한 은유(trope)가 되었다. 미국계 한국 문학 연구자 이진경은 1960~1970년대 한국 문학(주로 남성 작가들의 작품)에서 민족 분단 후의 한국 사회에 대응하기 위해 "어머니, 아내와 같은 여성의 역할에 사회적 동질성과 단결을 재건하는 기능이 부여되었음을 발견했다.[16] 한국의 젠더문화 연구자인 유임하도 남성 작가의 작품에서 '탈이데올로기'의 매개자가 된 '모성'이 남북한에서의 여성의 역할(어머니 또는 할머니), 모

15 Margaret Hillenbrand, *Literature, Modernity, and the Practice of Resistance: Japanese and Taiwanese Fiction, 1960-1990*, Brill, 2007.

16 Jin-kyung Lee, "National History and Domestic Spaces: Secret Lives of Girls and Women in 1950s South Korea in O Chông-hûi's "The Garden of Childhood" and "The Chinese Street"", *Journal of Korean Studies,* Vol.9, No.1, 2004, p.61.

자간 상봉 또는 여성의 몸과 마음의 합일 등으로 표현되었고, 이 모두가 남북으로 분단되고 뿔뿔이 흩어진 민족의 상처를 봉합하는 것을 목적으로 한다고 분석했다.[17] 그러나 여성 작가들은 가정과 국가에 대해 서로 다른 상상을 가지고 있다.

예를 들어, 판밍루(范銘如)는 「타이완의 새로운 고향: 50년대 여성 소설」에서 중국 본토 출신 여성 작가의 작품 속 '타이완 고향'에서 1950년대에 중국 본토 수복을 위해 적극적으로 선전했던 '중국의 옛 고향'을 읽어냈다.[18] 중국 본토 여성이 타이완에서 일군 가정은 노라(중국 지식인의 인식 속 '약한 여성')가 인형의 집(중국 가부장제 사회)을 떠난 후 새롭게 개척한 길일 수도 있다. 판밍루의 분석에 따르면 고향을 떠난 중국 본토 출신 여성들은 '가정'에 대한 소속감을 그대로 지닌 채 새로운 세계로 간 것이 아니라 오히려 이를 끊어내거나 새롭게 구축했다. 이처럼 타이완으로 이주한 정권이 억압하려 했던 것과는 다른 가정/국가 상상은 젠더 요소에서 비롯되었다. 여성에게 있어 '가정'은 원래부터 복수이고 다의적인 것으로, 여성의 주체성도 단일하거나 연관되거나 동질적이지 않다. 다른 한편으로 '가정'이라는 문화 공간에서 여성은 기존의 자원이나 권리를 보유하고 있지 않으므로 어디를 가든 '벌거벗은 들판'이나 마찬가지다. 판밍루는 중국 본토 출신 여성이 쓴 소설에서 젠더 이슈(민족별로 나누는 것을 타파하기 위한 국제결혼, 현재 사

17 유임하, 「모성의 근대성과 그 소설적 전개」, 동국대학교 한국문학연구소 편, 『한국문학과 여성』, 아세아문화사, 2000, 59쪽.

18 范銘如, 〈臺灣新故鄉—五十年代女性小說〉, 《眾裡尋她—臺灣女性小說縱論》, 麥田, 2022, 頁13-48.

회 문제에 있어서의 양녀 문제, 새로운 세계를 받아들이기 위해 옛 애인을 버리는 것)를 제기하여 단일한 민족 관련 정의에 저항했다. 이진경도 한국의 전후시기 가장 중요한 여성 소설가인 오정희가 그의 작품에서 소위 '비전형적' 어머니와 아내의 역할을 만들어냈는데, 그녀들은 '가정에 충실하지 않은' 행동을 통해 자신의 성별 정체성을 구축했다고 분석했다. 또한 소설의 배경을 항상 외딴 시골마을로 설정하여 '여성의 시간'을 민족의 역사 바깥에 위치시켰다고 지적했다.[19]

전후 문학 작품에 나타난 어머니의 이미지와 관련하여 차이쩐니엔(蔡振念)[20]은 타이완 현대 소설 속 어머니의 이미지를 '가이아형(地母型)'과 '미치광이형(瘋狂型)' 등 두 가지 유형으로 나눌 수 있다고 했다. '가이아형' 어머니는 아낌없이 사랑을 베풀고 고난을 견디며 스스로를 희생하는 이미지로, 대부분 남성 작가에 의해 만들어진다. 대부분 여성 작가에 의해 구축된 미치광이형 어머니와 비교할 때, 가이아형 어머니는 이상화된 여성적 특징을 가지고 있다. 한국 소설 속 어머니는 '사나운 어머니'와 '연약한 어머니'로 나뉜다. 전자는 군대에 가거나 전쟁으로 죽거나 장애를 입은 남성을 대신하여 가부장제를 보호하고 유지한다. 후자는 성윤리와 관련하여 오점이 있고 의지력이 약한 어머니 또는 아내로서 통제 불능의 미친 사람으로 묘사되고는 한다. 저우레이(周蕾)[21]는 전통적

19 Jin-kyung Lee, ibid., p.65.

20 蔡振念, 〈叫母親太沉重—臺灣現代小說中的母親及母女關係〉, 《中國現代文學理論季刊》 第12期, 2000, 頁510-600.

21 周蕾, 〈愛(人的)女人—被虐待' 狂想和母親的理想化〉, 《婦女與中國現代性 : 東

인 '여성의 이상화' 과정은 '어머니' 캐릭터 구축을 통해 어머니 역할을 이상화하곤 하는데, 이는 어머니 역할의 특정 측면의 배척과 밀접하게 연관된다고 언급했다. 이러한 전통적 과정에는 어떠한 정신적 메커니즘이 수반되는 것일까? '어머니'에서 배척되는 측면은 무엇인가? 다음에서 우선 2차대전 발발 전 미국으로 이주한 중국 여성 루안첸차이렌(阮陳彩蓮)을 예로 들어 전후 초기 타이완에서 대중 담론이 구축한 모범적 어머니의 내용을 검토함으로써 이 부분의 논의에 답하고 어머니 이미지의 구축과 모성애 관련 담론이 여성 노동의 재구조화와 밀접하게 연관됨을 제시할 것이다.

3. 냉전시기의 어머니: 모범적인 어머니 루안첸차이렌

2차대전 종식 후 타이완의 반공담론에서 구축된 '이상적 어머니'는 구해낼 수 없는 본토의 어머니에서부터 '미국 어머니'를 넘어서는 것까지 '타이완 어머니'의 냉전 경로가 되었다. 1950년대에 어머니를 소재로 한 신문 문화면의 글, 시사 보도, 외신 보도 번역에서 '본토-미국-타이완'은 '시공간적' 지시 기능을 가지고 있고, 이에 기대어 상상된 어머니의 '과거-현재-미래'도 '전통-현대'의 조화와 개조를 거친 후의 새로운 사회적 상상이다. 이러한 종류의 기사에서 "잃어버린" 본토는 "시커먼 철의 장막"에 둘러싸여 있어

西方之間閱讀記》, 麥田, 1995.

효도를 다할 수도, 가닿을 수도 없는 '본토 어머니'로 치환된다.[22] 「나의 어머니」의 글쓴이도 중국 본토에 남은 어머니를 그리워하고 어머니와의 상봉을 고대하지만 "공비가 고향을 점령하고 있어 어머니의 소식을 전혀 듣지 못하고 있다"며 항일전쟁에서 이미 승리했지만 어머니가 돌아가신다면 산소를 공비가 점거하고 있어 애도조차도 할 수 없다고 적고 있다.[23] 「나의 어머니」는 "내가 읽은 책 중에 가장 위대한 책이 무엇이냐 묻는다면 나의 대답은 어머니다"라는 링컨의 명언으로 시작된다. 미국적 가치로 어머니의 위대함을 뒷받침하는 것으로 「어머니의 날과 모성애」와 같은 글도 있다. 이 글에서는 미국의 '어머니의 날'의 기원과 공휴일로 지정된 배경을 소개하면서 "오늘날의 중국 본토가 공산당에 점령된 이후 어른을 공경하고 부모에게 효도하는 전통도 공산당에 의해 흔적도 없이 사라졌다"고 비판한다.[24] 1952년에 실린 이 글은 중국 광둥성 출신으로 미국 메인주로 이주한 화교 미망인인 루안첸차이렌이 미국 '장한 어머니상'을 받은 사실을 보도하기 위해 쓰여진 것이다.

루안첸차이렌은 남편과 함께 미국으로 이주한 후 메인주 포틀랜드에서 세탁소를 운영하며 8명의 자녀를 낳았다. 나중에 남편이 제1차 세계대전에 참전했다가 그녀가 세탁소를 맡아 운영하며 "매일 평균 18시간씩 일하며 온갖 고생을 마다 않고 8명의 자

22 〈母親〉, 《中央日報》, 1951. 10. 18.

23 〈我底母親〉, 《聯合報》, 1952. 12. 3.

24 〈母親節與母愛〉, 《中央日報》, 1952. 5. 11.

녀 모두 '훌륭한 젊은이'로 키워냈다". 또 다른 비슷한 보도기사도 메인주 하원의원의 말을 인용하여 아버지와 남편을 잃은 루안씨 가정을 "희망과 지혜를 갖추었다"고 평가하며 그렇기 때문에 "루안 부인은 '미국 어머니'보다 훨씬 존경할 만하다"고 썼다.[25] '미국' 어머니보다 더 훌륭한 '미국 어머니'가 태평양 건너에서 "모국의 부덕'(婦德)을 선양했다"고 칭송받은 것이다. 당시 타이완 입법원장 장다오판(張道藩)은 "이는 부인께서 하신 고생에 대한 영광스러운 성과이자 조국의 부덕을 선양한 것으로서 자유 중국의 동포들은 이를 영광으로 여기고 있다. 현재 중국 본토에 수천만에 달하는 착하고 근면한 어머니들이 공산당으로부터 잔혹한 박해를 받고 있다…"는 내용의 축전을 보내기도 했다.

루안첸차이롄과 관련된 수많은 보도에서 이 '미국 어머니'의 존경스러운 모성애는 '부지런히 일하고', '아들 딸을 훌륭하게 키워냈다'는 것으로 대표되었다. 그로부터 얼마 지나지 않아 사회 내 공적 공간을 전후 귀환한 남성에게 내줄 수밖에 없었던 것과 달리, 당시의 사회는 여성이 가정을 부양하고 기존의 성 분업 구도에서 일탈한 상황에 대해 용인하고 심지어 장려할 필요가 있었다. 따라서 이러한 노동가치도 '타이완 어머니'가 갖추어야 할 덕목에 포함되었다. 그 밖에 당시의 평범한 길거리 에세이에서도 '미국 어머니'인 루안첸차이롄에 비추어 '타이완 어머니'를 평가했다. 이 글에서 작가가 하루는 인력거를 탔고 인력거꾼이 여성인 것을 보고는 측은지심이 생겨 생활 상황을 물어보았다. 주난(竹南)

25 〈「美國母親」阮陳彩蓮〉, 《中央日報》, 1952. 5. 15.

과 중강(中港)의 경계에 있는 바닷가 작은 마을에 사는 인력거꾼은 남편이 장애인이고 맏아들이 군복무 중이어서 밤낮 없이 일해서 가정을 부양하면서도 자녀들 모두 제대로 된 교육시켰다고 한다. 작가에게는 "어려운 상황에 처한 여성, 열심히 일하고 스스로를 부양할 수 있는 여성이 귀부인이나 섹시함으로 맞바꾼 우아하고 한가한 삶보다 나았던 것이다". 저자는 글의 말미에서 '타이완 어머니'를 통해 '기타 여성'을 비판했다.

여기서 드러난 '냉전의 모성주의'는 국내외 중산층 지식인과 미국 워싱턴의 정책결정자가 함께 만들어낸 일종의 감정 담론과 결합하며 국내외 자유진영 간의 친밀한 연계를 상상할 수 있었다고 판단된다. '타이완 어머니'와 '미국 어머니' 모두 '열심히 일해서' 가정을 부양했기 때문에 모범적이라는 평가를 받았던 것이다. 게다가 타이완과 미국이 공유했던 새로운 여성 규범 담론에서는 집에 있는 여성이 직업여성보다 사회에 더 큰 위협으로 묘사되곤 했다.

이러한 담론은 1942년 발표된 미국 작가 필립 와일리(Philip Wylie, 1902~1971)의 베스트셀러 『독사의 세대(Generation of Vipers)』에 처음 사용된 '마미즘'(momism)으로 거슬러 올라갈 수 있다. 작가는 '마미즘'을 통해 아무것도 생산하지 못하면서 아이와 앞치마를 함께 묶어놓고 양육의 의무를 다하기만 하면 모든 사회적 책임에서 벗어난다고 생각하는 엄마들을 비판했고, 그것이 엄마들 사이에 퍼진 전염병이자 미국 남성들에게 남성성이 결여된 주된 이유라고 주장했다. 이 점과 관련하여 마미즘이 가지는 더욱 심층적인 담론 기능은 남성성과 미국의 윤리기준을 하나로 묶어 위협감을 조성하는 것이며, 그 위협감의 정도가 공산주의에도 견줄 수 있다는 것이다. 예를 들어, 1945년 정신과 의사인 에드워드 스트레처(Edward Strecher)는 제2차 세계대전 중 군대에 의해 거부되거나 전역한 250만 명은 어머니의 과잉 보호의 결과라고 판단했다.[26] 미국 문학 연구자 로엘 반 덴 오에버(Roel van den Oever)는 일반적으로 마미즘과 라벤더 공포(lavender scare) 간의 연계는 전후 미국 사회의 성역할에 대한 초조함과 냉전의 망상에 기인하는 것으로 인식된다고 지적하였으나, 그 또한 이 현상이 전후 성역할 긴장 문제에 직면한 다른 국가(예를 들어 캐나다 및 서유럽 국가)에서는 발생하지 않았다고 판단했다. 또한 전후 사회가 여성으로 하여금 공적 영역에서 물러나고 전쟁에서 돌아온 남성에게 일자리를 내주도록 하면서도 전업주부인 어머니(stay-at-home mothers)를 비판하려 했던 원인을 설명하지 못했다. 따라서 그는 제3의 영향 요인으로 1940~1950년대에 발전한 경험적, 도덕적 정신분석 담론을 제시했다.[27]

타이완 사회에서는 2차대전 종식 후에도 이러한 정신분석 담론이 번역을 거쳐 소개되곤 했다. 예를 들어, 1960년대에 「심리학자의 여성 문제에 관한 견해」와 같은 사설이 등장하여 "지금의 여성들은 그 윗세대에 비해 엄청난 혜택 속에 살고 있다. 공업의 발달로 각양각색의 일상 생활용품이 제공되어 쾌적하고 편안한 삶을 살 수 있게 되었다. 그러나 실제로는 지금 세대 여성들은 결코

26 Stephanie Coontz, "When We Hated Mom", *The New York Times*, May 7, 2011.

27 Roel van den Oever, *Mama's Boy: Momism and Homophobia in Postwar American Culture*, Palgrave Macmillan, 2012, pp.20-21.

행복해하지 않는다. 그 이유는 두말할 것 없이 여성들이 오늘날의 삶에 적응할 수 있는 능력이 부족하기 때문이다"고 주장했다.[28] 그 원인은 무엇인가? 심리학자와 산부인과 의사들은 '여성의 자신에 대한 이해 부족'을 근본 원인으로 들었다. 월경 전 증후군이 여성의 신경쇠약을 유발한다고 믿거나 성과 임신 간 관련성을 이해하지 못함에 따라 성 또는 원치 않는 임신을 두려워하는 것이 여성의 상식 부족에 기인한다고 인식했다. 그 밖에 대중문화에도 다수의 '마미 영화'가 등장하여 '가출', '자격미달', '미친' 어머니 캐릭터를 보여주며 어머니를 사회 내 불안정한 존재로 만들었다.

1960년대에 미국의 여성운동이 재점화되었고 베티 프리단(Betty Friedan)의 『여성의 신비(The Feminine Mystique)』와 같은 베스트셀러가 등장하여 전통적 여성 역할에 갇혀온 주된 요인을 욕망, 외도, 폭음, 신경쇠약 등 성적 매력과 결부된 사회적 현상으로 돌리고, 이를 성 해방 혁명 중 여성에게 가해지는 보편적 압박으로 변모시켰다. 또한 남성 중심의 성역할에 대한 고정관념을 탈피하기 위해, 페미니즘에서 '현모양처'와 '가정주부'를 공격하기 시작했다.[29]

타이완의 대중 담론에서도 '여성 문제'를 다루기 위해 1970년대 이후 '구미국가의 페미니즘 사상'을 더욱 체계적으로 도입했다. 예를 들어 중국계 미국 학자 양메이후이(楊美惠)가 1972~1976년에 구미지역의 여성사조를 번역하여 『중국시보』에 기고했다.

---

28 〈心理學家對婦女問題的看法〉, 《聯合報》, 1966. 3. 9.

29 孫隆基, 《殺母的文化: 二十世紀美國大眾心態史》, 國立臺灣大學出版中心, 2009, 頁242-245.

예를 들어 앞서 언급한 베티 프리단의 『여성의 신비』, 시몬 드 보부아르(Simon de Beauvoir)의 『제2의 성(Le Deuxième Sexe)』 상편, 인류학자 마거릿 미드(Margaret Mead)의 남성과 여성 기질의 이원론 및 다른 미국 학자의 '매춘부 문제', '성폭행 문제' 관련 저작 등이 그것이다.[30] 이들 번역 기고문의 저자들은 현지 문제를 비교하는 다양한 글에서 자주 등장했고 "중국과 서양의 비교는 문제의 보편성을 드러내는 것을 목적으로 했다".[31] 보편성 외에 현지의 특수성도 있다. 예를 들어 뤼슈롄(呂秀蓮)은 '뉴 페미니즘'을 제시하고 "인간이 먼저고 그 다음에 남성 또는 여성이 있다"거나 "미국 페미니스트의 '성차별 철폐' 제안에 동의할 수 없다"고 주장하기도 했다.[32] 이러한 담론의 형성은 '냉전 모성주의'가 매개한 결과라고 볼 수 있다.

4. '행복한 가정'과 '행복하지 않은 여성'

'모성주의', '페미니즘' 등 사상의 전파 외에 당시 미국으로부터의 영향은 일상생활로까지 확대되었다. 예를 들어 1959년부터 타이완 전역에서 전개된 '행복한 가정 캠페인', 1960년에 열린 '모

30 이 글들은 나중에 책으로 출판되었으나 본고에서는 신문 원본을 근거로 했고, 1979년의 문집을 주요 논의 대상으로 했다. 楊美惠 ,《婦女問題新論, 聯經出版》, 聯經出版, 1979 참조.

31 楊美惠,《婦女問題新論, 聯經出版》, 聯經出版, 1979, 頁13.

32 呂秀蓮,《新女性主義》, 幼獅文化, 1974, 頁132.

던 홈 인테리어' 전시회, 1976년 추진된 '영양 점심' 등은 모두 '현대 미국식' 생활의 구체적 실천이었다.

당시 정부가 선전했던 '행복'은 바로 윤리와 도덕에 부합하는 것으로, '수신'(修身)에서 점차 '치국'(治國)의 차원으로 이행하는 것이었다.[33] 행복한 가정을 장려하면서 가정을 관리하는 방식이나 기능적인 면 외에 상술한 바와 같이 공산당의 '인민공사'를 비판하기 위해 부부와 자녀가 각자의 본분을 지킬 것을 강조했다. '행복'이라는 것이 극히 추상적 개념임에도 불구하고 타이베이시는 '행복한 가정 선발 행사'를 개최하며 선정 기준으로 물질적 측면보다 정신적 측면을 강조하기까지 했고 가족 통합, 부부 화합, 자애로운 부모와 효성스런 자식, 근검 소박 등의 기준에 따라 적합한 가정을 선발했다.[34] 그 밖에 국민당 여성공작회(婦工會)는 "행복한 가정에 대한 해석"이라는 제하의 사설에서 '행복한 가정'의 정의를 여성과 결부시키며 '가정'을 '여성', 특히 어머니, 주부 등의 역할과 등치시키려고 하는 듯했다. 여성공작회는 행복한 가정의 책임을 여성에게 떠넘기며 주부는 가족 내에서 부모에게 효도하고 이웃과 사이좋게 지내며 남편 내조와 자녀 교육을 잘해야 한다고 강조했다. 이러한 이치를 모르고 실천할 수 없다면 "남편의 앞날을 망칠 것이고", "그 화가 자녀 교육에까지 미칠 것"이라고 경고하기도 했다.[35] 또한 '행복한 가정'은 반드시 주부의 남편 내조

33 〈黃啟瑞昨招待記者 講述推行幸福家庭意義〉,《聯合報》1959. 2. 26.

34 〈選拔幸福家庭〉,《聯合報》, 1959. 2. 27.

35 〈社論 幸福家庭釋義〉,《聯合報》, 1959. 3. 2.

와 자녀 교육을 통해야만 남편과 자녀 또는 국가의 행복을 유지할 수 있으므로, 주부가 반드시 가족 내에서의 젠더 분업을 잘 유지하고 '가난하더라도 즐거운(安貧樂道)' 삶을 살 줄 알아야만 '인민공사'와 같은 비극적 상황을 피할 수 있다고 강조했다.

그 밖에 '행복한 가정'의 담론은 또 '여성과 부엌' 간의 불가분의 관계를 다시 한번 강화했다. 이는 사회 내 고착화된 젠더 분업 외에도 주로 사람들의 '집'에 대한 상상, 특히 2차대전 후 정부에 팽배했던 행복한 가정에 대한 환상에 기인한다. 행복한 가정의 담론에서 특히 여성이 주부가 되어야 함을 강조하는데, 그 원인은 주부가 직접 만든 음식이 더 영양가 있고 건강할 뿐 아니라 가족에게 사랑을 전달할 것이기 때문이라고 했다. 정치적 이데올로기와 결합된 일상생활 캠페인이 확산되는 사회적 배경하에서 정부가 행복한 가정 캠페인을 추진했을 뿐 아니라 『중앙일보』도 「행복한 가정 칼럼」을 만들어 가정생활 관련 지식을 실었다. TV방송이 개국하면서 요리 프로그램이 등장했고 시중에도 요리교실이 개설되었는데, 그 목적은 여성이 요리를 배우도록 하여 가정과 국가의 상상을 공고히 하는 데 있었다. 1965년에는 『중앙일보』가 또 "우수한 전통을 보존하고 시대 변화에 적응한다"는 목적하에 「모던 패밀리」 칼럼을 열었다.[36]

1960년에 열린 '모던홈 전시회'의 목적은 타이완 여성들에게 다양한 국산제품을 이용하여 현대적 홈 인테리어를 하는 방법을 알려주는 데 있었고, 이는 미국식의 이상적 생활을 있는 그대로

---

36 〈編者的話〉,《中央日報》, 1965. 4. 20.

드러낸 것이었다.[37] 타이베이국제여성회(TIWC)가 주최한 5일간의 전시회에서 선보인 건축자재 및 가구들 모두 타이완에서 생산된 것이었고 수입품에 비해 전혀 손색이 없었다. 그러나, 현대적 가정은 돈으로 만들어지는 것이 아니며 수준 또한 일반 가정에서 흉내 낼 수 있는 것이 아니지만, "집 안을 보기 좋고 말끔하게 꾸며서 현대적인 가정으로 만드는 방법을 알려주었다".[38] 당시 전시회에서 제시된 현대적 가정의 정의는 물질적 장식과 가전제품의 사용에 국한되었다. 미국 스타일의 가전제품과 인테리어제품 외에도 우리가 주목해야 할 점은 전시회에서 타이완 국산 제품이 사용되었고 국산이 값싸고 품질이 좋아 외제에 뒤지지 않는다는 점을 강조했다는 것이다. 이러한 비교심리는 바로 수용과 저항의 상호작용으로서, 현대성의 편리함과 그에 대한 상상을 최고조로 끌어올려 전통의 단점을 부각시키고 사람들을 더 나은 상상으로 이끈다. 홈 인테리어에 있어서는 모던함과 심플함, 쾌적함이 강조되었다.[39]

'현대과학기술'은 '미국의 진보적' 가치와 동일시되곤 했고 이러한 진보적 가치는 여성의 역할과 연결되었다. 즉 여성의 현대화와 과학기술화 수준이 사회 진보를 가늠하는 지표로 간주되었다. 예를 들어『연합보』에 현대 가전제품에 관한 기사가 몇 편 실렸는데, 그 논의나 소통의 대상은 일반적으로 여성에 국한되었다. 1954년 실린 "간이 냉장기"라는 글에서는 '냉장고'를 소개하면서

37 〈介紹國產用具 佈置現代家庭〉,《中央日報》, 1960. 1. 7.

38 〈大眾生活 家庭示範展覽 設計華麗精緻〉,《聯合報》, 1960. 1. 12.

39 王路, 〈家庭佈置 秩序和節奏 現代佈置是從整體去解決問題〉,《經濟日報》, 1970. 1. 18.

냉장고가 미국에서는 흔한 물건이지만 가난한 나라에서는 '사치품'임을 강조했다. 또 해당 글에서는 과학적 지식(물리학)의 관점에서 DIY 냉장고를 소개하면서 수십 위안만 있으면 되고 제작방법도 간단한 반면, 식품 변질을 효과적으로 예방할 수 있다고 안내했다.[40] 당시에는 그런 방식으로 가전제품과 과학, 기술 발전을 결부시켰다. 1955년에 실린 "새로운 주방 시설"이라는 글에서는 필자와 이웃 간의 대화 형식으로 (중국) 독자에게 신문물을 소개하면서 미국의 가정주부들이 집 안에서 얼마나 편리하게 가전제품을 사용하고 있는지를 보여주었다. 또한 그러한 생활이 꿈에만 머물지 않을 것이며 "국력이 날로 강성해지기를 바란다"는 희망을 피력했다.[41]

언론매체에서 '가정'과 '과학기술' 간의 긴밀한 연계 발전을 선전하는 또 다른 핵심은 다시 여성을 가정 내 노동의 영역에 배치했다는 데 있다. 예를 들어 1956년에 실린 "어떻게 하면 고된 집안일에서 해방될 수 있을까?"라는 글에서 가사노동을 '과학화'할 수 있다면 주부들의 일상 노동을 개선할 수 있고 미국에서 그것이 가능한 것은 가전제품의 전면 보급에 기인한다고 주장했다. 그뿐 아니라 통조림 식품조차도 '편리하고 신속한' 식품 섭취를 돕는 현대적 물품으로 소개했다. 또한 타이완에서는 가전제품이라고 해봐야 전기다리미 정도밖에 없고 전기재봉틀조차 흔하지 않으며 전기냉장고는 사치품에 속할 정도라고 비판한 후, 바로 그렇기 때

40 楊亞琳, 〈家常話 簡易冷藏器〉, 《聯合報》, 1954. 9. 22.

41 玫, 〈家常話 夢想的廚房〉, 《聯合報》, 1956. 8. 16.

문에 국가 발전이 시급하다고 주장했다.[42] 이러한 논의를 통해 국가 발전과 가전제품의 보급을 동일시하면서 가전제품의 보급을 주부의 부담 경감뿐 아니라 부강한 국가의 상징으로 삼고 있음을 알 수 있다. 글에서 미국에 대한 동경은 새로운 기기에서 비롯되며 그 이면에는 현대적(미국식) 생활에 대한 아름다운 상상이 내재되어 있다.

음식과 라이프 스타일 작가인 린하이인(林海音)은 이러한 주제를 '국가재건'의 목표와 결부시켰다. 린하이인은 "요리는 여성의 적?"이라는 제목의 글에서 피로는 요리하는 여성의 치명상이므로 물질문명이 발달한 국가에서는 주부의 생활 개선을 제품 디자인에 반영한다고 지적했다. 따라서 패전으로 인해 민생이 도탄에 빠졌던 일본조차 주방 가전을 완비할 수 있었던 덕분에 기사회생할 수 있었다고 주장한 후, 타이완은 사회인프라도 완비되지 않은 처지이니 가전제품은 차치하고 아직도 석탄을 때야 한다고 비판했다.[43] 린하이인은 문제의 핵심이 가정 내 설비의 완비 여부가 아니라는 것과 국가 발전의 완성 여부가 (가정 및 개인이) 현대화하는 중요한 토대임을 부각시켰다. 더 나아가 "여성의 적은 요리가 아니라 현대화하지 못한 국가"라고 비판했다. 위의 글들은 1950-1960년대 사람들의 현대 가정에 대한 상상 속에 기기, 가전제품뿐만 아니라 완벽하게 숙련된 주부가 있었음을 보여준다. 가정과 주부가 현대라는 개념으로 다시 묶이게 되었던 것이다.

---

42 菱子, 〈家常話 如何從煩重的家事中解脫出來〉, 《聯合報》, 1956. 9. 2.

43 海音, 〈生活的話 燒飯是女人的敵人?〉, 《聯合報》, 1957. 7. 1.

5. 냉전의 동원: 모성애의 과학

냉전시대에는 국가 발전과 경제 성장 모두 '가정'이라는 단위와 밀접하게 연결되어 있었다. 미국의 역사학자 일레인 메이(Elaine May)는 냉전시대의 가정생활에 관한 저서에서 미국이 전후 패권질서를 유지하는 과정에서 해외 공산주의에 대한 억제를 약속했을 뿐 아니라 성(sexuality)을 포함하여 가정생활을 파괴할 수 있는 모든 힘을 억제하겠다고 결심했는데, 그 이유는 가정이 국민성과 국가역량의 토대로 간주되었기 때문이라고 분명히 지적했다. 미국이 주도하는 반공주의는 각종 군사적 배치와 문화 수출, 정서적 통제를 통해 핵가족을 주요 단위로 하여 엄격한 성계급 사회의 기본 구조를 구축했다.[44]

대중매체에서 타이완의 반공이라는 정부 명령과 언론의 선전은 많은 부분에서 가정 내 성역할 분담을 강조 및 강화했다. 요우젠밍은 1954년부터 1964년까지 국민당 여성공작회가 발간한 월간지 『우먼프렌즈』를 연구대상으로 하여 "『우먼프렌즈』에 실린 행복한 가족의 이미지와 반공 선전 관련 텍스트에 정부 시책에 호응하여 여성의 미덕을 함양하고 화목한 가족의 이미지와 당-국가의 이상적 여성 이미지 형성을 시도한 내용이 많다"고 지적했다.[45]

---

44 Elaine Tyler May, *Homeward Bound: American Families in the Cold War*, Basic Books, 1988.

45 游鑑明, 〈是為黨國抑或是婦女？1950年代的《婦友》月刊〉, 《近代中國婦女史研

란페이지아(藍佩嘉)는 '어린이'를 주요 연구 대상으로 하여 가족계획의 문화 선전에 '농촌 현대화' 목표가 내재되어 있고 지역 보건소와 기층 인력의 참여를 통해 현대 중산층을 모델로 한 "모던 패밀리(modern family)"의 생활을 추구했다고 지적한 바 있다. 또한 미국 원조하의 가족계획에서 가장 주된 교육 대상은 "온통 여성 일색이고 지도 대상 또한 가족 내의 어머니였다".[46] 류구이쥔(劉桂君)은 1960년대 월간지 『우먼프렌즈』에 나타난 어머니 역할 담론에 대한 분석으로 거쳐 소위 "현대적 어머니"는 '서양과학'과 '국가경제발전'이라는 두 가지 모델을 기반으로 하고 있고, "현대적 어머니"는 '진보적이고 현대적인' 육아 및 가사 능력을 갖추고 있을 뿐 아니라 노동시장과 전통적인 성역할에도 참여해야 했다는 점을 발견했다. 류구이쥔은 어머니 역할 담론의 형성을 출산의 의료화, 서양의 과학적 육아, 홈 테크놀로지와 여성의 가사노동, 일과 가정을 양립해야 하는 직업여성, 현대 국민에서의 자애로운 어머니 등 5개 측면으로 세분화하고 '어머니 역할'이 어떻게 하여 여성의 애국적 '시민 신분'에 대한 인정으로 전환되는지를 분석했다.[47] '미국의 원조'와 '반공' 등 역사적 틀에서 파생된 '어머니' 역할은 '국가 경제 개발'과 '기술 소비주의'의 재구축을 거치며 전통적 가정 내 '현모양처'뿐만 아니라 노동력의 재생산이라는 역할까지 담

究》, 第19期, 2011, 頁75-130.

46 藍佩嘉, 〈「童年」的社會學分析: 從國家主人翁到消費福利主體〉, 《巷仔口社會學》, 2015. 4. 4.

47 劉桂君, 〈1960年代《婦友》雜誌建構的現代母職論述分析〉, 國立中山大學傳播管理研究所碩士論文, 2013.

당하게 되었다. 타이완에서는 1960년대부터 '어머니의 책임'을 주제로 하는 대중 담론이 수시로 등장하여 새로운 형태의 어머니 역할 담론을 주창했는데, 이러한 종류의 글은 도덕성 함양과 관련된 경우가 많았다. 유행가와 무협소설을 비판하고[48] 어머니는 자녀가 『제인 에어(Jane Eyre)』, 『바람과 함께 사라지다(Gone With the Wind)』, 위인전 등을 읽도록 해야 한다고 했고 이원적 젠더 표현(Gender Expression)의 구축과 공모하여 "어머니는 남자 아이가 어릴 때부터 남성성을 키울 수 있도록 하고 모든 일에서 최고의 성과를 낼 수 있도록 해야 한다"고 했다.[49] 당시 여성과 가정은 반공에서 중요한 역할을 했을 뿐 아니라 동성애를 '예방'하는 데 있어서도 없어서는 안 될 존재였다. 예를 들어 1959년 「동성애의 예방과 형성」[50]이라는 제목의 긴 분석 기사가 신문에 실렸는데, 저자는 해외 이론 및 정보[알프레드 킨제이(Alfred Kinsey), 헤이블록 엘리스(Havelock Ellis) 등]를 참조하여 동성애의 원인을 간략하게 소개하고 모든 것을 '가정교육'의 중요성으로 수렴시켰다. 글에서는 가정에서 딸보다 아들을 더 중시한다면 딸로 하여금 '남자아이가 되겠다'는 마음을 가지게 하고 남자아이의 옷차림과 행동, 심지어 배우자 선택까지도 남자를 따라하게 한다고 하고, 만약 가정 중 아버지가 오랜 기간 타지에서 근무하게 되면 아들이 아버지라는 롤모델을 잃은 채 어머니를 본받게 되어 "남성의 강인함은 찾아볼 수 없고 유

48 〈現代家庭母親的責任〉,《中央日報》, 1968. 6. 2.

49 〈母親的責任〉,《中央日報》, 1966. 7. 25.

50 〈同性戀的防止與形成〉,《聯合報》, 1959. 1. 10.

약한 여성의 모습만 가지게 된다"고 적고 있다. 1950, 1960년대의 관련 보도에서는 가정 내 교육기능 상실이 개인의 성장 기간 중 성의 '위치 전도'를 야기한다고 판단했고 이를 '동성애'의 원인을 설명하는 유일한 근거로 삼았다.

본고에서는 '어머니의 책임'으로 촉발된 일련의 논의가 '과학적 모성애'라는 보다 세밀한 작업을 가리킨다고 판단한다. 이러한 유형의 담론과 연구에서는 과학적 증거(심리학, 영양학, 생물학 등)를 강조하고 '육아' 문화가 사회질서를 설명하는 데 중요한 참고 가치가 있다고 인식한다. 그러나, 과학적 담론을 강조함과 동시에 어머니 동원 담론은 항상 모성애라는 추상적 정서에 호소했다. 이러한 성숙한 정서와 민주적 질서가 결합하여 모성애와 어머니에 대한 교육을 선양하는 과정에서 핵심적인 역할을 했다. 왜냐하면, 앞선 논의에 나타난 바와 같이 모성애 관련 담론은 개인의 정서에 영향을 미칠 뿐 아니라 어머니의 생활 방식과 성향을 매개하기 때문이다. 이러한 담론 운영이 바로 정치 이데올로기가 사람들의 일상생활에 스며들도록 하는 것이며 냉전의 동원 메커니즘이다.

6. 결론

'어머니'라는 여성 주체는 시대를 불문하고 중요한 사회적 역할을 수행했다. 전근대 '도덕적 경계'의 상징이었던 시기, 20세기 초 근대화, 식민과 전쟁의 정세 변화에 따라 '민족화'의 특징을 띠었던 시기, 또는 본고에서 고찰한 2차대전 후 타이완 사회가 전쟁과 미국의 영향, 경제 성장모델 전환 등에 대응했던 시기 등 시대를 막론하고 현대적 가정 및 어머니 역할 관련 담론과 심리 및 정신과학적 담론의 구축과 일제강점기 '현모양처'의 재구축을 통해 새롭게 등장한 여성 주체와 그와 상응하는 사회 질서의 위협을 통제하고자 했다.

2차대전 종식 초기 타이완의 대중매체를 통한 반공 국시와 선전에서 가정 내 젠더 역할 및 분업이 강조되었다. 예를 들어 '행복한 가정'의 내용을 살펴보면 대부분 반공 선전 정책을 반영하고 있고 반공의 실천에 있어 여성으로서의 품성 함양과 화목한 가정 만들기, 당과 국가 차원의 이상적 여성 이미지 구축에 중점을 두었음을 발견할 수 있다. 또한 '미국 원조'하의 '가정계획(家庭計畫)' 선전에는 '농촌 현대화' 목표가 내재되어 있었고 현대 중산층을 모델로 한 'modern family' 생활을 추구했다. 그런데 당시 미국 원조하의 가정계획에서 주요 규율 대상은 "여성 일색이었고, 지도 대상 또한 가정 내 여성이었다". '가정 현대화'의 상상과 실천이 '여성 현대화' 과정과 긴밀하게 연관되었던 것처럼 말이다. 이러한 배경하에서 여성들은 감정 구조의 분리를 겪게 된다. 한편으로는 대중 담론에 의해 '행복한 가정'을 유지 및 구성하는 중요한 역할을 부여 받고 다른 한편으로는 '행복하지 않은', 교정 대상인 젠더 주체로 묘사되었다.

'냉전시기 어머니'라는 이미지는 '서양 과학'과 '국가 경제 발전'이라는 두 가지 모델을 토대로 한다. '현대적 어머니'는 '진보적이고 현대적인' 육아 및 가사노동 능력을 갖추어야 할 뿐 아니라 노동시장에 참여하고 전통적 젠더 역할도 수행해야 한다. '어머니

신분'은 어떻게 하여 여성 자체의 애국적 '시민 신분'에 대한 정체성이 되었는가? '미국의 원조', '반공' 등 역사적 구조에서 파생된 '어머니' 역할은 '국가 경제 발전'과 '기술 소비주의'의 재구축 과정을 거치며 전통적 가정 내의 '현모양처'뿐 아니라 새로운 재생산 노동력을 담당했다. 이 글은 냉전 초기 각종 지식의 구축 과정에서 '모성애'가 아동 발달과 가족 화합에 미치는 영향이 전에 없이 높은 주목을 받고 있음을 발견했다. 냉전시기의 민주주의 동맹(타이완, 미국, 한국)에 있어 국제질서 및 사회 내부 질서의 긴밀한 연계를 재구축하려면 어머니의 역할이 매우 중요했고, 어머니들이 성숙하고 안정적인 시민을 길러내어 공산주의와 파괴적 생각의 유혹에 저항할 수 있어야 한다고 인식되었다.

따라서 사회과학자들이 인간의 동기와 행위를 이해하려 하고 '모성애' 및 '정서적 성숙'과 '민주적 질서의 안정' 간에 연결 관계를 구축하는 것은 냉전시기의 중요한 과업이었다. 이 글에서는 '모성애의 과학'은 냉전의 사회 정치적 영향하에 형성된 것이고 '어머니'를 '정상적 여성'의 표준으로 간주함에 따라 '나머지 여성'이라는 구조가 만들어졌다고 판단한다. 더 나아가 주류 역사적 구조하에서의 이상적 여성(어머니)과 양녀, 기생, 미친 여자 등 여성 주체의 역사적 흔적을 재구성하고 지우는 데 참여한 방식을 비판적으로 살펴보기 위해서는 후속 연구에서 대중문화 분석을 이어가며 이들 '나머지 여성'의 감정 구조를 포착하는 것이 필요할 것으로 사료된다. 왜냐하면 '나머지 여성' 간의 연대는 기존의 지시시스템, 역사적 참조를 통해 형성되기 때문이다. 따라서 당시의 역사에서 지워졌던 각종 주변적 주체들을 정리하는 것은 역사 쓰기를 수정하는 중요한 작업이 될 것이고 이로써 '모성애의 과학'의 감성 정치에 대응하게 될 것이다.

4부

능동인 수동, 수동인 능동: 몸 둘 바(處身)와 어펙트

팬데믹 시대, 그녀들은 왜 새벽에 일어났을까?: '514챌린지' 참여 3040 여성들의 시간 만들기와 그 의미[1]

최 이 숙

1. 들어가며

팬데믹은 여성들에게 어떠한 영향을 미쳤을까? 언택트, 양극화, 삶의 위기의 심화라는 거대한 변화에 대해 여성들은 또한 어떻게 대응하고 있을까?

여러 연구들에서 지적해왔듯이, 팬데믹은 사회적 약자들의 삶에 가혹했고 여성 역시 예외는 아니었다. 팬데믹 발생 이후, 여성들은 돌봄 부담을 져야 했고, 더 직접적인 고용시장 한파를 겪었으며, 남성보다 더 큰 우울감을 느낀 것으로 나타났다.[2] 그렇다면

1 이 글은 「팬데믹 시대, 그녀들은 왜 새벽에 일어났을까?: '514챌린지' 참여 3040 세대 여성들의 시간 만들기와 그 의미」, 『한국여성학』 제38권 4호, 한국여성학회, 2022를 수정 · 보완하여 재수록한 것이다.

2 류형림, 「돌봄위기를 겪은 89명 여성의 인터뷰를 통해 본 코로나19와 돌봄 위기」, "돌봄 분담이요? 없어요, 그런거", 『한국여성민우회 토론회 자료집』, 한국여성민우회, 2020, 5-57쪽; 한국언론진흥재단, 『코로나19 이후 국민의 일상 변

이러한 역사적 변동 속에서 여성들은 어떻게 대응하고, 살아내기 위해 무엇을 시도하였을까? 젠더화된 재난 경험에 대한 학계의 관심에 비해 이에 대한 논의는 상대적으로 미진한 편이다.

코로나19가 2030년을 2020년으로 가져오는 타임머신 역할을 했다는 언급처럼, 이제는 일상처럼 느껴지는 우리의 삶은 사실 지난 2년간 급격하게 변화해왔다. 이 변화의 파고 속에서 어떻게 살아남을 것인가의 문제는 오롯이 개인의 몫이었다. '영끌', '주린이'로 대표되는 '경제적 자유'를 성취하기 위한 '머니러시' 현상, 그리고 다양한 플랫폼에서 지속된 챌린지 열풍은 팬데믹으로 가중된 불안을 개인적으로 해소하며 이 위기를 살아내기 위한 몸부림으로 해석할 수 있을 것이다.[3]

팬데믹 시기 여성들이 어떻게 자신의 삶과 마주하고 있는가를 살펴보기 위한 하나의 시도로 이 글은 2022년 1월부터 진행된 '김미경과 함께하는 514챌린지'에 참여했던 3040세대 여성들의 목소리에 주목하고자 한다.

한국의 대표적인 자기계발 강사인 김미경은 자신의 유튜브 방송(MKTV 김미경TV)를 통해 팬데믹 이후 "판이 바뀌는 지금의 세상"에서 뒤처지지 않고 먼저 온 10년에 대비하기 위해 2022년 1월 새벽 5시 14일의 기적을 만들자고 제안하였다.[4] 챌린지는 1월 1일

화』, 한국언론진흥재단, 2020; 신경아, 「팬데믹 시대 여성노동의 위기에 관한 페미니즘적 성찰」, 『페미니즘연구』 제21권 2호, 한국여성연구소, 2021, 3-38쪽.

3 김난도 · 전미영 · 최지혜 · 이향은 · 이준영 · 이수진 · 서유현 · 권정윤 · 한다혜 · 이혜원, 『트렌드 코리아 2022』, 미래의창, 2021.

4 〈김미경과 함께하는 미라클모닝 514챌린지〉, MKTV 김미경TV, 2021. 12. 8.

부터 매일 새벽 5시부터 6시까지 진행되었는데, 참여자들은 미리 할당된 오픈채팅방에서만 공개된 링크를 통해 김미경의 유튜브 라이브 방송을 함께 시청한 뒤 본인이 정한 미션들을 수행하고,[5] 이를 각자의 SNS에 인증하였다. 그리고 14일간의 챌린지에 성공한 사람들에게는 리워드(경품)가 제공되었다.

1월 챌린지 후 업로드된 김미경의 유튜브 방송에 의하면(MKYU Official, 2022. 1. 15.), 1월 챌린지 신청자는 20,000명이 넘었으며, 1월 1일 11,548명을 시작으로 3일~14일차까지 12,000명이 넘는 사람들이 라이브 방송에 접속하였다. 온라인 공간에서는 인스타그램에 관련 해시태그가 40만 개가 넘을 정도로 514챌린지는 열띤 반응 속에 마무리되었다.

14일 간의 챌린지 참여자였던 연구자는 김미경의 유튜브 방송 시청, 오픈채팅방에서의 소통, 그리고 인스타그램 및 블로그에서의 인증 활동에 참여하면서 514챌린지의 분위기를 직접 느끼고 관찰하였다. 그리고 궁금했다. 왜 여성들 특히 3040 여성들이 새벽 기상을 선택하고, 이 챌린지에 열정적으로 참여한 것이었을까? 본 연구가 3040 여성들의 목소리에 주목한 것은 이들이 챌린지 참여자의 절반 이상이었다는 점 외에, 그들의 세대적 경험이 새벽 기상이라는 시간관리 챌린지에 더욱 민감하게 반응하게 했다는 판단 때문이기도 했다. 이들 여성들은 한국 사회 본격적인 자기계발

5 514챌린지는 1월 1일부터 5시부터 6시까지 진행되는 유튜브 방송 중 30분 정도는 김미경의 '강연' 그리고 20~30분은 각자 새벽 시간에 하고 싶은 챌린지 수행, 마지막 10분은 그 전날의 사람들이 인증을 위해서 포스팅했던 SNS를 소개하는 식으로 진행되었다.

담론이 생산되기 시작했던 2000년 전후, 해당 담론의 열렬한 생산자이자 소비자였다.[6] 동시에 이전 세대와 달리 비교적 남성과 동등하게 대학 교육을 받았지만, 졸업 이후 여전히 견고한 가부장제 사회의 유제 특히 남성중심적인 노동시장 구조로 인한 좌절을 경험한 집단이기도 하다.[7] 팬데믹이라는 조건은 공적 노동시장 내에서의 젠더화된 실업 및 늘어난 돌봄 부담으로 이러한 좌절과 우울을 더욱 확대시키는 계기로 작용했다. 3040 여성들이 왜 새벽 기상이라는 선택을 했는지에 대한 탐구는 여성들이 감염병으로 초래된 사회적 위기를 어떻게 경험하고 대응하는지를 파악할 수 있는 하나의 징후가 될 것이다. 본 연구는 코로나19가 야기한 사회변동, 자기계발 및 그 대표적인 실천인 시간관리 담론에 대한 확산이라는 조건에 유의하면서 이들의 챌린지 참여 동기와 경험, 챌린지 이후 달라진 삶의 루틴과 일상 속 변화에 대해 탐구했다. 그리고 이러한 챌린지 열풍이 갖는 함의에 대해 논의하였다.

---

6 엄혜진, 「여성의 자기계발, 소명의 고안과 여성성의 잔여화」, 『페미니즘연구』 제16권 2호, 한국여성연구소, 2016, 215-265쪽.

7 엄혜진, 「여성의 자기계발과 페미니즘의 불안한 결속: '82년생 김지영'에 대한 비판적 담론분석을 중심으로」, 『아시아여성연구』 제60권 1호, 아시아여성연구원, 2021, 121-162쪽.

2. 팬데믹과 여성, 그리고 자기계발

2.1. 팬데믹 그리고 여성의 삶

팬데믹이 여성의 삶에서 갖는 의미는 노동권의 차원에서, 코로나 이후 젠더화된 돌봄 부담의 측면에서, 사람들의 심리적 변화 및 스트레스의 차원에서 논의되어 왔다. 감염병의 위기 속에서 한국 사회의 남성중심적인 젠더 구조는 사회 전 영역에서 여전히 단단했다.

여러 실태조사 연구에 의하면, 팬데믹 시기 여성의 노동시장 이탈률은 남성에 비해 높은 것으로 나타났다. 노동시장에서의 여성의 후퇴 현상은 결혼 상태와 무관하게 기혼 남성에 비해 높았고,[8] 사회적 거리두기로 돌봄이 가정 내 여성에게 전가된 것과 무관하지 않다.[9] 신경아의 연구에 의하면, 코로나 초기에는 20대 임시직 여성들의, 감염자가 폭발적으로 증가한 시기에는 초등학생 자녀를 양육하고 있는 여성들의 퇴직 비율이 높았으며, 연령별로는 30대 여성 노동자들의 피해가 큰 것으로 나타났다.[10]

이러한 구조적 변화는 여성들의 심리상태, 삶의 만족감, 여가 시간의 활용 등에도 영향을 미쳤다. 한국언론진흥재단 조사에 의

---

8 정성미 · 김종숙 · 심혜빈 · 김현경, 『코로나19 경제위기에 따른 여성노동시장 영향과 정책과제』, 한국여성정책연구원, 2021.

9 장진희 · 박건 · 이동선, 『코로나19가 여성노동자에게 미친 영향-자녀돌봄공백과 직장 내 불이익을 중심으로』, 한국노총중앙연구원, 2021.

10 신경아, 앞의 글.

하면, 여성이 팬데믹 이후 증가한 스트레스, 분노, 혐오 등의 부정적 감정을 남성보다 더 느끼는 것으로 나타났다.[11] 사회적 거리두기에 따른 사회적 상호작용의 제한은 성인 남녀 모두에게 스트레스 요인이었지만, 여성, 특히 저소득층 여성이 더 많은 고통을 받은 것으로 나타났다.[12] 가족 시간에 대한 만족도 역시 남성보다 낮았으며, 가사노동 부담이 클수록 불만족도는 높았다.[13]

사상 초유의 재난 상황에 대한 대안 역시 모색되었다. 연구자들은 다양한 현상에 대한 분석을 바탕으로 코로나19가 드러낸 여러 문제들을 해소하기 위해 기존의 남성중심적, 성장중심적 패러다임을 넘어, 돌봄과 자연과의 공존, 지속가능성을 지향하는 돌봄 주도 패러다임으로의 전환이 필요함을 강조하였다.[14]

기존의 연구들은 재난에 따른 불평등과 사회 변화의 방향을 논의했다는 점에서 의미를 지닌다. 하지만, 삶의 위기가 고조된 상황 속에서 여성들이 어떠한 선택을 하는지, 이러한 선택이 갖는 사회적 의미가 무엇인지에 대한 탐구는 상대적으로 미흡한 편이다. 방역을 위해 모든 집합적 행위가 제한되고, 사회적 거리두기에 따

---

11 한국언론진흥재단, 앞의 책.

12 유계숙 · 주수산나 · 김종우, 「코로나바이러스감염증-19로 인한 기혼 성인 남녀의 스트레스 경험: 젠더와 계층의 교차성을 중심으로」, 『여성연구』 제106권 3호, 한국여성정책연구원, 2020, 5-32쪽.

13 김지현 · 최영준, 「코로나19 시기 가족관계 만족도 변화는 어떻게 설명할 수 있는가?: 남성 가사분담의 역할을 중심으로」, 『비판사회정책』 통권 70호, 비판과 대안을 위한 사회복지학회/건강정책학회, 2021, 101-132쪽.

14 김현미, 「코로나 시대의 '젠더 위기'와 생태주의 사회적 재생산의 미래」, 『젠더와 문화』 제13권 2호, 여성학연구소, 2020, 41-77쪽; 신경아, 앞의 글.

라 위기를 오롯이 홀로 감내해야 했던 상황에서 한국 사회의 개인화, 원자화는 더욱 가속화되었다.[15] 트렌드 서적에서 언급된 MBTI 열풍, '오하운(오늘 하루 운동)'과 같은 새로운 루틴을 지키고 만들려는 움직임, 또는 경제적 자유를 꿈꾸는 'N잡러' 현상은[16] 그 어떠한 것도 보장되지 않은 위기 상황에서 살아내기 위한 한국인들의 실천으로 해석할 수 있을 것이다. 이러한 현상은 2000년대 이후 신자유주의 구조조정과 미래에 대한 불안감이 확산되던 상황에서 유행했던 자기계발 열풍이 팬데믹의 시기에 더욱 강력하게 나타난 것으로 볼 수 있을 것이다.[17] 감염병으로 가족, 노동, 사회 활동 전반이 변화하던 국면에서 3040 여성들에게 자기계발이 갖는 개인적, 사회적 의미는 무엇일까? 이에 대한 탐구는 팬데믹 이후 여성의 삶의 편린들을 읽어낼 수 있는 하나의 지점이 될 것이다.

2.2 신자유주의, 여성의 자기계발, 그리고 시간

2000년대 중반 이후 당시 2030세대의 일상 속에 자기계발이 중요한 키워드로 자리하면서 자기계발 담론에 대한 분석 및 실천

15 김난도 외, 앞의 책.

16 김난도 외, 앞의 책; 신수정 · 박현영 · 구지원 · 조민정 · 최재연 · 이원희 · 정석환, 『2022 트렌드 노트-라이프스타일의 시대에서 신념의 시대로』, 북스톤, 2021.

17 Choon Key Chekar, "Gendering Discourses of Time in South Korean Self-help Books: The Normalisation of a Masculine Long Hours Work Culture", Doctoral Dissertation, Cardiff University, 2008; 이숙진, 「자기계발이라는 이름의 종교: 코칭프로그램의 자기테크놀로지를 중심으로」, 『종교문화비평』 통권 25호, 종교문화비평학회, 2014, 242-285쪽.

양상에 대한 탐구 역시 다양한 분야에서 이뤄졌다. 자기계발 현상에 대한 접근은 분과학문에 따라 각기 상이하였다. 인간의 미시적인 실천에 주목하는 경영학과 심리학의 경우 자기계발의 긍정적 측면에 주목하는 반면, 사회과학 분야의 연구는 대체적으로 미셸 푸코(Michel Foucault)의 신자유주의 통치성을 그 이론적 자원으로 기업가적 자아의 탄생 및 신자유주의적 에토스의 확산이라는 차원에서 접근하였다.[18]

여성주의 연구들이 지적해왔듯이 자기계발의 방식과 그 담론에 대한 수용 양상은 개별 집단이 놓인 구조적 조건에 따라 달라진다. 가부장적인 사회 문화 속에서 오랫동안 자기(self)가 될 수 없었던 존재인 여성들의 자기계발은 신자유주의적 사회에서 개인화된 살아남기라는 점에서는 유사하지만, 그 과정에서 지배적 여성성에 대한 타협의 양상이 드러난다.[19] 최근의 연구들은 신자유주의하에서 자기계발의 문화, 긍정의 심리학, 자신감의 문화 담론이 지니는 복합성에 주목하고 있다. 자기계발의 문화 및 담론은 애초부터 부족한 존재로 가정된 여성들이 실제 삶 속에서 자신감을 회복하고 자신의 상처를 치유하는 기능을 하지만, 동시에 사회 부정의에 대한 개인적이고 심리적인 해결을 제안한다.[20] 로잘린

18 강준만, 「자기계발의 문화정치학: 자기계발 담론의 커뮤니케이션 유형을 중심으로」, 『한국소통학보』 제15권 3호, 한국소통학회, 2016, 133-174쪽; 김은준, 「포스트힐링시대 한국사회 성찰적 자기계발담론의 가능성 모색」, 『미디어, 젠더 & 문화』 제33권 2호, 한국여성커뮤니케이션학회, 2018, 87-134쪽.

19 김엘리, 「여성 군인의 능력 있는 자기계발과 군인 되기」, 『한국여성학』 제34권 1호, 한국여성학회, 2018. 3, 141-175쪽; 엄혜진(2016), 앞의 글.

20 Rosalind Gill, Shani Orgad, "Get Unstuck!: Pandemic Positivity Imperatives and

드 질과 샤니 오가드(Rosalind Gill & Shani Orgad)는 자기계발 담론이 부양하는 자신감의 문화(confidence culture)에 대한 일련의 연구에서 해당 담론이 페미니즘의 언어를 차용하면서 그 영향력을 넓혀가고 있음을 지적하였다.[21] 이 담론 속에서 젠더, 인종, 섹슈얼리티에 따른 불평등과 부정의는 언급되지만, 이를 극복하기 위한 방안은 정치적-사회운동적 맥락이 아닌 개인적 차원의 능동적인 주체되기, 힘 돋우기 등이 거론된다. 삶의 전 영역에 걸쳐 신자유주의 이데올로기가 확대되는 상황 속에서 페미니즘의 언어와 뒤섞인 자기계발 담론을 끊어내기란 쉽지 않음을 지적하였다.

신자유주의 통치성의 맥락에서 자기계발은 시장이 원하는 다양한 종류의 차이와 불평등과 무관한(때로는 이를 초월한) 자율적이며 효율적인 주체되기를 전제한다.[22] 이를 위해 강조되는 것 중 하나는 시간관리(time management)이다. 근대 자본주의 형성 이후 '시간=돈/생산성'을 의미했고, 시간을 얼마나 효율적으로 구획-관리하는가는 시계시간(clock time)의 탄생 이후 서구 자본주의가 풀어

Self-Care for Women", *Cultural Politics*, Vol.18, No.1, 2021, pp.44–63; Sarah Riley, Adrienne Evans, Emma Anderson & Martin Robson, "The Gendered Nature of Self-help", *Feminism & Psychology*, Vol.29, No.1, 2019, pp.3-18.

21 Rosalind Gill, Shani Orgad, ibid.; Rosalind Gill, Shani Orgad, *Confidence Culture*, Duke University Press, 2022.

22 한선, 「네트워크 시대 '경제적인 것' 되기(becoming)의 통치술」, 『한국언론학보』 제57권 3호, 한국언론학회, 2013. 6, 431-454쪽; Glenn Adams, Sara Estrada-Villalta, Daniel Sullivan, & Hazel Rose Markus, "The Psychology of Neoliberalism and the Neoliberalism of Psychology", *Journal of Social Issues*, Vol.75, No.1, 2019, pp.189-216; Jeff Sugarman, Erin Thrift, "Neoliberalism and the Psychology of Time", *Journal of Humanistic Psychology*, Vol.60, No.6, 2017, pp.807-828.

야 할 핵심 과제였다. 특히 신자유주의하에서 기업가적 주체의 부상, 정보통신기술(이하 ICT-information communication technologies)의 발달과 그에 따른 일상의 가속화와 다양한 활동의 융합이라는 조건 속에서 각 개인은 짧은 시간 내에 위험에 대응하며, 자기 발전을 통해 시장에서 원하는 바를 달성토록 요구받는다.[23] 미국 자기계발서의 시간관리 전략을 분석한 클레어 홀워스(Clare Holdsworth)에 의하면 생산성이 높은 고성과자가 되기 위해 '하루를 일찍 시작하며 그 시간에 가장 어려운 일을 수행함으로써 생산성 높이기', '일의 우선순위를 정하고 중요하지 않은 일은 위임하기' 등의 방법이 관리 전략으로 추천되고 있다.[24]

여성주의 연구자들은 오랫동안 시간관리 전략에서 여성의 경험 특히 돌봄의 문제가 간과됨에 따라 이러한 논의가 사실상 남성을 향한 말 걸기였다고 언급하였다.[25] 홀워스는 자기계발서의 시간관리를 제안하고 이를 실행한 사람들이 남성이라는 점에 주목한다. 또한 일정 중에서 우선시해야 하는 일을 선택할 수 있는 존재들은 남성 또는 직장 내에서 권력자에 해당하는 사람들이라는 점을 꼬집으면서, 시간관리 전략 속에서 사회적 정체성과 권력 작

---

23 Glenn Adams et al., ibid.; Jeff Sugarman, Erin Thrift, ibid.; Elina Valovirta, Mona Mannevuo, "Affective Academic Time Management in the Neoliberal University: From Timeliness to Timelessness", *European Journal of Cultural Studies*, Vol.25, No.5, 2022, pp.1307-1323.

24 Clare Holdsworth, "Gendered temporalities of everyday family practices: an analysis of Anglo-American self-help literature on 'busyness'", *Gender Place and Culture*, Vol.27, No.5, 2020, pp.677-694.

25 Clare Holdsworth, ibid.; Elina Valovirta, Mona Mannevuo, op.cit.

동의 위계의 문제가 삭제되고 있음을 지적하였다. 여성의 시간 경험이 남성과 동일하지 않음에도, 이들 서적은 사실 전통적인 일과 돌봄에 대한 이중적인 인식을 그대로 재생산하고 있음을 비판하였다. 가부장제 사회에서 남성들은 가족, 돌봄의 책임을 '선택'적으로 수용하는 반면, 여성들에게 이는 회피할 수 없는 이슈라는 점을 비판적으로 논의하였다.[26]

한국의 자기계발 담론 속 시간의 문제, 한국 기혼 유자녀 여성들의 시간 이용/경험에 대한 연구들 역시 이러한 인식의 연장선상에 있다.[27] 한국의 자기계발서에 나온 시간관리 전략을 분석한 제갈춘기(Choon Key Chekar)는 생산 효율성을 높이기 위해 공식적인 노동 시간 외에 사적인 시간까지 소위 '쥐어짜내기'(time squeeze)하는 방안이 제시되고 있음을 지적했다. 이러한 전략 속에서 장시간의 임금 노동 문화는 당연한 것으로 전제됨을 비판하였다.[28] 중산층 (전문직) 기혼 유자녀 여성에 대한 박지영과 조주은의 연구에 의하면, '쥐어짜내기' 식의 시간 전략이 결국 신자유주의하에서 여전히 견고한 남성중심적인 노동시장/가족 구조 속에 발생한 여러 문제를 여성들이 해소하는 과정과 맞닿아 있다. 삶의 리듬이 더 빨라지고, 개인에게 삶의 결과에 대한 책임이 지워지는 신자유주

---

26 Clare Holdsworth, ibid.

27 조주은, 「압축적 시간성을 통한 '바쁨': 서울지역 중간계급 유배우 취업여성을 중심으로」, 『한국여성학』 제24권 3호, 한국여성학회, 2008, 211-242쪽; 박지영, 「디지털미디어 시대 리듬분석의 한 사례-ICT 사용과 일상생활의 리듬을 중심으로」, 『언론과 사회』 제23권 2호, 사단법인 언론과 사회, 2015. 5, 5-63쪽; Choon Key Chekar, op.cit.

28 Choon Key Chekar, op.cit.

의 사회에서, 여성들은 가사노동의 외주화 등 다양한 방식으로 시간을 짜냄으로써 임금노동-돌봄의 이중부담과 시간 빈곤의 문제에 대응했다. 박지영의 연구는 '바쁨'에 대한 인식과 드러냄이 기혼 유자녀 여성 특히 중산층의 전문직 여성이라고 하더라도 모두 동일하지 않음을 보여주었다. 그녀에 의하면 기업가적 자아의 면모를 내면화하는 사람일수록, 커리어우먼 지향적인 사람들일수록 더욱더 시간을 압착하여 삶의 질을 높이는 데 집중하는 '팔방미인형 능력자'의 정체성을 드러내며, '바쁨'은 세련된 중산층 엘리트 현상의 징후로 수용되고 있음을 밝혔다. ICT는 서로 다른 속도를 지닌 노동과 돌봄, 끊임없는 자기계발과 가정생활을 매끄럽게 연결하고 삶을 효율적으로 정교화하는 수단이었지만, 그 밀도는 전통적인 노동의 리듬과 생애 경험에 따라 균일하지 않았다.[29]

팬데믹으로 양극화가 심해지는 상황에서, 자기계발 담론, 긍정의 문화는 하나의 산업으로 지칭될 만큼 융성하였다.[30] 이러한 사회적 담론적 조건 속에서 이 연구는 3040 여성들의 '미라클모닝' 챌린지 참여 경험, 여기에 내재된 삶에 대한 열망과 그 다층적 의미들을 읽어내고자 한다.

29 박지영, 『가속화 사회의 시간 경험에 대한 연구』, 서울대학교 언론정보학과 박사학위청구논문, 2013; 박지영(2015), 앞의 글; 조주은, 앞의 글.

30 Rosalind Gill, Shani Orgad, op.cit.

3. 연구방법론

3040 여성들의 새벽 기상 챌린지 참여의 경험과 의미에 대해서 탐구하기 위해 이 연구는 챌린지 참여자들과의 인터뷰, 그리고 챌린지의 중요 부분인 김미경의 유튜브 라이브 방송에 대한 분석을 실시하였다. 서론에서 514챌린지에 실제 참여하고 있었던 본 연구자는 1월 챌린지가 후반기에 접어들었던 1월 11일 이 행사를 주관하고 있던 MKYU의 김미경 대표에게 '팬데믹 시기 사람들이 왜 514챌린지에 열정적으로 참여하고 무엇을 경험하는가'에 대한 연구를 수행하고 싶다는 의사를 전달하였다. 이후 MKYU 담당자와의 협의를 통해 각 오픈채팅방에 연구참여자를 모집한다는 공고문을 게시하였다. 공고문에 신청 링크를 첨부하였고, 이를 통해 신청시 참여자의 연령, MKYU에서의 회원등급, 선호하는 인터뷰 방식(1:1 인터뷰, 포커스 그룹 인터뷰), 추후 선정 여부를 알릴 수 있는 이메일과 SNS 주소를 조사하였다. 1월 27일에서 28일까지 양일간 각 카카오톡 오픈채팅방에서 처음으로 새벽 기상을 해본 여성 연구참여자를 모집한다고 공지하였고 450명의 챌린지 참여자가 인터뷰 참여 의사를 밝혔다. 연령, 514챌린지 이전의 김미경이 운영하는 MKYU의 회원 등급[31]을 고려하여 3040 20명의 인터뷰이를

31 MKYU의 회원시스템은 4개의 등급으로 구분되어 있다. MKYU에 회원가입을 하면 '입학준비생', 평생회비(99,000원)를 내면 '열정대학생', 그리고 1000학점 이상 획득하면 '열성장학생', 매해 가장 놀라운 성과를 거둔 '수석 장학생'으로 구분된다. 챌린지 당시 입학준비생이었던 사람들도 챌린지가 시작된 이후 〈사례 M〉을 제외하고 모두 평생회비를 낸 '열정대학생'이 되었다.

선정하였고 최종적으로 16명이 연구에 참여하였다.[32] 연구참여자들의 특성은 〈표 1〉과 같다.

인터뷰는 2월 3일부터 약 2주간 진행되었다. 포커스 그룹 인터뷰 1회를(D와 K) 제외하고 모든 인터뷰는 1:1 심층 인터뷰의 방식으로 진행하였다. 참여자들이 거주하는 지역이 다양하였기 때문에 인터뷰는 전화와 줌 중 인터뷰이가 선호하는 방식으로 이뤄졌다. 인터뷰 예정일 2~3일 전에 514챌린지에 참여한 계기, 이전의 챌린지 참여 경험, 챌린지 활동에 대한 생각(예를 들면 김미경 강의, 오픈채팅방에서의 활동), 전반적인 챌린지에 대한 소회 등의 내용으로 구성된 사전 질문지를 인터뷰 참여자들에게 전달하였다. 인터뷰는 약 1~2시간가량 진행되었으며, 인터뷰 내용은 인터뷰이의 사전 동의를 얻어 녹음/녹화되었고, 녹취록을 제작하였다.

이번 챌린지의 핵심 요소인 유튜브 라이브 방송 내용 역시 점검하였다.[33] 1월 1~14일간의 유튜브 라이브 방송의 주제 및 제목은 〈표 2〉와 같다.

---

32 인터뷰이 선별 이후 연구자는 '인터뷰이로 선정되었다'는 이메일을 통해 인터뷰 시간과 방법, 그리고 연락처를 문의하였다. 이 중 15명의 참여자가 인터뷰 일정과 관련된 구글 설문지에 회신하였고, 5명의 참여자에게는 개인 SNS 계정으로 개별적으로 연락을 취했지만, 응답이 없었다. M의 경우는 챌린지 과정에서 연구자와 같은 단톡방에 있던 사람으로, 연구자가 개별적으로 연락해서 인터뷰 가능 여부를 문의한 뒤 이를 승낙하여 본 연구에 참여하게 되었다.

33 유튜브 방송은 챌린지 이후에 비공개로 설정되었다가 현재는 공개되어 있다. 〈표 2〉의 제목은 방송의 썸네일을 기준으로 작성되었다.

34 주시청 유튜브 방송은 현재 이들의 관심사를 파악하기에 가장 좋은 지표로 생각되어 질문하였다. 경제 방송은 〈삼프로TV〉 등 주식이나 부동산 투자 대한 내용을 다룬 방송들이며, 자기계발 방송은 켈리 최, 신사임당, 드로우앤드류 등 어려운 여건 속에서 경제적/사회적으로 성공한 사람들이 하는 성공비법 및 습

〈표 1〉 인터뷰 참여자 특성

	연령	직업	혼인 상태	자녀 (나이)*	특이사항(MKYU회원등급, 주시청 유튜브)[34]
A	30대	문화센터 강사	기혼	2 (10, 4)	-열정 -경제
B	30대	전 자영업자	기혼	1 (6)	-입학→열정 -영어, 자기계발
C	30대	영업직	비혼	-	-열정 -자기계발, 그림
D	30대	전 이유식 카페 운영, 사업 준비	기혼	2 (9, 5)	-입학→열정 -경제방송(2021년~)
E	30대	전업주부	기혼	3 (9, 7, 3)	-열정 -재테크, 자기계발
F	30대	취업 준비생	비혼	-	-입학→열정 -페미니즘, 경제
G	40대	자영업	기혼	2 (8, 6)	-열정 -MKYU-TV, 교육
H	40대	생산직	기혼	2 (8, 5)	-입학→열정 -MKYU-TV, 경제방송 (2020년~), 연예
I	40대	교사, 휴직	기혼	2 (초등생)	-입학→열정 -교육, 자기계발, 영어
J	40대	영상 편집 프리랜서	기혼	2	-입학→열정 -영상편집, 경제, 자기계발, 그림 그리기
K	40대	사무직	기혼	1 (3)	-입학→열정 -재테크, 자기계발
L	40대	사업 준비	기혼	-	-입학→열정 -주식 및 경제
M	40대	방송작가	기혼	1 (10)	-입학 -시사

관(예를 들면 일기 쓰기, 새벽 기상, 명상, 긍정 확언 등)에 대한 내용을 다루고 있다. 또한 코로나19 상황에서 사회경제적 성취를 위해 개인이 무엇을 해야 할 것인가를 소개한다. 연예 프로그램은 예전 〈무한도전〉 보기나 예능 프로그램 등이 대표적인 사례이다.

N	40대	영업직	비혼	1	-입학→열정 -자기계발, 재테크, 연예
O	40대	전 운동강사	비혼	2	-열정 -자기계발, 최재천의 아마존 TV, 운동
P	40대	취업준비생- 공무원시험 준비	비혼	-	-열정 -자기계발

*자녀의 나이는 육아기(영유아, 초등생) 자녀만 표시하였음.

〈표 2〉 김미경의 1월 514챌린지 유튜브 라이브 방송 제목[35]

날짜	방송 제목
1일	김미경이 알려주는 습관의 기적
2일	꿈의 원년 멤버가 됩니다
3일	내 꿈의 빌딩을 세우는 확실한 방법
4일	이 3가지 유형 사람은 꼭 잡으세요
5일	올해 부자가 되고 싶다면 온라인 빌딩을 지으세요
6일	내 꿈을 가장 빠르게 이루는 방법
7일	오늘부터 실행가능한 자기계발 실력 쌓는 법, 딱 3가지
8일	나의 운, 대박 흐름 타게 하는 선행 학습법
9일	다른 삶을 살고 싶다면 이런 실수는 하지 마세요
10일	살고 싶은 미래가 있나요? 이 순간을 잡으세요
11일	이 생각만 버려도 나 자신을 사랑할 수 있습니다.
12일	뒤쳐질까 봐 두려워하는 사람들이 흔히 하는 착각
13일	나에게 자꾸 지는 분들은 이기는 연습을 이렇게 하세요
14일	당신의 면역력을 건드리는 위험신호-외로움 이렇게 극복하세요

35 출처: MKTV 김미경TV (https://url.kr/fd39jv)

본 연구가 새벽 시간, 새벽 기상 의례가 갖는 다양한 의미를 드러내는 것인 만큼 유튜브 방송 내용 분석 역시 전체적인 내용과 그 맥락에 유의하면서 '새벽'이라는 시간을 어떻게 규정하고 있는지에 초점을 맞춰 진행하였다.

4. 왜 새벽 기상 챌린지에 참여하게 되었을까?

새벽 기상, 미라클모닝에 대한 관심은 팬데믹과 함께 고조되었다. 이는 자기계발 및 챌린지에 대한 열풍, 특히 2020년 후반부터 '부자 되기'에 대한 관심이 증가한 맥락과 연관된다. (경제적으로) 성공한 사람들의 사고방식, 습관 및 루틴에 대한 유튜브 방송, 자서전 및 회고록 등에서 공통적으로 언급된 것 중 하나가 새벽 기상이었다. 남보다 먼저 일찍 일어나 하루를 계획하면서 자신이 못했던 일을 한다면 효율적인 시간관리와 인생 관리가 가능하다는 것이 그 핵심이다.

인터뷰 참여자들은 다양한 채널(김미경의 유튜브 방송, MKYU의 마케팅 문자 및 홈페이지, 지인 소개)을 통해서 챌린지 소식을 접하고 참여를 결정하였다. 이들은 새해라는 새로운 시작을 알리는 시계 시간을 맞이하여 이전과는 다른 삶을 준비하고 모색하고 싶었다는 이야기를 했다. 이러한 마음을 드러낸 삶의 조건 및 계기는 무엇이었을까?

4.1. 514챌린지 참여 결정: 시간 부족과 우울/불안/무기력 극복을 위해 김미경의 '손'을 잡다

챌린지 참여 동기에 대해 팬데믹 발생 후 경제적 위기와 연이어 찾아온 1년여 간의 투병(〈사례 O〉), 코로나 감염에 따른 가족의 위기(〈사례 C〉) 등 삶의 전환을 유발한 사건이 언급되기도 했지만, 챌린지 참여에는 여러 가지 요인이 복합적으로 작용했다. '여성의 시간' 연구[36]가 언급한 시간 부족을 해결코자 하는 욕구뿐 아니라 정서적인 우울감 및 무기력감에서 벗어나 새롭게 생활 사이클과 루틴을 만들고 싶다는 마음, 나이는 먹어가지만 작년과 "별 달리 변화한 것도 없는"(〈사례 N〉) 것에서 오는 불안감이 중첩되어 있었다.

챌린지 시작의 이유로 기혼의 유자녀 여성들은 주로 시간 부족을 언급했다(〈사례 A, B E, I, K〉). 작가 일을 하는 〈사례 M〉의 경우, 회사 일을 하면서 "야근도 이어지고, 책을 읽을 시간도 없고, 자기의 시간이 없"었기에, 〈사례 K〉의 경우 시간과 체력의 한계 속에서 좌절하고 자존감도 떨어지는 상황을 극복하기 위해 새벽 기상 챌린지에 참여하였다. '전업맘'의 경우도, 시간 빈곤을 경험하는 것은 유사했다. 해외에 거주하며 휴직 후 육아를 담당하고 있는 〈사례 I〉는 공부하고 운동할 수 있는 나만의 시간으로 2시간을 확보하기 어려워서 챌린지를 신청하였다.

---

36 예를 들면 Valerie Bryson, *Gender and the Politics of Time: Feminist Theory and Contemporary Debates*, Policy Press, 2007; 조주은, 앞의 글.

자녀를 키우며 생산과 돌봄을 병행했던 엄마들의 경우, 챌린지 이전 바쁨과 그에 따른 정서적 소진 및 무기력증을 겪고 있었다고 언급했다.

> [육아관련 카페를] 더 잘하는 엄마한테 양도를 했는데 (중략) 사실 그거는 잘한 일이고 저도 이제 잘해온 일이라고 생각을 하거든요. 근데 그걸 그만두면서 실패한 느낌을 받더라고요 (중략) 사실 카페를 운영하는 것 자체가 [힘들고] 육아도 그러면 좀 밀려나는 부분도 있잖아요. 그래서 둘 다 잘 못하는 것 같다. 그때는 뭘 해야 된다고 생각을 하고 약간 번아웃처럼 비슷하게 온 것 같아요. (중략) [카페를 그만 두고] 무기력증이 심하게 왔던 것 같고 (중략) 뭐가 될지 모르지만 일단 이거라도 먼저 좀 해보자 그런 생각을 하고 시작을 했어요. 〈사례 D〉

사실 이러한 우울감, 무기력증, 삶에 대한 불안감은 혼인 상태나 자녀 유무와 관계없이 참여자들에게서 공통적으로 많이 언급된 부분이었다 (〈사례 B, C, D, E, F, G, J, L, P〉). 특히 생산 활동에서 물러나 있던 무자녀 여성들의 경우, 시험, 사업 등 다른 일을 준비하는 기간 동안 회사에 다닐 때와는 달리 루틴이 깨지고 계획한 일들이 미뤄지면서 '무기력'한 느낌을 느끼고 있다고 언급했다(〈사례 F, P〉).

> 리듬이 조금 많이 깨져서 아무래도 계속 직장 없이 이렇게 있다 보니까 초반 한 3~4개월은 되게 뭘 해도 의욕적이었고 그래도 잘 할

수 있을 거라 생각했었고 어쨌든 공무원이라는 목표가 조금은 뚜렷했었는데 근데 이게 하다 보니까 사람이 조금 지치는 것도 있는데 확실하게 '내가 지쳤다'라는 느낌보다는 무기력이 조금 강했던 것 같아요. 그래서 일어나는 것도 조금 힘들어지고 (중략) 자꾸 제 일상에서 계획들을 조금 조금씩 못하게 되는, 하루의 계획들도 자꾸 미뤄지게 되더라구요. 그래서 정신을 차려야 겠다라는 생각이 들었었고 (중략) 어떻게든 이 흐름을 조금 반전시킬 수 있지 않을까라는. 〈사례 F〉

챌린지를 신청하게 된 정서적 소진과 우울감, 무기력감은 신자유주의하에서 효율적 '생산'을 준비하거나 이에 적합한 활동을 하지 못한다는 부분과 맞닿아 있는 듯하다. 카페나 가게를 그만하면서 자존감이 낮아졌다는 이야기나(〈사례 B, D, G〉), 자신이 회사에 다녔다면 챌린지를 신청하지 않았을 것이라는(〈사례 F〉) 언급은 자본주의 사회의 '생산' 영역 외부에 있을 때 사람들이 느끼는 불안감이 무기력감 및 소진 현상과 연결되어 있음을 시사한다. 다양한 이유에서 비롯된 좌절감, 무기력증, 미래에 대한 불안 등 신자유주의하에서 '극복'/'관리'가 필요한 정서를 '반전' 시키기 위해 이들은 '부지런함'으로 추앙되는 '일찍 일어나기'를 통해 전환을 모색했다고 해석할 수 있을 것이다. 즉 노동, 효율성의 패러다임이 중시되는 한국 사회에서 참여자들은 그에 맞는 새로운 루틴을 만들어냄으로써 삶의 위기를 돌파코자 했다고 여겨진다.

여기에 이들 세대에게 가장 대중적이었던 자기계발 강사인 '김미경'과 그가 운영하는 MKYU에서 이 챌린지를 주도한다는 점도 참여를 결정하는 데 있어 영향을 미쳤다. 〈사례 D〉와 〈사례 F〉를 제외하고 30년 가까이 자기계발 강의를 한 김미경을 이미 텔레비전(예를 들면 〈김미경 쇼〉)이나 저서(예를 들면 『꿈이 있는 아내는 늙지 않는다』, 『드림온』, 『언니의 독설』)로 만나고 있었다. 연구참여자들에게 김미경은 오래전부터 롤모델(〈사례 K, L, M, O〉) 또는 "자신이 힘들 때마다 찾고 의지하게 되는 존재"(〈사례 G〉), 자신의 삶을 이끌어주는 '멘토', '스승' 같은 존재(〈사례 A〉)였다. 여성의 똑똑함을 강조하는 김미경의 서사는 이들에게 위로와 용기를 주는 말이었고(〈사례 G, I, L, N, O〉), 결혼 이후 자신이 맞닥뜨리는 문제에 대한 "현실적인 조언"(〈사례 M〉)이었다. 이는 김미경의 언어가 "자기계발 담론의 토착화"[37]라 평가될 만큼, 여성의 삶에 밀착하여 가부장적 가족문화와 성차별적인 노동시장에서 생존할 수 있는 유효한 전략을 제공해왔던 것과 연관된다. 팬데믹에 대응하는 과정에서 최신의 기술/경제 트렌드 및 기술 활용 관련 유료 강의 사업-MKYU의 설립-을 시작하면서 김미경에게는 "시대를 앞서는 사람"(〈사례 C, H, J〉), 또는 스승으로서의 의미가 더 강하게 부여되었다.[38] 김미경이 이 챌린지를 제안하고 MKYU에서 관리한다는 점은 새벽 기상을 시도했다가 실패한 적이 있는 참여자들에게는 "이번에는 다르지 않을까?"(〈사례 M〉)라는 기대를 심어주었고(〈사례 I, L, M, P〉) 이 낯선 루틴에 참여자들이 "홀리듯이"(〈사례 C〉) 한번 해보는 마음을 먹을 수 있는 계기로(〈사례 A, C, E, G, H, L, O〉)

37 엄혜진, 앞의 글, 234쪽.

38 이는 MKYU의 유료 수강생인 '열정대학생'들이 김미경을 지칭할 때 '학장님'이라는 표현을 쓰는 것에서 잘 드러난다.

일정 부분 작용하였다. 사실 2000년대 중반 이후 여성들의 자기계발에 대한 관심은 신자유주의적 변동의 가속화와 함께 커졌고, 김미경은 그 역사를 대표하는 인물 중 하나이다. 그렇다면 팬데믹이라는 사회적 조건, 그에 따라 가중된 여성들의 위기는 새벽 기상을 비롯한 자기계발에 대한 욕구/열망, 새벽 기상 챌린지에 대한 참여와 어떻게 연관될까?

4.2. 팬데믹의 다층적 영향, 자기계발 담론의 확산

팬데믹 이후 삶의 변화를 묻는 질문에 연구참여자들은 매우 다양하게 응답하였다. 이들 중 일부는 기존의 연구에서 논의했던 실직 및 경제활동의 중단, 돌봄 부담의 증가, 가족 감염 등의 위기를 직접적으로 겪었다(〈사례 A, B, C, D, F, G, K, O, P〉). 자영업을 하는 〈사례 G〉, 2021년 여름까지 디저트 카페를 운영했던 〈사례 B〉는 팬데믹으로 인해 가중된 경제적인 위기로, 일-육아 병행에 따른 어려움(시간 부족, 정서적 긴장 등)이 더 크게 다가왔다고 언급했다. 〈사례 B〉의 경우, 카페의 폐업을 결정하면서 "본인의 자존감이 땅굴 속으로 들어가서" 무기력하게 살아가던 중 우연히 MKYU 유튜브 방송을 보고, "자기가 살기 위해서는 이 챌린지를 해야겠다"(〈사례 B〉)는 생각이 들어 신청했다고 하였다. 필라테스 강사를 하던 〈사례 O〉는 체육센터 강의가 없어지면서 경제적 어려움을 겪었고, 〈사례 F〉와 〈사례 P〉는 팬데믹에 따른 구조조정으로 직장을 잃었다. 감염병 발생에 따른 공적 돌봄 기관의 폐쇄, 연이은 원격 수업에 따른 돌봄 부담으로 〈사례 A〉는 퇴사해야 했고, 〈사례

K〉는 기존에 느끼던 시간 부족을 더 크게 느꼈다고 했다. 전업주부로서 아이 세 명을 양육하는 〈사례 E〉의 경우 사회적 거리두기에 따라 어린이집과 학교, 학원이 운영하지 않으면서 아이들의 등원/등교 준비에 따른 시간 압박으로부터는 자유로워졌지만, 자신의 일상을 지탱하던 "신앙 활동이 축소되면서" 삶이 힘들어지고 무기력함을 느꼈다고 했다. 〈사례 D〉는 자신의 무기력감이 사회적 거리두기로 사람을 만나지 못함으로써 더 커진 것 같다고 평가했다. 하지만 별다른 영향이 없다거나(〈사례 M, I, N〉), 아이들이 학교에 가지 않는 것은 불편했지만, 팬데믹으로 인해 영상 편집에 대한 수요가 늘어 이제 막 일을 시작한 자신에게도 일할 기회가 늘었다는 참여자(〈사례 J〉)도 있었다. 이렇듯 팬데믹에 따른 삶의 변화는 매우 다양한 측면(경제적, 관계적 측면 등)에서 다양한 정도로 나타나는 듯하다. 감염병 위기에 따른 삶의 변화가 직접적으로 챌린지 참여를 결정하는 데 영향을 미친 경우도 있지만(〈사례 B, C, F, G, K〉), 모든 참여자들에게 그러했던 것은 아니었다.

한 가지 주목할 만한 점은 〈표 1〉에서 제시하였듯이 이들 중 대부분이 팬데믹 이후 고조된 '경제적 자유'로 상징되는 '경제적'인 것 되기에 대한 갈망, 그 전제 조건으로 붐을 이룬 자기계발 담론에 관심을 보였다는 점이다. MKYU 유료회원이었지만 1년간 병마에 싸웠던 〈사례 O〉와 방송작가로 활동하는 〈사례 M〉을 제외하고 이는 모든 참가자들에게서 공통적으로 나타났다. 16명 중 6명의 연구참여자는 이미 MKYU의 유료회원(열정대학생)이었고, 이 중 5명은 유료강좌를 수강하는 중이었다. 〈사례 A〉의 경우는 자신이 좋아하는 자산관리사 강의를 듣기 위해, 〈사례 P〉는 팬데믹으로 하던 일을 접으면서 다른 미래를 준비하기 위해, 〈사례 E〉 역시 양육으로 중단했던 경제 활동을 재개하기 위해 MKYU의 유료회원으로 등록했다. 넉넉지 않은 가정경제 상황으로 인해 20대 때부터 또는 챌린지 이전부터 경제 공부를 한 경우도 있었지만(사례 A, G, K, J〉), 2020년 이후 자산(부동산, 주식 등) 가격 상승 국면에서 불어온 투자 열풍 속에서 "부의 파이프라인"(〈사례 H〉)을 만들고 싶다는 마음으로 이에 대해 학습하고 투자를 시작한 사람들도 있었다(〈사례 D, H, P〉). 경제적 자유와 자기계발에 대한 관심은 몇몇 참여자들에게 있어 자연스레 새벽 기상에 대한 관심으로 이어졌다(〈사례 A, B, D, H, I, J, L, N〉). 유튜브 알고리즘의 추천 또는 성공한 사람들의 습관을 다룬 서적의 인기로 "성공한 사람들은 모두 일찍 일어난다"(〈사례 J〉)는 이야기를 접하면서 팬데믹 직후부터 확산된 미라클모닝에 깊은 관심을 표한 경우였다(〈사례 D, H, I, J, L, N〉).

결국 팬데믹 이후 국가, 사회복지 시스템, 그리고 회사 등 전통적으로 개인의 삶을 지탱했던 제도들의 역할 부재, 고조되는 불확실성과 삶의 위기라는 구조적 조건, 이 속에서 급성장했던 자기계발 담론 및 챌린지 열풍이라는 담론적 조건, 나의 삶을 바꾸고 싶다는 개인적 열망이 복합적으로 작용하면서 새벽 기상 챌린지에 이들은 참여하게 된 것으로 보인다. 3040 여성들에게 많은 영향을 미쳤던 김미경이 이끄는 514챌린지는 이러한 틈새 속에 위치한다 할 것이다.

5. 새벽 기상: 새로운 도전, 새로운 개인적 · 집합적 시간의 창출

시간 연구자들이 언급하듯이 인간이 경험하는 시간은 단일하지 않다. 시계시간 외에도 신체적 시간과 근대적 훈육의 시간은 일치되지 않으며,[39] 각각의 시계시간에 부여하는 의미와 경험 역시 상이하다. 그렇다면 새벽 기상 챌린지에 참여하는 사람들에게 새벽 시간은 어떻게 경험되었을까?

5.1. 새벽 기상: 충돌의 시간이자 도전의 시간

챌린지를 위해 참여자들은 5시 이전에 눈을 떠야 한다. 일반적으로 볼 때, 새벽에 일어나는 것, 새로운 습관을 만드는 것은 쉬운 일이 아니다. 작심삼일이라는 말이 있듯이 대부분의 챌린지 어플에서 성공자에게 보상을 하는 것은 그것이 어렵기 때문일 것이다. 실제로 몇몇 참여자들은 이전에 새벽 기상을 시도해 본 적이 있다고 했는데, 매번 오래 지속되지 못한 채 조금 하다가 그만 뒀다고 했다(〈사례 C, I, K, L, M, P〉). 그렇기 때문에 일부 참여자들은 "나는 안 되는 건가"(〈사례 L〉)라는 좌절감을 느끼기도 했었다고 말했다(〈사례 K, L〉).

인터뷰 참여자들과의 대화 속에서 새벽 기상의 문제는 흔히

---

39 조주은은 자신의 논문에서 어린이집에 가는 아이들이 등원 버스를 타기 전에 화장실에 가고 싶은 사례를 들어 인간의 생물학적 시간과 근대적으로 훈육된 시간 사이의 탈구를 설명하였다.

'챌린지' 문화 및 자기계발서에서 언급하는 '자신과의 싸움'이면서도 그것만으로 보기는 어렵다는 점을 알 수 있었다. 이들에게 새벽 기상은 라이프 사이클을 바꾸는 도전임과 동시에 자신이 놓인 관계, 주변 여건(예를 들면 가족과의 동침, 아이의 기상)으로 인해 눈치를 보며 진행하는 실천이기도 했다.

참여자들은, 챌린지가 시작된 날(〈사례 H〉)부터 14일의 기간 중에 10일까지는 실제로 크고 작은 위기를 겪게 되었다고 언급하였다. 애초의 생체 리듬과 다른 생활 리듬을 만들어야 했기 때문에 몇몇 참여자들은 새벽에 일어난 여파로 하루 종일 꾸벅꾸벅 졸거나 힘이 들었으며, '내가 이걸 왜 하고 있지', '새벽 기상은 나한테 안 맞는 건가?'라는 생각을 했던 적이 있다고 했다(〈사례 F, J, N, L, P〉). 이는 어떤 면에서 생물학적 리듬과 새벽 기상이라는 행위 사이에 '탈구'가 발생한 것으로 참여자들에게 '일어난다는 것'은 그야말로 '도전'이었다. 챌린지 기간인 14일이 지난 후 계속 일찍 일어난 사람들도 있었지만, 절반 이상의 참여자들은 소위 방학 동안 새벽 기상을 이어가지 못하고, 2월 챌린지에 맞춰서 다시금 루틴을 만들어가고 있다고 언급하였다(〈사례 D, E, F, G, K, L, O〉). 〈사례 D〉는 1월 자신이 소속된 단체채팅방 내에서 6시 챌린지를 하려는 사람들을 모집하는 '620 챌린지(새벽 6시, 20일 수행)' 오픈채팅방이 떠서 거기에 참여해서 보내고 있다고 이야기했다

새벽 기상이 챌린지였던 또 다른 이유는 참여자들의 가구 구조와 연관이 되어 있었다. 홀로 생활을 하거나 가족과 함께 동거하더라도 독립적인 공간에서 수면을 취할 수 있는 경우 새벽에 일어나는 것은 오롯이 자기만의 챌린지가 된다. 하지만, 누군가와

함께 잠자리에 드는 경우 이는 동거 가족의 잠을 방해할 수 있는 일이기도 하다. 〈사례 E〉는 해당 챌린지 기간 동안 남편이 부재했기 때문에 참여하는 것이 용이했다고 언급하였다. 〈사례 N〉은 챌린지 기간 동안 기존의 가족과는 다른 공간에서 잠을 자려고 했다고 이야기하였다. 아직 아이가 어린 자녀를 양육하는 참여자들의 경우, 새벽 시간에 자주 깨는 아이가 자신의 챌린지 참여에 있어서 가장 힘든 요인 중의 하나였다(〈사례 A, D〉). 아이가 깬 경우, 이어폰을 끼고 잠이 깬 아이를 안고 김미경의 라이브 방송을 듣거나(〈사례 A〉), 아예 스터디카페에 가서 챌린지에 참여했다(〈사례 D〉). 그렇기 때문에 〈사례 D〉는 '이 시간마저 나에게 허락되지 않는다'고 생각했다고 하였다. 그녀는 인터뷰 참여자들 중에 유일하게 2월 챌린지를 신청하지 않았는데, 이는 챌린지 기간 가족 여행이 계획되어 있어서 '일어났음'에도 불구하고 참여가 어려울 것 같아서 자기만의 챌린지를 지속하고 있다고 말했다. 이러한 언급들은 '돌봄', '누군가와 함께 동거하고 있다'는 상황으로 신자유주의적 자기계발이 강조하는 '독립적인 시간'의 확보가 새벽이라는 "죽어있는 시간"[40]에도 쉽게 허락되지 않음을 암시한다.

40 〈올해 부자가 되고 싶다면 온라인 빌딩을 지으세요〉, MKTV 김미경TV, 2022. 1. 5. (https://youtu.be/doyvHd-Y5qI)

5.2. 새벽이라는 개인적 · 집합적 시간의 형성: 김미경의 유튜브 방송과 '짹짹이'[41]들의 의례

이 쉽지 않은 챌린지를 참여자들이 이어갈 수 있었던 이유 중 하나는 바로 김미경이 진행하는 비공개 유튜브 라이브 방송이다. 비슷한 시기에 진행되었던 다른 새벽 기상 챌린지-예를 들면 캘리 최의 동기부여 챌린지나 김유진 변호사와 함께하는 새벽 기상 챌린지-와는 달리 김미경은 매일 새벽 5시에 실시간 라이브 방송을 진행하였다. 참여자들은 단체채팅방에 공지된 비밀 링크를 통해 그날 김미경의 라이브 생방송을 시청할 수 있었다. 14회에 걸친 라이브 생방송에서 김미경은 먼저 사람들과 인사를 나누고, 자신이 준비한 방송을 20~30분간 진행한다. 해당 시간 이외에는 시청할 수 없기 때문에 해당 날짜 챌린지 참여를 증명하는 SNS 인증을 위해 참여자들은 유튜브 방송을 시청해야 한다. 그렇기 때문에 생방송 시청은 챌린지 참여자들이 반드시 수행해야 할 의례로서 존재한다. 〈사례 M〉과 〈사례 P〉는 이 방송이 없었다면, 사람들이 그렇게 새벽에 일어나 뭔가를 해나가기란 쉽지 않았을 것이라고 하였다.

유튜브의 방송은 또한 "누워서 앱을 켜고 나를 준비시키는 시간"(〈사례 P〉)으로 자리 잡았다. 〈사례 C〉는 누워서 강의를 듣다 보면 서서히 일어나게 되고, 책상에 앉게 된다고 언급했다. 김미경이 스스로를 '캡틴'으로 명명하였듯이, 몇몇 참여자들에게 있어서 김

---

41 '짹짹이'는 514챌린지에 참여하는 사람들을 지칭하는 명칭이다.

미경은 챌린지 기간 동안 지쳐 있거나 늘어진 자기 자신을 끌어가는 존재였다(〈사례 C, G, K, L, O〉).

이처럼 참여자들은 김미경의 비공개 유튜브 방송에 챌린지 기간 동안 흔들리는 자신의 마음과 결심을 다잡을 수 있는 자극제라는 의미를 부여했다. 실제로 꽤 많은 인터뷰이들이 김미경의 생방송이 없던 소위 방학기간(15일~31일)에는 새벽 기상이 조금 느슨해지는 느낌이 들었다고 했는데, 그 이유는 "자극을 주는 사람이 없으니까"(〈사례 K〉) 새벽에 일어나는 것이 힘이 들었다고 했다. 앞서 언급하였듯이 이들 중의 많은 수가 김미경의 강의를 접하고 그 영향을 많이 받은 사람들이었다. SNS 인증 위주의 다른 미라클 모닝 챌린지와 달리 김미경이 매일 아침 각기 다른 주제로 20~30분간의 방송을 하고 참여자들과 꾸준히 소통한다는 것은 새벽 기상 그리고 새벽 시간의 경험, 챌린지의 의미를 고정(anchoring)하는 데 굉장히 많은 영향을 미쳤다. 실제로 참여자들은 매번 "울면서 들을 정도로"(〈사례 A〉), 김미경의 라이브 방송으로부터 힘을 얻으면서 자신이 챌린지를 계속할 수 있었다고 언급했다.

〈표 2〉에서 제시되었듯이 그녀의 방송은 매우 다양한 내용을 담고 있다. 새해에 세워둔 목표가 작심삼일이 되지 않도록 하기 위한 방법(1월 1일, 2일)에서부터, 그녀가 30여 년간 해왔던 자기계발 관련 내용 외에 팬데믹 이후 개인의 생존을 위해 필수적인 온라인 공간의 활용 및 그 전략(온라인 빌딩 짓기) 등을 다루고 있다. 김미경은 방송을 통해 참여자들을 보다 나은 삶을 살아가기 위해

생체 리듬을 재조직하며 스스로를 들어 올린 존재로[42] 자신의 자리에서 충실하게 멋지게 살고 있는 최고의 사람[43]으로 규정하였다. 또 새벽 시간은 지금 각자 겪고 있는 어려움을 딛고 새로운 삶을 모색하는 사람들이 집중할 수 있는 '오롯이 나만의 시간'으로 정의하였다.[44] 세 아이의 엄마로서 새벽 기상을 실천할 수밖에 없었던 자신의 경험을 회상하면서, 김미경은 새벽 시간을 신자유주의적 시간관리 전략에서 회피 대상으로 설정된 다양한 관계, 예를 들면 자녀 돌봄의 부담으로부터 유일하게 자유로울 수 있는 시간으로 정의한다. 새벽 기상은 현대인이 겪는 시간의 양적인 빈곤뿐만 아니라 시간 부조화(time disorganization), 영역 간의 경계 붕괴에 따른 순수한 레저시간—다른 활동에 의해 방해받지 않는 시간—부족을 해소할 수 있는 방안으로 제시된다.[45] 그렇기 때문에 그녀는 514챌린지를 통해 참여자들은 '일어나기 연습이 아니라' 보다 나은 내일을 만들기 위해 '나를 들어 올리는 연습'을 하고 있다고 말한다. 이처럼 새벽 기상 챌린지는 자기계발 서사에서 강조하는 새로운 존재로의 전환을 위한 '대단한 실천'으로 규정되었다.

새벽 기상 챌린지에 대한 이러한 생각은 3일차 이후 이 챌린지

42 〈꿈의 원년 멤버가 됩니다〉, MKTV 김미경TV, 2022. 1. 2. (https://youtu.be/b_RAp1SwvKc)

43 〈내 꿈을 가장 빠르게 이루는 방법〉, MKTV 김미경TV, 2022. 1. 6. (https://youtu.be/xm6KCtNe_-Y)

44 〈다른 삶을 살고 싶다면 이런 실수는 하지 마세요〉, MKTV 김미경TV, 2022. 1. 9. (https://youtu.be/_yjT8d8mYr4)

45 Judy Wajcman, *Pressed for Time: The Acceleration of Life in Digital Capitalism*, University of Chicago Press, 2014.

를 '층수 쌓기'에 비유한 것에서 가장 잘 드러난다. 3일차 방송 말미에 그녀는 "오늘은 3층까지 왔습니다. 내일 4층에서 만나요"라고 인사한다.[46] 4일차 이후 그녀는 방송 시작과 함께 "오늘은 ○층입니다"라고 말하면서, 이렇게 높이 올라오면 올수록 자신의 삶을 바라보는 "생각의 조망권"[47]이 달라진다고 언급한다. 이렇게 층수를 쌓아가면서, 사회적 · 경제적 어려움(예를 들면, 불행한 가정생활, 불확실한 미래, 경제적 취약성 등)을 겪고 있는 참여자들이 '나를 바꿔나감으로써' 새해 첫 시작부터 새로운 삶을 쌓아 올리고 있다고 격려하였다. 그렇다면 김미경이 말하는 꿈이란 무엇이며, 미래란 무엇인가? 이는 기존의 자기계발 서사에서 강조한 '경제적인 것 되기'와 무관하지 않다. 방송에서 김미경은 2020년 발간된 『김미경의 리부트』를 언급하면서, 그녀가 했던 방식대로(지속적인 공부, 온라인에서의 활동) 함께 남들보다 먼저 디지털 트랜스포메이션이라는 다가올 미래를 준비하자고 제안한다.[48] 그녀는 방송에서 매우 빠르게 변화하는 팬데믹 이후의 사회에서 적응하지 못하면 격차는 더욱 벌어지고 지금 참여자들이 겪고 있는 삶의 불안은 더욱 심각해질 것이기 때문에, 지금부터 한발 앞서 실력을 기르고 연습을 해야 한다는 점을 지속적으로 이야기한다. 사실 그녀의 이러한

46 〈내 꿈의 빌딩을 세우는 확실한 방법〉, MKTV 김미경TV, 2022. 1. 3. (https://youtu.be/b_RAp1SwvKc)

47 〈이 3가지 유형 사람은 꼭 잡으세요〉, MKTV 김미경TV, 2022. 1. 4. (https://youtu.be/R616oR7ICv0)

48 〈올해 부자가 되고 싶다면 온라인 빌딩을 지으세요〉, MKTV 김미경TV, 2022. 1. 5. (https://youtu.be/doyvHd-Y5qI)

서사는 신자유주의하에서 여성을 대상으로 한 전형적인 자기계발의 서사들 즉 사회구조적 변동에 따른 불평등과 삶의 위기를 살짝 언급하지만, 그 안에서 살아남느냐는 궁극적으로 '나의 몫'이라는 틀 안에 있다.[49] 유튜브 방송 내용은 그녀의 강의를 오래 들었던 사람이 언급하듯이 새로운 무엇이라기보다는 이전까지의 내용들을 새롭게 큐레이션하고 정리한 것들이다(〈사례 O〉). 하지만, 1월이라는 새로운 시작점, 새벽이라는 '죽은 시간을 새롭게 창조해 낸' 챌린지 참여자들에게 있어 김미경의 방송은 과거의 좌절의 터널에서 벗어나 "하루를 의미 있게 보내는"(〈사례 N〉) 시작점으로 다가왔다. "실력의 차이가 아니라 (일을 시작한) 시간의 차이"[50]며, "내가 시작한 날이 가장 빠르다",[51] 다른 사람이 아니라 '나'를 믿으라는 그녀의 발화는 불확실한 미래에 대해 불안하던 참여자들을 치유[52]하고 힘을 돋우는(empowering) 메시지였다.

> 수험생으로서는 좀 늦은 나이다라고 볼 수 있는데 미경 쌤이 '가장 좋은 때란 내가 시작한 때'이다라고 말씀해 주신 거예요. 제가 이제 두려움이 있고 '내가 할 수 있을까 너무 늦은 게 아닐까' [생각하고] (중략) 사람들이 다 '너 늦었어' 이런 식으로 말하잖아요. 그

---

49 Rosalind Gill, Shani Orgad(2021), op.cit.

50 앞의 방송(2022. 1. 5.), MKTV 김미경TV.

51 〈뒤처질까 봐 두려워하는 사람들이 흔히 하는 착각〉, MKTV 김미경TV, 2022. 1. 12. (https://youtu.be/wFTkPqfAFe4)

52 실제로 상당수의 참석자들이(〈사례 A, C, E, H, J, O, P〉) 유튜브 방송을 보면서 울었던 적이 있다고 언급하였다.

걸 듣고 '저 사람 말이 맞을지도 몰라'라고 생각하는데 그게 아니다 (하략).〈사례 P〉

김미경에 의해 '꿈'을 향해 '점을 찍는 시간'으로 규정된 새벽 시간의 의미는 참여자들의 활동을 통해 채워진다. 김미경의 방송이 끝나고 난 뒤 참여자들은 (계획상으로는 6시까지) 20~30분간 자신이 설정한 챌린지를 수행하는 시간을 갖는다. 이 시간 동안 참여자들은 자신이 그동안 못 해왔던 것들을 하였는데, 독서, 영어, 운동이 가장 많았고, 성경 읽기, 1일 1드로잉, 1일 1포스팅과 같은 활동을 하기도 하였다. 참여자에 따라서는 챌린지 시간 동안 2개의 활동을 정해서 하였다고 했는데, 〈사례 C〉는 30분 동안 운동과 독서를 함께 하다가 조용한 그 시간이 아까워 독서로 자신의 챌린지를 변경하였다고 하였다.

독서의 경우, 캘리 최의 『웰씽킹』, 김승호의 『돈의 속성』 등 당시에 서점가를 점령했던 자기계발서 및 경제경영서나, NFT 및 메타버스 관련 개론서들, 그리고 김미경이 MKYU의 강의를 담당하는 유명 강사들과 함께 발간한 『세븐 테크』 등 소위 '웹 3.0' 시대의 기술 트렌드와 관련된 서적이 언급되었다. 이 책의 대부분은 김미경 유튜브 방송의 한 코너인 '북드라마' 또는 'MKYU 북클럽' 추천 도서였다. 1월 8일 강의에서 "밥솥 사지 말고 책상 사자"[53]는 김미경의 제안처럼 3040 여성들은 이 시대가 요구하는 지식과 자

53 〈나의 운, 대박 흐름 타게 하는 선행 학습법〉, MKTV 김미경TV, 2022. 1. 8. (https://youtu.be/rgtIWBKMUrs)

질을 쌓아가고자 하였다. 또는 그림을 그렸던 〈사례 M〉처럼 이전에는 욕구가 있었지만, 못 했던 일을 해 나감으로써 김미경이 말하는 '나를 들어 올리는 연습'을 수행하고 있었다. 팬데믹 이후의 챌린지 열풍 또는 자기계발서의 유행의 맥락과 연결시켜 보면, 결국 참여자들의 선택은 결과적으로 코로나19 이후 각자도생해야 하는 불안한 현실 속에서 이 시간을 통해 정서적으로 또는 '실력'적으로 대응할 수 있는 축적을 해나가고자 했다. 이들의 실천을 통해 이 새벽 기상 챌린지라는 집합적 의례는 완료된다. 또한 참여자들은 생물학적으로 맞지 않는 옷을 입은 것 같아 고민하던 시간을 자신만의 시간으로 만들어갔다.

6. 새벽이 만들어 낸 미라클?- 자기 치유와 신자유주의적 주체로 거듭나기

챌린지 이전의 삶의 패턴을 이야기하는 과정에서 꽤 많은 인터뷰 참여자들은 '아이들 재우고 나서'의 시간이 아쉬워서 또는 그냥 무의미하게 새벽 1~2시까지 때로는 "폐인처럼"(〈사례 B〉) 유튜브 시청 등으로 시간을 보냈다고 이야기했다(〈사례 B, C, F, H, J〉). 거의 모든 참여자들은 514챌린지를 하면서 일찍 자고 새벽에 일어나면서 하루의 시간을 의미 있게 채워갈 수 있어서 좋다고 언급하였다. 새로이 만들어낸 '자기만의 시간'은 어떻게 채워졌을까? 챌린지와 함께 시작한 새로운 루틴은 삶의 각 영역에 어떠한 의미를 지녔을까?

6.1. 나에게 집중하는 행복한 시간 만들기

[아이가 어렸을 때 케어하는 일은] 제가 가진 제가 제 시간을 들여서라도 해야 되는 일이라고 생각했기 때문에 애정을 쏟았긴 했지만 한편으로 나에게도 시간이 필요한데 그 시간을 어떻게 만들어낼 거냐에 대한 방법을 찾았고 (중략) 아침에 일어나서 스트레칭하고 공부도 좀 하고 차도 마시고 나서 도시락을 싸니까 하루가 너무 기분 좋은 거예요. (중략) 저는 아침에 그 시간이 되게 행복한 것 같아요. 〈사례 I〉

시간에 대한 여성주의 연구에서 빈번히 등장하는 주제는 기혼 유자녀 여성들의 시간 부족 문제이다. 가부장제 사회에서 돌봄을 담당하는 여성들은 돌봄의 예측 불가능성으로 인해 자기 자신에 집중할 수 있는 시간이 남성에 비해 부족하다는 것이다.[54] 이러한 시간의 차이는 사실상 사회적으로 여성의 종속적 위치가 반복되는 근원이자 여성이 겪는 정서적 우울감, 무기력증의 원인이기도 하다.[55] 4장에서 논의하였듯이, 챌린지를 신청할 당시, '시간이 너무 없다'고 말한 사람들은 주로 기혼의 유자녀 여성들이었다. 이들은 공통적으로 자신만을 위한 시간을 만들기 위해 김미경이 그러했듯이 '새벽'이라는 시간대를 찾아 나섰다고 언급했다. 또

54 Valerie Bryson, op.cit.

55 이민아, 『여자라서 우울하다고?-우울은 왜 성불평등하게 찾아오는가?』, 개마고원, 2021.

한 챌린지를 하면서 시간이 없는 것이 아니며, 시간을 만들 수 있다는 걸 깨달았다고 이야기했다(〈사례 B, E, G〉). 또 조금 일찍 아침을 시작하면서 아이에게 "빨리 빨리"를 외치지 않을 수 있어서 좋다고 했다(〈사례 D, K〉). 〈사례 M〉은 심야까지 어떻게 해서든 일을 마무리해야 한다는 강박이 있었는데, 다 못하더라도 '새벽이 있다'는 심적 여유가 생겼다고 언급했다. 이들은 새벽부터 돌봄 노동이 시작되기 전까지의 시간을 나를 위해 투자하는 '오롯한 나만의 시간', 정확히 돌봄 외에 하고 싶은 것을 할 수 있는 시간으로 만들어냈다.

그런데 '자신에게 집중할 수 있는 시간'은 돌봄을 담당하는 유자녀 여성에게만 필요했던 것은 아니었다.

> [김미경 유튜브] 강의 듣고 뭐 하다 보면 6시가 되니까 6시에서 8시까지의 그 2시간 가량이 저한테는 진짜 집중할 수 있는 시간이고 남들한테 방해를 안 받는 시간이 되거든요. 결혼도 안 했고 아이도 없고 그냥 일반인인데도. 저한테는 또 저만의 시간을 가질 수 있는 시간이 필요하고 또 아무리 직장인이고 혼자 산다라고 하더라도 자기만의 시간을 갖는 사람이 그렇게 많지 않은 것 같더라고요.
> 〈사례 C〉

위의 발언이 시사하듯 실질적으로 1인 가구의 여성, 비혼 여성, 무자녀 부부, 육아기에서 벗어난 유자녀 여성들도 새벽을 활용하면서 나를 돌아볼 수 있는 자신만의 시간을 얻었다고 언급했다. 식구들이 내는 소리, 층간소음, 카카오톡 대화 등으로 점철된

저녁과는 달리 〈사례 F〉는 "아무의 방해도 없는 시간이기" 때문에 오롯이 나에게 집중할 수 있는 시간이 있다는 것을 처음 깨달았다고 했다. 이는 디지털 기술에 따른 시간의 식민화와 파편화,[56] 아파트로 대변되는 집단 주거 환경, 사회적 거리두기에 따라 가정 내에서 보내는 시간의 증가 등으로 결혼 여부와 무관하게 사람들이 온전히 자기를 돌보는 시간을 그동안 제대로 누리지 못하고 있었음을 암시한다. 새벽 기상, 이를 통한 시간 확보는 사람들이 이상적으로 여기는 시간의 활용 즉 불안정한 사회에서 흔들리기 쉬운 '자신만을 위한 시간'과 타인과 함께 하는 시간의 균형을 찾아가기 위한 실천으로 자리했다.[57]

6.2. 여유롭게 시작된 아침, 하지만 "이전보다 더 많이 바빠졌어요."

신자유주의하에서 자기계발은 궁극적으로 '경제적인 것 되기'인 경향이 많다.[58] 팬데믹 이후 경제적인 것 되기의 방법들은 전통적인 노동시장에서의 활동 이상을 의미한다. N잡러, 경제적 자유 찾기 열풍이 상징하듯 사람들은 디지털화된 경제 생태계에서 임금 노동을 통해 획득하는 '월급' 이외에 온라인 공간에서 새로운 가치를 창출하는 일(주식투자, 스마트 스토어를 통한 부업 등)에 참여

56 박지영(2015), 앞의 글.

57 Valerie Bryson, op.cit.

58 한선, 앞의 글.

할 것을 강요받고 있다. 김미경 역시 라이브 방송을 통해 변화에 대응하기 위해 다양한 수익을 창출하거나 (노동) 시장에서 자신의 가치를 업그레이드하는 공부와 실천(인스타그램/블로그/유튜브에서의 활동)을 강조했다.

챌린지를 마친 뒤 참여자들은 돌봄/출근 등의 활동 전까지 생성된 1~3시간 동안 유튜브 방송에서 언급된 '공부'나 '활동'을 해 나갔다. 대표적인 것이 MKYU의 유료회원 가입과 유/무료 강의 수강이었다. MKYU의 유료회원이 아니었던 인터뷰이 중 〈사례 M〉을 제외한 나머지 참가자들은 입학금을 내고 유료 콘텐츠를 수강하기 시작했다. 새로운 사회 변화에 꼭 필요한 지식으로 언급되거나(예를 들면 빅데이터, NFT), 온라인 빌딩을 짓기 위한 SNS 활용법 강의(예를 들면 인스타그램/유튜브/블로그의 활용 및 수익 창출법)를 주로 구매하고 수강하였다. 이들에게 있어 김미경이 운영하는 MKYU는 지금의 시대에 있어 미래를 대비하기 위해 필요한 지식을 제공해주는 곳으로 규정되었고, 일부 참가자들은 여기를 더 빨리 알지 못한 아쉬움의 감정도 함께 표출하였다(〈사례 H, K, J, N〉). 인터뷰 참여자의 상당수가 챌린지 이전 주식 및 재테크 관련 유튜브 방송이나, 신사임당, 드로우앤드류 등 새로운 트렌드를 이끄는 자기계발 강사들의 방송을 구독했던 점에 비춰본다면, 이는 이상한 것은 아니었다.

MKYU의 강의가 자신에게 필요한 지식을 절반만 제공하고 있다는 〈사례 M〉, 그리고 투병 이후 일상으로 천천히 돌아오고 있던 〈사례 O〉를 제외한 모든 참여자들이 새로운 세상에 따라가기 위해서는 해야 할 일이 너무 많다는 것을 느꼈으며 마음이 급해진다고 이야기했다. 또 챌린지 이후 강의 듣기, 독서 등으로 24시간이 해야 할 일들로 빽빽이 가득 찼다고 하였다(〈사례 B, C, D, I, J, N〉). 챌린지 인증을 위한 SNS 활용과 강의 수강 외에 참여자들은 독서, 영어, 경제 공부, 메타버스 플랫폼(제페토, 이프랜드 등) 및 업무 효율화를 위한 앱(예를 들면 노션)의 이용법 습득, 전자책 만들기, 운동 등을 새로이 시도하였다. 〈사례 B〉는 일생 생활의 조각난 자투리 시간을 활용하기 위해 집안일을 하는 동안 MKYU의 강의를 틀어놓으면서 보낸다고 하였다.

이는 새벽 기상 챌린지가 자기 돌봄적 시간을 창출하는 행위이자 팬데믹 이후 불확실해진 사회에서 개인들이 처절하게 살아남기의 방법을 마련하기 위한 실천으로 다가왔음을 암시한다. 참여자들은 사실상 시간을 쥐어짜내어서 그 활용의 밀도를 강화하는 방식으로 자신의 삶의 루틴을 재구성하였다. 또한 이를 통해 팬데믹 이후 '자본주의 사회가 요구하는 인간형에' 자신을 맞춰가고 있다고 평가할 수 있을 것이다.[59] 이러한 실천에 대해 〈사례 M〉은 타의에 의해서가 아니라 "내 프로젝트에 나를 때려 붓는 거라 아깝지는 않다"고 언급했다.

'시간 밀도강화(time intensification)'의 결과가 모두 자기계발로 귀결되는 것은 아니었다. 기혼의 유자녀 여성들, 특히 자녀가 아직 어린 여성들의 경우에는 시간 짜내기를 통해 일과 돌봄을 함께 수행하는 데서 오는 시간 부조화를 함께 해결하고 있었다. 이들이 새벽에 자신만의 (계발) 시간을 창출한 결과 획득한 여유시간

59 Elina Valovirta, Mona Mannevuo, op.cit.

은 다시 관계적 차원에 투여되는 경향을 보인다. 영유아/초등학생을 양육하는 참여자들은 이전에 비해 아이들에게 짜증을 덜 내고 더 신경 써줄 수 있었다고 이야기했다(〈사례 A, B, D, K, G〉). 〈사례 A〉는 아침 시간에 해야 할 중요한 일을 처리해놓으니 아이의 놀아달라는 요청에 대해서도 "이따가 저녁에 (내 일을 마저) 하면 되지"(〈사례 A〉)라는 여유가 생겼으며, 〈사례 K〉는 "아이의 머리를 예쁘게 묶어줄 시간이 생겼다고" 만족했다. 이러한 양상은 팬데믹 이후 여성의 돌봄 부담이 가중된 상황에서 새벽 기상과 루틴의 변화가 "이전 시대로의 회귀"[60]와 마주하고 타협하는 선택이었음을 시사한다.

6.3. "제가 좀 괜찮은 사람이 된 것 같아요."

새벽 기상을 한다는 것은 어떤 면에서는 자기계발 콘텐츠들이 제안하는 '일어나기' 실천을 수행함으로써, 사회구조에서 발생하는 어려움에 마주하며 대응해낼 수 있는 긍정적인 새로운 자아로 변화하는 과정이다.[61] 자기계발 콘텐츠의 소비(김미경의 방송 시청), 챌린지와 함께 변화된 이들의 루틴 및 실천은 실제 우울감과 자존감 하락을 겪었던 이들에게 이제는 뭔가를 해볼 수 있다는 의지를 자극하고 이를 실행할 수 있는 힘을 부여했다. 인터뷰를 진행한 2주 동안 연구참여자들의 목소리는 전체적으로 에너지가 있었다.

---

60 Rosalind Gill, Shani Orgad(2022), op.cit., p.46.

61 Rosalind Gill, Shani Orgad(2022), op.cit.

이는 챌린지가 마무리된 직후인 6시 조금 넘어 진행된 인터뷰에서도 마찬가지였다. 챌린지 참여 동기로 언급된 '우울감', '실패감'이 이들의 목소리나 톤에서는 연상되지는 않았다. 인터뷰이 중 〈사례 M〉을 제외하면, 참여자들은 챌린지 이후 '자존감'이 많이 상승했다고 하거나, '삶의 방향을 찾았다'고 이야기했다(〈사례 B, C, D, E, F, G, H, I, J, K, I, L, P〉). 투병으로 쉽지 않았던 일상생활에 대해 "어이게 되네"라는 생각을 하며 회복할 수 있는 자신감을 가졌다는 〈사례 O〉, 여러 가지 난관 속에서도 챌린지를 이어가는 나를 보며 "나도 괜찮은 사람이네", "나도 할 수 있네"라고 이야기하는 참여자(〈사례 B, C, D, E, G, H, K, L〉)도 있었다. 자기계발의 긍정적인 기능인 자존감의 상승을 챌린지에 성공한 이들에게서 다시금 발견할 수 있었다.

참여자들의 자존감 상승은 일정 부분 주변인들과의 관계 변화와도 연관된다. 기혼 여성들의 경우, 주로 남편이나 자식이 팬데믹 이후의 사회에 대한 김미경의 제안을 전해주는 자신의 말을 진지하게 경청하게 되었다고 하였고(〈사례 B, D, G, J〉), 새벽 기상을 완수한 자신을 '대단하다'는 눈으로 바라보면서 "잘하고 있어"(〈사례 A, G, I〉)라고 격려하기 시작했다고 언급했다. 비혼의 여성들 역시 주변 사람들에게 챌린지에 대해서 언급하면 다들 "대단해, 그걸 어떻게 해? 나는 못해"(〈사례 L, N, P〉)라는 반응을 얻는다고 이야기했다. 챌린지와 연관된 일련의 과정(새벽 기상-챌린지 참여-아침 시간 활용)뿐만 아니라, '새벽 기상'이라는 행위에 성공했다는 것은 사회적으로 이들이 이전과는 다른 삶의 경로에 진입하고 있음을 주변으로부터 인정받은 것이라 여겨진다. 이러한 성취는 동시에 “내가 다른 사람보다 앞선 삶을” 걷고 있다는 자신감(또는 우월감)으로 표출되기도 하였다(〈사례 N〉).

참여자들은 514챌린지를 통해 “자존감이 쌓이고, 자신이 성장하고 있다는 느낌”(〈사례 F〉)을 받는다고 말하기도 했다. 챌린지 참여 이전과 대비되는 이러한 정서적 변화는 사실상 새벽 기상이라는 실천, 챌린지 참여, 완수 아이템의 획득, 새로운 루틴의 창출이라는 과정을 거치면서 참여자들이 힘든 상황을 견뎌냄과 동시에 미래를 새롭게 준비하고 있다는 생각에서 비롯된다. 챌린지를 통해 이들은 노동시장 및 지금의 경제 생태계에서 어필할 수 있는 존재가 되기 위해 나아갈 뿐 아니라, 신자유주의적 주체들에게 요구되는 긍정의 마인드까지 획득해갔다. 또한 더 이상 무기력하고 불안한 존재가 아니라 지금의 상황을 능동적이고 긍정적인 방식으로 헤쳐 나가면서 팬데믹 이후의 사회 변동 속에서 살아남기 위해 노력하는 주체로 변모해갔다.

7. 마치며

감염병으로 초래된 일련의 위기는 작금의 사회 시스템의 취약성들을 그대로 드러냈다. 하지만, 팬데믹 시기 젠더 불평등을 비롯해 사회구조적 문제를 해결하기 위한 집합적 대응은 사회적 거리두기와 함께 제한적이었으며, 국가와 복지시스템의 개입은 충분하지 않았다.

구조적 불평등을 언급하지만 결국 긍정의 메시지, 자기 성찰과 변화의 실천, 성공을 위한 루틴 등을 제안하는 계발 담론이 팬데믹 기간 동안 전세계적으로 급성장하였다는 것은 팬데믹으로 인한 사회 변동을 결국 개인이 감당해야 했음을 보여준다.[62] 자기계발 담론이 제안하는 루틴/방법을 함께 실천하는 챌린지의 인기는 어떤 면에서 불확실성과 불안정성이 높아진 현실을 마주한 개인들에게 '각자도생' 외에 별다른 선택지가 없었음을 시사한다.

이 글은 2022년 1월 3040 여성들의 열성적인 반응을 이끌었던 514챌린지에 대한 참여관찰 및 참여자 인터뷰를 바탕으로 새벽기상을 통한 시간관리 챌린지 참여가 여성들에게 갖는 의미에 대해서 논의하였다. 여성들은 챌린지 참여를 통해 자신의 시간을 재배치하여 자신의 시간은 물론 자기 자신을 쥐어짜내었다. 확보한 시간에 이 사회가 요구하는 자질을 획득하였고, 일부 여성들은 그 시간의 일부를, 돌봄/인간 관계를 재구성하는 데 할애했다. 이를 통해 이들은 자신을 돌보고 성장할 수 있는 삶의 공간을 마련하고자 하였다. 자신 앞에 놓인 경제적, 정서적 삶의 위기와 마주하고, 다양한 관계의 매트릭스 안에서 느끼는 시간의 빈곤을 해소하기 위해 이들은 챌린지, 자기계발이라는 지극히 개인화된 선택을 하였다. 그리고 디지털 트랜스포메이션 시대에 적절한 기술 습득, SNS의 활용, 독서, 영어 배우기, 운동, 기도 등을 수행하면서 이 사회가 요구하는 실력과 정서적 안정성을 갖춘 '생산적인 주체'로서 거듭나고자 하였다. 결혼 상태 및 자녀 유무에 따라 시간 활용의 양상은 다소 달랐다. 비혼의 여성, 탈육아기의 여성들이 '생산적

62 Rosalind Gill, Shani Orgad(2022), op.cit.

주체되기'가 주가 된 것과 달리 육아기의 기혼 유자녀 여성들의 경우, 어느 하나 외면할 수 없는 돌봄과 생산을 상생코자 하였다.

사회구조적 전환 대신 자신의 삶을 변화시킴으로써 획득한 '성장의 경험'과 '충만감'은 자기계발 담론에서 강조하는 '자신에 대한 믿음과 확신'을 회복한 것이다. 하지만 동시에 사회적 차별의 문제를 개인적 심리, 실천의 문제로 회귀시키는 것이기도 하다.[63] 챌린지 참여 전 자신에게 좌절감을 안겨준 경력 단절, 돌봄 부담, 팬데믹에 따른 경제적 위기 등의 구조적 문제에 대해 '나의 잘못으로 평가하거나,[64] 불평등에 대한 비판/개선보다는 자기를 '일으키는' 실천을 통해 이를 돌파코자 한 점 등은 어떤 면에서 이들의 성취가 사실 언제 무너질지 모르는 '개인'이라는 연약한 지반 위에 서 있음을 보여준다. 이렇게 볼 때, 참여자들의 선택은 자기계발에 대한 여성주의 연구가 지적하듯 구조적 불평등을 사사화하며,[65] 사회적인 것을 삭제한다는 비판과 맞닿아 있다. 또한 그녀들을 무너뜨리고 무기력하게 만든 현재의 사회구조를 유지시키는 데 기여하는 정치적 효과를 가지고 있는 것이 사실이다.

새벽 기상과 챌린지 참여, 쥐어짜내기식 시간관리를 통한 자기 변화는 개인이 기댈 수 있는 사회경제적 자원이 결여되었던 팬

---

63 Rosalind Gill, Shani Orgad(2022), op.cit.

64 대표적으로 〈사례 B〉는 자신의 폐업에 대해 자신이 "'김미경처럼' 그때 앞서가지 못했기 때문"이라고 언급했다.

65 Janice Peck, "TV Talk Shows as Therapeutic Discourse: The Ideological Labor of the Televised Talking Cure", *Communication Theory*, Vol.5, No.1, 1995, pp.58-81; as cited in Rosalind Gill, Shani Orgad(2022), op.cit., p.47.

데믹 상황에서 경력 단절로 또는 감염병 위기로 자기가 무너지는 경험을 했던 사람들이 자신을 배려하고 보호하기 위해 지탱할 수 있었던 (때로는 거의 유일한) 자원이었을지도 모른다.

> 제도나 환경이 바뀌는 데 시간이 되게 많이 필요하더라고요. (중략) 내가 바뀌는 시간과 사회나 제도가 바뀌는 시간이 다르기 때문에 (중략) 사실 전 세상이 그렇게 바뀔 것 같지 않아요. 그래서 나라도 바뀌어야 아이가 긍정적으로 자랄 수 있지 않을까[라고 생각해요]. 내가 만약에 아이한테 공교육 별로고 여성이 일할 때 너무 제약도 많고 너네 아빠도 문제고 이 가부장적인 사회가 문제라고 얘기를 하면서 애를 키운다면 얘의 미래는 더 암울해질 것 같은 [생각이 들어요] (중략) 일단 스스로 세상을 이 힘든 세상을 헤쳐가는 힘을 기르려면 어느 정도 토대가 있다고 느껴져야 되지 않을까 해서 그게 허위인 줄은 알지만 제가 할 수 있는 최선은 이거[새벽기상]라는 판단으로 하고 있어요. 〈사례 M〉

팬데믹은 한국 사회에 많은 질문을 던졌지만, 여전히 우리는 그 과제들을 해소하지 못한 채 남아 있다. 그리고 많은 사람들은 더욱 커진 불확실성과 불안에 대처하며 하루하루 살아가고 있다. 자기계발 또는 자기배려의 이러한 정서를 개인화된 해결을 넘어 구조적 불평등에 맞서는 여성들의 연대로 어떻게 이끌어낼 것인가? 참여자들의 젠더 불평등에 대한 인식, 그에 대한 대안으로서 페미니즘에 대해 사유하는 방식에는 편차—페미니즘 거부에서 페미니스트로 인식—가 존재했지만, 일부 참여자들의 경우 페미니즘에 동의를 표하고 응원한다고 하였다(〈사례 C, E, F, L, M, O, P〉). 자기계발의 언어가 페미니즘의 언어를 차용하고 있다면, 더 나은 삶에 대한 이들의 열망을 상호의존/존중의 정치, 공감과 포용의 정치 및 그 실천과 어떻게 접속시킬 수 있을까? 페미니즘이 일상 속 삶의 언어와 실천으로 어떻게 보다 깊숙이 들어갈 수 있을까? 이에 대한 질문과 진지한 성찰이 필요할 것 같다.

가정폭력맥락에서의 빚과 빚짐에 대한 시론[1]

박언주

1. 서론

본 연구는 가정폭력맥락에서의 빚과 빚짐에 관한 시론적 연구이다. 가정폭력과 빚에 관한 국내외 선행연구는 극소수만 존재하며 가정폭력의 원인으로서의 빚에 대해 구명하거나 가해자에 의한 강요된 빚(coerced debt)에 관해 소개하는 것으로 제한되어 있다. 본 연구는 가정폭력맥락에서의 빚에 관한 선행연구의 성과와 한계를 검토하고, 향후 해당 주제에 대해 보다 포괄적인 논의를 할 필요성을 제기한다.

신자유주의적 금융자본주의의 확산으로 개인과 가족의 경제생활과 일상적인 삶에서 신용과 부채가 차지하는 비중과 중요성

1 이 글은 「가정폭력맥락에서의 빚과 빚짐에 대한 시론적 연구」, 『인문사회 21』 제13권 3호, 인문사회 21, 2022를 수정 · 보완하여 재수록한 것이다.

이 확대되고 있으며, 부채는 가정폭력에 영향을 미치고 있다. 가정폭력과 빚에 관한 국내외 선행연구는 대략 두 영역을 중심으로 수행되고 있다. 우선, 부채는 가정폭력에 영향을 미친다는 것을 설명하는 국내외 연구들이다. 이러한 연구에서 부채는 그 총액으로서뿐만 아니라 부채총액과 관련이 있는 가계부채 부담 수준,[2] 부채유형,[3] 총부채액 대비 비우량부채비 수준[4]의 형태로 가정폭력에 영향을 미치는 것으로 보고되고 있다.

가정폭력과 빚에 대한 다른 영역의 선행연구는 부채에 대해 가해자에 의해 피해자에게 행사되는 '강요된 빚'으로 설명한다. 가정폭력 가해자에 의해 강요된 빚은 신용거래의 확산에 따라 새롭게 부상한 가해자의 경제적 폭력 전술임이 강조된다.[5] 강요된 빚은 강압적 통제하의 폭력적인 친밀한 관계에서 발생하는 모든 동의하지 않은 신용 관련 거래를 포함하며, 가해자의 사기(fraud)와

---

2 박정민 · 박호준 · 오욱찬, 「가계부채가 부부폭력의 위험에 미치는 영향」, 『사회복지연구』 제48권 4호, 사회복지연구회, 2017, 33-57쪽.

3 손지연 · 박주영, 「저소득층의 경제적 어려움과 가정폭력: 유형별 부채사용의 조절효과를 중심으로」, 『한국지역사회생활과학회지』 제28권 4호, 한국지역사회생활과학회, 2017, 599-611쪽.

4 박호준 · 박정민, 「가구의 재정 상황이 부부폭력의 위험에 미치는 영향: 행위자-파트너 상호의존모형의 적용」, 『사회복지연구』 제50권 4호, 한국사회복지연구회, 2019, 339-362쪽.

5 Angela Littwin, "Coerced Debt: The Role of Consumer Credit in Domestic Violence", *California Law Review*, Vol.100, No.4, 2012, pp.1-74; Adrienne E. Adams, Megan R. Greeson, Angela K. Littwin & McKenzie Javorka, "The Revised Scale of Economic Abuse (SEA2): Development and Initial Psychometric Testing of an Updated Measure of Economic Abuse in Intimate Relationships", *Psychology of Violence*, Vol.10, No.3, 2020, pp.268-278.

강제(force)로 피해자에게 발생한 빚을 의미한다.

가정폭력의 원인으로서의 빚 및 가해자에 의해 강요된 빚에 대한 선행연구는 가정폭력과 빚에 관한 논의를 미시적 차원의 부부관계 및 가해자의 폭력 행위로 제한하고 있다. 가정폭력과 빚에 대한 논의를 경제체계 안으로 제한한다고 해도 보다 거시적 차원의 설명이 추가될 필요가 있을 것이며, 아울러 경제체계 너머까지 포함시켜 설명하려는 시도는 의미가 있을 것이다.

본 연구는 가정폭력과 빚에 관한 선행연구를 성과와 한계를 중심으로 종합하고, 가정폭력맥락에서의 빚과 빚짐에 대한 논의를 위하여 고려할 영역에 대해 논의하고자 한다. 이를 위하여 본 연구는 정동 연구의 관점과 방법을 기초로 삼는다. 정동 연구는 경제체계 너머를 설명할 수 있도록 하고, 인간 존재 및 관계에 대하여 더욱 풍부하게 사색할 수 있도록 돕는다.

본 연구의 연구 문제는 다음과 같다. 첫째, 가정폭력과 빚에 관한 선행연구의 성과와 한계는 무엇인가? 둘째, 가정폭력맥락에서의 빚과 빚짐에 대한 논의를 위하여 고려되어야 할 점은 무엇인가?

본 연구는 가정폭력과 빚에 관한 선행연구의 성과와 한계를 종합하기 위해 문헌 연구를 수행하였다. 가정폭력과 빚에 관한 선행연구로 가정폭력과 부채의 관계에 대해 분석한 국내 연구를 포함하였고, 가정폭력의 강요된 빚에 관한 국외 연구를 포함하였다. 두 영역의 선행연구는 연구자들의 큰 관심을 받지 못했고 몇 편 되지 않는다. 특히, 강요된 빚에 대한 국내연구는 존재하지 않는다. 본 연구는 선행연구가 가정폭력과 빚에 대해 포괄하는 범위를 확인하고 아직 설명되지 않고 남아있는 영역을 부각하기 위한 것이다.

2. 이론적 배경

2.1. 경제체계와 정동체계

정동체계(affective system)는 정치체계, 경제체계, 사회-문화체계와 함께 인간 사회를 구성하는 중요한 체계이지만 지금까지 정동체계는 중요하게 고려되지 않았다.[6] 경제체계를 포함한 이러한 체계들은 고유한 사회관계를 구성하고 한 사회의 불평등에 대해 논의할 때 중심이 된다. 그러나 정동체계를 고려하거나 이러한 체계들이 정동체계와 어떻게 상호작용하는가 하는 것은 크게 관심의 대상이 되지 못했다. 경제체계와 정동체계는 상호연관되어 있지만, 그렇게 설명된 경우는 흔하지 않은 것이다.[7]

정동체계는 사회적 행위의 독립된 영역이며, 경제체계 등의 체계가 설명하지 않은 영역에 관해 설명할 잠재력을 가지고 있다.[8] 경제적 체계를 설명하는 마르크스주의와 베버주의 불평등 이론의 사회계급, 지위, 그리고 권력이라는 주요 개념의 연장선에서, 혹은

---

6 캐슬린 린치 · 존 베이커 · 모린 라이언스 편저, 강순원 역, 『정동적 평등: 누가 돌봄을 수행하는가』, 한울, 2016, 30-63쪽.

7 캐슬린 린치 외, 위의 책, 30-63쪽.

8 캐슬린 린치 외, 위의 책, 30-63쪽.

그것에 구속되지 않으면서 정동체계에 대해 논의함으로써 지금까지 분석되지 않고 남아 있던 영역을 포함하는 설명체계를 구성할 수 있을 것이다. 이들은 노동에 대한 경제적 견해는 정동적이고 관계적인 존재로서의 인간이 가진 상호의존성과 의존관계에 기인하는 타인 중심 노동의 중요성을 외면하도록 해 왔다는 점을 한계로 지적하고 있다.[9]

2.2. 관점과 방법으로서의 정동 연구

정동 개념은 그것을 규정하는 사람에 따라 다양하고, 그것을 하나로 통일하기 어렵다.[10] 그러나 정동 연구에서 공통으로 전제된 것은 그것이 힘과 역동에 관한 것이며, 지금까지 주목하지 않았던 영역에 대해 논의할 수 있는 공간을 열어주는 것이며, 과정과 관계에 대한 것이며, 새로운 환경과 새로운 질서를 만들어가는 작업과 관련이 있다는 것이다. 본 연구는 정동 연구의 성과를 관점 및 방법으로 활용하고자 한다. '정동적 전회'로 표현되는 정동 연구의 성과는 흔히 서구의 근대성을 비판하는 구조주의와 후기 구조주의의 한계에 대한 비판에서 비롯되었다.[11] 이는 후기 자본주의 시대의 탈정치화와 탈정념화의 심화에 대항하여 인간에 대한 전

9 캐슬린 린치 외, 위의 책, 30-63쪽.

10 멜리사 그레그 · 그레고리 시그워스 편저, 최성희 · 김지영 · 박혜정 역, 『정동 이론』, 갈무리, 2015.

11 김지영, 「오늘날의 정동 이론」, 『오늘의 문예비평』 통권 100호, 오문비, 2016, 360-373쪽.

환적인 접근이 요구되는 가운데 등장했다.[12]

정동 연구는 상호 연결된 신체들의 상호의존성과 관계성을 강조한다. 정동은 "신체들의 상호연결에 대해 이론적이고 실천적인 관심을 가지도록 하며, 상호연결된 신체의 힘을 공통적인 것으로 정립"한다.[13] 정동 연구는 인간 존재에 대해 독립적이고 자율적인 개인이 아닌 서로 연결된 존재임을 분명히 한다. 정동은 신체의 활동 능력을 증대시키거나 감소시키고, 촉진하거나 저해하는 신체의 변용으로 설명되며, 신체는 서로 연결되어 있고 서로 '부대끼면서' 변용을 주고받는 것으로 이해된다.[14] 정동 연구는 주체에 대한 사유를 상호의존과 연결을 중심에 두도록 이끈다. 정동 연구는 "개인적 심적 상태가 아니라 사회적-관계적 과정들에서 펼쳐지는" 정동적 관계, 혹은 관계적 정동의 문제에 주목한다.[15]

3. 가정폭력과 빚에 대한 선행연구

3.1. 가정폭력의 원인으로서의 빚

12 권명아, 『무한히 정치적인 외로움-한국 사회의 정동을 묻다』, 갈무리, 2012.

13 권명아, 『여자떼 공포, 젠더 어펙트』, 갈무리, 2019.

14 이지영, 「스피노자: 신체와 합리적 정서의 문제」, 『철학』 제116집, 한국철학회, 2013, 45-74쪽.

15 동아대학교 젠더 · 어펙트연구소, 『약속과 예측: 연결성과 인문의 미래』, 산지니, 2020.

가정폭력과 부채에 관한 국내 선행연구에서 부채는 가정폭력을 유발하는 스트레서(stressor)로 가정폭력의 위험을 증가시키는 원인 중의 하나로 설명된다. 가정폭력과 부채의 관계를 설명하는 이론적 모델은 가족스트레스 모델(family stress model), 스트레스 과정 모델(stress process model), 그리고 행위자-파트너 상호의존 모델(Actor-partner interdependence model)이다. 가족스트레스 모델은 경제적 어려움은 경제적 압력을 증가시키고, 이는 가족관계에서 정서적 · 행동적 문제 발생 위험을 증가시킨다고 설명한다.[16] 스트레스 과정 모델은 경제적 어려움이 존재하는 상황에서 부채를 사용하는 경우, 부채가 경제적 스트레스로 작용한다면 가정폭력의 위험은 증가할 것이고, 부채가 가족의 재정적 자원을 일시적으로 증가시키는 효과를 낳는다면 가정폭력의 위험은 감소할 가능성이 있다고 설명한다.[17] 행위자-파트너 상호의존 모델은 부부는 관계로 엮여 있으므로 부부 상호 간 지속적인 상호작용이 일어난다는 점을 강조하고 있다.[18] 행위자-파트너 상호의존 모델은 부부 권력관

---

16 Rand D. Conger, Xiaojia Ge, Glen H. Elder, Jr., Fredrick O. Lorenz, & Ronald L. Simons, "Economic Stress, Coercive Family Process, and Developmental Problems of Adolescents", *Child Development*, Vol.65, No.2, 1994, pp.541-561.

17 Patricia Drentea, John R. Reynolds, "Where Does Debt Fit in the Stress Process Model", *Society and Mental Health*, Vol.5, No.1, 2015, pp.16-32.

18 Koen Ponnet, "Financial Stress, Parent Functioning and Adolescent Problem Behavior: An Actor-Partner Interdependence Approach to Family Stress Processes in Low-, Middle-, and High-Income Families", *Journal of Youth and Adolescence*, Vol.43, No.10, 2014, pp.1752-1769; Koen Ponnet, Edwin Wouters, Tim Goedeme, & Dimitri Mortelmans, "Family Financial Stress, Parenting and Problem Behavior in Adolescents: An Actor-Partner Interdependence Approach", *Journal of Family Issues*, Vol.37, No.4, 2016, pp.574-597.

계에 따라 상대방에 미치는 영향에 차이가 있다는 점에 대해서도 고려하고 있다.

이러한 이론적 모델을 적용한 가정폭력과 부채에 관한 국내 선행연구를 통해 밝혀진 바는 다음과 같다. 박정민 · 박호준 · 오욱찬의 연구에서 부채는 부채총액보다는 가계부채 부담수준으로 고려되었다.[19] 빈곤층이 아닌 경우 우량부채 비율이 높고, 사업과 주택 구입 등 미래를 위한 투자로 부채를 이용하는 경향이 있어서 이 경우 부채는 자원으로 작용하는 것으로 나타났다. 손지연 · 박주영의 연구에서 부채는 그 유형별로 경제적 문제와 가정폭력의 관계에서 조절 효과를 갖는 것으로 나타났다.[20] 신용카드 부채는 오래된 정도에 따라 스트레스 수준이 상이하게 나타났다. 고금리 단기 채무를 가진 채무자는 저금리 장기채무를 가진 채무자보다 2배의 스트레스를 경험하였다. 저금리 부채는 가구의 금전적 자원으로 작용하는 것으로 나타났다. 저소득 가구에서 고금리 일반사채를 추가적으로 사용하면 가정폭력 발생 위험이 증가하였다. 저소득 가구는 높은 수준의 고금리 부채를 지고 있었고, 더 높은 수준의 부채 상환부담을 갖고 있었다. 박호준 · 박정민은 부채와 가정폭력과의 관계에 대해 총부채액 대비 비우량부채비 수준이 부부의 우울감과 가정폭력 위험성에 영향을 미치며, 부부의 성별에

19 박정민 · 박호준 · 오욱찬, 「가계부채가 부부폭력의 위험에 미치는 영향」, 『사회복지연구』 제48권 4호, 한국사회복지연구회, 2017, 33-57쪽.

20 손지연 · 박주영, 「저소득층의 경제적 어려움과 가정폭력: 유형별 부채사용의 조절효과를 중심으로」, 『한국지역사회생활과학회지』 제28권 4호, 한국지역사회생활과학회, 2017, 599-611쪽.

따라 영향력에 차이가 있는 것으로 보고했다.[21] 성별에 따른 상호작용의 방식에 따라 경제적 압력이 가정폭력에 미치는 영향에 차이가 있다는 것이다.

가정폭력과 부채에 관한 국내 선행연구에서 부채는 총부채액뿐만 아니라 가계부채 부담수준, 총부채액 대비 비우량부채비 수준 등으로 다양하게 고려되었다. 빈곤 가구 혹은 저소득 가구 여부에 따른 부채의 효과는 다르게 나타나고, 그에 따라 경제적 압력과 가정폭력 위험에 미치는 영향 또한 다르게 나타났다. 이러한 결과는 가구를 중심으로 가계부채와 가정폭력의 관계를 설명하는 데 기여하고 있으나, 미시적이고 경제적인 분석을 넘어서지 못한다는 한계가 있다. 물질적 욕구의 미충족 등과 연관된 부정적인 정서적 반응까지 포함하는 부채로 인한 정서적 영역에 관한 연구를 통해 이러한 한계를 극복할 필요가 있다.[22]

3.2. 가해자에 의한 강요된 빚

가정폭력맥락에서의 빚은 강요된 빚으로 명명되었다.[23] 이는

---

21 박호준 · 박정민, 「가구의 재정 상황이 부부폭력의 위험에 미치는 영향: 행위자-파트너 상호의존모형의 적용」, 『사회복지연구』 제50권 4호, 한국사회복지연구회, 2019, 339-362쪽.

22 Rashmita S. Mistry, Elizabeth A. Vandwater, Aletha C. Huston, & Vonnie C. McLoyd, "Economic Well-Being and Children's Social Adjustment: The Role of Family Process in an Ethnically Diverse Low-Income Sample", *Child Development*, Vol.73, No.3, 2020, pp.935-951.

23 Angela Littwin, op.cit., pp.1-74.

가정폭력은 강압적 통제로서의 본질에 기반한 젠더 권력관계라는 설명의 연장선에 있다.[24] 강압적 통제이론은 가해자의 폭력 술책을 피해자에 대한 권력과 통제를 확보하려는 시도로 설명한다. 가정폭력의 본질은 강압적 통제라는 점을 강조하는 이러한 접근은 가해자의 신체적 혹은 성적 폭력 행위를 넘어 경제적 폭력을 포함하는 다양한 폭력 행위와 술책을 부각함으로써 가정폭력의 양상을 보다 확장된 범위에서 전체적으로 파악하기 위한 설명틀을 제공해 왔다. 가정폭력의 하위유형으로서의 경제적 폭력은 가해자의 피해여성에 대한 고용사보타주(Employment Sabotage)에 대한 연구로부터 시작되었고, 이후 경제적 착취와 경제적 통제(제한)로 유형화되었다.[25] 경제적 제한은 가해자가 임금, 재정정보, 재산을 포함한 경제적 자원에 대해 피해자의 접근을 제한하는 것을 의미한다. 경제적 착취는 피해여성의 경제적 자원을 가해자가 강제적으로, 강요에 의해, 사기로 사용하는 것을 의미한다. 가정폭력의 하위유형으로서의 경제적 폭력은 경제적 자원에 대한 피해여성의 전반적인 능력을 제한하는 통제 메커니즘으로 작동한다.[26]

가정폭력맥락에서의 빚은 이러한 강압적 통제와 경제적 폭력

24 Evan Stark, *Coercive Control: The Entrapment of Women in Personal Life*, Oxford University Press, 2007.

25 Adrienne E. Adams, Cris M. Sullivan, Deborah Bybee, & Megan R. Greeson, "Development of the Scale of Economic Abuse", *Violence Against Women*, Vol.14, No.5, 2008, pp.563-588; Judy Postmus, Sara-Beth Plummer, & Amanda M. Stylianou, "Measuring Economic Abuse in the Lives of Survivors: Revising the Scale of Economic Abuse", *Violence Against Women*, Vol.2, No.6, 2016, pp.692-703; Adrienne E. Adams et. al.(2020), op.cit., pp.268-278.

26 Adrienne E. Adams et. al.(2020), op.cit., pp.268-278.

(착취와 제한)이라는 맥락에서 발생하므로 강요된 빚으로서의 속성을 가진다.[27] 강요된 빚은 가해자에 의해 발생한 피해자가 동의하지 않은 각종의 신용 관련 거래에 따라 피해자가 채무 불/이행에 대한 경제적 책임을 지게 된 경우를 모두 포함한다. 집세, 공과금, 전화요금 등의 주거비용과 일상생활 비용 지불을 포함한 거의 모든 경제적 거래에 신용카드를 사용하는 시대에 스스로 동의하지 않은 신용거래의 채무에 대한 경제적 책임을 떠안게 함으로써 피해자를 신용훼손이라는 위험에 처하도록 하는 가해자의 경제적 폭력이다. 강요된 빚은 직접적으로 피해여성의 신용등급에 절대적으로 부정적인 영향을 미치고 경제활동을 제한한다. 강요된 빚은 피해여성의 주거, 고용, 안전에 장벽을 형성하고, 장기적으로 피해여성의 자산형성 능력을 제한한다. 또한, 탈폭력 이후 피해여성의 자립과정에도 지속적으로 부정적인 영향을 미친다.

가정폭력맥락에서의 강요된 빚 개념은 가해자의 폭력전략에 초점이 맞추어져 있고 여성의 피해자성을 강조하기 위한 설명의 틀을 제공하고 있다. 강요된 빚에 관한 연구는 해외에서도 소수의 연구자에 의해 수행되었고 국내연구에서는 아직 그 개념만 언급된 상태라는 점을 고려한다면, 가해자의 폭력 전술로서의 강요된 빚과 그로 인한 여성의 피해에 관한 더 많은 연구가 필요하다.

그러나 강요된 빚은 그 개념을 넘어서는, 혹은 피해자성을 넘어서는 여성의 행위성을 담아낼 수 있는 논의의 공간을 제공하기에는 제한된 속성을 갖는다. 이때, 가정폭력맥락에서의 빚과 관련

---

27 Angela Littwin, op.cit., pp.1-74.

한 피해여성의 행위성에 관한 관심은 그 빚이 갖는 강요된 것으로서의 속성과 본질을 부정하기 위한 것은 아니다. 오히려 강요된 것으로서의 빚이 갖는 복잡성에 관해 더 풍부하고 포괄적으로 설명하기 위한 시도이다. 이러한 시도를 통해서 가정폭력 피해여성의 빚 경험에 대한 설명력을 보다 강화할 수 있기를 기대할 수 있을 것이다.

4. 가정폭력맥락에서의 빚과 빚짐

4.1. 자본의 경제적 착취

경제체계를 중심으로 하는 빚에 대한 논의는 '가계의 금융화' 및 '일상생활의 금융화' 현상의 확산으로 인한 가계부채의 확대라고 하는 금융화 논의의 연장선에 있다. 금융화란 "이윤 창출이 점차 상품 생산과 교역 대신 금융적 채널들을 통해 이루어지는 축적 패턴"이다.[28] 금융화 현상의 특징은 노동자 계급의 일상적 재생산 활동이 금융수단을 통해 영위되는 것이며, 일상생활이 신용카드와 금융기관의 대출에 의존하게 되는 결과를 초래하여 개인과 가족이 부채를 지게 되는 것을 의미한다.[29]

28 Greta R. Krippner, "The Financialization of the American Economy", *Socio-Economic Review*, Vol.3, No.2, 2005, pp.173-208; 최철웅, 「가계의 금융화와 일상의 정치」, 『마르크스주의 연구』 제12권 2호, 사회과학연구원, 2015, 45-84쪽.

29 최철웅(2015), 위의 글, 45-84쪽.

금융화의 측면에서 빚은 자본과 노동의 억압적 관계가 재생산되는 장소로 이해된다. 생산영역에서 일차적 착취가 발생하고 이에 더해 이자와 수수료를 통해 이차적 착취가 발생되는 과정이다.[30] 특히, 금융화는 자본과 노동의 구조적 착취관계를 사적인 채권-채무의 계약관계로 드러낸다. 최철웅은 새로운 권력 기술로서의 금융은 미래시간까지 착취하기 위한 장치이며 비가시화된 노동-자본의 관계를 미래시간까지 확장하는 것으로 설명하고 있다.[31] 일상적 재생산의 금융화에 관한 연구는 성매매 여성을 대상으로 수행된 바 있다.[32] 김주희는 신용과 빚이 연동됨으로써 성매매는 이전의 부채 관계와는 다른 형태인 것으로 인식되기도 하지만, 사실상 성매매 여성들은 자유로운 것으로 보이지만 파산 불가능한 주체로 빚 경제를 떠받치면서 성매매 산업에 중층적으로 결박되고 있다는 점을 강조하고 있다.

이러한 논의의 연장선에서 보자면, 가정폭력 가해자는 사기와 강제를 사용하여 피해자의 명의로 강요된 빚을 생성함으로써 금융화의 착취관계에 편승하여 가정폭력 피해여성이 미래시간에도 금융자본에 의해 착취당하도록 할 뿐만 아니라 그러한 착취관계로 인한 산물을 탈취하여 전유하는 것으로 설명할 수 있다.

---

30 최철웅(2015), 위의 글, 45-84쪽.

31 최철웅, 「『금융자본주의의 폭력』과 『부채인간』: 만국의 채무자여 단결하라?」, 『진보평론』 제59호, 메이데이, 2014, 290-308쪽.

32 김주희, 「일상적 재생산의 금융화와 성매매 여성들의 '자유'의 확대」, 『여성학논집』 제32권 2호, 한국여성연구원, 2015, 29-60쪽.

4.2. 빚과 관련한 부정적 정서

금융화는 신자유주의 경제체제 속에서 확산하였다. 자기 규율을 강조하는 신자유주의 담론에서 빚은 빚을 진 개인에게 재정적 실패뿐만 아니라 더 깊은 실패로 의미화되고 있다.[33] 금융 부채의 경우 빚을 통해 개인에게 재정을 적절하게 관리하지 못했다는 낙인이 부여되고 이에 대한 사회적 평가가 수반되는 경향이 있다. 엘리자베스 스위트(Elizabeth Sweet)와 그 밖의 연구자들은 개인적 책임과 실패감을 체화한 신자유주의 주체성(subjectivity)에 대해 논의하였는데, 빚은 개인적 실패감을 초래하고 이러한 실패감은 신체적, 정신적 건강과 웰빙에 부정적인 영향을 미친다는 것을 주장하였다.[34] 빚이라는 단어는 여러 유럽 언어에서 '잘못', '죄', '죄책감'과 동의어로 나타나며, 빚은 부정적인 정서와 연관되어 있다.[35] 신용사회에서 만성적인 소비자 부채를 안고 살아가는 사람들의 빚 경험에 대한 서사는 개인적 책임, 수치심, 실패를 중심으로 하며, '내 잘못', '패배자', '인생 실패', 심지어는 '나쁜 사람' 등으로 스스

---

33 Bruce Link, Mark L. Hatzenbuehler, "Stigma as an Unrecognized Determinant of Population Health: Research and Policy Implications", *Journal of Health Politics, Policy and Law*, Vol.41, No.4, 2016, pp.653-673.

34 Elizabeth Sweet, "'Like You Failed at Life': Debt, Health, and Neoliberal Subjectivity", *Social Science & Medicine*, Vol.212, 2018, pp.86-93; Elizabeth Sweet, L. Zachary DuBois, & Flavia Stanley, "Embodied Neoliberalism: Epidemiology and the Lived Experience of Consumer Debt", *International Journal of Health Services: Planning, Administration, Evaluation*, Vol.48, No.3, 2018, pp.495-511.

35 David Graeber, "Value, Politics and Democracy in the United States", *Current Sociology*, Vol.59, No.2, 2011, pp.186-199.

로를 표현함으로써 개인적인 재정적 책임과 수치심, 죄책감을 담아내고 있다.[36] 이는 자기규율이라는 신자유주의적 가치의 내면화와 무관하지 않다.[37]

빚과 관련한 부정적인 정서를 내면화한 신자유주의적 주체로서의 가정폭력 피해여성은 가정폭력 가해자의 폭력에 더욱 취약할 수 있다. 피해여성은 가정폭력으로 인해 낮은 자존감, 스스로에 대한 부정적 인식, 다양한 부정적인 정서를 경험하는데, 여기에 추가하여 빚과 관련한 부정적인 정서를 체화하게 된다면 가해자의 폭력전략에 대해 더욱 취약해질 가능성이 있다. 중첩된 부정적 정서를 다루어야 하는 문제에 직면하게 될 것이며, 이러한 문제에 대해 스스로를 규율하려고 시도하게 된다면 폭력에 대해 책임져야 하는 가해자는 더욱 비가시화될 수 있다.

4.3. 상호의존과 유대로서의 빚짐

빚짐은 상호의존과 유대를 근간으로 한다. 빚짐의 상호의존과 유대는 착취와 강탈을 설명하는 부채 속박(debt bondage)의 개념과는 차이가 있다. 이자벨 게렝과 고빈단 벤카타수브라마니안(Isabelle Guérin, Govindan Venkatasubramanian)은 빚은 시장과 대인 관계 모두에서 일차적으로는 다양한 형태의 착취와 시간과 신체의 강탈을 초래하는 부채 속박으로 작동하지만, 한편으로는 노동자

36 Elizabeth Sweet et al., op.cit., pp.495-511.

37 Elizabeth Sweet et al., op.cit., pp.495-511.

들이 과거와 단절하고 새로운 미래를 상상하고 부분적으로 해방을 경험할 수 있도록 한다는 점을 강조함으로써 빚의 긍정적인 측면을 강조하였다.[38] 이들에 따르면, 빚은 오히려 희망, 자신감, 행동에 대한 용기의 원천으로 작용하기도 하고, 채무자로 하여금 투자하고 삶을 개선할 수 있도록 하는 것이기도 하다. 특정한 빚은 다른 형태의 상호의존 및 보호와 연결되는 방식이기도 하다는 것이다.

리차드 디인스트(Richard Dienst)는 빚과 빚짐의 개념을 구분하여 설명한다.[39] 그에 따르면, 우리는 신자유주의적 금융자본주의 사회를 살아가면서 혼자 해결하기 어려운 주거, 건강, 교육과 같은 문제를 사회적 유대를 통해 해결하지 못하고 빚을 내는 방식으로 해결하고 있으며, 빚은 사회가 구성원의 필요를 충족시키기 위해 동원하는 자원을 증대시키는 집합적 능력의 표현이고, 또한 빚은 충족되지 않은 사회적 필요로 볼 수 있다. 리차드 디인스트는 "빚이라는 좁은 경제적 개념과 빚짐이라는 보다 넓은 존재론적 개념을 구별"하고, 빚짐은 "갚게 되는 현실의 빚들로 환원될 수 없는 책임과 사회적 귀속 그리고 상호의존의 차원들을 나타내는" 것이라고 설명하였다. 빚짐은 사회적으로 태어나고 살아가는 이상 거부할 수 없는 사회적 유대를 의미하는 것으로, 인간의 존

38 Isabelle Guérin, Govindan Venkatasubramanian, "The Socio-Economy of Debt. Revisiting Debt Bondage in Times of Financialization", *Geoforum*, Vol.137, 2022, pp.174-184.

39 리차드 디인스트, 권범철 역, 『빚의 마법-화폐지배의 종말과 유대로서의 빚』, 갈무리, 2015.

재 조건으로 실재하고 빚에 선행하는 것이라는 점이 강조되고 있다. 빚과 빚짐을 구분함으로써 리차드 디인스트는 현재의 빚 체제가 빚짐이라는 사회적으로 필요한 차원을 '포획하여' 그것을 이윤의 동력으로 전환시킨다고 주장하고 있다. 빚짐은 공통적인 것(the common)에 속하는 것이며, 공통적인 것이란 "비물질적인 사회적 연대, 상호유대"를 포함하고, "객관적이기보다는 주체적인 것"이다. 그는 빚의 속박을 빚의 유대로 만들고, 억압적인 빚 체제를 거부하고 상호 의존하면서도 자유롭게 하는 사회적 유대를 확장할 필요가 있다는 것을 강조하고 있다.[40]

4.4. 삶, 사랑, 돌봄으로서의 빚짐

빚짐은 기본적인 인간의 조건으로 보아야 한다는 점이 강조된다. 빚과 빚짐은 소비자 신용과 금융자본의 확대로 인해 새로운 일상과 삶의 일부로 인식되고 있다. 이러한 변화와 관련하여 빚짐은 그것을 통해 사회구성원들이 사랑과 돌봄을 수행하게 되므로 빚은 삶 그 자체이며, 사랑과 돌봄을 구성하는 주요 요소로 설명되기도 한다.[41] 현대적 금융 주체성에 관해 연구한 사무엘 키르완, 레일라 도니, 로지 워커(Samuel Kirwan, Leila Dawney, & Rosie Walker)는 채권자와 채무자 사이의 이원화된 관계로 빚에 대해 이해하는 것에 대해 문제를 제기하고, 빚진 삶에서의 복잡한 정서적 얽힘을

40 권범철, 「옮긴이 후기」, 리차드 디인스트, 위의 책, 309-317쪽.

41 Samuel Kirwan, Leila Dawney, & Rosie Walker, "'Choose your moments': Discipline and speculation in the indebted everyday", Mark Featherstone(Ed.),

고려할 것을 제안하고 있다. 이들에 따르면, 삶을 영위해나감에 있어서 빚짐과 금융 주체성은 사랑과 돌봄과 중첩되어 있고, 부채의 정동적 구조(the affective architecture of debt)가 관여하고 있다. 이러한 논의는 리차드 디인스트의 빚짐에 대한 이론과 연결되는 측면이 있다.

5. 결론

본 연구는 가정폭력과 빚에 관한 선행연구가 미시적이고 경제적인 분석으로 제한되어 있다는 점을 한계로 지적하고, 경제체계를 넘어 정동 연구의 관점과 방법을 기초로 다음과 같이 논의하였다. 첫째, 거시체계에서의 금융화의 구조화된 착취관계는 가정폭력 가해자가 피해자를 착취할 수 있도록 지원한다. 가해자는 피해자의 명의로 빚을 내고 피해자가 그 빚에 대해 책임지도록 함으로써 피해자가 금융화의 착취관계에 속박되도록 하고 자신은 그러한 착취관계에서 중간착취자로 무임승차하여 이득을 취한다. 가해자는 피해여성의 명의로 낸 빚을 일시적으로 일괄 착취하지만, 피해자는 미래시간까지 금융자본에 의해 착취당하면서 빚을 상환해야 하는 책임을 떠안게 된다. 둘째, 빚과 연관된 부정적인 정서와 자기규율에 실패한 것으로 인식하는 신자유주의 주체의 부정적인 정서는 강요된 빚에 대한 책임을 피해여성에게 지우고 가해자를 비가시화하는 기제로 작용할 수 있다. 빚과 관련한 부정적 정서에 더해 가정폭력 피해로 인한 정서적 문제까지 중첩된다면,

피해여성은 가해자의 폭력에 더욱 취약해질 수 있다. 셋째, 경제적 착취와 강탈을 의미하는 부채 속박과 상호의존과 유대로서의 빚짐을 대비시킴으로써 경제적 개념으로서의 빚과 존재론적 개념으로서의 빚짐을 대비시키고 신자유주의 금융자본주의하에서의 빚의 작동방식과 양면성을 고려할 수 있다. 넷째, 금융자본주의 사회에서 빚은 일상과 삶으로 확장됨으로써 삶, 사랑, 보살핌(돌봄)을 구성하는 주요 요소가 되었으므로, 빚은 채무자와 채권자 간의 착취관계로 제한해서 설명될 수 없는 영역을 포함하고 있다는 점을 고려할 수 있다.

본 연구의 이론적, 실천적, 정책적 함의는 다음과 같다. 첫째, 가정폭력맥락의 빚에 대한 논의를 경제체계를 넘어 상호의존, 상호유대 및 연결성을 강조하는 정동의 영역으로 확장하였다. 둘째, 빚짐의 상호의존과 상호유대의 영역을 빚에 대한 설명 속에 포함시킴으로써 빚의 본질에 대한 피해자와 실천가의 인식을 제고할 수 있다. 셋째, 공통적인 것에 속하는 빚의 상호의존 및 상호유대를 피해자가 빚의 속박으로 경험하지 않을 수 있도록 가정폭력 가해자뿐만 아니라 신자유주의 경제체제의 변화를 추동하는 방향으로 이끄는 정책대안이 요구된다.

페미니즘은 그 이름이 페미니즘이 아니더라도 : 양귀자의 소설에 드러난 시스템과 적대의 문제를 중심으로[1]

이 소 영

1. 반(反)지성주의와 두 명의 테러리스트

지난 9월, 법무부 장관과 여성가족부 장관이 잇따라 신당역 역무원 살해 현장을 찾은 것은 공적 시스템의 존재를 증명하는 알리바이였다. 그러나 여성가족부 장관이 이 사건을 여성혐오 범죄로 보지 않는다고 말한 순간, 그의 발언은 공적 시스템의 부재를 증명하는 알리바이가 되고 말았다. 해당 발언이 논란되자, 여성가족부 대변인은 "'(신당역 살인 사건이) 여성혐오 범죄다, 아니다' 그런 논란이 많았는데 저희가 알기로는 이것은 학계나 다른 여성계에서도 정의 부분을 한번 논의해야 하지 않을까 하는 상황"이라고

1 이 글은 「페미니즘은 그 이름이 페미니즘이 아니더라도-양귀자의 소설에 드러난 시스템과 적대의 문제를 중심으로」, 『사이間SAI』 제33호, 국제한국문학문화학회, 2022를 수정 · 보완하여 재수록한 것이다.

대답하였다.[2] 이렇듯 신당역 역무원 살해 사건을 둘러싼 여성가족부의 대응을 소개하는 이유는 여성혐오 범죄를 정의하기 위해서가 아니다. 단지 젠더폭력과 관련된 사안에 있어서 유독 "생각한다는 공포"가 드러난다는 점을 지적하기 위해서이다.[3] "이게 정의인가? 이게 올바르고 적절한 시스템인가? 피해자를 보호하지 못하는 시스템이 존재 가치가 있는가?"[4]라는 질문을 던지지 않는다는 것이다. 이러한 질문을 던지지 못하는 것은 여성가족부가 처한 정치적 입장에서 비롯된 것일 터이다.[5] 주디스 버틀러(Judith Butler)는 질문을 던지는 행위가 자신의 정치적 신념에 의혹을 제기하는 일이고, 이를 통해 정치적 신념이 와해될 수 있기에 정치성은 특정한 반(反)지성주의를 요구한다고 말한 바 있다. 즉, 반지성주의는 결코 질문을 던지지 않는다.[6]

2 「여가부 "'신당역 살해' 여성혐오 범죄 여부, 논의 필요"」, 『MBN뉴스』, 2022. 9. 19.

3 주디스 버틀러, 조현준 역, 『젠더 허물기』, 문학과지성사, 2015, 286쪽.

4 반성폭력 활동가인 '마녀'는 "2014년부터 '재판 방청 연대'를 통해 성폭력 피해자를 지원하고 성범죄를 판단하는 사법부를 감시"해왔다. 그는 이번 신당역 '스토킹 살인' 사건을 다룬 기고문에서 공적 시스템이 성폭력 피해자들을 죽음으로 내몰았음을 날카롭게 지적한다. 「"그랬더니 죽었잖아요, 그랬더니 죽이잖아요."」, 『한겨레 21』, 2022. 9. 26.

5 2023년 1월, 여성가족부 폐지를 두고 여야가 극명하게 대립하고 있는 가운데, 여성가족부는 올해 주요 업무 추진계획에서 여성폭력을 방지하고 성평등 사회를 구현하겠다는 정책목표를 삭제함으로써 스스로의 존재 이유를 부정하고 있다. 양이현경 한국여성단체연합 대표는 "여성에 대한 차별을 '비가시화'하는 윤석열 정부의 기조가 드러난 결과"라고 지적하였다. 「여가부, '여성' '성평등' 정책목표서 지웠다…"윤 정부의 기조"」, 『한겨레』, 2023. 1. 9.

6 주디스 버틀러(2015), 앞의 책, 같은 쪽.

사실 페미니즘에 대한 반지성주의적 태도는 페미니스트들에게 전혀 새로운 것이 아니다.[7] 이는 1990년대 여성운동의 주체들도 겪었던 문제였다. 반지성주의를 백래시(backlash)의 일종으로 파악할 때, 1990년대 성폭력, 가정폭력, 성매매, 성희롱 등에 관한 법제화 운동은 백래시와 상호 견인하며 이루어진 것이었기 때문이다.[8] 특히 1990년대는 "창녀들을 여성해방운동의 전위세력"으로 간주하고, "성을 거래하는 시장과 유통구조가 더욱 정교하고 다양해져야 한다"면서 "모든 여성이 '창녀 정신'으로 무장"[9]할 것을 주장하는 책이 베스트셀러가 되기도 하였던 시대였다.[10] 이러한 상황

---

7 1977년 2학기 이화여대에 '여성학'이라는 이름의 교양과목이 처음 개설된 배경에도 '여자대학 무용론'이라는 반지성주의적 태도가 주요하게 작용했다. 당시 1970년대 남녀 대학생의 비율은 73.8% 대 26.1%였으나, 대학을 졸업한 여성들 대다수가 교육받은 것을 사회로 환원하지 못하고 가정에만 머무르는 실정이었다. 이에 여자들에게 대학교육은 무용하다는 여성교육에 대한 보수담론이 팽배해 있었다. 김영선, 「한국 여성학 제도화의 궤적과 과제」, 『현상과 인식』 제34권 3호, 한국인문사회과학회, 2010, 329쪽. 그런데 이러한 담론은 여성들이 대학 졸업 이후 왜 가정에 머무를 수밖에 없는지 그 구조적 원인을 질문하지 않는다는 점에서 그 자체로 반지성주의적이라고 할 수 있다.

8 1991년 여성계를 중심으로 전개된 성폭력 대처운동은 이전에는 사소한 것으로 치부되었던 '불편한 정동'을 언어화 · 법제화하는 과정이었으며, 이러한 과정은 백래시에 의해 초래된 또 다른 '불편한 정동'에 직면하도록 만들었다. 페미니즘과 백래시는 동시적으로 발생하면서 서로를 끌어당기고 있었던 것이다. 이소영, 「1990년대 포르노그래피 장르화를 둘러싼 페미니스트들의 정동과 그 의미」, 『현대소설연구』 제87호, 현대소설학회, 2022 참조.

9 유숙렬, 「예술과 폭력 사이에서 꽃피는 남근의 명상」, 『IF』, 1997년 여름호, 44쪽.

10 1995년 12월 13일에서 19일 사이, 김완섭의 『창녀론』(천마, 1995)은 여성 분야 도서의 베스트셀러 2위로 등극한다. 「베스트셀러」, 『동아일보』, 1995. 12. 21.

에서 페미니스트들은 "도전받는 부분에 응수"[11]하면서 페미니즘과 페미니즘이 아닌 것을 구분 지어야만 했다. 이렇듯 "페미니즘이 어디에 와 있는지 조사하는 일"[12]이 더욱 긴요했던 것은 그 당시 '여성학'이 제도화되고 있었기 때문이다. 1987년 이후, 총여학생회의 요구로 대학 내 교양과목으로서 '여성학'이 신설되었으며 학내 여성연구소가 설립되기 시작했다. 1990년대에 이르면 여성학은 급속도로 성장하는데, 학위 과정으로서의 여성학 프로그램과 학과 개설이 전국 단위로 확산되었으며, 타 분과학문에서도 '젠더' 연구가 태동한 것을 그 예로 들 수 있다.[13]

이와 같은 상황을 고려할 때, 페미니즘을 표방하며 출간된 양귀자의 『나는 소망한다 내게 금지된 것을』에 페미니스트들이 우려를 표했던 것은 어찌 보면 자연스러운 수순이었다.[14] 한국여성

---

11 주디스 버틀러(2015), 앞의 책, 282쪽.

12 주디스 버틀러(2015), 앞의 책, 276쪽.

13 이나영, 「한국 '여성학'의 위치성: 미완의 제도화와 기회구조의 변화」, 『한국여성학』 제27권 4호, 한국여성학회, 2011, 43-46쪽.

14 이 작품은 그 당시 파격적인 소재로 화제를 불러 모았다. 심리학과 대학원생인 강민주가 '인간 실현을 위한 여성문제 상담소'에서 "여성들의 불행한 이야기를 채집"하다가, 그들을 위해 스스로 "초월자", "응징의 대리인"이 되기로 결심하고, 유명 배우 백승하를 납치 · 감금하여 복수를 꾀한다. 이후 그는 모종의 심리 변화를 겪고 백승하와 가까워지며 이에 질투를 느낀 심복 황남기에 의해 살해당한다. 양귀자, 『나는 소망한다 내게 금지된 것을』, 살림, 1992, 24쪽, 75쪽 참조. 이소희는 『나는 소망한다 내게 금지된 것을』이 '반 페미니즘 소설'임에도 불구하고 대중매체에서 페미니즘 소설로 선전될 뿐만 아니라, 문단에서 인정받는 작가가 페미니즘에 관해 이 정도로 쓸 수밖에 없는 까닭으로 "일반 독자들의 페미니즘에 대한 인식이 바로 작가의 페미니즘 인식과 비슷한 수준에 있기 때문"이라고 파악한다. 그에 의하면, 이 책의 의미는 "몇 가지 구체적 장면에서 우리들의 느낌과 그에 대한 대안을 자세히 피력할 수 있는 계기를 제공해 주었

연구소 문학분과원이었던 김양선과 김은하의 글 역시 작중 인물 '강민주'가 말하는 여성 억압적인 현실이 "초보적인 여성문제 개설서의 수준"에 불과하며, 이는 "작가의 여성문제 인식이 추상적임"을 뜻한다고 주장한다.[15] 이러한 혹평에는 당시 페미니즘이 처했던 백래시로부터 무언가 전혀 다른 것을 재표명해야 한다는 생각이 깔려 있었다고 할 수 있다.[16] 그러나 최근 연구 경향은 이와 반대로 이 텍스트에서 페미니즘의 의미를 적극적으로 읽어내는 데 중점을 두고 있다.[17] 특히 이혜령은 "페미니스트 범죄로서

다"는 데 있을 뿐이다. 그는 "최근에 신보수주의의 목소리가 높아지고 있는 가운데 페미니즘을 표방하는 소설이 이런 식으로 나오고 있는 것은 여성문제를 진지하게 풀어 가려는 우리들에게 걱정스러운 현상이 아닐 수 없다"고 지적한다. 이소희, 「페미니즘 문학에 대한 몇 가지 생각들」, 또하나의문화 편집부, 『여자로 말하기, 몸으로 글쓰기』, 또하나의문화, 1992, 213-215쪽. 이외에 『나는 소망한다 내게 금지된 것을』에 관한 부정적 평가를 담은 글은 다음과 같다. 정은주, 「독자발언: 양귀자 〈여성소설〉의 반여성성」, 『월간 길을 찾는 사람들』 제92권 10호, 사회평론, 1992, 216-217쪽; 이경덕, 「여성문제의 인식과 소설적 형상화-안재성, 공지영, 이경자, 양귀자의 최근 소설들」, 『실천문학』, 1993년 여름호; 정영자, 「90년대 여성소설의 특성연구-양귀자, 공지영을 중심으로」, 『비평문학』 제15호, 한국비평문학회, 2001 참조.

15 김양선 · 김은하, 「양귀자의 『나는 소망한다 내게 금지된 것을』에 이르는 길」, 『여성과 사회』 제4호, 한국여성연구소, 1993, 123쪽.

16 주디스 버틀러는 페미니즘이 패배했다고 간주될 때 페미니즘 이론이 할 수 있는 일은 페미니즘이 도전받는 부분에 응수하는 것뿐이라고 말한다. 이때 응수한다고 하는 것은 조건과 책임을 방어적으로 옹호하고 이미 알고 있는 바를 상기시킨다는 의미가 아니다. 오히려 "뭔가 전혀 다른 것, 재표명의 요구에 따르는 것, 위기에서 비롯된 요구에 따르는 것" 등을 말한다. 주디스 버틀러(2015), 앞의 책, 282쪽.

17 대표적으로 다음 선행연구들을 들 수 있다. 허주영은 『나는 소망한다 내게 금지된 것을』의 대중적 성공이 페미니즘 운동을 대중문화라는 장으로 확장하였을 뿐만 아니라, 여성 독자로서의 대중을 발견하게 했다는 점에서 페미니즘의

의 상징 살인은 근본적으로 가능한 것일까?"라는 질문을 던지며, 심복 황남기가 강민주를 살해한 사건이 2000년대 점증하게 되는 이별살인 및 데이트폭력의 형태를 징후적으로 보여준다고 강조한다.[18] 이러한 독해는 본고와 마찬가지로 페미니즘의 동시대성에 의해 추동된 것이라 할 수 있다.[19] 프루던스 체임벌린(Prudence Chamberlain)에 의하면 동시대성이란 페미니즘의 행동주의를 급등시키는 시간성을 의미한다. 페미니즘이 추구하는 "정치적 변화는 과거의 문제를 복제하지 않는 미래를 확보하기 위해 일어난다." 이 때문에 "미래를 향한 열망"과 "과거 인식이 페미니즘을 동시대적 순간 속으로 정향"하게 만든다.[20]

대중화를 이끌어낸 사건이라고 의미화한다. 허주영, 「1990년대 페미니즘의 대중화, 그 직전의 풍경」, 『민족문학사연구』 제78권, 민족문학사연구소, 2022, 171-205쪽; 이한나의 경우, 이 작품을 당대 제3차 가족법 개정과 여성 노동자의 모성보호 담론과 관련지어 읽는다. 이에 따르면 『나는 소망한다 내게 금지된 것을』은 여성 관련 법 개정 방식의 한계를 비판적으로 드러내는 동시에 민족의 재생산이라는 과제와도 거리를 둔다는 점에서 유의미하다고 할 수 있다. 이한나, 「여성주의 관점에서의 법과 문학-박완서, 양귀자, 김인숙, 김향숙 소설을 중심으로」, 동국대학교 박사학위논문, 2022 참조.

18 이혜령, 「어느 페미니스트 범죄 서사의 딜레마」, 『대중서사연구』 제25권 4호, 대중서사학회, 2019, 255-257쪽.

19 김민지는 『25세 여성 조기정년제 철폐를 위한 여성단체연합회 활동보고서』를 '동시대 텍스트'로 읽을 것을 제안한 바 있다. 이는 비선형적인 시간성을 통해 과거의 사건을 현재의 맥락에서 동시대 텍스트로 독해함으로써 미래를 의미화하는 작업이라고 할 수 있다. 김민지, 「'가사 노동' 의제화 과정 속 서사의 의의: 동시대 텍스트로서의 '25세 여조연 운동'」, 『민족문학사연구』 제78권, 민족문학사연구소, 2022, 11-45쪽 참조. 본고는 이러한 시각의 유의미함을 참고하면서 양귀자의 『나는 소망한다 내게 금지된 것을』에 담긴 동시대성을 보다 세밀하게 읽어내고자 한다.

20 프루던스 체임벌린, 김은주 · 강은교 · 김상애 · 허주영 역, 『제4물결 페미니즘:

최근 1990년대 여성문학 연구에 있어 동시대성이 발현되는 이유는 반지성주의에 대한 거부 때문이라고 볼 수 있는데, 이때의 반지성주의란 포스트 페미니즘을 가리킨다고 할 수 있다. 이는 '페미니즘 이후'로서 페미니즘이 세를 장악해서 모든 목표를 달성했기에 현재와는 무관하다는 뜻이다. 앞서 제시된 여성가족부 대변인의 발언도 포스트 페미니즘의 맥락에서 이해할 수 있다. 포스트 페미니즘 시대의 반지성주의란 "페미니즘에 대해 아는 척하는 것과 페미니즘을 기각하는 것의 결합"인 것이다.[21] 흥미로운 점은 양귀자의 『나는 소망한다 내게 금지된 것을』에 1990년대 백래시로서의 반지성주의에 대한 저항이라는 '과거'와 포스트 페미니즘이라는 반지성주의에 대한 투쟁이라는 '현재', 그리고 더 이상 페미니즘이 필요 없는 '미래'가 수렴되고 있다는 사실이다. 이렇듯 모든 시제가 모이고 있다는 점은 그만큼 그의 텍스트가 시간이 지나도 여전히 강렬한 정동(affect)을 지니고 있기 때문이라고 추측해볼 수 있다.[22]

본고는 양귀자의 텍스트가 함의하고 있는 정동의 실체를 규

정동적 시간성』, 에디투스, 2021, 100쪽.

21 위의 책, 82-83쪽.

22 위의 책, 81-100쪽. 체임벌린에 의하면, 정동(affect)은 "느낌과 그에 수반되는 이동성이 불가분의 관계에 있음"을 뜻한다. "구체적인 정동적 환경에서 전체 사회운동이 만들어질 수 있는 것과 같은 방식으로, 주체를 특정한 정치로 이동시킬 수 있다." 위의 책, 123-124쪽. 브라이언 마수미(Brian Massumi)를 참고해보자면, 정동하고 정동되는 순간, '나'는 무엇인가에 영향을 주는 동시에 영향을 받게 된다. 그리고 그럴 경우 아무리 미세하더라도 '나'는 어떤 "변화(이행)"를 겪게 된다. 이러한 의미에서 정동은 "문턱의 이행"이라고 표현할 수 있다. 브라이언 마수미, 조성훈 역, 『정동정치』, 갈무리, 2018, 25쪽.

명하기 위해 동시대성을 고려하는 동시에 작가와 당대의 특정한 연대기적 지점까지 아울러 살피고자 한다. 체임벌린이 힘주어 말하듯, "페미니즘에는 간과할 수 없는 특정한 연대기적 지점이 있으므로, 정치 운동은 여전히 어떤 방식으로 연대기적 시간 감각에 묶여 있다는 것을 인정"할 필요가 있다.[23] 양귀자의 텍스트에 내재한 특정 정동이 '페미니즘의 대중화'라는 정치 운동 방식의 변화를 이끌어냈다면, 여기에 작가의 삶 혹은 1980년대에서 1990년대 초반의 시대적 정황의 어떤 지점이 영향을 미쳤을 가능성을 받아들여야 하는 것이다.

이와 같은 시각하에 본고에서는 양귀자의 첫 장편소설인 『희망』에서 "절망과 고통", "원한이나 보복"과 같은 격렬한 정동이 드러난다는 점에 주목하려고 한다.[24] 특히 이 소설에는 고문 기술자를 처단하는 남성 테러리스트 '진도연'이 등장한다. 1980년대에 실제 양귀자의 남편 심만수가 고문을 겪었고 양귀자가 이를 문학적으로 재현해왔음을 상기해보면, 이는 매우 의미심장하다고 할 수 있다.[25] 더욱이 1990년대라는 새로운 연대에 양귀자가 고문자를 살해하려는 시도를 한 테러리스트를 그린 것은 이 텍스트의 시대적 정황까지 살펴봐야 한다는 사실을 뜻한다. 이는 결국 『나는 소망한다 내게 금지된 것을』의 강민주가 범한 테러와 『희망』에

---

23 프루던스 체임벌린, 앞의 책, 81-82쪽, 113쪽.

24 양귀자, 『희망』, 살림, 1990, 510-511쪽.

25 「[작가탐험/양귀자] '지금, 이곳' 사람들 관심사에 촉각」, 『조선일보』, 1999. 4. 20.; 임희현, 「국가 폭력의 기억과 글쓰기-양귀자 문학 연구」, 『민족문학사연구』 제65권, 민족문학사연구소, 2017, 96쪽에서 재인용.

서 진도연이 저지른 테러가 깊이 관련되어 있을 가능성을 암시한다. 즉, 강민주가 시도한 테러의 의미를 이해하기 위해서는 『희망』을 함께 읽어야 하는 것이다.[26] 따라서 본고에서는 고문을 형상화한 작품들, 곧 「밤의 日記」와 「천마총 가는 길」을 중심으로 양귀자가 『희망』에 이르는 길을 따라가면서 『나는 소망한다 내게 금지된 것을』에서 젠더폭력을 다루게 되었던 배경을 분석하고자 한다. 정동과 글쓰기의 관련성을 추적해보는 작업이 될 이 글은, 궁극적으로 『나는 소망한다 내게 금지된 것을』에 페미니즘이라 이름을 붙일 수는 없어도 페미니즘적이라 말할 수 있는 연유를 탐문해 볼 것이다.

2. 시스템과 인간, 그리고 적대의 정동

양귀자에게 있어 '고문'과 '테러'에 관한 상상력은 「밤의 日記」로부터 시작되었다고 할 수 있다. 이 텍스트에서 초점화자인 '태

---

26 김양선과 김은하는 양귀자의 문학 세계 전체를 조망하면서 『나는 소망한다 내게 금지된 것을』이 "폭력적 세계에 대한 대응"이라는 측면에서 양귀자의 이전 작품 경향과 크게 구별되지 않는다고 파악한다. 다만, 「천마총 가는 길」(『현대문학』, 1988. 6), 「기회주의자」(『문학과 사회』, 1989년 봄호), 「슬픔도 힘이 된다」(『창작과 비평』, 1989년 겨울호)를 통해서 "당대현실에 대한 묘사가 이전 작품들보다 구체화된 점, 작품의 중간계급들이 폭력적인 현실뿐만 아니라 자기 계급의 속성 또한 극복해야 할 대상으로 보고 있는 점" 등의 "질적 변화"를 이루어냈으나, 『나는 소망한다 내게 금지된 것을』에 이르면 그러한 긍정성이 퇴행하고 있으며, 그 중간지점으로서 그의 첫 장편소설인 『희망』을 들 수 있다고 지적한다. 김양선 · 김은하, 앞의 글, 112-125쪽.

희'는 1980년 여름 "느닷없이 증발"했다가 "일주일 만에" "푸른 물감통 속에서 갓 빠져나온 듯한 몸뚱아리"로 돌아온 남편과 단둘이 살아가고 있다.[27] 남편은 "해리(解離) 신경증"이라는 후유증을 겪고 있는 것으로 묘사될 뿐, 그가 어떤 연유로 고문을 당했는지, 그리고 어떤 고문을 경험한 것인지, 나아가 어떤 심리 상태인지조차 문면에 드러나지 않는다.(196) 대신 남편이 "대부분의 독서시간을 모두 할애하고 있는 것은 테러리즘에 관한 책들"이라는 점에서 그가 당대 체제에 대해 지니고 있는 반감을 추측할 수 있을 뿐이다.(198)

그럼에도 불구하고 그가 왜 하필 테러리즘에 골몰하고 있는지를 탐구하기 위해서는 이 소설에서 제시된 다른 사건을 경유해야 한다. 그것은 바로 태희가 사는 아파트의 옆집에서 일어난 강도 사건으로, 그녀와 친밀한 관계를 유지하던 "경주엄마의 적의"는 "끔찍한 재난"을 당한 자의 심리를 보여준다.(191-192) 흥미로운 것은 남편이 당한 고문과 경주엄마가 겪은 강도 사건을 '재난'이라는 점에서 동일한 차원으로 다루고 있다는 사실이다.

> 이상한 것은 재난을 당하지 않은 사람보다 오히려 당한 쪽의 편에서 팔자에 대해 한층 너그럽다는 사실이었다.
>
> 남편이 그해 여름 느닷없이 증발되었을 때, 그리고 일주일 만에 멍든 육신으로 되돌아왔을 때 태희는 경악과 분노로 차라리 손가락

27 양귀자, 「밤의 日記」, 『문학사상』, 1985. 4, 194쪽. 앞으로 인용시 괄호에 쪽수만 표기하기로 한다.

을 깨물고 싶은 심정이었다. 난 비교적 운이 좋았던 거야. 하기야 원래도 별다른 행동거지를 내보인 적도 없었고, 다들 들어갔다 하면 고장난 몸뚱이로 일년 이상 썩는 게 예사니까. 푸른 물감통 속에서 갓 빠져나온 듯한 몸뚱아리를 이러저리 뒤척이며 때때로 낮은 신음을 뱉아가며 그는 자신의 몸을 신통한 기계나 내려다보듯 구석구석 확인하고 또 확인했었다. 그 스스로 확인했듯이 그는 결코 반골기질 같은 것은 가지고 있지 못한 사람이었다.

「강도보다도 더 미운 것은, 이 아파트에 사는 우리들의 이웃이었어요. 목청이 터지라고 소리를 질렀어요. 어디서 그런 힘이 솟았는지 번개처럼 복도 끝에서 끝으로 내달리며 살려달라고 아우성을 쳤었지요……아무도, 아무도 나오지 않았어요.」(193-194)

위 인용문처럼 이 텍스트는 고문 이후 남편의 모습과 경주엄마의 이야기를 병치시킴으로써 그녀의 심리를 통해 남편의 내면을 유추할 수 있도록 한다. 여기서 경주엄마는 강도 사건 당시 외출했다가 돌아온 태희에게 "어떠한 호소도 없이 적의에 가득 찬 몸짓만으로 일관"했던 까닭을 설명한다.(191) 기실 그녀의 "불타는 적의"는 강도를 향한 것이 아니라, 도움을 요청하는 그녀를 차갑게 외면했던 이웃들을 향한 것이었다.(194) 경주엄마는 그러한 이웃들의 태도를 "절벽"에 비유한다. "커다란 절벽을 손으로 만지고, 할퀴고 두들겼던 거예요. 엄청난 두께와 측량 못할 부피의 절벽……"(195) 인상적인 것은 태희가 경주엄마의 이야기를 들으면서 바로 그와 남편 사이의 절벽을 떠올린다는 점이다. 이때의 절벽이란 거리감을 의미할 텐데, 그것은 바로 재난을 당한 자와 재난을 당하지 않은 자 사이에 자리한 것이었다. 그는 남편의 실종 당시 "상상할 수 있는 모든 불행"을 떠올렸었지만, 고문은 예상하지 못했었다. 이 때문에 그녀는 오 년이 지난 지금까지 자신의 "단순한 상상력"을 경멸하고 있었던 것이다.(195) 이와 같은 대목은 경주엄마의 적대감을 통해 남편의 내면에 다가설 수 있는 힌트를 제공하면서도, 결국 남편이 겪고 있는 고통은 태희의 상상력의 범위를 넘어선다는 것을 보여준다.

그러나 〈밤의 日記〉는 남편의 심리적 정황을 경주엄마의 적대감을 통해 설명한다는 점에서 다소 설득력이 떨어진다. 이렇게 우회적인 방식으로 남편의 내면에 접근했던 것은 앞서 언급했듯이, 그의 고통을 '상상'할 수 없었기 때문이기도 하지만, 그 당시 검열로 인한 재현의 임계가 작용했기 때문이라고도 할 수 있다. 이러한 의미에서 「천마총 가는 길」에 「밤의 日記」에서 서사의 공백으로 남아 있던 고문에 대한 형상화가 직접적으로 제시되고 있다는 점은 주목을 요한다. 1988년의 시점에 고문의 재현이 가능했던 것은 1987년 6월 항쟁을 전후로 하여 고문을 폭로하는 자료집과 수기가 연이어 출간되었던 사실과 관련이 있을 터이다. 실제로 정찬은 "80년대 중반 김근태씨의 고문 수기를 읽고 큰 충격을 받았"다고 말하며, "고문의 실체를 소설로 쓰고 싶다"는 생각을 하게 되었다고 밝힌 바가 있다.[28] 또한 임철우의 「붉은 방」은 핵심적인 모티프를 김근태의 수기에서 빌려왔다.[29] 양귀자 역시 「천마총 가는

---

28 「"김근태씨 수기에 충격"…고문의 본질 파헤쳐」, 『조선일보』, 1999. 11. 5.

29 임철우의 「붉은 방」은 김근태가 고문실에 도착했을 때 느낀 낯설고 어색한 심정을 '황갈색'으로 묘사했던 것에서 착안했다고 할 수 있다. 고문자인 '최달식'

길」을 쓰면서 그 당시 제출되었던 고문 자료집과 수기를 참고했다고 가정해볼 수 있는데, 이는 1990년 여름 휴가철에 읽을 만한 책으로 권인숙의 『하나의 벽을 넘어서』를 추천했던 것에서 미루어 짐작할 수 있다.[30]

「천마총 가는 길」은 「밤의 日記」와 달리 고문 피해자를 초점 화자로 삼아 이야기를 전개해나가고 있다. 이 텍스트는 체제와 인간이 맺는 관계에 대해 성찰한다고 할 수 있는데, 이는 고문 피해자가 1987년 대통령 선거 때 선거 결과의 분석보다도 "새로운 지배 체제의 정황에 더욱 민감"했던 사실에서 알 수 있다.[31] 이때의

이 기독교 신자로 설정되어 있는 점 역시 김근태의 탄원서에서 실제 고문자가 가톨릭 신자였다는 점을 변용한 것으로 보인다. 뿐만 아니라, 고문 사이에 틈입하여 일상성을 드러내주는 장치로 라디오와 텔레비전 소리를 활용하고 있다는 점도 김근태의 탄원서와 유사하다. 이소영, 「87년 체제와 적대의 정동」, 서울대학교 박사학위논문, 2022, 35-46쪽.

30 "『하나의 벽을 넘어서』는 우리사회의 「벽」에 관해서 기록한 책이다. 잘 알려져 있다시피 權仁淑씨는 1986년 부천서 성고문 사건을 폭로한 당사자이다. 그는 당시 우리 사회에 미만해있던 고문을, 그것도 가장 추악한 형태의 고문이 어떤 방식으로 저질러졌는지를 용기있게 폭로함으로써 민주화로 가고자 열망했던 사회분위기에 엄청난 기폭제 역할을 했다. 80년대는 고문이 일상화되어 있었고, 내가 알고 있던 몇몇 사람도 그 짐승스런 덫에 걸려 인간에 대한 깊은 회의에 빠져 있었다. 그리고 부천서 성고문사건이 터졌다. 나는 富川에 살고 있는 사람이었다. 이런 저런 사정이 합해져 내 충격은 깊고도 길었다. 「하나의 벽을 넘어서」는 쉬어가며 읽는 책이 아니다. 손에서 뗄 수 없을 만큼 단숨에, 그리고 감동적으로 읽히는 책이다. 특히 증오의 대상을 증오로 맞서 싸울 때의 허망함을 일깨워주는 몇 군데의 진솔한 고백을 읽을 때는 눈시울이 뜨겁다. 벽을 허물려고 싸우는 투쟁이 종종 또 다른 벽을 높이 쌓고 마는 결과를 우리는 도처에서 목격하며 산다. 나는 이 책이 이러한 벽까지도 넘어서려고 노력하는 구체적이고도 성실한, 진정한 노력의 소산이라고 본다." 「독서로 여름을 이긴다-文人10人이 권하는 휴가철 읽을 만한 책」, 『동아일보』, 1990. 7. 10.

31 양귀자, 「천마총 가는 길」, 『현대문학』, 1988. 6, 203쪽. 앞으로 인용시 괄호에

체제(system)란 시민의 삶의 공간을 조성하는 정치적 · 법률적 · 이데올로기적 제도뿐만 아니라, 그 시스템을 살아갔던 사람들의 정체성이나 그들이 맺었던 관계의 유형, 그리고 의미의 관계들을 가리킨다.[32] 체제를 시스템으로 이해할 경우, 그가 체제 전환기에 신경을 곤두세우고 있었던 까닭을 알 수 있다. "역사의 전환점이라면, 그도 이 시기에 진정하게 전환되고 싶었"기 때문에, 즉 자신의 정체성을 일신하고 싶은 욕망으로 사직서를 제출하고 대구로 향한 것이다.[33]

그러나 그가 원하는 전환은 그리 쉽게 이루어지지 않는다. 고문 이후 7년 동안 "그들에게 봉사했다는 식의 유치한 반성을 뛰어넘는 어떤 적개심"이 자기 자신을 향하고 있었기 때문이다.(223-224) 그가 스스로에게 느끼는 적개심은 그의 삶 속에 극심한 두통의 형태로 계속해서 틈입하는 고문의 기억과 관련되어 있을 가능성이 있다.[34] 그가 경험했던 고문은 구타와 물고문 두 가지로 요약

쪽수만 표기하기로 한다.

32 본고에서 사용하는 '체제' 혹은 '시스템'이라는 용어는 알렉세이 유르착(Alexei Yurchak)이 소비에트 시스템을 설명하면서 주장했던 개념을 참고한 것이다. 그에 의하면 시스템은 "시민의 삶의 공간이 조성되는 여하한 사회문화적 · 정치적 · 경제적 · 법률적 · 이데올로기적 · 공식적 · 비공식적 · 공적 · 사적인 관계, 제도, 정체성, 의미 관계의 유형들 일체"를 가리킨다. 알렉세이 유르착, 김수환 역, 『모든 것은 영원했다, 사라지기 전까지는: 소비에트의 마지막 세대』, 문학과지성사, 2019, 16쪽.

33 인용한 표현은 잡지에 발표되었던 원문에는 없었던 것으로 『슬픔도 힘이 된다』(문학과지성사, 1993)에 수록하면서 추가된 것으로 보인다. 양귀자, 『슬픔도 힘이 된다』, 문학과지성사, 1993, 47쪽.

34 피해자에게 고문에 대한 기억이 언어를 매개로 하지 않고 신체적 증상으로서 직접적으로 도래한다는 측면에서 이를 '몸-기억'으로 설명할 수 있다. 이소영,

될 수 있는데, 특히 후자의 디테일한 측면은 김근태의 수기와 유사한 부분이 많다는 점에서 주목을 요한다. 이는 그만큼 김근태의 수기를 참고했으리라는 추측을 가능케 하는데, 설령 참조하지 않았더라도 리얼리티를 확보하고 있는 것이기에 이를 통해 그가 느끼고 있는 '적대'의 정동을 섬세하게 분석할 수 있는 길이 열린다. 소설 속 물고문에 관한 재현과 김근태 수기의 해당 대목을 제시하면 다음과 같다.

(가) 한 명이 무방비 상태의 배를 주먹으로 내질러버렸다. **그리고는 세수 수건으로 얼굴을 덮었다. 눈앞에 보이는 것은 희뿌연 안개뿐이었다.** 시야를 차단해버리니 참을 수 없을 만큼의 무섬증이 온몸을 짓눌렀다. 내가 안 보는 사이, 미처 확인도 못 하는 사이에 저들의 손에 죽을 수도 있다는 데 생각이 미치자 더욱 견딜 수 없었다. 내가 이곳에 붙잡혀 있는 것을 아는 사람은 없다, 나는 이제 여기에서 죽어도 단지 실종으로 처리되고 말 것이다, 그는 임신 육개월의 아내와 노모와 회사 동료들을 마음속으로 애타게 불렀다.

(중략)

곧 이어 닥쳐올 무시무시한 고통을 기다리면서 그의 심장은 무섭게 뛰었고 온몸에서는 진땀이 바싹바싹 솟구쳐올랐다. 이윽고 얼굴을 덮은 수건 위로 주루루 물이 쏟아지기 시작하였다. 짐작건대 그것은 주전자인 모양이었다. 물의 굵기가 일정하였으므로 고문자는 그의 코에 집중적으로 물을 쏟아부을 수 있었다. **처음은, 아주 짧**

「87년 체제와 적대의 정동」, 서울대학교 박사학위논문, 2022, 83-85쪽.

은 동안은 견딜 만도 하였다. 그러나 어느 한 순간에 이르러서 숨이 턱 막히고 콧구멍에서부터 반란이 일어났다.

(중략)

인정하고 싶지 않았지만, 서서히 죽음의 골짜기로 다가가고 있다는 느낌 때문에 절망감은 한층 깊었다. 어떻게라도, 어떤 방법으로든, 살아 있는 한은 그 고통을 견뎌야 했으므로 차라리 죽어버리고 싶기도 하였다. 이 고통을 그치게 할 수 있는 방법이 죽음뿐이라면 진정으로 그는 그 길을 택하고 싶었다.

(중략)

물고문의 그 지독한 고통을 아는 까닭에 이번에는 손발이 묶이는 순간부터 그는 이미 실신 지경에 이르렀다. 도저히, 정말 도저히 견딜 것 같지 않다는 절망감에 이빨이 마구 부딪칠 만큼 떨었다. 그러나 고문자들은 기계였다.

(중략)

그는 절망 속에서 자신도 모르게 허우적이며 외쳐댔다. 말…… 말…… 말을 하겠……

(중략)

누구의 이름을 대었는지 알 수가 없었다. 떠오르는 이름은 무엇이든 불었다. 너무 많이 분다고 해서 각목으로 수십 대 맞기도 하였다. 지옥이었다. 뭐가 뭔지 하나도 알 수 없었고 금방이라도 미쳐버릴 것처럼 정신이 마구 헝클어졌다. 박성근이가 어떻게 그의 이름을 불었는지 후에 생각해보니 너무나 선명하게 알 수 있었지만 그 순간에는 아무것도 떠오르지 않았다.

한번 허물어지고 나니까 붙잡아야 할 마지막 무엇까지 완벽하게

사라져버리고 말았다. 나는 나일 수 없다, 라는 정체감의 상실도 썰물처럼 몰려들었다. 내가 나이지 않으니까 공포감의 확대도 그 속도가 무섭게 빨라졌다.(211-217)

(나) 백남은의 카랑카랑한 목소리에 따라 얼굴에 눈이 가려져 있는 내 얼굴에 수건이, **노란 세수수건이 덮어 씌워지고, 세상은 희뿌옇게, 누렇게 되고 말았읍니다.** 머리 양쪽에서 정현규와 최상남이 움직이지 못하도록 힘을 주어 고정시키고 그 위에 수도 꼭지를 틀어 샤워기 아가리에서 물이 쏟아져 내리도록 하였읍니다. 육척 거구인 김영두가 그 샤워 꼭지를 잡고서 사정없이 물을 들이댔읍니다. **그러는 한편 주전자에 물을 담아 동시에 쏟아붓고 또 쏟아부었읍니다.** 처음에는 칼을 갈면서 견디었읍니다. **아주짧은 시간은 견딜 수도 있는 것 같았읍니다.** 숨을 어떻게 몰아쉬고 또 안쉬고 또 몰아쉬고요. 하지만 애당초 그것은 가능한 것이 아니었읍니다. 숨이 탁탁 막히고 꺼져가는 생명의 마지막 안감힘일지도 모르는 그 순간이 덮쳐오는 것이었읍니다. **신냄새 나는 짙은 껌껌함으로 뒤바뀌고 속은 메스꺼워지다가 완전히 뒤집히고 코 속에서는 노린내가 치솟고 물이 쏟아지는 그 속에서 불길이 솟고 콧속에서 불길이 솟고요.** 온몸을 버둥거리고 혼신의 힘으로 뒤척이고 하여 칠성대도 기우뚱 하였지요. 몸은 완전히 땀으로 젖어버리고 담요도 땀으로 물컹해졌읍니다.

(중략)

이게 죽음인가 죽음의 형제인가 아 나는 결국 여기서 굴복하고 마는 것인가 이렇게 해서 죽음의 길로 내몰리는 것인가, 그렇지는

않아, 그럴수는 없어 견디는 거야 라고 몇번 다짐할 만한 순간은 있었지만 그것은 오직 수초동안만 지속될 뿐이었읍니다.

(중략)

9월 4일의 두번에 걸친 물고문 그것만으로도 본인의 인간적 주체성은 크게 동요되고, 일관성있는 인격은 와해되어 가기 시작했읍니다. 외부에서 폭력적으로 강제되는 것에 무릎을 꿇을 수밖에 없음을 처절하게 느끼게 된 것이지요. 이 만화같은 현실에 머리를 숙여야 했지만 **그러나 아직은 자신의 주체성, 그것을 다 포기하지는 않았었읍니다.**[35]

다소 긴 인용문이지만 굵은 글씨를 중심으로 (가)와 (나)를 비교해보면, 세수 수건이 얼굴을 덮은 뒤 세상이 희뿌옇게 보이고, 처음 아주 짧은 시간 동안은 견딜 만했으나, 코에서 엄청난 고통을 느꼈으며, 점점 죽음에 근접했다는 자각 이후, 자아가 해체됨을 느꼈다는 내용들이 비슷하다고 할 수 있다. 그러나 여기서 중요한 것은 일치 여부가 아니라, '고문'이 이들에게 '유사 죽음'으로 여겨졌으며, 일종의 쇼크 상태에서 '나'라는 정체감, 곧 '일관성 있는 인격'이 무너져버렸다는 사실이다. 일레인 스캐리(Elaine Scarry)에 의하면, '고문'은 "인간을 둘로 쪼개는" 작업으로서 엄청난 고통을 통해 고문당하는 사람의 자아와 세계를 분쇄해버린다. 한 사람의 세계를 채운 내용물이 붕괴된다는 것은 결국 언어가 상실됨

---

35 민주화운동 청년 연합, 「남영동 치안본부 인간 도살의 현장 기록-민청련 전의장 김근태씨의 탄원서 중 발췌」, 1987, 9-12쪽.

을 뜻한다. 언어를 잃어버리는 대신, 고문 피해자에게 점점 뚜렷해지는 것은 바로 고통받고 있는 자신의 몸이다. 이러한 고문의 과정은 죽음과 유사하다고 할 수 있는데, 고문과 죽음 모두 몸 때문에 발생하며, 고문과 마찬가지로 죽음에서도 의식의 내용물이 분쇄되기 때문이다. 이러한 의미에서 (가)에 드러난 그의 자백은 자기 배신이 아니라 자아와 세계, 그리고 언어가 붕괴되어버렸다는 점을 증명한다.[36]

이러한 맥락에서 그가 스스로에게 느끼는 적대감은 자기를 배반해버렸다는 차원이 아니다. 이보다는 자신이 아니었던, 내가 아니었던 순간의 고통 그 자체를 감각의 차원에서 표현한 것이라고 할 수 있다. 스캐리는 고통의 본질적인 측면으로 "도저히 견디기 어렵고 회피를 유발"한다는 점을 꼽는다. 즉, 고통은 "어떤 사람에게 적대적인 무언가를, 그 사람이 적대할 수밖에 없는 무언가를 감각으로 번역"한 것이다. 고통은 "'자신이 아닌 것' '내가 아닌 것'이자 너무나 이질적이어서 당장 제거되어야만 하는 무언가로 즉시 식별"된다는 점에서 '적대적'이라고 할 수 있다.[37] 앞서 언급했듯이, 그는 두통을 느낀 후 고문의 환영에 사로잡힌다. 여기서 고통의 내용물이 곧 고문의 기억임을 알 수 있는데, 이는 결국 '내'가 아니었던 순간이기에 그는 기억에 적대적일 수밖에 없다.

그가 체제 전환의 시기에 "새로 출발할 수 있을까. 다시 시작할 수 있을까"를 거듭 질문할 수밖에 없었던 것은 그의 육체로 육

---

36 일레인 스캐리, 메이 역, 『고통받는 몸』, 오월의봄, 2018, 41-78쪽.

37 위의 책, 84쪽.

박해오는 적대의 정동을 억누를 수 없었기 때문이다.(235) 더욱이 그가 고문 이후 갈비집에서 고문 가해자를 마주쳤던 경험은 시스템이 바뀐다고 해서 그 시대를 살아갔던 사람들이 변화하는 것은 아니라는 사실을 일깨워주었다. 곧 시스템이 인간의 삶을 규세하기도 하지만, 인간의 정체성 역시 그 시스템의 일부라고 했을 때 시스템의 갱신을 쉽사리 낙관할 수 없었던 것이다. 고문을 당하는 과정에서 그는 고문자들 역시 "몸이 약한 아들을 걱정하고 피아노에 재주가 있는 딸을 자랑"하는 평범한 가장임을 깨닫는다.(218) 이러한 부분은 김근태의 수기에서도 드러나는데,[38] 그는 평범한 사람들이 그렇게 끔찍한 고문을 자행할 수 있었던 이유를 다음과 같이 설명한다.

> 어떻게 이러고도 이 사람들이 견딜 수 있을까, 무슨 대단한 비밀이 감춰져 있는 것처럼 느껴졌읍니다. 그러나 그것은 아주 간단한 것이었읍니다. **그것은 기만, 자기 기만과 강제되는 타인 기만의 조작된 제도 위에 서있기에 가능한 것입니다. 조작되고 있는 이기주의, 소시민적 안일과 탐욕 그것 위에 서 있는 것입니다.** 그것은 이렇습니다.
>
> 구속 또는 고문을 결정하고 방향을 결정짓고 대상을 선정하여, 증

38 그는 고문자들이 "평범한 사람들"이었다고 증언한다. "군대나간 아들에 대한 걱정, 대학진학을 눈앞에 둔 자제를 가진 어버이로서 당연히 부딪히는 조바심 서민이면 누구나 안게 되는 살림살이 걱정, 박봉에 대한 불평등 종로나 명동의 어느 길거리에서도 부딪힐 수 있는 그런 사람들"이었다는 것이다. 민주화운동 청년 연합, 앞의 글, 4쪽.

오심을 지우고 확대시켜 나가면서 선전을 감행하는 사람이나 그룹은 저 어디 다른 곳에 도사리고 있는 것입니다. **그리고 이 남영동 사람들은 제시되고 결정된 방향으로 자기들의 직무를 아니 작업을 추진해 나가면 그뿐입니다. 이들은 예정되고 설정된 모종의 정치적 목표를 위해 단정적으로 가정하고 있는 불온하고도 불순함, 그것을 무슨 수를 써서라도 획득해 내야 합니다.**
만들어내는 것조차 충동질 당하고 있는 것이 아닌가 하는 생각도 듭니다.[39]

위 인용문은 일레인 스캐리가 고문을 "구조를 갖추고 있는 잔인함과 어리석음의 한 형태"라고 정의했던 것을 떠올리게 한다.[40] 특히 스캐리는 '어리석음'을 "다른 사람의 감응력을 감각하지 못함"이라고 해석하였다.[41] 곧 고문은 타인의 고통을 감각하지 않음으로써 스스로를 기만할 뿐만 아니라, 그러한 고통의 실체를 부정하면서 고문 피해자와 제3자까지 기만하는 시스템이라고 할 수 있다. 김근태는 이러한 시스템이 작동할 수 있었던 이유로 '이기주의, 소시민적 안일과 탐욕'이라는 인간의 나약한 속성을 제시한다. 즉, 시스템은 매우 인간적인 것이었다. 이는 시스템이 강력한 것이기도 하지만, 동시에 허약한 것이기도 하다는 점을 드러낸다.[42]

---

39 위의 글, 4쪽.

40 일레인 스캐리, 앞의 책, 82쪽.

41 위의 책, 42쪽.

42 "즉 언제나 그 시스템(인용자-소비에트 시스템)은 정체된 동시에 난공불락의 것으로, 허약한 동시에 강력한 것으로, 황폐한 동시에 충만한 약속들로서 체험

「천마총 가는 길」에서 그 역시 천마총을 구경하면서 "죽음 이후에도 권력과 영화를 버릴 수 없어 수십만 개의 냇돌로 자신의 무덤을 봉쇄한 왕의 꿈, 지배자들의 꿈이 무언지" 묻는다.(235) 이는 시스템의 본질에 대한 물음이라고 할 수 있는데, 문제는 이 소설이 여기서 질문을 멈춘다는 것이다. 작품은 그가 '천마총 가는 길'이라고 적혀 있는 팻말 앞에서 딸의 사진을 찍어주려고 하는 장면으로 끝맺는다. 이때 그는 "팻말을 받치는 말뚝도, 아이의 다리도 자르지 않은 사진"을 찍으려고 하는데,(236) 이는 딸로 상징되는 미래가 손상되지 않는 새로운 체제에 대한 희망을 여실히 드러낸다.[43] 희망을 향한 강렬한 정동이 서사의 질문보다 앞서 있었기에 답을 내리기도 전에 글쓰기가 중단될 수밖에 없었던 것이다.

3. 너무 이른 현재

「천마총 가는 길」에 대한 분석을 통해 고문 피해자의 가족으로서 양귀자가 공적인 정의를 실현하는 시스템에 대한 기대를 품었다고 가정해볼 수 있다. 그러나 현실은 그의 희망을 여지없이 배반하고 있었다. 1988년 6월 30일, 김근태는 특별가석방으로 풀려난 뒤 6개월의 추적 끝에 고문 기술자 이근안의 정체를 밝혀냈

되었던 것이다." 알렉세이 유르착, 앞의 책, 15쪽.

43 이소영, 「87년 체제와 적대의 정동」, 서울대학교 박사학위논문, 2022, 87쪽.

지만,[44] 언론에 이 사실이 보도되자마자 이근안은 잠적을 감추어 버렸다. 그리고 익히 예상할 수 있듯이 검찰과 경찰은 서로 수사를 미루는 모습을 보였다.[45] 바로 이 지점이 「밤의 日記」에서 실행에 옮기지 않았던 테러를 『희망』에서야 감행하게 된 배경이었다고 할 수 있다.

『희망』은 나성여관 주인의 셋째 아들인 '진우연'의 시선으로 그 집 식구들, 즉 어머니와 아버지, 그리고 형인 '진도연'과 누나 '진수련'뿐만 아니라, 여관에 잠시 기거하는 사람들의 인생을 다루고 있다. 이 작품은 "복수, 살인 혹은 소련과 평양이 아니면 불륜과 밀회 같은 보다 난해하고 복잡한 세계"를 다루고 있기에 정동의 강도가 매우 높은 편이다.[46] 소련을 거쳐 평양에 가려는 10호실 장기투숙객 노인을 통해서는 분단의 아픔을 그리며, 불륜의 주인공이 되어버린 누나를 통해서는 향락으로 인한 타락을 보여준다. 이외에도 어머니 몰래 화장품 가게 여주인과 밀회를 일삼는 아버지의 모습 등 인물 간의 갈등이 복잡하게 제시된다. 그럼에도 불구하고 이 작품의 중심축은 진도연과 9호실 노동자 '찌르레기 아저씨'가 각기 다른 이유로 고문 기술자인 '임용출'을 추격한 끝에 결국 진도연이 살인미수죄로 구속된다는 것이다. 진도연이 임용출을 살해하려고 하는 까닭은 임용출의 고문 때문에 믿고 따르던

---

44 「김근태씨 족친 '이름 모를 전기고문 기술자' 경기도경 공안실장 이근안씨」, 『한겨레』, 1988. 12. 21.

45 「'고문 기술자' 수사 외면」, 『한겨레』, 1988. 12. 24.

46 양귀자, 『희망』, 살림, 1990, 372쪽. 앞으로 인용시 괄호에 쪽수만 표기하기로 한다.

선배 '이정하'가 폐인이 되었기 때문이다. 그러나 작가는 임용출에 대한 처단이 단순히 복수로 해석되지 않기 위해 찌르레기 아저씨를 통해 계급의 문제를 개입시킨다. 곧 그의 부인이 임용출에 의해 돈과 노동, 그리고 성까지 착취당하다가 끝내 자살했음을 강조하는 것이다. 이렇듯 형과 찌르레기 아저씨 중 누가 임용출을 살해할 것인지를 예상하고 추측하게 함으로써 작가는 장르적인 재미까지 제공하려고 했던 것으로 보인다.

그렇지만 작가가 찌르레기 아저씨가 아니라, 형의 손에 의해 임용출을 응징하려고 했던 동기는 다음 인용문을 통해서 알 수 있다.

> 이정하의 영혼을 짓밟은 자가 바로 임용출이다. **이정하는 임용출 때문에 살아있는 미이라가 되어버렸다. 임용출에 의해 칠성판에 눕혀져 짐승의 시간을 보낸 동지는 그밖에도 많다.** 힘이 군림하는, 오직 번들거리는 광기 뿐인 그 시간에는 네 발로 기는 수치와 처절한 비명만 허용된다.
> **그 속에서는 시간도 정지된다. 나는 내가 아니고 너는 네가 아니다. 그들이 원하는 것은 힘에의 굴종이고 스스로를 조소하는 자아의 괴멸일 뿐이다. 우리의 고통은 그들의 일상이다. 아니 무료와 권태 속의 한 오락이다. 이 무슨 미친 짓인가.**
> **부숴진 정신, 유리처럼 위험천만인 육체, 그것들을 지니고 공포의 지배 속에 살고있는 이정하를 볼 때마다 나는 삶의 법칙을 떠올렸다. 인간의 삶은 존엄 위에서 지탱된다. 인간의 존엄을 위협하는 모든 것은 적이다.**

임용출을 죽이고자 했던 것은 복수에 대한 강박관념과는 전혀 무관하다. 그에게 개인적인 원한을 가지고 있지도 않다. **그가 고문기술자가 된 것은 권력의 필요에 의한 것이지 그가 원해서가 아님도 알고있다.**

그럼에도 불구하고 나는 그를 처단하기로 결정했다. 그것은 우리에게 새로운 아침이, 추악한 밤을 보낸 햇발 부신 새아침이 정녕 필요하다는 믿음 때문이었다. 예고되어 있는 새날의 고통을 무시한 채 다시 시작해보겠다고 다짐한들 무슨 소용이 있겠는가.

우리는 다 같이 고통을 겪었고, 그 고통의 청산 없이는 새날 또한 오지 않는 것임을 잘 알고있다. 누군가 밤이 지났음을 알리는 나팔을 불어야 했다.

의분이 많은 땅에 평화가 있다.(529-530)

위 인용문에서 진도연은 이정하가 고문 후유증에 시달리고 있는 모습을 마치 '미이라'와 같다는 표현으로 함축한다. 그리고 고문의 구조에 대해 이야기한다. 고문 피해자는 극심한 고통으로 자아를 상실하게 되고, 이는 '나'와 '너'의 경계가 무너지는 것을 뜻한다. 고문을 당하는 사람의 고통은 고문자의 일상이 되어버린다. 피해자의 고통에 감응하는 능력을 상실한 고문 기술자들은 '고문'을 오락으로 여긴다. 이정하를 자신이 아니었던 순간의 고통으로 몰아가는 후유증은 진도연으로 하여금 인간의 존엄성을 위협하는 모든 것에 대해 적대감을 지니게 한다. 물론 김근태가 그랬던 것처럼 그 역시 고문 기술자들이 시스템의 부분에 지나지 않는다는 것을 인식하고 있었다. 이를 알면서도 그가 임용출을 처벌하려고 했던 것은 새로운 연대를 위해서는 '고통의 청산'이 필요하다고 생각했기 때문이다. 이렇듯 작가는 형의 목소리를 빌려 공적 시스템이 정의를 추구하지 않는 현실에 맞서려고 한다.

그러나 작가의 글쓰기를 추동한 적대의 정동이 독자들의 뜨거운 반응을 이끌어내지는 못했던 것으로 보인다. 실제로 『희망』은 1990년에 출간된 『잘가라 밤이여』를 1991년에 제목만 바꾸어서 다시 출간한 것이었는데, 이는 판매부수가 기대에 미치지 못했던 탓이다. 양귀자는 『나는 소망한다 내게 금지된 것을』과 『천년의 사랑』이 성공한 이후, 『희망』의 표지를 바꾸고 장정까지 양장본으로 만들어 다시 출간한다. 그러나 이는 두 편의 베스트셀러를 이을 후속타가 없어서라기보다는, 그 작품에 대한 작가의 "병적인 애정" 때문이었다고 할 수 있다. 작가는 스스로 『희망』을 "뼈가 빠지게" 공력을 들여 쓴 작품이었다고 말한다. 그런데 정작 책을 냈을 때의 반응은 "냉담" 그 자체였고, 그는 마음의 상처로 '불명열(不名熱)', 곧 원인을 알 수 없는 열병을 앓아 병원에 입원했었다는 것이다.[47] 이러한 일화는 작가가 『희망』에 투여한 정동이 그만큼 강렬했음을 나타낸다.

그렇다면 『희망』이 그 당시 대중적 흡인력을 지니지 못했던 원인을 분석해볼 필요가 있다. 첫째는 이 작품에 등장하는 고문 피해자가 재현되는 방식에서 추측 가능하다. 진우연은 형의 방에서 이정하를 목격했을 때, "무섭도록 말라있어서 마치 미이라같은 사내"였다고 표현한다. "관의 못을 뜯어내고 휘청휘청 걸어왔음직

---

47 「한번 더 독자심판 받겠습니다」, 『조선일보』, 1996. 2. 15.

한 사내의 꼴"은 '유령'의 형상과 흡사하다.(63-64) 이는 그 당시 고문 피해자들이 처했던 상황을 암시하고 있는 듯이 보인다. 87년 체제로의 갱신은 "지각적 전환"을 야기함으로써 "고통의 광경을 완전히 환영처럼" 만들고 있었다.[48] 고문 피해자들이 망각의 위험에 휩싸여 있었다는 것은 이 소설에서 이정하가 처리되는 방식과도 일맥상통하다. 나성여관에서 형의 방에 몰래 숨어 지내던 이정하는 운동권을 혐오하는 어머니 때문에 결국 거처를 옮기게 된다. 작품 후반부에서 형의 연인인 홍정미에 의해 이정하는 "경기도 부근의 한 농가에서 요양 중"인 것으로 언급되나,(459) 나성여관을 떠난 이후로 한 번도 서사의 표면에 재등장하지 않는다. 의도와 무관하게 작가는 고문 피해자들의 망각에 기여하고 있었던 것이다.

둘째는 바로 시간성의 문제이다. 이 작품에 등장하는 인물들은 대개 삶이 특정 시점에 중단되어 있다는 공통점을 지닌다. 10호실 노인은 6.25 당시 월남하기 이전 "서른 한 살 되던 그때에서 멈추"었으며,(338) 찌르레기 아저씨는 아내가 임용출의 마수에 걸려든 순간부터 "진행을 멈춘 삶"을 살아가고 있다.(273) '과거'에 정향되어 있는 인물들은 그 자체로 과거를 반복하지 않는 '미래'에 대한 열망을 이끌어낼 수 있지만, 문제는 그 당시 '현재'가 고문 기술자에 대한 테러의 상상력을 받아들일 만큼 그리 녹록치 않았다는 점에 있다. 1999년 숨어 지내던 이근안이 동료들의 가벼운 형량을 보고 자수를 결심했다는 점을 감안하면, 국가폭력의 문제

48 일레인 스캐리, 앞의 책, 41쪽.

에 한해서 공적 시스템은 너무나도 견고했다.[49] 이러한 상황에서 '고통의 청산'을 통해 고문의 시대를 너무 성급하게 "지난 시대"로 만들려고 했던 것이 동시대적인 공감을 얻지 못한 이유였다고 할 수 있다.(573) 곧 국가폭력은 '과거'로 '청산'되기에는 너무 이른 '현재'였다. 이러한 맥락에서 양귀자가 페미니즘의 동시대성에 주목했으리라 가정해볼 수 있다.

4. 성차(sexual difference)라는 질문

1990년대 초는 성폭력 피해자가 법의 힘을 빌리지 않고 가해자를 직접 처형하는 사건들이 연이어 나타났던 시기였다. 1991년 1월 아동 성폭력 피해자가 성인이 되어 가해자를 살해한 '김부남 사건', 1992년 1월 계부에 의한 성폭력의 피해자가 남자친구와 함께 계부를 살인한 '김보은 · 김진관 사건'. 이들 사건이 젠더폭력을 이슈화하는 데 있어 중요했던 까닭은 또 다른 성폭력 피해자 여성들이 자신들의 이야기를 하고 싶게 만들었다는 점에 있었다. 김부남 사건 이후 한국성폭력상담소에서 상담을 받은 아동 성폭력 피해자 여성들은 "'가해자를 죽이고 싶다''그가 여전히 뻔뻔스럽게 살아있다는 것을 못참겠다''어떻게 하면 벌을 줄 수 있겠는가'"라고 호소해왔다.[50] 이들은 대중 매체에도 그 모습을 드러냈다. 한

49 「"동료들 가벼운 刑量 본뒤 결심"」, 『동아일보』, 1999. 10. 30.

50 「어린이 성폭행 국가적 대책 서둘러야」, 『한겨레』, 1991. 8. 13.

라디오 프로그램에서는 김부남 사건과 관련해 과거에 피해를 당한 여성들과 전화 연결을 시도했는데, "깜짝 놀랄 정도로 많은 여자들이 다투어 전화를 걸어왔"다. "엉엉 소리 내어 우는 여자도 있었고 얘길 하다가 다시 옛날의 상처가 되살아나나서 전화를 끊어버리는 사람도 있었다."[51] 이렇듯 젠더폭력을 둘러싼 여성들의 적대, 분노, 슬픔 등의 정동과 말하기 행위는 여성운동의 대중화를 촉진할 수 있는 정동적 환경을 조성하고 있었다.

흥미로운 것은 양귀자가 『나는 소망한다 내게 금지된 것을』이라는 작품을 구상하게 된 동기로 젠더폭력의 피해자인 여성 독자와의 만남을 고백한다는 점이다.

> 몇 년 전의 일이지만, 팔십도 넘은 할머니 한 분이 나를 찾아온 적이 있었다. 그것도 단지 내 이름 석자와 내가 살고있는 동네 이름이 적힌 쪽지 하나만 들고 헤매고 있는 것을 누군가가 동사무소에 인도해서 간신히 나와 연락이 닿은 끝이다. **동사무소에서 걸려온 전화로는 아마도 친척 되시는 분 같으니 빨리 와서 모셔가라는 것이었는데, 막상 동사무소로 달려가 만나본 할머니는 당신의 신분을 '독자'라고 밝히는 것이었다.**
>
> 아침 새벽에 집을 출발해 석양이 기운 무렵에야 나를 만난 할머니 독자는 대뜸 구깃구깃한 손수건으로 눈자위를 문대가며 울음부터 터뜨렸다. 그리고 말했다. **지지리도 박복한 내 인생을 글로 적어주**

51 이 라디오 프로그램은 손숙이 진행했던 〈여성시대〉로 추정된다. 「그 女人의 족쇄를 풀라」, 『경향신문』, 1991. 8. 25.

소…….

글을 쓰며 살아가다 보면 자신의 한 맺힌 삶을 털어놓고자 하는 사람들을 대하는 기회가 가끔 생긴다. **자신의 기막힌 인생유전을 쓰기로 하면 소설책 열 권으로도 모자란다는, 보편적인 이 관용구를 들고 나를 찾는 사람들의 거의 대부분은 여성이다. 또한 열 권 분량의 절망도 모자라도록 그녀들의 삶을 아슬아슬한 곡예로 몰아간 장본인들은 한결같이 남성이다.**[52]

「작가의 말」에 허구가 가미되었으리라는 점을 감안하더라도 이 소설의 출발점에 자신이 경험한 젠더폭력을 대신 이야기해달라는 여성 독자의 요청이 있었다는 진술은 의미심장하다. 이는 『나는 소망한다 내게 금지된 것을』이 페미니즘의 대중화를 이끌어내기 이전에, 이미 젠더폭력을 담은 소설이 출간된다면 이를 읽을 만한 독자가 형성되어 있었음을 보여준다. 그리고 그 독자층의 확대에 '적대'로 집약될 수 있는, 젠더폭력 피해자들의 집합적 정동이 작용했으리라 추측해볼 수 있다. 곧 이 작품의 대중적 성공은 '적대'라는 정동의 추이에 관한 작가의 면밀한 관찰 덕분인 것이다.

이러한 의미에서 강민주가 "여성해방론자"로 불리기를 거부하며, "행동함에 있어 사상이나 경향에 경도되지 않"고, "오직 자신에 대한 철저한 믿음"에 경도될 뿐이라고 주장함은 주목을 요한

---

52 양귀자, 「작가의 말」, 『나는 소망한다 내게 금지된 것을』, 살림, 1992, 12쪽. 앞으로 인용시 괄호에 쪽수만 표기하기로 한다.

다.(200-201) 스스로에 대한 믿음은 젠더폭력 피해자들의 "넋두리의 암호를 해독"할 수 있다는 자신감에서 비롯되며,(74) 이는 "슬픔이나 분노를 수용하는 정신"의 뛰어난 능력, 곧 감응력에서 기인한다.(26) 즉 강민주를 행위하게 만든 것은 정동 그 자체였다. 이는 그가 페미니즘 운동을 점증시키는 정동적 환경 그 자체를 표상하고 있었음을 드러낸다.

그러나 강민주는 젠더폭력 피해자들의 고통에 공명하면서도 이를 여성운동의 동력으로 삼지는 않으며, 여성 문제에 지대한 관심을 갖고 있음에도 불구하고 '여성학'을 전공하지 않는다. 대신 그는 심리학을 전공하는 대학원생으로서 "인간 실현을 위한 여성문제 상담소"에 상담원으로 출근하며 젠더 폭력에 관한 자료를 수집한다. 그리고 "대학 선배"이자 "여류 명사"로서 "미래에 여성 장관의 꿈을 키우고 있는" 상담소장을 "경멸"하는 모습을 보인다.(22)[53] 이러한 강민주의 특성은 그를 독자적인 테러리스트로 직조해내기 위한 장치라고 할 수 있다.

이와 같이 강민주는 "증오의 힘"으로 억압받는 여성들을 대신하여 테러를 주도하는 매우 강렬한 인물이다.(74) 문제는 서사

53 허주영은 강민주의 연대와 결집이 없는 페미니즘이 1990년대 초반 페미니즘의 성격을 드러낸다고 주장한다. 젠더폭력 피해자들을 타자화하는 태도에는 일상의 차별에 스스로 마주해야 한다는 식의 계몽주의적인 목소리가 담겨 있으며, 다른 페미니스트들과 연대하지 않는 모습에는 엘리트 페미니스트들에 대한 불신이 깔려 있다고 해석한다. 허주영, 앞의 글, 187-194쪽. 허주영에 의하면, 강민주는 1990년대 초반 페미니즘의 계몽적 성격을 나타내면서도 엘리트 페미니스트들을 경계하는 모습으로 읽히는데, 이와 같이 하나의 결로 정리되지 않는 분석은 그 자체로 1990년대 초반 페미니즘의 중층적 성격을 암시하는 듯하다.

가 진행될수록 강민주가 지녔던 적대의 정동이 점차 약화되었다는 사실이었다. 독자들이 이 작품에 대해 가졌던 가장 큰 불만은 강민주가 "처음에는 강한 여자인 줄 알았는데 결과적으로 비련의 여주인공"이 되어버렸다는 점이다. 이러한 불만은 강민주가 페미니즘 운동을 추동하는 정동적 환경 그 자체를 상징한다고 보았을 때, 매우 자연스러운 것이라고 할 수 있다. 독자들의 문제 제기에 대해 작가는 이 작품이 여성소설의 범주로 한정되지 않기를 바랐다고 말한다. 남성의 억압까지 해소해주는 소설을 쓰고 싶었다는 것이다. 강민주가 여성이 아니라 '황남기'를 조수로 삼은 설정에 대해서도 남성이라는 성이 충직한 조수에 어울리기 때문이었다고 답한다.[54]

작가의 답변은 페미니스트 독자들을 실망시키기에 충분한 것이었다. 이 소설에서 작가가 분명하게 내세웠던 성차(sexual difference)의 전복이라는 기획을 스스로 무화하는 발언이었던 까닭이다.[55] 여기서 성차란 남성과 여성 간의 비대칭적인 위치를 뜻한다. 곧 남성을 주체로, 여성을 타자로 간주해온 잘못된 통념을 가리키는 것이다.[56] 작중 강민주는 그러한 통념에 반하는 인물이다. "본능적

---

54 이소희, 앞의 글, 208쪽.

55 김양선과 김은하 역시 이 소설이 여성과 남성에 관한 기존 관념을 전도시키는 역담론의 다양한 설정을 보여주었으나, 6장(여자와 남자)부터 기존 관념으로 선회한다고 지적한다. 김양선 · 김은하, 앞의 글, 121쪽.

56 로지 브라이도티(Rosi Braidotti)에 의하면, 남성과 여성의 차이는 대개 다음과 같이 설명된다. 남성의 주체성은 '남근이성중심적, 주체에 대한 보편적 개념, 의식과의 일치하는, 자기 규제적, 합리적 행위자, 합리성의 칭호를 부여받은, 초월이 가능한, 육체적 기원을 부정하거나 육체를 대상화하는 것'으로 이해되고, 여성은 '결핍/과잉/…이 아닌 다른/주체, 가치가 폄하된 차이, 비 의식, 통제되지

으로 브레이크를 밟고 기계들을 조작"하는 드라이버일 뿐만 아니라,(21) 남기의 "맹종(盲從)"을 당연한 것으로 받아들이면서 젠더의 위계질서를 가뿐하게 전도시킨다.(32) 그는 여성을 성적으로 대상화하는 것을 당연시하는 "사회의 고정관념"을 깨부수기 위해서도 백승하를 납치한 것이었다.(140) 이 때문에 그는 백승하를 납치했다는 사실에 대해 스스로도 믿기지 않는다는 태도를 보인다. 성차가 전도되어 있는 "이 현실이 미덥지가 않았"던 것이다.(102) 강민주는 자신이 "여자라는 것을 이용"하여 "그 마음 약함에 한 번 기대를 걸어" 보려는 백승하를 잔인하게 짓밟고,(133) "연약한 여자를 차마 때릴 수 있느냐는 듯이" 구는 백승하의 태도에 분노하며

않는, 비합리적, 합리성의 여분에 있는, 내재성에 갇힌, 육체와 동일시되는-착취당하고 침묵으로 축소되는 육체성(corporeality)'으로 간주된다. 브라이도티는 뤼스 이리가라이(Luce Irigaray)의 이론을 빌려 남성과 여성의 성적 차이가 역전될 수 없는 비대칭적인 관계라는 것을 인정할 필요가 있다고 주장한다. 이러한 성차의 개념은 젠더를 주장하는 페미니스트들에게 비판받아왔다. '젠더를 넘어서(beyond gender)' 혹은 '탈젠더(postgender)'를 논하는 이론가들은 성적으로 차별화되지 않은 새로운 주체성을 선호하면서 성적 이원론과 젠더 양극의 극복을 강조하고 있는 것이다. 특히 모니크 위티그(Monique Wittig)는 성차의 강조가 '영원한 여성적임'과 같은 형이상학의 부흥으로 나아가게 될 것이라고 거부한다. 이러한 비판을 인지하면서도 브라이도티는 성차라는 개념에 "여성의 육체적인 산 경험의 구체성을 역설하고자 하는 정치적 의지"가 담겨 있다고 말한다. "차이에 대한 전체 논쟁을 여성들의 육체적 실존, 경험과 다시 연결하려는 의지"가 발현되고 있다는 것이다. 로지 브라이도티, 박미선 역, 「유목적 정치기획으로서의 성차」, 『여/성이론』 제5호, 여이연, 2001 참조. 본고는 성차 개념이 잘못된 사회적 비대칭을 보편화함으로써 사회적 불평등을 구체화할 수 있다는 주디스 버틀러의 입장에 동의한다. Rosi Braidotti, Judith Butler, "Feminism by Any Other Name", Naomi Schor, Elizabeth Weed (Eds.), *Feminism Meets Queer Theory*, Indiana University Press, 1997, p.38. 다만, 그럼에도 불구하고 『나는 소망한다 내게 금지된 것을』에서 성차가 시스템의 일부로서 드러나고 있다는 점에 주목하고자 한다.

그와 정정당당하게 힘으로 겨루기를 원한다.(178)

강민주가 백승하를 다루는 방식은 성차를 전복하려는 시도인 동시에 "남성중심의 사회"에 "보편화된 통치의 기술"로서 "억압과 회유의 반복"을 모방한 것이었다.(182) 흥미로운 점은 그가 백승하에게 회유의 기술을 사용한 순간, 오히려 자신이 그에 의해 압도되었다는 사실이다. 강민주가 "부드럽고 인간적인" 모습을 보이자,(182) 백승하는 자신의 성장사를 고백한다. 어렸을 적, 그의 어머니는 다른 남자와의 외도로 가족을 버린 것도 모자라 전 재산을 들고 도망갔었다. 이와 더불어 그는 '노랑이'라는 별명의 '양공주'에 관한 추억을 꺼낸다. 노랑이는 가학적인 성향을 지닌 미군과 계약결혼으로 관계를 맺고, 밤마다 매질을 당했었다. 노랑이가 미군의 학대를 견뎌낸 것은 오롯이 돈 때문이었다. 동네 사람들은 이러한 노랑이를 조롱하였지만, 어린 그만은 그녀를 진심으로 걱정했었다는 것이다. 이때 백승하는 가부장제 사회의 '일탈자'인 어머니와 '피해자'인 노랑이를 모두 이해하고 있는 태도를 보인다. 그들에게 일종의 시혜적 태도를 드러내고 있는 것이다. 이러한 백승하에게 강민주가 깊이 감명받는 것은 쉽게 이해되지 않는 측면이 있다. 특히 백승하의 어머니가 강민주 아버지만큼의 '가해자'로 여겨지지는 않는 까닭이다.

이때 백승하가 "손톱만큼의 적의도 담겨있지 않은 그의 나지막하고 부드러운 음성"으로 이야기를 전달했다는 점을 주목해볼 필요가 있다.(187) 이 작품에서 백승하는 특유의 '부드러움'으로 인기를 얻고 있는 배우이다. 강민주에 의하면, 그의 부드러움은 여성들을 현혹하고 교란시키면서 여성들로 하여금 억압적인 현실을 운명으로 수용하게끔 한다. "미디어가 정동적 차원을 조절하는 능력에 의해 통제의 직접적인 메커니즘이 되었"다는 브라이언 마수미의 말을 염두에 두면, 미디어의 최전선에 서 있는 배우 백승하는 자신의 '부드러운 목소리'를 매개로 하여 강민주의 '적의'를 제거하는 "정동적 조작"을 꾀했다고 볼 수 있다.[57] "대중을 상대로 한 게임"을 시도하며 "그들의 흥미를 유발할 수 있는 절묘한 시점을 찾아내"(204) 신문과 텔레비전을 통해 가짜뉴스를 퍼뜨리고 대중의 "요란한 갈채와 이상한 열기"(217)를 이끌어냈던 강민주는 백승하의 부드러운 목소리에 쉽게 굴복해버린다. 이는 강민주가 백승하의 부드러움을 모방하는 데 실패했음을 보여준다.[58] 적대의 정동으로 추동되고 있었던 그가 백승하의 적의 없는 부드러움을 흉내 낼 수는 없었던 것이다.[59] 이날의 대화 이후 강민주는 "백승하

57 브라이언 마수미, 앞의 책, 62-65쪽.

58 다음과 같은 대목들은 강민주가 의식적으로 '부드러움'을 취하고 있음을 드러낸다. "부드럽고 싶었다, 나는. 그와 나의 첫 상면을 부드럽게, 아주 온화하게 치르고 싶었다. 백승하가 운명의 첫 순간을 공포 속에서 맞는 것을 나는 원하지 않았다. 설핏 잠이 들었던 자기 집의 소파에서 깨어나듯이 그가 짧은 휴식의 달콤함 속에서 나를 보기를 원했다. 거기에 다른 이유는 없었다. 나는 다만 우리의 긴 대결이 가능하면 아주 부드럽게, 우호적으로, 상호 협조 아래 이루어지기를 바라고 있을 뿐이다. 혹은 이제부터 자기와 처절하게 싸워야 할 대상이 의외로 나약하고 부드러운 여자였다는 사실을 깨닫고 그가 방심해주기를 바라는 것일 수도 있다. 나는 언제나 동시에 두 가지 생각을 하는 사람이니까."(97-98) ""필요한 것이 있으면 언제라도 말하세요." 나는 묵비권을 행사하는 그에게 얼마든지 너그러울 수 있다. 마찬가지로 나는 언제라도 그를 학대하고 억압할 수 있다. 그는 나의 포로이고 나는 그의 주인이다. 주인은 언제 어떻게 마음이 바뀔지 모르는 존재다."(121)

59 작가는 6장(여자와 남자)의 도입부에 실린 강민주의 노트를 통해 "남성 중심의 제도화"를 문제 삼고, "굳어져 있는 이 세상것들을 모두 부드럽게 풀어줘야 한

를 대하는 내 감정에 변화가 생긴 것을" 부인하지 않는다.(195)

이제 강민주와 백승하는 "적군"이 아닌 "동지"로서 "반연극(反演劇)의 작가 이오네스코"의 「수업」을 연기하기로 합의한다.(238-246) 백승하는 강압적으로 통제하는 교수의 역할을, 강민주는 교수에 의해 살해당하는 학생의 역을 맡는데, 교수는 "지배자"이고, 학생은 "지배받는 여자"라는 점에서 이들은 무대 위에서 '남성성'과 '여성성'을 '수행'하는 것이나 다름없다.(265) 이에 강민주에게 연극 속 학생의 역할은 "무의미"하게 느껴지지만, 백승하는 "한 번도 연극에서 현실로 내려서지 않는다." 그에게는 강민주에게 납치·감금되어 있는 현실보다 자신이 강민주를 지배하는 연극이 더 자연스럽기 때문이다. 그때마다 강민주는 백승하에게 현실을 일깨워주지만, 그때의 "언어"조차 "역시 연극투의 가면"이다.(248) 그 또한 여성성을 수행하기를 중단하지 않는 것이다.

> 교수 : 가만! 그대로 앉아 있어요. 제발 내 말에 뛰어들지 말고……
> (아, 나는 정말 헷갈린다. 그의 말들이 연극 속의 교수의 대사인지, 아니면 현실 속의 백승하 대사인지 정말 모르겠다. 아니 이 수업이 연극의 「수업」인지 현실의 인생수업인지도 구별할 수 없다. 나는 문득 대본을 던져버리고 싶은 충동에 사로잡힌다. 하지만 나는 그렇게 하지 못한다. 말했듯이 이 시간, 나의 지배자는 백승하, 바로 그 남자니까. 지

다"면서 "모성의 위대함"을 강조하고 있다.(242-243) 그러나 이러한 의미 부여에도 불구하고 백승하의 부드러움에서 (부성의 위대함을 발견할 수는 있어도) 모성의 위대함을 발견하기란 어렵다. 그의 적대없는 부드러움은 명백히 지배자의 것이기 때문이다.

배반는 여자, 강민주는 그래서 다음 대사를 찾아 황급히 대본을 뒤적인다).(265)

위의 대목은 재현과 현실이 서로 침투하면서 강민주가 혼란을 느끼고 있음을 보여준다. 이에 강민주는 문득 대본을 던져버리고 싶은 충동에 사로잡히지만, 결국 그렇게 하지 못한다. 그에게는 여성성이라는 "안정된 정체성"을 수행하고자 하는 욕망이 자리하고 있었던 것이다. 이러한 강민주의 욕망을 "단순히 기존 정체성 범주에 순응하려는 욕망으로 일축"해버릴 수는 없다.[60] 애초에 강민주는 자신이 "신의 자식"이기 때문에 여성성의 특질에서 자유로울 수 있다고 생각했었다.(136) 곧 그가 지닌 젠더 정체성은 '신의 자식'이라는 표현을 통해 본질적인 것으로 간주되었던 것이다. 그러나 강민주는 '반연극'이라는 형식을 통해 현실과 재현이 뒤섞이는 무대를 체험하면서 비로소 본질적인 의미에서의 '젠더는 없다'는 결론에 도달하게 된다.[61] 따라서 여성성을 수행하려고 하는 그의 욕망은 "변화 자체에 대한 욕망, 변화 활동으로서의 정체성 추구, 변화 행위로서의 욕망"을 나타낸다고 할 수 있다.[62]

---

60 주디스 버틀러는 트랜스섹슈얼이 남자 또는 여자가 되고 싶어하는 욕망을 지녔다는 이유로 비난받을 수는 없다고 말한다. 그들은 안정된 정체성을 원하는 것이며, 살 만한 삶을 위해서는 여러 종류의 안정된 정체성이 필요하기 때문이다. 주디스 버틀러(2015), 앞의 책, 21쪽.

61 이 부분에서 젠더의 표현물 뒤에는 어떠한 젠더 정체성도 없다는 주디스 버틀러의 발언을 떠올려볼 수 있다. 그에 의하면 정체성은 결과라고 알려진 '표현물' 때문에 수행적으로 구성되는 것이다. 주디스 버틀러, 『젠더 트러블』, 문학동네, 2008, 131쪽.

62 주디스 버틀러(2015), 앞의 책, 21쪽.

강민주가 황남기에 의해 살해당한 것은 그가 '신의 자식'이 아니라는 사실이 밝혀졌기 때문이다. 황남기는 최후 진술에서 강민주의 어머니가 "저 애는 내 자식이 아니야, 저 애는 하늘이 주신 애야"라는 말을 입버릇처럼 했었고, 본인도 "나중에는 티끌만한 의심도 없이 그렇게 생각"했다고 말한다.(314) 즉, 황남기가 강민주를 허용할 수 있었던 것은 "다른 여성"과는 다른, 그녀의 "아름답고 감동적인" 특성이 본질적인 것이라고 믿었기 때문이다.(314) 그러나 연극 연습을 통해 강민주가 여성성을 수행할 수 있다는 사실이 노출되어버리고 만다. 신으로부터 부여받았다고 간주되어 왔던 그의 특질들 역시 '남성적 여성'이라는 젠더 정체성을 수행한 것에 불과했던 것이다. 황남기는 강민주의 변화를 용납할 수 없었고, 그녀가 변화했기 때문에 더 이상 두렵지도 않았다. 그래서 그는 강민주를 살해한다.[63]

그러나 강민주가 황남기에 의해 살해당한 후, '남겨진 세 개의 기록'에서 '페미니스트'나 '테러리스트'가 아니라, '젠더 폭력 피해자'로만 규정됨은 다시 성차란 무엇인지에 대해 질문하게 만든다. 평소 그를 스토킹했던 김인수에 의하면, 경찰은 "주범 강민주가 피살되던 시각보다 한 시간이나 먼저" "아파트 경비실에 출동해 있었다."(308) 결국 강민주는 충분히 살 기회가 있었음에도 불구하고 경찰의 늑장 대응 때문에 사망한 것이다. 경찰이 곧바로 현장을 덮치기를 꺼렸던 까닭은 강민주가 백승하의 아들을 유괴했

63 황남기는 섹슈얼리티에 있어 구성주의를 허용하지 않는 본질주의자라고 할 수 있다.

다가 하루 뒤에 돌려보냈던 사실을 경찰 스스로 숨기고 있었던 것과 관련될 터이다. 곧 "경찰의 체면 실추를 우려"했던 것이다.(308) 이는 경찰이 강민주를 테러리스트로 규정하는 순간을 의도적으로 지연해왔음을 드러낸다. 강민주가 언론에 스스로의 정체를 밝혔을 때, 경찰이 보여주었던 태도도 이와 무관하지 않다. 경찰은 "반신반의"하면서 범인이 "단지 여성임을 주장하는 남성"일 것이고 여성이라면 공범 정도일 것이라고 추측한다. "여자인 주제에 감히 이만한 짓을 저지를 수 있겠는가"라는 고정관념이 작용했던 것이다.(218) 이 소설은 공적 시스템의 운용에 성차가 개입되어 있음을 나타낸다.[64] 강민주가 끝내 테러리스트가 아니라 젠더 폭력의 피해자로 남은 것은 공적 시스템 자체에 남성과 여성 간의 성차에 기반한 비대칭적인 관계가 결합되어 있었기 때문이다.[65] 이는 여성

64 「밤의 日記」에서 남편이 테러리즘에 집착하는 원인은 다음 사건을 통해 좀 더 명백하게 밝혀진다. 태희는 청주에 잠시 내려가 있겠다는 경주엄마를 배웅하고 돌아오는 길에 지하도에서 야바위꾼들이 두 여성을 상대로 사기 행각을 벌이고 있는 장면을 목격한다. 이 에피소드가 문제적인 것은 여성들이 당하는 폭력에 '성차'가 반영되어 있기 때문이다. 텍스트 속 여성들은 스스로 속았음을 깨닫고 항의하는데, 이에 대해 야바위꾼들은 성희롱적인 발언을 내뱉는다. 중요한 것은 이 광경을 바라보던 구경꾼들조차 야바위꾼들에게 동조하고 있다는 점이다. "저런 욕을 들어도 싸지. 여자들이 무슨 노름이야. 그것도 길거리에서……."라는 발언이 이를 증명한다.(202) 여성들은 이에 굴하지 않고 '경찰'로 상징되는 공적 시스템에 도움을 요청하려고 하지만, 이들의 외침은 전달되지 않는다. 여기서 남편이 테러리즘을 탐구했던 맥락을 비로소 알 수 있다. 공적 시스템의 작동이 그 시스템 속을 살아가는 사람들과 강력하게 결합되어 있는 것이라면, 그 시스템에 파문을 일으키기 위해서는 무엇보다 "'주민들'에게, '대중'에게" 충격을 가하는 테러의 방법이 필요했던 것이다. 로제 다둔, 최윤주 역, 『폭력』, 동문선, 2006, 39쪽.

65 강민주가 테러리스트로서 인정받지 못한 것과 달리 『희망』에서 진도연은 살인

이 어떤 젠더 정체성을 수행하든 성차가 작동하고 있는 현실을 외면할 수는 없음을 암시한다.

주디스 버틀러에 의하면 성차는 "페미니즘 연구에 즉각 등장하는 어떤 질문으로서 딱히 말해질 수 없는 어떤 것이고, 서술문의 문법에 트러블을 일으키는 것이며, 거의 영원히 의문문으로 남는 것"이다. 성차는 완전히 타고난 것도 아니고, 구성된 것도 아니지만, 부분적으로는 둘 다이다. 이 '부분적으로'라는 의미는 '구분'의 분명한 의미에 저항한다. 즉, 성차는 생물학적인 것과 문화적인 것이 맺는 관계에 대해 질문이 제기될 수 있는 장소이지만, 엄격히 말해 그 해답을 구할 수는 없는 곳이다.[66]

이는 앞서 언급했던 신당역 살인 사건에서 여성 역무원의 육체가 영원히 침묵당한 채로 발견된 이후에야 법적 감시망을 벗어나 있던 살인범의 육체가 비로소 가시화되었던 장면을 상기시킨다. 마치 육체적인 기원을 갖지 않는 것처럼 법을 초월해 있던 남성성과, 육체와 동일시되고 침묵으로 축소되는 육체성의 여성성이라는 성차의 구조에 기인한, 명백한 여성혐오 범죄가 현재 한국 사회에서는 공적 시스템의 허술함 속에 용인된다. 이러한 현실은 우리로 하여금 더욱 성차에 대해 질문하기를 촉구한다. 이와 같은 맥락에서 봤을 때, 20여 년 전에 발표된 양귀자의 『나는 소망한다 내게 금지된 것을』이 동시대적 텍스트로 의미화되는 것은 자연

미수죄로 체포되며 테러리스트임이 공인된다. 이때 그가 임용출에게서 "쌍둥이들이 느끼는 형제애"를 발견했다는 점은 의미심장하다.(528) 고통의 청산이라는 행위에 내재된 남성들 간의 공모 관계가 발각되고 있기 때문이다.

66 주디스 버틀러(2015), 앞의 책, 282-283쪽.

스럽다고 할 수 있다. 이 '과거'의 텍스트는 여성이 어떤 젠더 정체성을 수행하든 성차라는 질문을 피할 수 없음을 보여준다. 그러나 그 질문에 대한 해답은 페미니즘이 필요없는 '미래'가 도래하기 전까지는 영원히 구할 수 없다. 이 때문에 성차에 관한 질문은 언제나 우리를 동시대적 순간 속으로 끌어당긴다. 바로 이 지점이 『나는 소망한다 내게 금지된 것을』에 대해 페미니스트들이 읽고 쓰는 이유일 것이다.

참고문헌

1부 서사의 역사와 아상블라주: 마주침의 어펙트

〈오징어 게임〉 어펙트, 마주침의 윤리와 연결성의 에톨로지

권명아

1. 기본자료

황동혁 극본 · 연출, 〈오징어 게임〉(9부작), 넷플릭스, 2021. 9. 17. 공개.

2. 논문과 단행본

1) 논문

박희봉 · 이해수 · 한동섭, 「넷플릭스(Netflix)의 지각된 서비스 속성이 지속이용의도에 미치는 영향: 서비스 융합에 따른 핵심 가치사슬 변인 검증을 중심으로」, 『사이버 커뮤니케이션 학보』, 제37권 제1호, 사이버커뮤니케이션학회, 2020.

최선영 · 고은지, 「넷플릭스 미디어 구조와 이용자 경험: 행동경제학 관점에서 본 이용자와의 관계 맺기」, 『방송문화연구』 제30권 제1호, KBS 공영미디어연구소, 2018.

최연진, 「페미니즘의 관점에서 본 넷플릭스 콘텐츠 경험의 가능성-넷플릭스의 여성 스탠드업 코미디를 중심으로」, 『여/성이론』 제40호, 여이연, 2019.

홍구슬 · 신광철, 「게이미피케이션 메커니즘을 기반으로 한 드라마 몰아보기(Binge Watching) 시청행태 분석: 넷플릭스(Netflix) 사례를 중심으로」, 『글로벌문화콘텐츠학회 2017년 하계 학술대회 자료집』, 글로벌문화콘텐츠학회, 2017.

Brigitte Hipfl, 최옥희 역, 「13개의 이유: 청년 아상블라주와 미디어 아쌍블라주」, 『미술과 교육』 제20집 제1호, 한국국제미술교육학회, 2019.

Deborah Philips, "Gaslighting: Domestic Noir, the Narratives of Coercive Control", *Women: A Cultural Review*, Vol.32, Iss.2, 2021.

Dianna Floegel, "Labor, classification and productions of culture on Netflix", *Journal of Documentation*, Vol.77, Iss.1, 2021.

Hyejung Ju, "Korean TV drama viewership on Netflix: Transcultural affection, romance, and identities", *Journal of International and Intercultural Communication*, Vol.13, No.1, 2020.

Joseph D. Straubhaar, et al., "Class, pay TV access and Netflix in Latin America: Transformation within a digital divide", *Critical Studies in Television*, Vol.14, Iss.2, 2019.

Nicola Mai, Russell King, "Love, Sexuality and Migration: Mapping the Issue(s)", *Mobilities*, Vol.4, Iss.3, 2009.

2) 단행본

브라이언 마수미, 최성희 · 김지영 역, 『존재권력』, 갈무리, 2021.

3. 기타 자료

「'빚'나는 한국… 오징어 게임에 드러난 '부채의 덫'」, 『경향신문』, 2021. 10. 13.

「'오징어 게임' 여자혐오 논란」, 『시사매거진』, 2021. 9. 25.

「'오징어 게임' 왜 이러지?…미국 언론들의 고민」, 『오마이뉴스』, 2021. 10. 15.

「'오징어 게임'과 비평의 조건」, 『비마이너』, 2021. 10. 27.

「"오징어 게임은 생명권 침해"…인도네시아서 인권교육 자료 활용」, 『SBS 뉴스』, 2021. 10. 10.

「드라마 'D.P.'에는 분개하면서, 왜 여자 때리는 남자는 봐주나」, 『한국일보』,

2021. 9. 11.
「미 · 유럽 학교 '오징어 게임' 폭력성 주의보…"시청 · 모방 제한"」, 『연합뉴스』, 2021. 10. 10.
「섹스를 협상 카드로 쓰는 여자? '오징어 게임'의 위험한 서사」, 『한국일보』, 2021. 10. 2.
「쌍용차 해고 노동자 "오징어 게임 주인공은 우리…감독에게 감사"」, 『YTN PLUS』, 2021. 9. 28.
「여혐? 표절? '오징어 게임' 감독, 4가지 논란에 답하다」, 『한국일보』, 2021. 9. 28.
「오빠가 올드 맨?…'오징어 게임' 어색한 영어 번역 논란」, 『SBS 뉴스』, 2021. 10. 5.
「오징어 게임 가장 기억에 남는 인물이 '한미녀'인 이유」, 『한겨레』, 2021. 10. 8.
「오징어 게임이 다시 불붙인 '더빙 VS 자막' 논쟁…당신은 어느 쪽인가요」, 『한국일보』, 2021. 10. 9.
「오징어 게임이 술래잡았다」, 『한겨레 21』, 2021. 10. 10.
「초등생 '오징어 게임' 놀이 열풍, 괜찮을까 '불안'」, 『부산일보』, 2021. 10. 12.
Donald Collins, "How Americans Watch Netflix's "Squid Game" Matters", *Bitchmedia*, 2021. 10. 11.
Jennifer Chang, ""Squid Game" Exposes the False Rhetoric of "Choice" and "Resilience"", *Bitchmedia*, 2021. 10. 13.
Lee Chang-kun, Translation by Kap Seol, "Squid Game's Strike Flashbacks Were Modeled on Our Real-Life Factory Occupation", *Jacobin*, 2021. 11. 1.
Sopiko Japaridze, "The Queen's Gambit Created a Fictional Female Chess Grandmaster. The Soviet Union Created Dozens of Real Ones.", *Jacobin*, 2021. 9. 20.

'실내 우주'의 SF 에톨로지

권두현

1. 기본자료

김초엽, 『지구 끝의 온실』, 자이언트북스, 2021.

마일로, 〈극한견주〉(카카오페이지, 2021)

마일로, 〈크레이지 가드너〉(카카오페이지, 2021~2022)

문은지 · 메이타야, 〈식물은 처음입니다〉(카카오페이지, 2021)

안난초, 〈식물생활〉(코미코, 2017~2018)

황동혁 극본 · 연출, 〈오징어 게임〉(9부작), 넷플릭스, 2021. 9. 17. 공개.

2. 논문과 단행본

1) 논문

김성일, 「코로나19 시대에 '집콕'에서 나타난 집의 효용과 의미 변화」, 『문화과학』 통권 제106호, 문화과학사, 2021.

김은주, 「들뢰즈의 행동학(éthologie)-되기(devenir) 개념과 실천적 의미」, 『시대와 철학』 제25권 2호(통권 67호), 한국철학사상연구회, 2014.

김환석, 「사회과학의 '물질적 전환(material turn)'을 위하여」, 『경제와사회』 통권 제112호, 비판사회학회, 2016.

송은주, 「인류세에 부활한 가이아: 가이아의 이름을 재정의하기」, 『인문콘텐츠』 제62호, 인문콘텐츠학회, 2021.

정연우, 「무허가 주거지의 성격과 의미 변화에 대한 연구: 서울 송파구 개미마을의 사례」, 『한국문화인류학』 제43권 3호, 한국문화인류학회, 2010.

최명애, 「재야생화: 인류세의 자연보전을 위한 실험」, 『환경사회학연구 ECO』 제25권 1호, 한국환경사회학회, 2021.

Jung-Ah Woo, "Plastic tradition: Jeong-hwa Choi's artworks and the work ethic of Korea's developmental era", *World Art*, Vol. 5, 2015.

Karen Barad, "Posthumanist Performativity: Toward an Understanding of How

Matter Comes to Matter", *Signs*, Vol.28, No.3, Spring 2003.
Paul B. Preciado, "Learning from the virus", *ART FORUM*, MAY/JUNE 2020.

2) 단행본

강우성 · 김성호 · 박인찬 · 유선무 · 이동신 · 정희원 · 황정아, 『포스트휴머니즘의 쟁점들』, 갈무리, 2021.

김기남 · 김현미 · 도미야마 이치로 · 미류 · 송다금 · 신지영 · 심아정 · 이다은 · 이용석 · 이지은 · 전솔비 · 쭈야 · 추영롱, 『난민, 난민화되는 삶』, 갈무리, 2020.

김명수, 『내 집에 갇힌 사회: 생존과 투기 사이에서』, 창비, 2020.

김환석 외, 『21세기 사상의 최전선』, 이성과감성, 2020.

도나 해러웨이, 최유미 역, 『트러블과 함께하기』, 마농지, 2021.

도나 해러웨이, 황희선 역, 『해러웨이 선언문』, 책세상, 2019.

루이스 멈포드, 유명기 역, 『기계의 신화 1: 기술과 인류의 발달』, 아카넷, 2013.

린 마굴리스, 이한음 역, 『공생자 행성』, 사이언스북스, 2007.

스테이시 앨러이모, 윤준 · 김종갑 역, 『말, 살, 흙: 페미니즘과 환경정의』, 그린비, 2018.

신소윤 · 김지숙, 『선택받지 못한 개의 일생』, 다산북스, 2020.

안드레아스 바를라게, 류동수 역, 『실은 나도 식물이 알고 싶었어』, 애플북스, 2020.

에두아르도 콘, 차은정 역, 『숲은 생각한다』, 사월의책, 2018.

에드워드 홀, 최효선 역, 『숨겨진 차원』, 한길사, 2013.

에밀리 앤시스, 김승진 역, 『우리는 실내형 인간』, 마티, 2021.

이호 · 남원석 · 김윤이, 『서울시 비닐하우스촌 주민의 삶과 사회정책』, 서울시정개발연구원 한국도시연구소, 2002.

일라이 클레어, 전혜은 · 제이 역, 『망명과 자긍심: 교차하는 퀴어 장애 정치학』, 현실문화, 2020.

임이랑, 『아무튼, 식물』, 코난북스, 2019.

제임스 러브록, 홍욱희 역, 『가이아』, 갈라파고스, 2004.

조지 몽비오, 김산하 역, 『활생』, 위고, 2020.

존 더럼 피터스, 이희은 역, 『자연과 미디어』, 컬처룩, 2018.

Anna Lowenhaupt Tsing, *The Mushroom at the End of the World: On the Possibility of Life in Capitalist Ruins*, Princeton University Press, 2015.

Paul B. Preciado, *Testo Junkie: Sex, Drugs, and Biopolitics in the Pharmacopornographic Era*, trans. Bruce Benderson, Consortium Book Sales & Dist, 2013, Kindle Electronic Ed.

3. 기타 자료

「[나의 식물적 삶] 당신의 외계성에 주목하다: 김초엽 작가」, 『과학동아』 제424호, 동아사이언스, 2021. 4.

「"사우나가 따로 없어요" 더위 먹은 최첨단 빌딩」, 『부산일보』, 2013. 7. 12.

「"전기, 수도가 들어와야 사람 사는 동네죠" 남태령 비닐하우스 전원마을의 삶의 이야기」, 『청네활동』, 2015. 3. 2.

「강풍에 또 깨진 부산 엘시티 85층 창…유리 파편 '우수수'」, 『중앙일보』, 2020. 1. 10.

「개는 산으로 사라졌고 사람은 '밖'으로 사라졌다」, 『한겨레』, 2019. 12. 14.

「김초엽 "쉽게 희망과 연대라는 말을 하고 싶지 않았다"」, 『독서신문』, 2021. 9. 14.

「꿀벌마을 사람들-"가난한 사람들은 뭉쳐야 할 수 있어요."」, 『민중의소리』, 2010. 2. 28.

「농촌 이주노동자 숙소는 "사람 살면 안된다"는 비닐하우스」, 『한겨레』, 2020. 12. 24.

「大望中의 眞正品, 『비니루 장판』 드디어 登場!!」, 『조선일보』, 1956. 10. 30.

「만화가 천계영… 손이 말을 안 듣자 목소리로 그리기 시작했다: 웹툰 작업과정 유튜브 생중계」, 『조선일보』, 2019. 7. 6.

「만화가 천계영은 왜 손가락 대신 목소리로 웹툰 그릴까」, 『한국일보』, 2019. 7. 3.

「참혹한 개 번식장, 동물은 물건이 아니다」, 『오마이뉴스』, 2016. 5. 22.
「천계영 "목소리로 그리는 웹툰 제작 생중계…기술이 저만의 '살길'됐죠"」, 『경향신문』, 2019. 9. 11.
「태풍 때 초고층 해운대 엘시티 유리창 수백장 '와장창'」, 『한겨레』, 2018. 10. 9.
「통유리 건물 빛반사를 어찌할꼬」, 『국제신문』, 2021. 7. 5.
「플랜테리어 열풍, 홈 가드닝의 전성기」, 『Mirakle』, 2020. 8. 18.
「한국에서의 4년 9개월, 속헹씨가 죽어간 시간」, 『한국일보』, 2021. 2. 2.
「『꽃장판』을 깔면」, 『동아일보』, 1956. 4. 1.
김만석, 「[한반의반도] 여기는 부산이다, 아니다」, 『한겨레』, 2021. 6. 2.
김병희, 「비닐장판의 추억」, 『동아일보』, 2012. 8. 27.
김초엽, 「식물덕질을 권유하는 이유」, 『ELLE』, 2021. 2. 3.

연결성의 에톨로지로 본 '새끼 서 발'

강성숙

1. 기본자료

손진태, 『한국 민화에 대하여』, 김헌선 외 역, 역락출판사, 2000.
임석재, 『임석재전집 한국구전설화』 전12권, 평민사, 1987~1993.
조희웅 외, 『영남구전자료집』 전8권, 박이정, 2003.
조희웅 외, 『호남구전자료집』 전8권, 박이정, 2010.
증편 한국구비문학대계 (원문보기 : http://gubi.aks.ac.kr/web/Default.asp)
최래옥, 『전북 민담』, 형설출판사, 1979.
최운식, 『충청남도민담』, 집문당, 1980.
한국정신문화연구원 편, 『한국구비문학대계』 전85책, 1980~1992.
한상수, 『한국민담선』, 정음사, 1974.

2. 논문과 단행본

1) 논문

유정월, 「형식담의 수용자와 공동체」, 『구비문학연구』 제60집, 한국구비문학회, 2021.

이강엽, 「바보행운담과 삶의 진정성」, 『열상고전연구』 제24집, 열상고전연구회, 2006.

이홍우 외, 「한국설화의 분류에 관한 제언」, 『겨레어문학』 제52집, 겨레어문학회, 2014.

조은상, 「설화 〈새끼 서 발〉에 나타난 과장과 허언의 심리적 의미와 효용」, 『문학교육학』 제47호, 한국문학교육학회, 2015.

조희웅, 「한국의 형식담」, 『한국학논총』 3, 국민대학교 한국학연구소, 1980.

2) 단행본

브루노 라투르 외, 홍성욱 역, 『인간 · 사물 · 동맹』, 이음, 2010.

성기열, 『한국 설화의 연구』, 인하대학교 출판부, 1988.

조정환, 『개념무기들』, 갈무리, 2020.

국립민속박물관, 『한국민속문학사전: 설화 1』, 2012.

조희웅, 『한국 설화의 유형』, 일조각, 1983.

질 들뢰즈, 김상환 역, 『차이와 반복』, 민음사, 2004.

2부 귀와 눈과 피
: 전체와 부분 너머의 신체적 연결성과 어펙트

'데프(Deaf)의 영화'를 찾아서

이화진

1. 기본자료

1) 신문

『동아일보』, 『서울신문』, 『조선일보』, 『한국일보』

2) 영화

〈만종〉(신상옥, 1970)
〈벙어리 삼룡〉(신상옥, 1964)
〈이 세상 어딘가에〉(전응주, 1962)

3) 시나리오 (한국영상자료원 소장)

「〈만종〉 심의 대본」
「〈만종〉 오리지널 대본」

4) 심의서류 (한국영상자료원 소장)

『〈만종〉 심의서류』, 『〈벙어리 삼룡〉 심의서류』, 『〈이 세상 어딘가에〉 심의서류』

2. 논문 및 단행본

1) 논문

소현숙, 「우생학의 재림과 '정상/비정상'의 폭력-가족계획사업과 장애인 강제 불임수술」, 『역사비평』 제132호, 역사비평사, 2020.
스티븐 정, 「대중 멜로드라마와 개발의 스펙터클 신상옥의 1960년대 "계몽영화"」, 『기억과 전망』 제25호, 민주화운동기념사업회, 2011.

이화진, 「'더 많은' 모두를 위한 영화-배리어프리 영상과 문화적 시민권」, 『대중서사연구』 제25권 4호, 대중서사학회, 2019.
이화진, 「'보통이 아닌 몸'의 영화 보기에 대하여-한국영화사 연구에서 관객의 역사화를 성찰하기」, 『현대문학의 연구』 제71호, 한국문학연구학회, 2020.
이화진, 「'한국영화 반세기'를 기념하기-1960년대 남한의 한국영화 기념사업을 중심으로」, 『대중서사연구』 제24권 3호, 대중서사학회, 2018.
Elizabeth Ellcessor, Bill Kirkpatrick, "Studying Disability for a Better Cinema and Media Studies," *Journal of Cinema and Media Studies*, Vol.58, No.4, Summer 2019, pp.139-144.
Karen Christie, Patricia Durr, & Dorothy Wilkens, "Close-up: Contemporary Deaf Filmmakers", Conference Proceedings of *Deaf Studies Today!*, 2006.

2) 단행본

김은정, 강진경 · 강진영 역, 『치유라는 이름의 폭력』, 후마니타스, 2022.
로즈메리 갈런드 톰슨, 손홍일 역, 『보통이 아닌 몸: 미국 문화에서 장애는 어떻게 재현되었는가』, 그린비, 2015.
미셸 시옹, 윤경진 역, 『오디오-비전』, 한나래, 2004.
신상옥, 『난, 영화였다』, 랜덤하우스코리아, 2007.
이길보라, 이현화, 황지성, 『우리는 코다입니다: 소리의 세계와 침묵의 세계 사이에서』, 교양인, 2019.
이영재, 『아시아적 신체: 냉전 한국, 홍콩, 일본의 트랜스/내셔널 액션영화』, 소명출판, 2019.
정영훈, 「새길에서 만난 사람: 그가 소리 없는 영화를 만드는 이유, 농인 영화감독 박재현」, 『새길 이야기』 24, 새길, 2007년 봄.
한국문화예술위원회 기획, 이순진 채록연구, 『2005년도 한국근현대예술사 구술채록연구-이형표』, 한국문화예술위원회, 2006.
한국영상자료원 기획, 김승경 채록연구, 『2014년 원로영화인 구술채록 연구 〈생애사〉 박행철』, 한국영상자료원, 2014.
한국영상자료원 엮음, 『한국영화를 말한다: 한국영화의 르네상스 1』, 한국영상자료원, 2005.
H-Dirksen L. Bauman, Jennifer L. Nelson, & Heidi M. Rose (eds.), *Signing the Body Poetic: Essays on American Sign Language Literature*, University of California Press, 2006.
John S. Schuchman, *Hollywood Speaks: Deafness and the Film Entertainment Industry*, University of Illinois Press, 1988.
Michel Chion, Claudia Gorbman trans, *The Voice in Cinema*, Columbia University Press, 1999[1982].
Scott T. Smith, José Alaniz(eds), *Uncanny Bodies: Superhero Comics and Disability*, Penn State University Press, 2019.
Sherman Wilcox (ed.), *American deaf culture: an anthology*, Linstok Press, 1989.

3. 기타자료

〈대한뉴스〉 영상역사관
〈데프미디어 한국농역사〉(YouTube 채널 Koreadeafmedia)
Christopher Shinn, "Disability is not just a Metaphor: The entertainment industry loves disabled characters—but not disabled actors," *The Atlantic*, JULY 23, 2014.
Lydia Callis, "Let's See More #DeafTalent in Hollywood", *Huffington Post*, December 11, 2017.

신체에 각인된 전쟁

소현숙

1. 기본자료

「경향쌀롱: 의안과 공대」,『경향신문』, 1960. 6. 9.
「또 하나의 복음」,『조선일보』, 1955. 8. 26.

「맹인들에 의안」, 『동아일보』, 1956. 1. 4.
「상이군경 원호하자」, 『동아일보』, 1951. 7. 20.
「신촌 세브란스 이상열 교수에 듣는다. 움직이는 의안 안면 신경마비 눈 성형술 각광」, 『매일경제』, 1991. 11. 18.
내무부 통계국, 『대한민국 통계연감(1953)』, 내무부 통계국, 1955.
노근리국제평화재단, 『노근리사건 생존피해자와 유족들의 구술기록 (1~3)』, (사)노근리국제평화재단, 2020.
노근리사건대책단(국무조정실), 『노근리사건 관련 자료집』, 노근리사건대책단, 2001.
노근리사건조사반, 『노근리사건 조사결과보고서』, 노근리사건조사반, 2001.
노근리사건지원팀 노근리사건희생자심사및명예회복실무위원회, 『노근리사건 사실조사 증언청취록』, 노근리사건희생자심사및명예회복실무위원회, 2009.
노근리사건희생자심사보고서 작성기획단, 『노근리사건 희생자 심사보고서』, 노근리사건희생자심사및명예회복위원회, 2006.

2. 논문과 단행본

1) 논문

김규민, 「1950년대 한국 상이군인의 형성과 자활」, 서울대학교 석사학위논문, 2021.
김아람, 「가족이 짊어진 구호와 자활」, 『역사문제연구』 제33호, 역사문제연구소, 2015.
김영구, 「'피해자 중심 인권운동'의 전개과정과 성과에 관한 연구: '노근리사건대책위원회'를 중심으로」, 경희대학교 석사학위논문, 2008.
김필남, 「1950년대 국민국가 만들기와 상이군인의 '몸'」, 『한국문학논총』 제60집, 한국문학회, 2012.
노영기, 「한국전쟁기 민간인 학살에 관한 자료실태와 연구현황」, 『역사와 현실』 제54호, 한국역사연구회, 2004.

염미경, 「제주 4 · 3, 동아시아 여성과 소수자 인권 그리고 평화」, 『4.3과 역사』 제17호, 제주4.3연구소, 2017.
윤은하 · 김유승, 「노근리사건의 사회적 기억과 기록에 관한 연구」, 『한국기록관리학회지』 제16권 2호, 한국기록관리학회, 2016.
이임하, 「상이군인, 국민 만들기」, 『중앙사론』 제33집, 한국중앙사학회, 2011.
임채영 · 배화옥, 「여성장애인의 폭력피해 위험요인」, 『재활복지』 제15권 1호, 한국장애인재활협회 부설 재활연구소, 2011.
장명숙, 「여성장애인과 폭력」, 『새가정』 제584호, 새가정사, 2003.
정진성, 「인권의 관점에서 본 노근리사건의 재해석」, 『민주주의와 인권』 제1권 1호, 전남대 5.18연구소, 2001.
천희숙, 「한국전 참전 군인의 부상경험」, 『군진간호연구』 제21권, 국군간호사관학교 군건강정책연구소, 2003.
최병수 · 정구도, 「6.25동란 초기 충북 영동지구의 민간인 살상사건에 관한 연구 (1): 老斤里의 美軍對良民 集團殺傷事件을 중심으로」, 『人文學誌』 제17권 1호, 1999.
Sandra L. Martin et al., "Physical and Sexual Assault of Women With Disabilities", *Violence Against Women*, Vol.12 No.9, 2006.

2) 단행본

김태우, 『폭격, 미공군의 공중폭격 기록으로 읽는 한국전쟁』, 창비, 2013.
이임하, 「상이군인들의 한국전쟁 기억」, 김귀옥 외, 『전쟁의 기억, 냉전의 구술』, 선인, 2008.
이임하, 『여성, 전쟁을 넘어 일어서다: 한국전쟁과 젠더』, 서해문집, 2004.
이임하, 『전쟁미망인, 한국 현대사의 침묵을 깨다』, 책과함께, 2010.
이재경 외, 『여성들이 기억하는 전쟁과 분단』, 아르케, 2013.
정구도 외, 『한국전쟁기 인권침해 및 역사인식의 문제』, 두남, 2008.
정구도, 『노근리는 살아있다-한국과 미국, 70년 역사전쟁의 생생한 기록』, (사)노근리국제평화재단, 2020.
정구도, 『노근리사건의 진상과 교훈』, 두남, 2002.

정은용, 『그대, 우리의 아픔을 아는가』, 다리미디어, 2000.
최상훈 · 찰스 핸리 · 마사 멘도자, 남원준 역, 『노근리 다리』, 잉걸, 2003.
표인주 외, 『전쟁과 사람들: 아래로부터의 한국전쟁연구』, 한울 아카데미, 2003.

3. 기타자료

한국전쟁체험담 대국민서비스 (http://www.koreanwarstory.net)

해외입양인의 가족 찾기 표상

김이진

1. 기본자료

〈MBC TV 인간시대 수잔 브링크의 아리랑〉(1989)
〈무한도전〉 441~445회 방영분
〈수잔 브링크의 아리랑〉(1991)
〈에어포트 베이비(Airport baby)〉(2016)
〈에어포트 베이비〉 공식 팸플릿
〈프랑스인 김명실(Winter Garden)〉(2014)
보건복지부, 2018년 입양통계
전정식, 『피부색깔=꿀색』(증보개정판), 길찾기, 2013.

2. 논문과 단행본

1) 논문

박미정, 「국내입양 현황과 개선방안」, 『월간 복지동향』, 제192호, 참여연대사회복지위원회, 2014.
유진영, 「소수자로서의 해외입양인-영화 〈국가대표〉의 해외입양인 재현을 중심으로」,『영상예술연구』 제22호, 영상예술학회, 2013.
이명호,「버려진 아이들의 귀환: 입양인 서사와 박정희 체제」,『비교한국학』 제21권 1호, 국제비교한국학회, 2013.
이성희,「한국인의 해외입양인에 대한 인식 조사: 접촉집단과 비접촉집단의 인식 비교를 중심으로」, 연세대학교 석사학위논문, 2007.

2) 단행본

김동수 외, 유진월 역,『한국 해외 입양』, 뿌리의집, 2015.
김아람 외,『고아, 족보없는 자』, 책과함께, 2014.
김희경,『이상한 정상가족』, 동아시아, 2017.
토비아스 휘비네트,『해외 입양과 한국 민족주의』, 소나무, 2008.
平田由紀江,「「未婚母(ミホンモ)」という選択ー支援、生きづらさ、そして自立への意思」,『韓国家族ーグローバル化と伝統文化のせめぎあいの中で』, 亜紀書房, 2014.

3. 기타자료

「[잃어버린 나를 찾아…입양인들이 돌아온다] 베이비박스가 필요 없는 사회」,『세계일보』, 2016. 5. 10.
「'무한도전' 선영씨 母 "막내딸, 죽은 줄 알았다" 눈물 고백」,『YTN』, 2015. 8. 29.
「유재석, 안타까운 주인공 입양 사연 소개에 '뭉클'」,『iMBC』, 2015. 8. 29.
한국민족문화대백과사전 (https://encykorea.aks.ac.kr)

3부 '싸우다'의 어펙트 : 전쟁, 냉전, 스포츠 속에서 부대끼는 여자들

'아이돌'과 전쟁의 정동

나이토 치즈코

1. 기본자료

北原みのり,「SNSの「暴力」に抗議も　北原みのりさんが見た結婚会見」,『毎日新聞』, 2021. 11. 2.

2. 단행본

사이토 다마키, 이정민 · 최다연 역,『전투미소녀의 정신분석』, 에디투스, 2018.

内藤千珠子,『愛国的無関心』, 新曜社, 2015.

さやわか,『僕たちとアイドルの時代』, 星海社新書, 2015.

斎藤環,『戦闘美少女の精神分析』, 太田出版, 2000, ちくま文庫, 2006.

境真良,『アイドル国富論』, 東洋経済新報社, 2014.

篠田正浩 · 若山滋,『アイドルはどこから』, 現代書館, 2014.

太田省一,『アイドル進化論』, 筑摩書房, 2011.

岡田康宏,『アイドルのいる暮らし』, ポット出版, 2013.

森暢平,「皇室と雅子さまは、どこへ行くのか」,『雅子さま論争』, 洋泉社, 2009.

香月孝史,『「アイドル」の読み方』, 青弓社, 2014.

田中秀臣,『ご当地アイドルの経済学』, イースト新書, 2016.

濱野智史,『前田敦子はキリストを超えた』, ちくま新書, 2012.

Judith Butler, *The Psychic Life of Power: Theories in Subjection*, Stanford University Press, 1997; ジュディス · バトラー,『権力の心的な生』, 月曜社, 2012.

3. 기타자료

高橋みなみ,『リーダー論』, 講談社AKB48新書, 2015.
指原莉乃,『逆転力』, 講談社AKB48新書, 2014.
大木亜希子,『アイドル、やめました』, 宝島社, 2019.
姫乃たま,『職業としての地下アイドル』, 朝日選書, 2017.
竹之内大輔編 · ぺろりん先生 (本の案内役) ,『アイドルとヲタク大研究読本』, カンゼン, 2016.
日野百草,「ネット黎明期に眞子さまを崇めたオタクたちはいま何を思うのか」,『NEWSポストセブン』, 2021. 5. 2.

미디어 속 여성 스포츠의 서사와 재현

김은진

1. 기본자료

〈골 때리는 그녀들〉 2021년 2월~2022년 2월 방영분

2. 논문과 단행본

1) 논문

김문정,「여성 정체성의 정치에서 아고니즘 정치로: 대구 안심마을공동체 여성들을 중심으로」,『한국여성학』 제31권 4호, 한국여성학회, 2015.
김명혜 · 김훈순,「여성이미지의 정치적 함의」,『한국언론학보』 제38권, 한국언론학회, 1996.
김미선 · 이가영,「미디어 재현에 나타난 남성성과 젠더 이데올로기의 정치학: 〈삼시세끼: 어촌편〉 서사분석을 중심으로」,『미디어, 젠더 & 문화』 제31권 3호, 한국여성커뮤니케이션학회, 2016.
김민지,「정동의 잉여적 사유들-브라이언 마수미 논의를 중심으로」,『동서철학연구』 제96권, 한국동서철학회, 2020.

김수아 · 김세은, 「좋아요가 만드는 싫어요의 세계」, 『미디어, 젠더 & 문화』 제31권 2집, 한국여성커뮤니케이션학회, 2016.
김숙진, 「아상블라주의 개념과 지리학적 함의」, 『대한지리학회지』 제51권 3호, 대한지리학회, 2016.
김예리, 「관객의 시선 앞에서 싸우는 여성: 〈헝거 게임〉 속의 행동과 연기」, 『영미문학 페미니즘』 제20권 2호, 한국영미문학페미니즘학회, 2012.
김주희, 「e스포츠 전문화 수준이 플로우(Flow)와 관람만족에 미치는 영향」, 『한국게임학회논문지』 제19권 1호, 한국게임학회, 2019.
김훈순 · 김미선, 「여성 담론 생산의 장으로써 텔레비전 드라마: 30대 미혼 여성의 일과 사랑을 중심으로」, 『한국언론학보』 제52권 1호, 한국언론학회, 2008.
박준태 · 이종목, 「팀워크 중심 체육 프로그램(TOPPE)에 참여한 초등학생들의 정의적 변화 살펴보기」, 『한국초등교육』 제26권 3호, 서울교육대학교 초등교육연구원, 2015.
백선기 · 손성우, 「한국 사회에서의 '여성의 몸'의 의미-'이영자 사건' 관련 프로그램에 대한 담론 분석」, 『기호학 연구』 제11권, 한국기호학회, 2002.
백승국, 「소쉬르 탄신 150주년 기념 학술논문집: 소쉬르의 현재성과 탈현대성 ; 소쉬르 기호학 이론과 게임콘텐츠 연구」, 『기호학 연구』 제21집, 한국기호학회, 2007.
백주연 · 송민희, 「문화연구 관점에서 TV 광고 속 여성 몸의 이데올로기 분석 연구」, 『기초조형학연구』 제11권 6호, 한국기초조형학회, 2010.
성정연 · 정유정 · 전선규, 「언더독(Underdog)에 대한 감성적 반응이 상표태도와 선호도에 미치는 효과」, 『소비자학연구』 제24권 1호, 한국소비자학회, 2013.
우정화 · 이오현, 「텔레비전 예능 프로그램의 판타지적 요소와 젠더 이데올로기의 관계에 대한 연구-〈윤식당〉의 서사분석을 중심으로」, 『영상문화콘텐츠연구』 제20권, 영상문화콘텐츠연구원, 2020.
유지원 · 류다현, 「자연과학계열 대학생의 비교과활동 참여와 구성원과의 상호작용이 팀워 역량에 미치는 영향」, 『교육과학연구』 제47권 2호, 교육과학

연구소, 2016.
이소현 · 장은미, 「예능 프로그램의 언니들: 여성성의 일탈과 확장」, 『한국여성학』 제34권 4호, 한국여성학회, 2018.
이수안, 「대중매체와 성형의료산업의 연동 구조 속 여성 몸 이미지 전형의 재강화 기제와 포스트페미니즘 해석의 모순적 공존」, 『한국여성학』 제32권 2호, 한국여성학회, 2016.
이현정, 「근대 한국 여성스포츠의 발달과정」, 단국대학교 체육학과 박사학위논문, 2010.
정지은, 「TV 드라마의 젠더 관계 재현 방식: 연상녀 · 연하남 커플에 대한 재현을 중심으로」, 『미디어, 젠더 & 문화』 제29권 4호, 한국여성커뮤니케이션학회, 2014.
조성식 · 이수연, 「TV 코미디 프로그램에 나타난 운동하는 여성의 몸과 다이어트에 관한 사회문화 담론」, 『한국체육학회지』 제51권 5호, 한국체육학회, 2012.
조주현, 「후기 근대와 사회적인 것의 위기: 아고니즘 정치의 가능성」, 『경제와 사회』 제95권, 비판사회학회, 2012.
최문경 · 조미혜, 「스포츠교육모형수업에 참여한 학생들의 흥미, 팀워크, 역할학습 탐색」, 『스포츠과학논문집』 제23집, 인하대학교 스포츠과학연구소, 2011.
최현주, 「텔레비전 드라마에 묘사된 성역할의 전도(reverse)와 그 함의: 남성 전업주부 드라마 〈불량주부〉를 중심으로」, 『한국방송학보』 제22권 4호, 한국방송학회, 2008.
최홍섭, 「뉴스포츠를 활용한 학교스포츠클럽 활성화 방안 연구」, 『교과교육학연구』 제14권 1호, 교과교육연구소, 2010.
한석희, 「대전액션게임에서 나타나는 여성 캐릭터들의 지위 분석: EVO 2016을 중심으로」, 『한국게임학회 논문지』 제16권 5호, 한국게임학회, 2016.
한혜원 · 조성희, 「구조주의 서사이론에 기반한 MMORPG 퀘스트 분석」, 『한국콘텐츠학회논문지』 제9권 9호, 한국콘텐츠학회, 2009.
홍지아, 「TV드라마에 나타난 모성재현의 서사전략과 상징적 경계의 구축」,

『한국방송학보』 제23권 6호, 한국방송학회, 2009.
______, 「리얼리티 프로그램의 서사전략과 낭만적 사랑의 담론-〈우리 결혼했어요〉를 중심으로」, 『한국방송학보』 제23권 2호, 한국방송학회, 2009.
황순희, 「팀워크 관련 연구 동향 분석-국내 연구를 중심으로」, 『교양교육연구』 제14권 2호, 한국교양교육학회, 2020.
Ji Yoon Jang, Sangyoon Lee & Byungjoo Lee, "Quantification of gender representation bias in commercial films based on image analysis", Proceedings of the ACM on *Human-Computer Interaction* 3(CSCW), 2019.
Kimberle Crenshaw, "Mapping the margins: Identity politics, intersectionality, and violence against women", *Stanford Law Review* Vol.43, 1991.
Michael Billig, "Humour and Hatred: The Racist Jokes of the Ku Klux Klan", *Discourse & Society* Vol.12, No.3, 2001.
Sarah Banet-Weiser, Laura Portwood-Stacer, "I just want to be again!': beauty pageants, reality television, and post-feminism", *Feminist Theory,* Vol.7, No.2, 2006.
Sue Tait, "Television and The Domestication of Cosmetic Surgery", *Feminist Media Studies,* Vol.7, No.2, 2007.

2) 단행본

권명아, 『여자떼 공포, 젠더 어펙트-부대낌과 상호작용의 정치』, 갈무리, 2019.
들뢰즈 · 가타리, 김재인 역, 『천 개의 고원』, 새물결, 2001.
오드리 로드, 주해연 · 박미선 역, 『시스터 아웃사이더』, 후마니타스, 2018.
류종영, 『웃음의 미학』, 유로서적, 2005.
브라이언 마수미, 조성훈 역, 『가상계: 운동, 정동, 감각의 아쌍블라주』, 갈무리, 2011.
______________, 조성훈 역, 『정동정치』, 갈무리, 2018.
로라 멀비, 서인숙 역, 변재란 · 유지나 편, 『페미니즘 영화 여성』, 여성사, 1993.
자크 오몽, 김호영 역, 『영화 속의 얼굴』, 마음산책, 2006.
계운경 · 양소은 · 김영, 영화진흥위원회 편, 「소수자 영화정책 연구-성평등 영화정책을 중심으로」, 『국립중앙도서관 연계자료』 제12권, 2018.
원용진 · 한은경 · 강준만, 『대중매체와 페미니즘』, 한나래, 1993.
수잔나 월터스, 김현미 외 역, 『이미지와 현실 사이의 여성들』, 또하나의문화, 1999.
시모어 채트먼, 한용환 역, 『이야기와 담론』, 푸른사상, 2003.
블라디미르 프로프, 유영대 역, 『민담형태론』, 새문사, 1987.
도나 해러웨이, 황희선 역, 『해러웨이 선언문-인간과 동물과 사이보그에 관한 전복적 사유』, 책세상, 2019.
Angela McRobbie, *Aftermath of Feminism*, Sage, 2009.
Christian Metz, "Story/Discourse: Notes on Two Kinds of Voyeurism", Bill Nichols(ed), *Movies and Methods. An Anthology* 2, Univ of California Press, 1976.
Claire Johnston, "Women's Cinema as Counter-Cinema", Bill Nichols(ed), *Movies and Methods. An Anthology* 1, Univ of California Press, 1976.
Paul Schilder, *The image and appearance of the human body-Studies in the Constructive Energies of the Psyche,* International Universities Press, 1950.
Sarah Ruth Kozloff, "Narrative Theory and Television", Robert C. Allen (eds), *Channels of Discourse, Reassembled: television and contemporary criticism,* Routledge, 1992.
Seymour Chatman, *Story and Discourse: Narrative Structure in Fiction and Film*, Cornell University Press, 1978.
Stacy L. Smith, Crystal Allene Cook, "Gender Stereotypes: An Analysis of popular films and TV", *Annenberg School for communication/The geena Davis Institute on Gender in Media,* 2008.

3. 기타자료

「[밀물썰물] 벡델 테스트」, 『부산일보』, 2021. 9. 30.
「'국가대표' 성차별 짚은 이은규 PD, 여성 다큐 계속 만드는 이유」, 『경향신문』, 2021. 8. 17.
「SBS「골때리는 그녀들」… 남자 50대 가장 많이 시청」, 『비욘드포스트』, 2021. 6. 24.
「골때리는 그녀들 결승전, 4050 남자 시청률 1위 차지」, 『시사매거진』, 2021. 9. 16.
「영화 속 성평등 가늠하는 벡델 테스트… 이번엔 어떤 영화들이 통과했나」, 『경향신문』, 2021. 8. 17.
「이공계 진학한 여성들, '스컬리' 보고 꿈 키웠다」, 『여성신문』, 2019. 11. 25.
「이렇게 재밌는 걸 니들만 했어?… 축구에 진심인 그녀들 일 냈다」, 『한국일보』, 2021. 7. 6.

냉전의 감정 동원

첸페이이전

1. 논문과 단행본

1) 논문

劉桂君, 〈1960年代《婦友》雜誌建構的現代母職論述分析〉, 國立中山大學傳播管理研究所碩士論文, 2013.
游鑑明, 〈是為黨國抑或是婦女？1950年代的《婦友》月刊〉, 《近代中國婦女史研究》, 第19期, 2011.
蔡振念, 〈叫母親太沉重—臺灣現代小說中的母親及母女關係〉, 《中國現代文學理論季刊》, 第12期, 2000.
Jin-kyung Lee, "National History and Domestic Spaces: Secret Lives of Girls and Women in 1950s South Korea in O Chông-hûi's "The Garden of Childhood" and "The Chinese Street"", *Journal of Korean Studies,* Vol.9, No.1, 2004.
Singleton Kelly Anne, *The Feeling American: Emotion Management and the Standardization of Democracy in Cold War Literature and Film*, Unpublished PhD Dissertation, University of Maryland, 2017.

2) 단행본

동국대학교 한국문학연구소 편, 『한국문학과 여성』, 아세아문화사, 2000.
呂秀蓮,《新女性主義》, 幼獅文化, 1974.
雷蒙德 威廉斯, 王爾勃 譯,《馬克思主義與文學》, 河南人民出版社, 2008.
雷蒙德 威廉斯, 王爾勃 · 周莉 譯,《馬克思主義與文學》, 河南大學出版社, 2008.
范銘如, 〈臺灣新故鄉—五十年代女性小說〉,《眾裡尋她—臺灣女性小說縱論》, 麥田 , 2022.
孫隆基,《殺母的文化: 二十世紀美國大眾心態史》, 國立臺灣大學出版中心, 2009.
楊美惠,《婦女問題新論, 聯經出版》, 聯經出版, 1979.
周蕾, 〈愛(人的)女人—被虐待、狂想和母親的理想化〉,《婦女與中國現代性 : 東西方之間閱讀記》, 麥田, 1995.
沈志華,《冷戰在亞洲》, 九州出版社, 2013.
Chen Jian, *China's Road to the Korean War: the Making of the Sino-American Confrontation*, Columbia University, 1994.
Christina Klein, *Cold War orientalism: Asia in the Middlebrow Imagination, 1945-1961,* University of California Press, 2003.
Elaine Tyler May, *Homeward Bound: American Families in the Cold War*, Basic Books, 1988.
Guy Oakes, *The Imaginary War: Civil Defense and American Cold War Culture*, Oxford University Press, 1994.
Immanuel Wallerstein, "What Cold War in Asia? An Interpretative Essay", Zheng Yangwen, Hong Liu & Michael Szonyi (Eds.), *The Cold War in Asia: The Battle for Hearts and Minds*, Brill, 2010.
Kimie Hara, *Cold War Frontiers in the Asia-Pacific: Divided Territories in the San Francisco System*, Routledge, 2007.
Marc S. Gallicchio, *The Cold War Begins in Asia: American East Asian Policy and the Fall of the Japanese Empire*, Columbia University Press, 1988.

Margaret Hillenbrand, *Literature, Modernity, and the Practice of Resistance: Japanese and Taiwanese Fiction, 1960-1990*, Brill, 2007.

Masuda Hajimu, *Cold War Crucible: The Korean Conflict and the Postwar World*, Harvard University Press, 2015.

Odd Arne Westad, *Cold War and Revolution: Soviet-American Rivalry and the Origins of the Chinese Civil War, 1944-1946*, Columbia University Press, 1993.

Raymond Williams, *Marxism and literature*, Oxford University Press, 1977.

Raymond Williams, *The Long Revolution*, Chatto & Windus, 1961.

Roel van den Oever, *Mama's Boy: Momism and Homophobia in Postwar American Culture*, Palgrave Macmillan, 2012.

2. 기타자료

〈「美國母親」阮陳彩蓮〉,《中央日報》, 1952. 5. 15.

〈介紹國產用具 佈置現代家庭〉,《中央日報》, 1960. 1. 7.

〈大眾生活 家庭示範展覽 設計華麗精緻〉,《聯合報》, 1960. 1. 12.

〈同性戀的防止與形成〉,《聯合報》, 1959. 1. 10.

〈母親〉,《中央日報》, 1951. 10. 18.

〈母親的責任〉,《中央日報》, 1966. 7. 25.

〈母親節與母愛〉,《中央日報》, 1952. 5. 11.

〈社論 幸福家庭釋義〉,《聯合報》, 1959. 3. 2.

〈選拔幸福家庭〉,《聯合報》, 1959. 2. 27.

〈心理學家對婦女問題的看法〉,《聯合報》, 1966. 3. 9.

〈我底母親〉,《聯合報》, 1952. 12. 3.

〈編者的話〉,《中央日報》, 1965. 4. 20.

〈現代家庭母親的責任〉,《中央日報》, 1968. 6. 2.

〈黃啟瑞昨招待記者 講述推行幸福家庭意義〉,《聯合報》 1959. 2. 26.

Stephanie Coontz, "When We Hated Mom," The New York Times, May 7, 2011.

菱子,〈家常話 如何從煩重的家事中解脫出來〉,《聯合報》, 1956. 9. 2.
玫,〈家常話 夢想的廚房〉,《聯合報》, 1956. 8. 16.
楊亞琳 ,〈家常話 簡易冷藏器〉,《聯合報》, 1954. 9. 22.
王路,〈家庭佈置 秩序和節奏 現代佈置是從整體去解決問題〉,《經濟日報》, 1970. 1. 18.
海音,〈生活的話 燒飯是女人的敵人?〉,《聯合報》, 1957. 7. 1.

4부 능동인 수동, 수동인 능동: 몸 둘 바(處身)와 어펙트

팬데믹 시대, 그녀들은 왜 새벽에 일어났을까? 최이숙

1. 기본자료

MKTV 김미경TV (https://www.youtube.com/@MKTV)
MKYU Official (https://www.youtube.com/MKYUOfficial)

2. 논문과 단행본

1) 논문

강준만, 「자기계발의 문화정치학: 자기계발 담론의 커뮤니케이션 유형을 중심으로」, 『한국소통학보』 제15권 3호, 한국소통학회, 2016.
김엘리, 「여성 군인의 능력 있는 자기계발과 군인 되기」, 『한국여성학』 제34권 1호, 한국여성학회, 2018.
김은준, 「포스트힐링시대 한국사회 성찰적 자기계발담론의 가능성 모색」, 『미디어, 젠더 & 문화』 제33권 2호, 한국여성커뮤니케이션학회, 2018.
김지현 · 최영준, 「코로나19 시기 가족관계 만족도 변화는 어떻게 설명할 수 있는가?: 남성 가사분담의 역할을 중심으로」, 『비판사회정책』 통권 70호, 비판과 대안을 위한 사회복지학회/ 건강정책학회, 2021.

김현미, 「코로나 시대의 '젠더 위기'와 생태주의 사회적 재생산의 미래」, 『젠더와 문화』 제13권 2호, 여성학연구소, 2020.
박지영, 「디지털미디어 시대 리듬분석의 한 사례-ICT 사용과 일상생활의 리듬을 중심으로」, 『언론과 사회』 제23권 2호, 사단법인 언론과 사회, 2015.
박지영, 『가속화 사회의 시간 경험에 대한 연구』, 서울대학교 언론정보학과 박사학위청구논문, 2013.
신경아, 「팬데믹 시대 여성노동의 위기에 관한 페미니즘적 성찰」, 『페미니즘연구』 제21권 2호, 한국여성연구소, 2021.
엄혜진, 「여성의 자기계발, 소명의 고안과 여성성의 잔여화」, 『페미니즘연구』 제16권 2호, 한국여성연구소, 2016.
엄혜진, 「여성의 자기계발과 페미니즘의 불안한 결속: '82년생 김지영'에 대한 비판적 담론분석을 중심으로」, 『아시아여성연구』 제60권 1호, 아시아여성연구원, 2021.
유계숙 · 주수산나 · 김종우, 「코로나바이러스감염증-19로 인한 기혼 성인 남녀의 스트레스 경험: 젠더와 계층의 교차성을 중심으로」, 『여성연구』 제106권 3호, 한국여성정책연구원, 2020.
이숙진, 「자기계발이라는 이름의 종교: 코칭프로그램의 자기테크놀로지를 중심으로」, 『종교문화비평』 통권 25호, 종교문화비평학회, 2014.
조주은, 「압축적 시간성을 통한 '바쁨': 서울지역 중간계급 유배우 취업여성을 중심으로」, 『한국여성학』 제24권 3호, 한국여성학회, 2008.
한선, 「네트워크 시대 '경제적인 것' 되기(becoming)의 통치술」, 『한국언론학보』 제57권 3호, 한국언론학회, 2013.
Choon Key Chekar, "Gendering Discourses of Time in South Korean Self-help Books: The Normalisation of a Masculine Long Hours Work Culture", Doctoral Dissertation, Cardiff University, 2008.
Clare Holdsworth, "Gendered temporalities of everyday family practices: an analysis of Anglo-American self-help literature on 'busyness'", *Gender Place and Culture*, Vol.27, No.5, 2020.
Elina Valovirta, Mona Mannevuo, "Affective Academic Time Management in the

Neoliberal University: From Timeliness to Timelessness", *European Journal of Cultural Studies*, Vol.25, No.5, 2022.

Glenn Adams, Sara Estrada-Villalta, Daniel Sullivan & Hazel Rose Markus, "The Psychology of Neoliberalism and the Neoliberalism of Psychology", *Journal of Social Issues*, Vol.75, No.1, 2019.

Janice Peck, "TV Talk Shows as Therapeutic Discourse: The Ideological Labor of the Televised Talking Cure", *Communication Theory*, Vol.5, No.1, 1995.

Jeff Sugarman, Erin Thrift, "Neoliberalism and the Psychology of Time", *Journal of Humanistic Psychology*, Vol.60, No.6, 2017.

Rosalind Gill, Shani Orgad, "Get Unstuck!: Pandemic Positivity Imperatives and Self-Care for Women", *Cultural Politics*, Vol.18, No.1, 2021.

Sarah Riley, Adrienne Evans, Emma Anderson, & Martin Robson, "The Gendered Nature of Self-help", *Feminism & Psychology*, Vol.29, No.1, 2019.

2) 단행본

김난도 · 전미영 · 최지혜 · 이향은 · 이준영 · 이수진 · 서유현 · 권정윤 · 한다혜 · 이혜원, 『트렌드 코리아 2022』, 미래의창, 2021.

신수정 · 박현영 · 구지원 · 조민정 · 최재연 · 이원희 · 정석환, 『2022 트렌드 노트-라이프스타일의 시대에서 신념의 시대로』, 북스톤, 2021.

이민아, 『여자라서 우울하다고?-우울은 왜 성불평등하게 찾아오는가?』, 개마고원, 2021.

Judy Wajcman, *Pressed for Time: The Acceleration of Life in Digital Capitalism*, University of Chicago Press, 2014.

Rosalind Gill, Shani Orgad, *Confidence Culture*, Duke University Press, 2022.

Valerie Bryson, *Gender and the Politics of Time : Feminist Theory and Contemporary Debates*, Policy Press, 2007.

3. 기타자료

류형림, 「돌봄위기를 겪은 89명 여성의 인터뷰를 통해 본 코로나19와 돌봄 위기」, "돌봄 분담이요? 없어요, 그런거", 『한국여성민우회 토론회 자료집』, 한국여성민우회, 2020.

장진희 · 박건 · 이동선, 『코로나19가 여성노동자에게 미친 영향-자녀돌봄공백과 직장 내 불이익을 중심으로』, 한국노총중앙연구원, 2021.

정성미 · 김종숙 · 심혜빈 · 김현경, 『코로나19 경제위기에 따른 여성노동시장 영향과 정책과제』, 한국여성정책연구원, 2021.

한국언론진흥재단, 『코로나19 이후 국민의 일상 변화』, 한국언론진흥재단, 2020.

가정폭력맥락에서의 빚과 빚짐에 대한 시론

박언주

1. 논문과 단행본

1) 논문

김주희, 「일상적 재생산의 금융화와 성매매 여성들의 '자유'의 확대」, 『여성학논집』 제32권 2호, 한국여성연구원, 2015.

김지영, 「오늘날의 정동 이론」, 『오늘의 문예비평』 통권 100호, 오문비, 2016.

박정민 · 박호준 · 오욱찬, 「가계부채가 부부폭력의 위험에 미치는 영향」, 『사회복지연구』 제48권 4호, 한국사회복지연구회, 2017.

박호준 · 박정민, 「가구의 재정 상황이 부부폭력의 위험에 미치는 영향: 행위자-파트너 상호의존모형의 적용」, 『사회복지연구』 제50권 4호, 한국사회복지연구회, 2019.

손지연 · 박주영, 「저소득층의 경제적 어려움과 가정폭력: 유형별 부채사용의 조절효과를 중심으로」, 『한국지역사회생활과학회지』 제28권 4호, 한국지역사회생활과학회, 2017.

이지영, 「스피노자: 신체와 합리적 정서의 문제」, 『철학』 제116집, 한국철학회, 2013.
최철웅, 「가계의 금융화와 일상의 정치」, 『마르크스주의 연구』 제12권 2호, 사회과학연구원, 2015.
______, 「『금융자본주의의 폭력』과 『부채인간』: 한국의 채무자여 단결하라?」, 『진보평론』 제59호, 메이데이, 2014.
A. Davey, "Social Prescribing and Pre-Operative Care", *Anaesthesia*, Vol.73, No.2, 2018.
Adrienne E. Adams, Cris M. Sullivan, Deborah Bybee, & Megan R. Greeson, "Development of the Scale of Economic Abuse", *Violence Against Women*, Vol.14, No.5, 2008.
Adrienne E. Adams, Megan R. Greeson, Angela K. Littwin, & McKenzie Javorka, "The Revised Scale of Economic Abuse (SEA2): Development and Initial Psychometric Testing of an Updated Measure of Economic Abuse in Intimate Relationships", *Psychology of Violence*, Vol.10, No.3, 2020.
Angela Littwin, "Coerced Debt: The Role of Consumer Credit in Domestic Violence", *California Law Review*, Vol.100, No.4, 2012.
Bruce Link, Mark L. Hatzenbuehler, "Stigma as an Unrecognized Determinant of Population Health: Research and Policy Implications", *Journal of Health Politics, Policy and Law*, Vol.41, No.4, 2016.
David Graeber, "Value, Politics and Democracy in the United States", *Current Sociology*, Vol.59, No.2, 2011.
Elizabeth Sweet, "'Like You Failed at Life': Debt, Health, and Neoliberal Subjectivity", *Social Science & Medicine*, Vol.212, 2018.
Elizabeth Sweet, L. Zachary DuBois, & Flavia Stanley, "Embodied Neoliberalism: Epidemiology and the Lived Experience of Consumer Debt", *International Journal of Health Services: Planning, Administration, Evaluation*, Vol.48, No.3, 2018.
Greta R. Krippner, "The Financialization of the American Economy", *Socio-*

Economic Review, Vol.3, No.2, 2005.

Isabelle Guérin, Govindan Venkatasubramanian, "The Socio-Economy of Debt. Revisiting Debt Bondage in Times of Financialization", *Geoforum*, Vol.137, 2022.

Judy Postmus, Sara-Beth Plummer, & Amanda M. Stylianou, "Measuring Economic Abuse in the Lives of Survivors: Revising the Scale of Economic Abuse", *Violence Against Women*, Vol.2, No.6, 2016.

Koen Ponnet, "Financial Stress, Parent Functioning and Adolescent Problem Behavior: An Actor-Partner Interdependence Approach to Family Stress Processes in Low-, Middle-, and High-Income Families", *Journal of Youth and Adolescence*, Vol.43, No.10, 2014.

Koen Ponnet, Edwin Wouters, Tim Goedeme, & Dimitri Mortelmans, "Family Financial Stress, Parenting and Problem Behavior in Adolescents: An Actor-Partner Interdependence Approach", *Journal of Family Issues*, Vol.37, No.4, 2016.

Patricia Drentea, John R. Reynolds, "Where does debt fit in the stress process model", *Society and Metal Health*, Vol.5, No.1, 2015.

Rand D. Conger, Xiaojia Ge, Glen H. Elder, Jr., Fredrick O. Lorenz, & Ronald L. Simons, "Economic stress, coercive family process, and developmental problems of adolescents", *Child Development*, Vol.65, No.2, 1994.

Rashmita S. Mistry, Elizabeth A. Vandwater, Aletha C. Huston, & Vonnie C. McLoyd, "Economic well-being and children's social adjustment: The role of family process in an ethnically diverse low-income sample", *Child Development*, Vol.73, No.3, 2020.

2) 단행본

권명아, 『무한히 정치적인 외로움-한국 사회의 정동을 묻다』, 갈무리, 2012.

권명아, 『여자떼 공포, 젠더 어펙트』, 갈무리, 2019.

동아대학교 젠더 · 어펙트연구소, 『약속과 예측: 연결성과 인문의 미래』, 산지니, 2020.
리차드 디인스트, 권범철 역, 『빚의 마법-화폐지배의 종말과 유대로서의 빚』, 갈무리, 2015.
멜리사 그레그 · 그레고리 시그워스 편저, 최성희 · 김지영 · 박혜정 역, 『정동 이론』, 갈무리, 2015.
캐슬린 린치 · 존 베이커 · 모린 라이언스 편저, 강순원 역, 『정동적 평등: 누가 돌봄을 수행하는가』, 한울, 2016.
Mark Featherstone (Ed.), *The Sociology of Debt*, Bristol University Press, 2019.
Evan Stark, *Coercive Control: The Entrapment of Women in Personal Life*, Oxford University Press, 2007.

페미니즘은 그 이름이 페미니즘이 아니더라도

이소영

1. 기본자료

민주화운동 청년 연합, 「남영동 치안본부 인간 도살의 현장 기록-민청련 전의장 김근태씨의 탄원서 중 발췌」, 1987.
양귀자, 「밤의 日記」, 『문학사상』, 1985.
______, 「천마총 가는 길」, 『현대문학』, 1988.
______, 『나는 소망한다 내게 금지된 것을』, 살림, 1992.
______, 『슬픔도 힘이 된다』, 문학과지성사, 1993.
______, 『희망』, 살림, 1990.

2. 논문과 단행본

1) 논문

김민지, 「'가사 노동' 의제화 과정 속 서사의 의의: 동시대 텍스트로서의 '25세 여조연 운동'」, 『민족문학사연구』 제78권, 민족문학사연구소, 2022.

김양선 · 김은하, 「양귀자의 『나는 소망한다 내게 금지된 것을』에 이르는 길」, 『여성과 사회』 제4호, 한국여성연구소, 1993.
김영선, 「한국 여성학 제도화의 궤적과 과제」, 『현상과 인식』 제34권 3호, 한국인문사회과학회, 2010.
로지 브라이도티, 박미선 역, 「유목적 정치 기획으로서의 성차」, 『여/성이론』 제5호, 여이연, 2001.
유숙렬, 「예술과 폭력 사이에서 꽃피는 남근의 명상」, 『IF』, 1997년 여름호.
이경덕, 「여성문제의 인식과 소설적 형상화-안재성, 공지영, 이경자, 양귀자의 최근 소설들」, 『실천문학』, 1993년 여름호.
이나영, 「한국 '여성학'의 위치성: 미완의 제도화와 기회구조의 변화」, 『한국여성학』 제27권 4호, 한국여성학회, 2011.
이소영, 「1990년대 포르노그래피 장르화를 둘러싼 페미니스트들의 정동과 그 의미」, 『현대소설연구』 제87호, 현대소설학회, 2022.
______, 「87년 체제와 적대의 정동」, 서울대학교 박사학위논문, 2022.
이한나, 「여성주의 관점에서의 법과 문학-박완서, 양귀자, 김인숙, 김향숙 소설을 중심으로」, 동국대학교 박사학위논문, 2022.
이혜령, 「어느 페미니스트 범죄 서사의 딜레마」, 『대중서사연구』 제25권 4호, 대중서사학회, 2019.
임희현, 「국가 폭력의 기억과 글쓰기-양귀자 문학 연구」, 『민족문학사연구』 제65권, 민족문학사연구소, 2017.
정영자, 「90년대 여성소설의 특성연구-양귀자, 공지영을 중심으로」, 『비평문학』 제15호, 한국비평문학회, 2001.
정은주, 「독자발언: 양귀자 〈여성소설〉의 반여성성」, 『월간 길을 찾는 사람들』 제92권 10호, 사회평론, 1992.
허주영, 「1990년대 페미니즘의 대중화, 그 직전의 풍경」, 『민족문학사연구』 제78권, 민족문학사연구소, 2022.

2) 단행본

또하나의문화 편집부, 『여자로 말하기, 몸으로 글쓰기』, 또하나의문화, 1992.

로제 다둔, 최윤주 역, 『폭력』, 동문선, 2006.
브라이언 마수미, 조성훈 역, 『정동정치』, 갈무리, 2018.
알렉세이 유르착, 김수환 역, 『모든 것은 영원했다, 사라지기 전까지는: 소비에트의 마지막 세대』, 문학과지성사, 2019.
일레인 스캐리, 메이 역, 『고통받는 몸』, 오월의봄, 2018.
주디스 버틀러, 조현준 역, 『젠더 트러블』, 문학동네, 2008.
__________, 조현준 역, 『젠더 허물기』, 문학과지성사, 2015.
프루던스 챔벌레인, 김은주 · 강은교 · 김상애 · 허주영 역, 『제4물결 페미니즘: 정동적 시간성』, 에디투스, 2021.
Naomi Schor, Elizabeth Weed (Eds.), *Feminism Meets Queer Theory*, Indiana University Press, 1997.

3. 기타자료

「'고문 기술자' 수사 외면」, 『한겨레』, 1988. 12. 24.
「"그랬더니 죽었잖아요, 그랬더니 죽이잖아요."」, 『한겨레 21』, 2022. 9. 26.
「"김근태씨 수기에 충격"…고문의 본질 파헤쳐」, 『조선일보』, 1999. 11. 5.
「"동료들 가벼운 刑量 본뒤 결심"」, 『동아일보』, 1999. 10. 30.
「그 女人의 족쇄를 풀라」, 『경향신문』, 1991. 8. 25.
「독서로 여름을 이긴다-文人 10人이 권하는 휴가철 읽을 만한 책」, 『동아일보』, 1990. 7. 10.
「베스트셀러」, 『동아일보』, 1995. 12. 21.
「어린이 성폭행 국가적 대책 서둘러야」, 『한겨레』, 1991. 8. 13.
「여가부 "'신당역 살해' 여성혐오 범죄 여부, 논의 필요"」, 『MBN뉴스』, 2022. 9. 19.
「여가부, '여성' '성평등' 정책목표서 지웠다…"윤 정부의 기조"」, 『한겨레』, 2023. 1. 9.
「한번 더 독자심판 받겠습니다」, 『조선일보』, 1996. 2. 15.

찾아보기

ㄴ

ㅇ

ㅈ

ㅊ

ㅎ

인명

ㅇ

ㅈ

저자 소개

1부　서사의 역사와 아상블라주: 마주침의 어펙트

권명아　동아대학교 한국어문학과 교수. 젠더 · 어펙트연구소장. 근현대 문학과 젠더 이론, 정동 연구, 문화 이론 등 학문 영역을 넘나드는 연구와 함께 지역의 문화적 실천에도 주력해왔다.「한국과 일본에서의 반헤이트 스피치 운동과 이론에 대한 비교 고찰」,「증강 현실적 신체를 기반으로 한 대안기념 정치 구상」 등의 논문을 썼으며, 주요 저서로 『여자떼 공포, 젠더 어펙트: 부대낌과 상호 작용의 정치』(갈무리, 2018), 『무한히 정치적인 외로움: 한국 사회의 정동을 묻다』(갈무리, 2012) 등이 있다.

권두현　젠더 · 어펙트연구소 전임연구원. 동국대에서 강의한다. 미디어와 한국 현대문학/문화의 관계, 특히 드라마 및 각종 대중문화를 대상으로 언표 너머에서 몸이 하는 다양한 일들에 관심을 두고 연구를 수행하고 있다.「'관계론적 존재론'의 정동학-텔레비전 드라마 〈동백꽃 필 무렵〉에 나타난 연결과 의존의 문제」,「물질적-존재론적 지도 그리기-드라마 한류의 텔레-공화국 또는 수용소 체제」,「가소성의 생명정치와 몸짓의 정동적 순환 또는 변환: '몸짓 산업' 어셈블리지의 '키네틱 애니매시'에 관한 카르토그라피」 등의 논문을 발표했다.

강성숙　인제대학교 리버럴아츠칼리지 교수. 2018년부터 '잘 읽고 잘 쓰는 연구소'를 만들어 함께 행복하게 공부할 수 있는 방법을 찾고 있다. 이화여자대학교 국어국문학과에서 고전문학(구비문학) 전공으로 박사학위를 받았다. 구비문학, 여성, 생태, 공동체, 사회적 경제 문제에 관심을 갖고 글을 쓰고 있다.「보살핌의 윤리로 본 바리 신화 연구-전라도 전승본의 '구약 거부'와 '언니 옷 입기' 모티프를 중심으로」,「집안 여성을 기억하는 방식-연경재 성해응의 여성 기록을 중심으로」 등의 논문을 발표했고, 공저로는 『경계에 선 유교 지식인의 여성 담론』(월인, 2017), 『19세기 20세기 초 여성 생활사 자료집』(보고사, 2013) 등이 있다.

2부 귀와 눈과 피: 전체와 부분 너머의 신체적 연결성과 어펙트

이화진 연세대학교 미래캠퍼스 글로벌한국학연구소 연구교수. 한국의 영화와 극장 문화에 대해 연구해왔다. 주요 논문으로 「가난은 어떻게 견딜 만한 것이 되는가-영화 〈저 하늘에도 슬픔이〉(1965)와 빈곤 재현의 문화 정치학」, 「'더 많은' 모두를 위한 영화-배리어프리 영상과 문화적 시민권」, 「할리우드에서 온 '왜색영화'-〈8월 15야(夜)의 찻집〉과 탈식민 냉전 한국의 영화 검열」 등이 있다. 저서로 『소리의 정치』(현실문화, 2016), 『조선 영화』(책세상, 2005)가 있고 공저로 『조선영화와 할리우드』(소명출판, 2014), 『조선영화란 하(何)오』(창비, 2016), 『할리우드 프리즘』(소명출판, 2017), 『원본 없는 판타지』(후마니타스, 2020) 등이 있다.

소현숙 젠더 · 어펙트연구소 조교수. 한국 근현대 가족사, 사회사, 젠더사, 마이너리티 역사를 전공했다. 주요 논문으로 「식민지 조선에서 '불구자' 개념의 형성과 그 성격」, 「전쟁고아들이 겪은 전후: 1950년대 전쟁고아 실태와 사회적 대책」, 「마이너리티 역사, 민중사의 새로운 혁신인가 해체인가?」 등이 있으며, 저서로 『이혼법정에 선 식민지 조선 여성들: 근대적 이혼제도의 도입과 젠더』(역사비평사, 2017), 공저로 『日韓民衆史研究の最前線』(有志舍, 2015), 『從臺灣與朝鮮 反思日本的殖民統治』(中央研究院臺灣史研究所, 2021) 등이 있다.

김이진 동아대학교 한국어문학과 강사. 히토쓰바시대학에서 「한국계 해외입양인의 영상표현을 통해 보는 생모찾기의 표상(韓国系国際養子の映像表現にみる生母探しの表象)」으로 박사학위를 취득하였다. 주로 해외입양인에 대한/의한 표상에 주목하여 문화연구를 하고 있다. 근대 이후의 가족 제도와 관념으로 인해 소외된 여성이나 아동, 혼혈인에 대한 문제에 관심을 가지고 있으며, 「한국에서의 해외입양인의 가족찾기의 표상(韓国における国際養子と家族探しの表象)」, 「대중영화 속 여성 표상과 초국적페미니즘 연대의 전망-영화 〈박열〉에 나타난 가네코 후미코의 표상을 중심으로」 등의 논문을 발표했다.

3부 '싸우다'의 어펙트: 전쟁, 냉전, 스포츠 속에서 부대끼는 여자들

나이토 치즈코(内藤千珠子) 일본 오오쓰마대학(大妻大学) 문학부 교수. 일본 근대문학연구자로 일본 근현대소설과 미디어 전반을 젠더와 내셔널리즘을 테마로 연구하고 있다. 저서에 『愛国的無関心ーー「見えない他者」と物語の暴力』(新曜社, 2015), 『小説の恋愛感触』(みすず書房, 2010), 『帝国と暗殺 ジェンダーからみる近代日本のメディア編成』(新曜社, 2005, 2008年女性史学賞受賞)가 있고, 공저로 『〈戦後文学〉の現在形』(平凡社, 2020), 『21世紀日本文学ガイドブック7田村俊子』(ひつじ書房, 2014), 『文化のなかのテクスト カルチュラル・リーディングへの招待』(双文社出版, 2005) 등이 있다.

김은진 부산대학교 강사. 미디어, 젠더, 대중문화, 소셜미디어 광고, PR 등 다양한 분야를 연구하고 있다. 주요 논문으로는 「증언과 저널리즘: 〈JTBC 뉴스룸〉의 성폭력 피해자 생방송 인터뷰 분석」(2019), 「노인들의 SNS 정치커뮤니케이션 연구-카카오톡을 중심으로」(2019) 등이 있으며, 공저로는 『미디어 격차』(한울, 2021), 『한국 에로비디오의 사회사-애마부인에서 소라넷까지』(컬처룩, 2018), 『여성학 강의-일곱 번째 이야기』(신정, 2019) 등이 있다.

첸페이전 타이완 국립정치대학 타이완문학연구소 조교수. 코넬대학교 아시아학과에서 박사학위를 받고 후속 프로젝트로 식민주의의 유산과 전후 대만과 한국의 젠더 규범화의 냉전 이데올로기에 초점을 맞춘 연구를 수행하고 있다. 「酷兒化「檔案」: 臺韓酷兒檔案庫與創作轉譯」, 「Queering History, Archiving the Future: In Search of Taiwanese Lesbian History」, 「Theorizing untranslatability: Temporalities and ambivalence in colonial literature of

Taiwan and Korea」 등의 논문을 썼다. 서양과 일본의 제국주의에 대한 대만과 한국의 역사적 반응을 상호참조하면서 근대적 섹슈얼리티와 사랑의 정치학에 대한 저서를 준비 중이다.

4부 능동인 수동, 수동인 능동: 몸 둘 바(處身)와 어펙트

최이숙 동아대학교 사회학과 조교수. 주로 페미니즘 시각의 문화연구, 저널리즘 연구를 해왔으며, 최근에는 팬데믹 이후 언택트로의 전환이 갖는 의미를 살펴보고 있다. 주요 논문으로 「팬데믹 시기 한국사회는 아이들을 잘 돌봐왔는가?: 초등 돌봄 제도와 원격 교육을 중심으로」(공저), 「"우리는 더디지만 나아가고 있다": 미투 운동(#Metoo) 이후 성평등 보도를 위한 한국 언론의 실천과 과제」(공저), 「미투 운동(#Metoo) 이후 젠더 이슈 보도의 성과와 한계」(공저), 「1960~1970년대 한국 신문의 상업화와 여성가정란의 젠더 정치」(2015) 등이 있다. 공저 단행본으로는 『MBC 60년 영광과 도전』(한울, 2021), 『다시 보는 미디어와 젠더』(이화여자대학교출판부, 2013), 『한국신문의 사회문화사』(한국언론진흥재단, 2013) 등이 있다.

박언주 동아대학교 사회복지학과 교수. 주요 교육 분야는 사회복지실천, 노인복지, 사회복지와 문화다양성, 질적연구방법론 등이다. 가정폭력을 주제로 한 연구와 여성노인의 구술생애사 연구를 수행해왔다. 주요 논문으로 「가정폭력피해여성의 자립경험에 관한 연구」, 「The influence of informal support on battered women's use of formal services」 등이 있다. 공저로 『'조국 근대화'의 젠더정치』(아르케, 2015), 『가족과 친밀성의 사회학(제2판)』(다산출판사, 2023)이 있다.

이소영 한국과학기술원(KAIST) 강사. 정동 이론이 지닌 정치적 힘에 주목하면서 현대문학 및 문화를 역사화하는 연구를 진행하고 있다. 주요 논문으로 「여성의 몸과 노동, 그리고 민주주의-1970년대 수기와 소설에 드러난 정동을 중심으로」, 「민주화 이후 검열과 적대: 마광수와 장정일의 필화사건을 중심으로」, 「1990년대 포르노그래피 장르화를 둘러싼 페미니스트들의 정동과 그 의미」 등을 썼다. 공저로 『혁명을 쓰다』(소명출판, 2018)가 있다.